히브리서 주해

철학 박사 김수홍 지음

도서
출판 언약

Exposition
of
Hebrews

by

Rev. Soo Heung Kim, S.T.M., Ph.D.

Published by
Eonyak Publishing Company
Suwon, Korea
2024

"성경의 원어를 읽든지 혹은 우리 번역문을 읽든지,
성경을 읽는 것은 성부 하나님, 성자 예수님, 성령 하나님을 읽는 것이고,
본문을 아는 것이 하나님을 아는 것이며,
성경 본문을 붙잡는 것이 하나님을 붙잡는 것이고,
성경본문을 연구하는 것이 하나님을 연구하는 것(신학)이다".

성경 주해(exposition of the Bible)에 관심을 기울인지 어언 47년째다. 신학교에 입학하기 전에도 성경주해에 특이하게 관심을 두었고 또 사당동 소재 총회신학교를 졸업하고 미국으로 건너가 세 곳의 신학교에서 공부할 때도 주경신학을 중심하여 연구하였다. 그리고 이민의 땅에서 30년 동안 목회하면서도 성경 주해를 출판할 것을 준비하며 정열을 쏟았다. 이제 하나님께서 필자에게 수원 소재 합동신학대학원에서 주경신학을 강의할 수 있는 기회를 주셔서 학우들에게 강의하면서 동시에 주해를 집필하여 세상에 내놓게 되었다. 이 모든 것으로 인해 하나님께 무한한 영광과 감사를 드린다.

필자는 성경을 해석하면서 문법적 해석, 역사적 해석, 그리고 정경적(신학적) 해석을 시도했다. 그러면서 동시에 주님께 성경을 풀어주시기를 간절히 기도했다. 왜냐하면 그것보다 더 좋은 주해는 없으리라고 확신했기 때문이다. 주님은 세상에 계실 때 제자들에게 성경을 풀어주셨다. 사두개인들이 부활을 부인하면서 주님을 시험했을 때 주님은 출애굽기 3:6의 말씀을 들어 부활의 확실함을 논증하셨다. "나는 아브라함의 하나님이요 이삭의 하나님이요 야곱의 하나님이로라"는 말씀을 가지고 놀랍게도 부활을 논증하신 것이다(마 22:23-33; 막 12:18-27; 눅 20:27-38). 또 예수님께서는 부활하시던 날 엠마오를 향하여 가던 두 제자들에게 성경을 풀어주셨다. 그때 그들의 마음은 뜨거워졌다(눅 24:32). 여전히 지금도 예수님께서 성경을 풀어주실 때 우리의 마음이 뜨거워지리라고 확신한다. 세상에 여러 해석법이 있지만, 필자는 예수님께서 풀어주시는 것 이상의 좋은 주해가 없다는 생각으로 주님께 기도하면서 성경을 풀어왔고 또 풀어나갈 것이다. 그리고 다른 학자들의 건전한 깨달음을 인용한다. 그 이유는 다른 학자들의 건전한 깨달음도 그리스도께서 풀어주신 것을 알기 때문이다. 또한 필자는 과거 1970년대 한국에서의 5년간의 목회 경험과 그 후 미국에서의 30년간의 이민교회 목회 경험을 살려 주해의 적용 면을 살릴 것이다.

히브리서는 분명 난해한 책이다. 아마도 신약성경 전체 중에서 요한계시록 다음으로 어려운 책일 것이다. 필자는 평소에 생각했던 것보다 훨씬 더 많은 난해한 구절들을 만나 많은 연구와 많은 기도를 드렸다. 기도를 드릴 때마다 하나님은 부족한 종에게 놀라운 깨달음을 주셔서 주해를 감당하게 하셨다. 오직 하나님께만 영광을 돌린다.

히브리서는 철저히 그리스도 중심한 책이다. 성경 전체가 그리스도를 중심한 책이지만 특별히 히브리서는 시종일관 그리스도의 위대하심을 천명하는 한편의 긴 설교이다. 일반 성도들도 마찬가지이지만 특별히 전도자들은 히브리서를 연구하고 기도하여 세상에 그리스도를 전해야 할 것이다. 도덕설교, 윤리설교만 가지고는 세상을 변화시키지 못한다. 히브리서에서 말하는 그리스도를 세상에 전하여 세상을 변화시켜야 할 것이다.

지금은 참으로 위태한 때이다. 신학사상이 혼탁하고 민족의 윤리가 땅에 떨어졌다. 너무 어두워졌고 너무 음란해졌다. 안상무신(眼上無神), 안하무인의 시대가 되었고 서로 간에 너무 살벌해져서 소름 끼치는 시대를 만났다. 한 치 앞을 분간하기 힘든 때를 만난 것이다. 이때를 당하여 필자는 하루도 쉴 사이 없이 이 땅의 교회들과 민족을 생각하며 성경주해를 써서 내 놓는다. 이 성경주해가 세상에 나가서 세상을 밝혔으면 하는 일념(一念)뿐이다. 주님이시여, 이 나라의 교계와 민족을 살려주옵소서!

2011년 10월
수원 원천동 우거에서
저자 김수홍

▌ 일러두기
: 본 주해를 쓰면서 주력한 것

1. 성경을 성경으로 해석해야 한다는 원리를 따랐다. 따라서 외경이나 위경에서는 인용하지 않았다.

2. 본 주해를 집필함에 있어 문법적 해석, 역사적 해석, 정경적 해석의 원리를 따랐다. 성경을 많이 읽는 중에 문단의 양식과 구조와 배경을 파악해냈다.

3. 문맥을 살펴 주해하는 일에 심혈을 기울였다.

4. 매절마다 빼놓지 않고 주해하였다. 난해 구절도 모두 해결하느라 노력했다.

5. 매절을 주해하면서도 군더더기 글이 되지 않도록 노력했다. 군더더기 글은 오히려 성경을 더 복잡하게 만들어 놓기 때문이다.

6. 절이 바뀔 때마다 독자의 편의를 위하여 한 줄씩 떼어놓아 눈의 피로를 덜도록 했다.

7. 본 주해를 집필하는 데 취한 순서는 먼저 개요를 쓰고, 다음 한절 한절을 주해했다. 그리고 실생활을 위하여 적용을 시도했다.

8. 매절(every verse)을 주해할 때 히브리어 원어의 어순을 따르지 않고 한글 개역개정판 성경의 어순(語順)을 따랐다. 이유는 우리의 독자들을 위해야 했기 때문이다.

9. 구약 원어 히브리어는 주해에 필요한 때에만 인용했다.

10. 소위 자유주의자의 주석이나 주해 또는 강해는 개혁주의 입장에 맞는 것만 참고했다.

11. 주해의 흐름을 거스르는 말은 각주(footnote)로 처리했다.

12. 본 주해는 성경학자들과 목회자를 위하여 집필했지만 일반 성도들도 얼마든지 이해할 수 있도록 평이하게 집필했다. 특히 남북통일이 되는 날 북한 주민들도 읽고 이해할 수 있도록 가능한 쉽게 집필했다.

13. 영어 번역이 필요할 경우는 English Standard Version(ESV)을 인용했다. 그러나 때로는 RSV(1946-52년의 개정표준역)나 NIV(new international version)나 다른 번역판들(NASB 등)을 인용하기도 했다.

14. 틀린 듯이 보이는 다른 학자의 주석을 반박할 때는 "혹자는"이라고 말했고 그 학자의 이름은 기재하지 않았다. 그러나 단지 필자와 다른 견해를 제시하는 학자의 이름은 기재했다.

15. 성경 본문에서 벗어난 해석들이나 주장들을 반박할 때는 간단히 했다. 너무 많은 지면을 쓰는 것은 바람직하지 않고 독자들을 피곤하게 만들기 때문이다.

16. 성경 장절(Bible references)을 빨리 알아볼 수 있도록 매절마다 장절을 표기했다(예: 창 1:1; 출 1:1; 레 1:1; 민 1:1 등).

17. 가능한 한 성경 장절을 많이 넣어 주해 사용자들의 편의를 도모했다.

18. 필자가 주해하고 있는 성경 책명 약자는 기재하지 않았다(예: 1:1; 출 1:1; 막 1:1; 눅 1:1; 요 1:1; 롬 1:1 등). 제일 앞의 1:1은 욥기 1장 1절이란 뜻이다.

19. 신구약 성경을 지칭할 때는 '성서'라는 낱말을 사용하지 않고 줄곧 '성경'이라는 용어를 사용했다. '성서'라는 용어는 다른 경건 서적에도 붙일 수 있는 용어이므로 반드시 '성경'이라는 용어를 사용했다.

20. 목회자들의 성경공부 준비와 설교 작성을 염두에 두고 집필했다.

21. QT에도 적절하게 사용할 수 있도록 주해했다.

22. 가정 예배의 교재로 사용할 수 있도록 쉽게 집필했다.

23. 오늘날 믿음을 잃은 수많은 젊은이들이 주님 앞으로 돌아오기를 바라면서 주해를 집필하고 있다.

히브리서 주해

Exposition of Hebrews

■ 총 론

히브리서의 저자는 누구인가

히브리서의 저자가 누구인지 아무도 분명하게 말하지 못한다. 이유는
히브리서에 누가 저자라는 것을 말하지 않았고 또 암시도 없기 때문이다.
다만 누구일 것이라고 추측할 뿐인데 그 추측도 어느 한 두 사람에 집중하지
못하고 많은 사람이 열거된다. 히브리서의 저자가 누구냐를 말하기 위해
본서에 대한 역사적인 외증(外證)을 먼저 말하고 다음 내증을 살필 것이다.

- 외증 (外證):

1) 본서를 가장 먼저 인용한 사람은 로마의 클레멘트(Clement of Rome)였
다. 그는 고린도에 보낸 그의 편지에서 히 1:3-4(그의 편지 36장에서)과
히 11:37(그의 편지 17장에서)을 문자적으로 인용했다.

2) 폴리캅(Polycarp, AD 69-154)은 예수님을 "우리의 영원한 대제사장"(그
의 고린도편지 12장에서)이라 불렀고, 순교자 져스틴(Justin Martyre)과 알
렉산드리아의   디오니시우스(Dionysius),   안디옥의   데오필루스
(Theophilus), 로마의 히폴리투스(Hippolytus)도 본서를 암시했고 바울 저작
설을 옹호했다.[1]

3) 판테누스(Pantaenus, 알렉산드리아 교회의 신학교장)는 본서의 바울 저작

---

1) 도날드 해그너(Donald A. Hagner)는 "흠정역(KJV)에서 본 서신의 제목으로 발견되는
'히브리인들에게 보내는 바울의 서신'이라는 표제는 히브리서 본문의 본래의 부분이 아니라
후대 교회에 의해 추가된 기록이다"라고 말한다(*히브리서 총론: Encountering the Book of
Hebrews*. 이창국역, 서울: 크리스챤출판사, 2005. p. 5.)

권을 주장했고 그의 제자였던 알렉산드리아의 클레멘트(Clement of Alexandria)도 역시 본서의 바울 저작권을 주장했다. 클레멘트의 제자 오리겐(Origen)도 역시 바울 저작 설을 인정하는 듯이 말했다.

4) 교회 역사가 유세비우스(Eusebius)는 바울이 본서를 히브리어로 썼다고 말했다(로마의 클레멘트가 이를 헬라어로 번역했다고 말했다). 유세비어스는 본서를 바울이 저작했다고 단정했고(H. E. iii. 38) 바울의 제 14권으로 간주했다(H. E. iii.3).

5) 아다나시우스(Athanasius)는 히브리서를 포함하여 바울 서신 14권을 공식적으로 발표했다(이것이 바로 알렉산드리아 학파의 공식입장이 되었다). 그 후 동방교회 그릭 교부들 간에는 바울의 14권이 상식화되기까지 했다.

6) 동방교회만 아니라 서방교회도 역시 히브리서를 바울 저작으로 인정하기에 이르렀다(Jerome). 어거스틴(Augustine, 413)은 그의 "신의 도성"에서 히브리서에 관하여 "대체로 바울의 저작이라 하고, 또 어떤 사람은 이를 반대 한다"는 기록을 남겼다.

7) 제 3차 칼타고 회의(the Council of Carthago III. 397)는 본서를 바울 서신으로 인정했다("바울의 13서신과 같은 저자의 히브리서"라는 글로 남아 있다). 419년의 회의에서는 이 문구는 "바울의 14서신"으로 정정되었고 1546년의 트렌트회의는 본서를 바울 서신으로 재확인했다.

8) 교회개혁시대에 이르러 본서의 바울 저작권은 다시 의심을 받게 되었다. 개혁의 선구자였던 에라스무스(Erasmus, 1466-1536)는 본서의 바울 저작 설을 의심하기에 이르렀고 다른 학자(예를 들어 Cajetan)도 본서의 바울 저작 설을 의심했다. 루터는 처음에는 바울 저작 설을 인정했으나 후에

이를 의심하기에 이르렀고 아볼로설을 주장했다. 멜랑크톤(Melanchton)은
본서를 무명의 저서로 돌렸고 캘빈도 본서를 사도적 권위가 있는 책으로
말하기는 했으나 바울의 저작이라고 말할 수 없다고 했고 오히려 누가가
본서를 썼을 것이라고 생각했다(Institutes, ii. 3, xii. 13). 그러나 스위스의
신앙고백이나 벨기에의 신앙고백 등은 본서를 바울의 저작으로 인정하고
있다.

- 내증 (內證):

1) 바울 설: 바울이 본서를 저작했다는 학설은 알렉산드리아학파에서 대두되
어 동방 기독교회에 영향을 주었고 4세기 말에 서방교회에서 수용하는 입장
이었다. 알렉산드리아의 클레멘트는 그의 저서 "그림 같은 생생한 묘
사"(Hypotyposis)에서 본 서신은 바울이 히브리 사람들을 위해서 히브리어
로 기록한 것이었는데 누가가 그리스 사람들을 위해 이것을 번역하여 출판했
다고 말했다. 그렇게 해서 그는 히브리서와 누가의 작품 사이에 문체의
평이함을 설명하려고 노력했다.[2]

서방교회에서 히브리서를 바울의 작품으로 받아드리는 쪽으로 기울어진
사람은 제롬(Jerome)과 어거스틴(Augustine)이었는데 이것은 본서가 문학
적인 비평에서 그렇다고 확신해서가 아니라 실제적인 문제로서 그 정경성이
본서의 사도적 권위를 믿는 신앙심과 결부되었기 때문이었다. 어거스틴은
"나는 오히려 본서도 정경 가운데 포함시키고 있는 동방교회의 위광(威光)에
감동을 받고 있다"고 말했다.[3]

교회개혁시대에 들어서는 반대의 분위기가 더 짙어지게 되었다.[4] 바울

---

2) 브루스(F. F. Bruce), 히브리서 17, 성경주석, 뉴인터내셔널, 이장림역. 서울: 생명의 말씀사,
p. 36.
3) Ibid., p. 38.
4) 바울 저작설을 인정한다는 것은 아무래도 부적절하다고 보인다. 도날드 해그너(Donald
Hagner)는 "신약에 나오는 모든 바울 서신들은 저자에 대한 명확한 언급으로 시작한다. 이와
대조적으로 히브리서는 익명으로 되어 있다. 게다가 익명의 히브리서 저자는 주님의 말씀을
직접 들은 자들로부터 자신을 분리시키는데 이러한 경우는 바울의 경우와는 확실히 다르다(갈

설은 내증에 있어 (1) 본서 저자는 자신의 이름을 서신 전체에서 한 번도 말하지 않는다는 특이한 점에 의하여 바울 설에 무게를 둘 수 없다. 왜냐하면 바울은 다른 서신들에 있어서는 자신의 이름을 밝혔기 때문이다. (2) 본서는 신약에서 가장 유창한 헬라어로 기록되어 있다는 점에서 바울 저작으로 보기에 약간 난점이 있다. 바울은 다른 바울 서신에서 히브리어의 흔적이 남아 있다. (3) 바울은 그의 서신에서 그리스도의 대제사장직을 강조하지 않았는데 본서에서는 그리스도의 대제사장직을 아주 많이 강조하고 있다. (4) 2:3("이 구원은 처음에 주로 말씀 하신 바요 들은 자들이 우리에게 전한 바니")에 의하면 저자는 직접 계시에 의해서 본서를 저술한 것이 아니라 누구에게서 들은 것을 토대로 해서 본서를 기록한 것으로 말한다. 바울은 직접 계시에 의해서 그의 서신들을 기록했다. 그러나 19세기 신학자 존 브라운(John Brown, 1738-1858)은 "비록 절대적으로 확실한 것은 아니지만 나는 이 서신이 바울 사도에 의해 기록되었다는 것은 실로 틀림이 없을 것으로 생각하기에 이르렀다"고 말한다.[5]

2) 바나바 설: 이 설은 최초에 터툴리안(Tertullian)이 제창했다. 터툴리안은 본서의 저자인 바나바의 명성 때문에 본서가 허마스의 목자(The Shepherd of Hermas)보다 더 큰 권위를 지니고 있다고 호소했다. 터툴리안은 자기 자신의 개인적인 판단은 표명하지 않았지만 이것이 마치 자기 주변에서 공히 인정된 저작설인 것처럼 바나바를 본서의 저자라고 말하고 있다. 근대에 들어와 많은 학자들이 이를 지지하고 있다. 바나바 저작을 주장하는 근거는 다음과 같다. (1) 바나바는 레위인이었으므로 본서에 자세히 기록된 구약의 제사 제도를 잘 기록할 수가 있었다. (2) 바나바는 유대인과 이방인에게 신임을 받는 인물이었으므로 본서의 저작자로 적격이었다. (3) 바울과

1:12). 또 히브리서의 헬라어-신약에서 가장 우아함-는 바울의 것과는 다르다...바울 저작에 대한 가장 의미 있는 반대 논의는 히브리서와 바울 서신들 사이에 존재하는 수많은 주요 신학적 차이점들을 포함하고 있다는 점이다"라고 주장한다. *히브리서총론*, p. 7.

5) 존 브라운, *히브리서 (상)*,, 성경주석, 김유배옮김, 서울: 아가페출판사, 1985, p. 26.

가까운 동역자였으므로 바울의 사상적 영향을 받을 수 있어서 본서의 저작자로 지목되기에 안성맞춤이었다. (4) 바나바는 구브로 태생의 레위인이었으므로(행 4:36) 헬라어에 능통한 사람이니 본서(헬라어가 유창한 책임)를 저작하기에 적격의 사람이었다. 바나바 설은 내증으로 보아서는 아주 잘 맞으나 외증에서 문제가 있다는 점이 약점이다. 외증에서는 아무도 본서를 바나바의 저작으로 돌리는 사람이 없다.

3) 아볼로 설: 루터나 현대의 많은 학자들이 지지하고 있다(Luther, De Wette, Tholuck, W. F. Howard, C. Spicq 등). 사도행전 18:24에 의하면 아볼로는 알렉산드리아 태생으로 학문에 능하고 성경 지식이 풍부한 사람이었다. 아볼로는 알렉산드리아의 헬라 사상과 구약 성경지식이 풍부하였으므로 본서의 저작자 되기에 아주 적격의 사람이었다. 아볼로가 본서의 저작자라는 외증이 없고 또 그가 성경지식에는 능했으나 성령의 역사에 대해서는 약한 사람으로서 본서를 쓰기에는 적격한 사람으로 보이지는 않는다.

4) 브리스길라와 아굴라 설: 이 설은 하르낙(A. Harnack)이 제창한 이래 동조자들을 가지게 되었다. 주장의 근거는 (1) 이 부부는 성경에 능했던 아볼로를 가르칠 수 있었던 사람이라는 점(행 18:26-28). (2) 교회의 일에 열심이 많았다는 점(행 18:2-3). (3) 본서에는 "우리"라는 낱말이 자주 등장하는 것을 보면 저자는 한 사람이 아니라 두 사람이라는 것이 확실하다는 점(3:6; 10:30 등). (4) 이 부부는 디모데와 친숙했으므로(딤후 4:19) 본서 중 디모데에 관한 기사를 쓸 수 있었다고 보는 점(13:23) 등이 꼽힌다.
　　아무튼 히브리서의 저자가 누구냐 하는 것은 알기 어려운 미궁에 속한 일이다. 바울 저작 설은 중세기의 긴 역사를 통해 무조건 신봉되었으나 근대에 와서 무너지고 현대에 와서는 바울이 기록했다고 믿는 사람이 별로 없게 되었다. 아마도 이 문제는 풀리지 않은 채 우리는 그리스도의 재림을 맞이해야 할 것으로 보인다. 다만 저자가 바울이라고 누가 말해도 항의할 수 없는 사항으로 양해해야 할 것이다.

본서는 누구에게 보내졌는가

글은 반드시 누구에게 보내지든지 아니면 누구로 하여금 읽혀지도록 기록되었다. 그렇다면 본서는 어느 곳에 보내졌는가.

1) 로마설: 많은 학자들(Westein, Alford, Zahn, Nestle, A. Harnack, Moffat, Goodspeed, McNeile, William Manson)은 본서가 로마에 보내졌다고 주장한다. 이유는 본서를 최초로 인용한 사람이 로마의 클레멘트(Clement of Rome, 96년 경)였다는 점, "이탈리야"에서 온 자들이 문안 했다는 점(13:24), 저자가 (로마에) 돌아가려고 했다는 점(13:19), 디모데에 대한 관심을 표명한 것(13:23) 등을 들 수 있다.

2) 예루살렘 설: 몇몇 학자들(Westcott, Ramsay, C. H. Turner, Thiessen)은 본서가 예루살렘으로 보내졌다고 믿고 있다. 주장의 근거는 본서의 내용이 주로 예루살렘 성전에 관한 것이라는 점, 13:12의 "성문 밖에서"도 예루살렘 성문을 가리킨다는 점 등을 들 수 있다.

3) 헬리니스트 설: 존 브라운(John Brown)은 "본 서신은 명백히 특별한 교회 혹은 같은 나라 안에 있는 일단의 교회들을 위해 썼던 것이므로, 추정 가능한 결론은 본 서신이 주로 예루살렘에 있는 교회, 혹은 유대 지역에 있는 교회들을 위해 기록되었다"고 말한다.[6]

브루스(F. F. Bruce)는 히브리서의 저자는 본 서신을 헬라어를 아는 헬리니스트(헬라어를 아는 유대인들)에게 보낸 것으로 추정한다. 브루스(Bruce)는 "수신자는 예수님을 직접 보거나 그의 말씀을 듣지

---

6) 존 브라운, 히브리서 (상), p. 27.

못했지만 예수님의 말씀을 직접 들은 어떤 사람들의 가르침을 받아 예수님을 알고 있었던 유대인 그리스도인의 집단이었던 것 같다"고 말한다.7)

4) 사마리아 설: 보우만(J. W. Bowman)은 어쩌면 사마리아 지방의 수가가 본 서신의 수신 집단이라고 보았다.

5) 알렉산드리아 설: 본서의 구약 인용이 전적으로 알렉산드리아의 산물인 70인 역에 의존한 점, 또 본서의 사상이 알렉산드리아의 헬리니즘에 깊이 근거한 점 등을 든다(J. E. C. Schmidt, A, Hilgenfeld, S. Davison, G. Hoennicke, C. J. Cadoux, S. G. F. Brandon). 그러나 이런 증거들 때문에 본서가 알렉산드리라에 보내졌을 것이라고 주장하는 것은 주장의 근거가 너무 약한 것으로 보인다.

6) 안디옥 설: 유대교와 그리스도교의 마찰이 안디옥에서 가장 심했기에 안디옥의 신자들이 70인 역을 읽었을 것이라는 추측 때문에 안디옥 설이 대두되었다. 그러나 이런 추측은 결국 추측에 지나지 않는다.
　수신자가 누구냐 하는 점도 역시 저자 문제나 마찬가지로 딱 집어 말하기가 어렵다. 다만 본서에 "너희"라는 말이 많이 나오는 것을 감안할 때 어느 단체에 보내졌을 것이라는 주장이 대두된다. 더욱 그 단체는 이 편지가 보내질 무렵 아주 모이기를 게을리 하는 형편에 있었음이 틀림없고(10:25), 인도자들에 대하여 순종을 게을리 하는 단체인 것 같다(13:7, 17). 그렇다면 그 교회는 비교적 일찍이 세워진 교회로 보인다. 교회가 세워져서 세월이 지나면 사람들이 해이해져서 모이기를 폐하고 또 지도자에 대한 순종이 약해지니 말이다.

---

7) F. F. 브루스, *히브리서*, 17, p. 29.

본서는 어느 때에 기록되었는가

본서의 저작 연대를 알아보는 것은 저자 문제나 수신자 문제를 알아보는 것보다는 쉬운 일로 보인다. 이유는 (1) 외증(AD 96년 경에 로마의 클레멘트가 본서의 원문에 가까운 것을 인용한 것)과 내증("이 구원은 처음에 주로 말씀하신 바요 들은 자들이 우리에게 확증한 바니")을 참작하면 본서의 기록연대는 1세기가 된다. (2) 본서에 제사법전에 대한 기사가 많으므로 (8:1ff; 9:6, 9; 10:1ff; 13:10ff) 예루살렘 성전이 무너지기(주후 70년) 전 본서가 기록 되었을 것이다. (3) 본서에 박해의 기사가 많은 것(10:32-39)을 볼 때 로마 황제들의 박해 시 기록되었을 것이다. 로마 황제들의 박해는 여러 번 있었는데 그 중에도 주후 70년 이전의 박해 당시를 고려해야 할 것이다. 아마도 글라우디오의 유대인 추방령 때(49년 경), 네로 황제의 박해 때(65년 경), 예루살렘 함락 때의 위기 때(주후 68-70년)에 기록되었을 것이다. (4) 본서가 바울 서신의 영향을 많이 받은 것을 인정한다면 바울 서신 이후에 기록되었을 것이다. 위와 같은 조건들을 감안하여 볼 때 64년 조금 전(Bruce, Hagner), 64년-67년 설(Westcott), 67년-69년 설(Thiessen, Clarke), 68년-70년 설(Alford) 등이 설득력이 있을 것이다.

본서는 어느 곳에서 저작 되었는가

본서가 어디에서 저작되었을까를 두고 학자들은 너무 애매함을 느껴 다루지 않는 수가 많다. 필자도 가능성만 추측할 뿐이다.

1) 로마 설: 로마 설은 본서의 박해가 주로 로마 근처에서 이루어졌을 것이라는 추측과 또 13:24의 "이탈리야에서 온 자들"이라는 기사 때문에 본서의 기록 장소를 로마로 잡는다.

2) 예루살렘 설: 본서의 제사 법전 기사는 예루살렘 성전에서 이루어졌으므로 저자가 본서를 예루살렘 부근에서 기록했을 것이라고 추측하게

된 것이다.

3) 알렉산드리아 설: 저자가 본서를 기록할 때 완전히 70인 역을 사용했다는 점을 들어 알렉산드리아에서 본서를 기록했다고 보는 것이다. 이상의 몇 가지 학설을 고찰할 때 모든 설들은 추측의 범위를 넘지 못한다. 우리가 무슨 결정적인 것을 발견하기까지는 그냥 이대로 두어야 할 것이다.

본서의 저작 동기와 목적은 무엇인가

본서 저작의 동기와 목적은 본문에서 저자가 가장 주장하는 것이 무엇임을 발견할 때 쉽게 진단할 수 있다. 즉 본서의 저자는 본서 안에서 그리스도의 우월성을 많이 주장하고 있음(1:1-18:18)을 볼 때 그리스도를 배신하는 자들에게 경고하기 위해서(10:19-12:29) 본서를 기록했다고 볼 수 있다. 히브리서는 예수 그리스도 안에서 하나님께서 하신 일의 최고의 우월성과 궁극성을 설명하고자 의도하고 있다고 볼 수 있다. 본서의 수신자들은 처음에 주님의 제자들로부터 복음을 받아 잘 순종하고 신앙의 싸움을 잘 싸웠으나 세월이 가면서 인도자들이 별세하거나 아니면 교회 안에 유대교의 침투를 막지 못해 그리스도의 우월성을 의심하게 되었고 또 밖으로부터 오는 박해 때문에 죽음의 위협을 받게 되어(2:15; 12:4) 그들은 하나님께 대한 신앙을 버리고 (3:12), 주님의 재림도 믿지 않았으며(9:28; 10:37), 죄를 짓는 데까지 이르렀다(10:26). 히브리서 저자는 이에 수신자들의 신앙을 위하여 본서를 저술했다. 사실 신앙을 위한 경계는 그때만 아니라 오늘도 여전히 필요한 것은 사실이다.

본서는 정경에 포함되어 있는가

1) 히브리서는 2세기의 한 편집자에 의해 "바울 서간집"(Corpus Paulinum)으로 편집되었을 때 처음으로 어느 정도 정경으로 인정받게 되었다. 이때부터 본서의 정경성에 대해서는 알렉산드리아에서 의심받지

않았다(Pantaenus, Clement, Origen, Dionysius, Theognostus, Peter Martyr, Alexander, Athanasius 등은 한결같이 자기들 교회의 전통을 증언하고 있다).

2) 시리아도 알렉산드리아의 선례를 따랐다. 가이사랴의 유세비우스는 본서를 "공인된" 책 가운데 포함시키고 있다. 그리고 에프라임(Ephrem, 300-373년 경) 때부터 시리아의 교부들은 본서의 정경성과 사도적 성격이 그들 지역에서는 의심의 여지가 없다는 것을 확실하게 밝히고 있다.[8] 3) 서방교회에서는 본서를 정경으로 인정하는 것이 동방교회보다 늦었다. 로마의 클레멘트는 그의 편지에서 히브리서가 정경이나 사도적인 것으로 간주되었다는 암시가 전혀 없다. 로마의 가이우스(Gaius)는 명백하게 본서를 사도들이 쓴 것으로 취급하지 않았고 따라서 정경으로 취급하지 않았다. 이레니우스나 히폴리투스도 마찬가지였다. 그러나 궁극적으로 정경성과 저자문제에 대한 알렉산드리아의 입장이 서방에서 통하게 되었다. 히포 회의(393년)와 제3차 칼타고 회의(397년), 제 6차 칼타고 회의(419년)에서 본서가 정경으로 포함되었다. 4) 교회 개혁 당시 루터는 제 2 정경 위치라 할 수 있는 것을 본서에 부여했다. 그리고 캘빈은 바울이 결코 본서의 저자가 될 수 없다는 것을 확인하면서도 본서의 권위를 높이 평가했다. 오늘날도 역시 본서는 그리스도가 율법의 마침이라는 것을 충분히 인정하고 있으므로 정경으로 인정하는 것을 꺼리지 말아야 할 것이다.

본서와 구약 성경의 관계는 어떠한가

본서의 저자에게 구약 성경은 시종일관 신탁(信託)이었다. 히브리서 저자는 시 110:4("너는 멜기세덱의 서열을 따라 영원한 제사장이라")과 같은 말씀을 그대로 인용했다. 그리고 이렇게 하나님께서 직접 하신 말씀 말고

---

8) 브루스(F. F. Bruce), *히브리서*, 17, p. 46.

다른 저자가 말한 말씀도 역시 하나님이 말씀하신 것으로 취급한다. 시 104:4("바람을 자기 사신으로 삼으시고 불꽃으로 자기 사역자를 삼으시며")을 1:7에 하나님의 말씀으로 인용했고, 시 45:6("하나님이여 주의 보좌는 영원하며 주의 나라의 규는 공평한 규이니이다")을 1:8에 인용했으며, 시 102:25-27을 1:10-12에 인용했고, 시 40:6-8에 기록된 성별과 순종에 대한 시편 기자의 말은 "그가 세상에 임하실 때에" 메시아가 한 말로 되어 있다 (10:5-7).

히브리서 저자의 논증 가운데 많은 뼈대를 이루고 있는 것은 시편이다. 1장에는 시편 2, 104, 45, 102, 110편이 인용되고 있고, 2장에는 시 8:4-6, 3장과 4장에는 시편 95:7-11, 5:6이하와 6:20이하에는 시편 110:4, 그리고 10장에는 시편 40:6-8이 인용되어 있다.

히브리서와 복음은 어떤 관계에 있는가

히브리서 저자가 많은 구약성경 말씀을 주석하는 목적은 사람들을 하나님께 인도하는 길이 되신 그리스도와 접붙여주기 위해서다. 본서의 저자는 인격과 사역에 있어서 그리스도의 우월성을 계속해서 확증하고 있다.

본서 저자에게는 그리스도야 말로 그 이전에 있었던 하나님의 모든 종들과 선지자들보다 위대하다. 그리스도는 다른 종들과 모세보다 위대하시고 천사들보다 위대하시다. 본서에서 강조되고 있는 것은 그리스도의 제사장 직분이다. 본서 저자의 제사장적 기독론은 구약성경에 근거를 두고 있다. 저자는 자기 백성의 실질적인 대제사장이 될 수 있는 예수님의 자격을 되풀이해서 강조하고 있다. 예수님은 "거룩하고 악이 없고 더러움이 없고 죄인에게서 떠나 계시고 하늘보다 높이 되신 분"이시다(7:26). 예수님은 자기 백성과 마찬가지로 "우리와 똑같이 시험을 받으신 이로되 죄는 없으시다"(4:15). 예수님에 대한 이와 같은 말씀은 복음서의 증거와 일치한다. 눅 22:32에서 예수님은 베드로의 믿음이 떨어지지 않도록 기도하신다. 그리고 요 17장에서 자기 백성들을 위해 기도하고 계신다.

그리스도의 대제사장직은 아론의 대를 이은 제사장직보다 나을 뿐만 아니라 그들의 것과는 전적으로 다른 부류에 속한다는 것을 보여주기 위하여 여러 종류의 논증을 들고 있다. 그리스도의 제사장직은 이전의 그 어떤 것보다도 더 나은 희생과 관련되어 있으며 레위기의 제사의식에 규정된 것보다 더 나은 성소에서 수행되는 것으로 말한다. 그리스도는 실질적이고도 효과적인 제사, 곧 "자기를 드리는 제사"에 근거하여 그의 제사장 사역을 수행하고 있다(9:26). 그리스도의 제사는 본질적으로 하나님께서 받으실만한 것으로 그치는 것이 아니라 하나님과 함께 그리스도를 자기들의 대제사장으로 모시는 사람들의 마음과 양심을 실제로 깨끗하게 하고(10:10), "예수의 피를 힘입어 성소에 들어갈 담력을 얻게 한다"(10:19).

본서의 저자가 그리스도의 죽음과 높임을 받은 것에 대해서는 그처럼 많이 언급하면서도 부활에 대해서는 별로 언급하지 않은 것은 그리스도의 제사장적인 면을 집중적으로 다루고 있기 때문이다. 구약 시대의 속죄제에 있어서 두 가지 중요한 점은 성소의 뜰에서 피를 흘리는 것과 그 피를 성소 안에서 드리는 것이었다. 실제에 있어서 이 두 가지 중요한 점은 그리스도의 십자가의 죽으심과 그가 하나님 우편에 나타나신 것에 상응하는 것으로 보였다. 이처럼 그리스도의 부활은 일반적으로 사도들의 복음 전파에서 선포된 것처럼 별개의 자리를 차지하고 있다. 아무튼 히브리서는 신약성경에 침입한 하나의 침입자가 아니라 기독교 정경에 아주 적절하고도 불가결한 공헌을 하고 있다고 보아야 할 것이다.

본서의 특징은 무엇인가

히브리서가 신약 성경 중에서는 제일 두드러진 특징이 있다고 보아야 한다. 그 특징을 정리해 보는 것도 무의미한 일은 아니다.

1) 본서의 특징에 대해서는 여러 가지로 말할 수 있는데 그 중에도 레쓰(Ress)가 말한 것이 가장 특이하다. 그는 히브리서는 "수필처럼 시작하고

설교처럼 진행하고 편지처럼 끝맺는다"고 했다. 우리는 본서를 "목회를 위한 설교" 혹은 "권면을 위한 논문"으로 규정지을 수가 있다.

2) 본서의 당당한 논증과 설득력은 대단한 수준이라 해도 틀림없을 것이다.

3) 본서는 유대인을 상대한 글이다. 유대인 상대의 책들(마태복음, 야고보서, 히브리서) 중에서 마태는 예수님을 다윗의 계통을 이은 왕으로, 야고보는 성숙한 성도의 삶과 교회 공동체 안에서의 신앙생활에 대한 윤리적 교훈들이 그리스도께서 직접 주신 교훈들이나 그리스도의 복음에 대한 믿음, 또 종말에 심판주로 재림하실 그리스도에 대한 소망을 근거로 주어지고 있으며, 히브리서는 예수님을 대제사장으로 묘사하고 있다. 히브리서는 구약을 인용함에 있어서도 신약에서 그 유례를 찾아보기 힘들 정도로 독특하다고 할 수 있다.

4) 본서가 바울 서신의 영향을 받은 것은 분명하나 바울 서신의 불규칙한 문장에 비해 아름답고 완벽한 문장이 이어지고 있고 또 바울이 구약을 인용할 때 다양하게 인용하는 반면 본서 저자는 반드시 70인 역을 인용한다는 점이 특이하다.

■ 내용분해

I. 기독교의 궁극성(finality)   1:1-2:18

　　A. 자기 아들 안에서 나타낸 하나님의 마지막 계시   1:1-4

　　B. 천사보다 우월하신 그리스도   1:5-14

　　C. 그리스도를 불순종하지 말라   2:1-4

　　D. 그리스도의 성육신의 의의   2:5-18

　　　　1. 인간이 상실했던 통치권을 회복시키기 위해서다   2:5-9

　　　　2. 많은 아들들을 영광으로 인도하시기 위해서다   2:10-13

　　　　3. 사탄의 세력을 무효화시켜 인간해방을 위해서다   2:14-16

　　　　4. 백성들의 대제사장이 되기 위해서다   2:17-18

　　II. 그리스도는 모세보다 우월하시다   3:1-4:13

　　A. 예수님은 모세보다 위대하시다   3:1-6

　　B. 백성은 모세 아래에서 실패했다   3:7-19

　　C. 하나님의 안식은 잃을 수도 있다   4:1-10

　　D. 하나님의 안식에 들어가기를 힘쓰라   4:11-13

III. 그리스도의 대제사장 직분   4:14-6:20

　　A. 대제사장 직분은 백성에게 큰 격려가 된다   4:14-16

　　B. 대제사장의 자격   5:1-4

　　C. 대제사장 자격을 갖추신 그리스도   5:5-10

　　D. 영적으로 전진함이 필요하다   5:11-14

　　E. 초보로 돌아가서는 안 된다   6:1-8

■ 참고도서

1.김수홍. *그리스도의 말씀이 연합에 미친 영향*. 도서출판 목양, 2011.

2.김수홍. *로마서주해*. 서울: 기독교연합신문사, 2008.

3.김수홍. *옥중서신주해*. 서울: 기독교연합신문사, 2006.

4.레인, 윌리암 L. *47 상, 히브리서 1-8*, WBC, 채천석옮김. 서울: Solomon Christian Press, 2006.

5._____. *47 하 히브리서 9-13*, WBC, 채천석옮김. 서울: Solomon Christian Press, 2007.

6.렌스키, R. C. H. *히브리서, 야고보서*, 성경주석, 진연섭역. 서울: 백합출판사, 1976.

7.로버트슨, A. T. *요한복음, 히브리서*, 신약 원어 대해설. 서울: 요단출판사, 1985.

8.리트핀, A. 두안. *디도서, 빌레몬서, 히브리서, 야고보서*, 두란노 강해 주석 시리즈 28, 김운성외 2인 옮김. 서울: 두란노서원, 1983.

9.박윤선. *히브리서, 공동서신*, 성경주석. 서울: 영음사, 2000.

10.박형용. *히브리서*, 한국성경주석총서. 서울: 도서출판 햇불, 1992.

11.보스, 겔할더스. *히브리서의 교훈*, 김성수옮김. 서울: 도서출판 엠마오, 1984.

12.브라운, 레이먼드. *히브리서강해: 만유 위의 그리스도*, BST시리즈, 김현회옮김. 서울: 한국기독학생회출판부, 2000.

13.브라운, 존. *히브리* (상). 존 브라운 성경주석, 김유배옮김. 서울: 아가페출판사, 1985.

14._____. *히브리* (하) 존 브라운 성경주석, 김창엽, 한영옥 옮김. 서울: 아가페출판사 1986.

15.브루스, F. F. *히브리서 17*, 성경주석, 뉴인터내셔널, 이장림역. 서울: 생명의 말씀사, 1994.

16.옥스퍼드원어성경대전. *히브리서 제 1-7장*. 제자원과 바이블네트, 2002.

17._____. *히브리서 제 8-13장*. 제자원과 바이블네트, 2002.

18.이상근. *갈라디아, 히브리서*, 신약주해. 대구: 대한예수교장로회 총회교유부, 1991.

19.이순한. *히브리서강해*. 서울: 한국기독교교육연구원, 1991.

20.존슨, 윌리엄. 11. *히브리서*, 웨스트민스터 신약강해, 안효선역. 서울: 에스라서원, 1999.

21.토마스 D. 리. *Main Idea로 푸는 히브리서, 야고보서*, 마영례옮김. 서울: 도서출판 디모데, 1999.

22.칼빈, 존. *히브리서, 베드로전후서, 골로새서, 빌레몬서*, 성경주석 10. 서울: 성서교재간행사, 1995.

23.해그너, A. 도날드. *히브리서총론: Encountering the Book of Hebrews*, 이창국옮김. 서울: 크리스챤 출판사, 2005.

24.헤위트, Thomas. *히브리서주석*, 정일오역, 서울: 기독교문서선교회, 1982.

25.헨리, 매튜. *디모데, 디도, 빌레몬, 히브리, 야고보서*, 성서주석시리즈. 박근용역. 서울: 기독교문사, 1984.

26.휴즈, P. E. *히브리서* (상), 이남종역, 반즈/신구약 성경주석. 서울: 크리스챤서적, 1992.

27._____. *히브리서* (하), 이남종역, 반즈/신구약성경 주석. 서울: 크리스챤서적, 1991.

28.Allen, David L. *Hebrews* Vol. 35. Nashville: B & H Publishing Group, 2010.

29.Attridge, Harold W. *The Epistle to the Hebrews.* Philadelphia: Fortress, 1989.

30.Barclay, William. *The Letter to the Hebrews.* Philadephia: Westminster Press, 1976.

31.Barnes, Albert. *Hebrews, Notes on the New Testament.* Grand Rapids: Baker Book House, 1980.

32.Baxter, J. Sidlow. *Explore the Book.* Grand Rapids: Zondervan Publishing House, 1966.

33.Bowman, George M. *Don't Let Go: An Exposition of Hebrews.* Phillipsburg: Presbyterian and Reformed Publishing Co., 1982.

34.Buchanan, George Wesley. *To the Hebrews,* (The Anchor Bible). Garden City: Doubleday & Company, Inc, 1972.

35.Bullinger, E. W. *Great Cloud of Witness in Hebrew Eleven.* Grand Rapids: Kregel Publications, 1979.

36.Cotton, Harry. *The Epistle to the Hebrews,* The Interpreter's Bible, vol. 11. New York: Abingdon Press, 1955.

37.Edwards, Thomas C. *The Epistle to the Hebrews,* ed. by W. Robertson Nicoll. Grand Rapids: Baker Book House, 1982.

38.Ellingworth, Paul. *Hebrews* (NIGTC). Eerdmans, 1993.

39.Floyd V. Filson. *Yesterday* (Studies in Biblical Theology II, 4). SCM, 1967.

40.George H. Guthrie, *Hebrews* (NIV Application Commentary). Zondervan, 1998.

41.Quanbeck, Warren A. "The Letter to the Hebrews," in *The Interpreter's One-Volume Commentary on the Bible.* Nashville: Abingdon Press, 1980.

42.Gooding, David. *An Unshakable Kingdom: The Letter to the Hebrews for Today.* Grand Rapids: Eerdmans, 1989.

43.Gordon, Robert P. *Hebrews* (Readings), Sheffield, 2000.

44.Gouge, William. *Commentary on Hebrews.* Grand Rapids: Kregel Publications, 1980.

45.Guthrie, Donald. *The Epistle to the Hebrews,* Tyndale New Testament Commentaries. Grand Rapids: Eerdmans, 1988.

46.Guthrie G. George. *The Structure of Hebrews: A Text-Linguistic Ananysis.* Baker, 1998.

47.Hagner, Donald A. *Hebrews* (NIBC). Hendrickson, 1990.

48.Johnson, Luke Thimothy. *Hebrews, A Commentary.* Louisville: Westminster John Knox Press, 1984.

49.Kendrick, A. C. *Galatians-Hebrews,* Lange's Commentary on the Holy Scriptures. vol. 11. Grand Rapids: Zondervan Publishing House,

50.Kaesemann, Ernst. *The Wandering People of God.* Fortress, 1984.

51.Kistemaker, Simon J. *Exposition of the Epistle to the Hebrews,* The New Testament Commentary. Grand Rapids: Baker Book House, 1984.

52.Koester, Craig R. *Hebrews* (Anchor), Doubleday, 2001.

53.Lane, William. *Hebrews* (Word-2 vols.). Word Books, 1998.

54.Lenski, R. C. H. *The Interpretation of the Epistle to the Hebrews and the Epistle of James.* Minnesota: Augsburg Publishing House, 1966.

55.McGee, J. Vernon. *Hebrews, Chapters 1-7,* Nashville: Thomas Nelson Publishers, 1991.

56._____. *Hebrews, Chapters 8-13,* Nashville: Thomas Nelson Publishers, 1991.

57.MacArthur, John. *Hebrews,* The MacArthur New Testament Commentary. Chicago: Moody Press, 1983.

58.Metzger, Bruce M. *The Canon of the New Testament, Its Origen, Development, and Significance,* Oxford: Clarendon Press, 1987.

59.Metzger, Bruce M. *The Text of the New Testament, Its Transmission, Corruption, and Restoration.* 2nd ed. New York and Oxford: Oxford University Press, 1968.

60.Meyer, F. B. *The Way Into the Holiest: Exposition of the Epistle to the Hebrews.* London: Oliphants Blundell House, 1968.

61.Meeter, Harm Henry. *The Heavenly High-Priesthood of Christ.* Eerdmans, 1916.

62.Milligan, Robert. *A Commentary on the Epistle to the Hebrews.* Nashville: Gospel Advocate Company, 1989.

63.Moffatt, James. *A Critical and Exegetical Commentary on the Epistle to the Hebrews.* ICC. Edinburg: T. & T. Clark, 1968.

64.Montefiore, Hugh: *A Commentary on the Epistle to the Hebrews.* New York and Evanston: Harper & Row, Publishers, 1964.

65.Morris, Leon. *Hebrews, James,* The Expositor's Bible Commentary. Grand Rapids: Zondervan Publishing House, 1996.

66.Newport, John P. *The Lion and the Lamb.* Nashville: Broadman Press, 1986.

67.O'Brien, Peter T. *The Letter to the Hebrews.* Grand Rapids: Eerdmans, 2010.

68.Owen, John. *Hebrews: The Epistle of Warning.* Grand Rapids: Kregel Publications, 1985.

69.Pfitzner, V. C. *Hebrews,* Chi Rho Commentary. 서울: 컨콜디아사, 1990.

70.Phillips, John. *Exploring Hebrews.* Neptune: Liszeux Brothers, 1992.

71.Philliphs, Richard D. *Hebrews.* Philiphsburg: P & R Publishing Co., 2006.

72.Pink, Arthur W. *An Exposition of Hebrews.* Grand Rapids: Baker Book House, 1976.

73.Plummer, William S. *Commentary on the Epistle of Paul, the Apostle, to the Hebrews.* New York: Anson D. F. Randolph & Company, 1980.

74.Robinson, Theodore H. *The Epistle to the Hebrews,* The Moffatt New Testament Commentary. London: Hodder and Stoughton, 1933.

75.Ross, Robert W. *The Epistle of Hebrews.* Chicago: Moody Press, 1962.

76.Smith Robert H. *Hebrews,* Augusburg Commentary on the New Testament. Minneapolis: Augusburg Publishing House, 1984.

77.Stedman, Ray C. *Hebrews,* Downers Grove: InterVarsity Press, 1992.

78.Thompson, James W. *Hebrews.* Grand Rapids: Baker Academic, 2008.

79.Trotter, Jr., Andrew H. *Interpreting the Epistle to the Hebrews*. Grand Rapids: Baker Book House, 1997.

80.Vos, Geerhardus. *The Teaching of the Epistle to the Hebrews*. Grand Rapids: Eerdmans, 1956.

81.Westcott, Brooke. F. *The Epistle to the Hebrews*. Grand Rapids: Eerdmans, 1977.

82.Wilson, R. McL. *Hebrews*, New Century Biblel Commentary. Grand Rapids: Wm. B. Eerdmans Publ. Co., 1987.

83.Wiersbe, Warren W. *Be Confident: An Expository Study of the Epistle to the Hebrews*. Wheaton: Victor Books, 1983.

【사전류】

84.Moulton, James Hope and Milligan, George. *The Vocabuluary of the Greek Testament*. Grand Rapids: Wm. B. Eerdmans Publishing Company, 1982.

85.*The Analytical Greek Lexicon with A Grammatical Analysis of Each Word, and Lexicographical Illustration of the Meanings*. New and Evanston: Harper and Row Publishers, n.d.

86.Unger, M. F. *Unger's Bible Dictionary*, Chicago: Moody, 1957.

87.Harrison, Everett F. *Wycliffe Dictionary of Theology*. *Peabody*: Hendrickson Publishers, INC. 1960.

I. 기독교의 궁극성(finality)   1:1-2:18

히브리서의 주제는 그리스도의 궁극성(finality)이다. 히브리서 저자는 하나님께서 구약 시대에 여러 차례 선지자들을 통하여 조상들에게 말씀하셨으나, 신약 시대가 되어 아들을 통하여 성도들에게 말씀하셨음을 선포한다 (1:1-4). 저자는 그리스도는 천사보다(1:5-2:18), 모세보다(3:1-4:13), 구약의 제사장들보다(4:14-10:18) 우월하신 것을 증명한다.

제1장 하나님은 역사의 마지막에 그리스도를 통하여 말씀하시다.

A. 자기 아들 안에서 나타낸 하나님의 마지막 계시   1:1-4

히브리서 저자는 이 부분(1:1-4)에서 히브리서의 주제를 단숨에 선포한다. 저자는 하나님께서 아들을 통하여 마지막으로 말씀하신 것을 기록한다. 이 계시는 최후의 계시로서 다른 계시를 더 기대할 수 없음을 암시하고 있다. 저자는 구약의 계시와 아들을 통한 계시를 대조하여 구약 계시는 여러 번 그리고 여러 종들을 통하여 주신 계시임에 비하여 아들을 통한 계시는 궁극적인 계시로서 완전한 계시임을 논증하고 있다. 저자는 본서를 시작하면서 송신자도 밝히지 않고 수신자도 밝히지 않는다. 무엇보다도 아들의 궁극성을 처음부터 부각시킨다.

히브리서 저자는 이 부분(1-4절)에서 예수님의 3직(職)을 언급하고 있다. 선지자 직("아들을 통하여 우리에게 말씀하셨으니"라는 말씀, 2절), 제사장 직("죄를 정결하게 하는 일을 하시고"라는 말씀, 3절), 왕직("높은 곳에

계신 지극히 크신 이의 우편에 앉으셨느니라"는 말씀, 3절)을 언급하고
있다. 아들 예수님은 히브리서의 중심이다.

**히 1:1. 옛적에 선지자들을 통하여 여러 부분과 여러 모양으로 우리 조상들에
게 말씀하신 하나님이**(Πολυμερῶς καὶ πολυτρόπως πάλαι ὁ θεὸς λαλήσας
τοῖς πατράσιν ἐν τοῖς προφήταις-God, who at sundry times and in
divers manners spake in time past unto the fathers by the prophets-KJV).

히브리서 저자는 하나님께서 "옛적에 선지자들을 통하여 여러 부분과
여러 모양으로 우리 조상들에게 말씀하셨다"고 말한다. 여기 "옛적에"란
'아담으로부터 말라기까지'를 지칭하는 말이다. 하나님은 아담에게도 말씀
하셨고 에녹에게도 말씀하셨으며 아브라함과 모세에게도 말씀하셨고 구약
시대의 마지막 선지자 말라기에게도 말씀하셨다.

히브리서 저자는 하나님께서 옛적에는 "선지자들을 통하여" 말씀하셨다
고 말한다. 모세나 다른 많은 선지자들을 통하여 말씀하셨다는 뜻이다. 저자
는 구약 시대의 아담이나 아브라함, 그리고 시편기자도 모두 선지자 속에
넣고 있다(창 20:7; 신 34:10; 행 2:30).

그리고 저자는 하나님께서 구약 시대에는 "여러 부분과 여러 모양으
로"(Πολυμερῶς καὶ πολυτρόπως) 말씀하셨다고 말한다(민 12:6, 8). "여러
부분"이란 '여러 번'(KJV)을 뜻하는 말로 모세 시대부터 말라기 시대까지
대략 1,000년 이상을 지칭하는 말이다. 그리고 "여러 모양으로"란 '다양한
방법으로'란 뜻으로 말씀하셨다는 뜻이다. 즉 직접적인 예언으로 혹은 표적
이나 역사적 사실 등으로 말씀하시고 꿈이나 교훈이나 시를 통해서 말씀하셨
다는 뜻이다.

그리고 히브리서 저자는 하나님께서 "우리 조상들에게" 말씀하셨다고
말한다. 즉 '유대인들의 조상들에게' 말씀하셨다는 뜻이다. 유대인들의 조상
들에게 말씀하신 구약 성경은 모두 오늘 우리에게 말씀하신 것이다. 하나님
께서는 이렇게 구약 시대에는 여러 차례 그리고 여러 모양으로 선지자들을

통하여 그의 뜻을 계시하셨다.

히 1:2. 이 모든 날 마지막에는 아들을 통하여 우리에게 말씀하셨으니 이 아들을 만유의 상속자로 세우시고 또 그로 말미암아 모든 세계를 지으셨느니 라(ἐπ' ἐσχάτου τῶν ἡμερῶν τούτων ἐλάλησεν ἡμῖν ἐν υἱῷ, ὃν ἔθηκεν κληρονόμον πάντων, δι' οὗ καὶ ἐποίησεν τοὺς αἰῶνας-Hath in these last days spoken unto us by [his] Son, whom he hath appointed heir of all things, by whom also he made the worlds-KJV).

하나님께서는 구약 시대 여러 차례 그리고 여러 방법으로 선지자들을 통해서 그의 뜻을 계시하시다가 신약 시대가 되어서는 아들을 통해서 말씀하셨다고 본 절은 말씀한다. "이 모든 날 마지막에는"(ἐπ' ἐσχάτου τῶν ἡμερῶν τούτων-in these last days)이란 말은 1절의 "옛적에"(in the past)란 말과 대구가 되는 말로 '메시아의 날,' '말세'를 지칭하는 말이다(신 4:30; 행 2:17; 갈 4:4; 딤후 3:1; 약 5:3; 벧전 1:5, 20). 이 "말세"란 말의 배경은 구약 여러 책에 있다(사 2:2; 단 10:14; 호 3:5; 암 9:11; 미 4:1).

히브리서 저자는 하나님께서 메시아의 날 곧 말세에 "아들을 통하여 우리에게 말씀하셨다"고 말한다(2:3; 요 1:17; 15:15).[9] '예수님을 통하여 우리에게 말씀하셨다'는 뜻이다. 구약 시대에는 선지자들을 통하여 말씀해 오신 하나님께서 말세에는 예수님을 통하여 우리에게 단번에 말씀하셨다. 여기 "말씀하셨다"(ἐλάλησεν)는 말은 부정(단순)과거시제로 표현되어 '단번에 말씀하셨다'는 것을 뜻한다. 구약 시대에는 여러 번(여러 차례로 나누어) 말씀하셨으나 메시아의 날에는 예수님을 통하여 단번에 하나님의 뜻을 계시하셨다는 것이다. 선지자들을 통하여 말씀하셨거나 아들을 통하여 말씀

---

9) 히브리서에 나타난바 예수님에게 붙여진 여러 타이틀들: "아들"(1:2; 3:6; 5:8; 7:28), "만유의 후사"(1:2), "구원의 선구자"(2:10), "대제사장"(3:1), "사도"(3:1), "하나님의 아들"(4:14; 6:6; 7:3), "앞서 가신 자"(6:20), "주"(7:14), "더 좋은 언약의 보증"(7:22), "성소와 참 장막에서 섬기시는 이"(8:2), "새 언약의 중보"(9:15; 12:24), "큰 제사장"(10:21), "믿음의 주요 온전하게 하시는 이"(12:2), "양의 큰 목자"(13:20).

하셨거나 우리는 그 말씀을 다 들어야 한다. 다시 말해 구약 성경이나 신약 성경의 말씀에 귀를 기울여야 한다. 이유는 모두 다 하나님께서 말씀하신 것이기 때문이다.

저자는 하나님께서 아들을 통하여 말씀하신 것을 말한 다음 그 아들에 관하여 부연한다. 즉 "이 아들을 만유의 상속자로 세우시고 또 그로 말미암아 모든 세계를 지으셨다"고 말한다(시 2:8; 마 21:38; 28:18; 요 3:35; 롬 8:17). 저자가 아들에 관해서 이렇게 부연하는 이유는 우리에게 말씀하신 아들이 지극히 위대하다는 것을 드러내기 위함이다.

하나님은 그의 아들을 만유의 상속자(상속인, 소유주)로 세우셨다. 아들은 으레 상속자이다. 아들은 자신이 지은 만유를 소유하고 지배하신다. 하나님과 예수님과의 이 관계는 창세 전 원래 존재하던 관계이다. 오늘 우리는 이 아들 예수 그리스도 안에서 만유를 소유하고 있고 또 지배하고 있다(고전 3:22). 우리가 아들을 믿을 때 하나님은 모든 것을 우리에게 은사로 주신다(롬 8:32). 그러나 우리가 아들과 등질 때는 만유는 우리에게 유익의 관계가 아니라 등진 관계가 된다. 이유는 만유는 아들의 것이기 때문이다.

저자는 하나님께서 "그로 말미암아 모든 세계를 지으셨다"고 말한다(요 1:3; 고전 8:6; 골 1:16). 하나님은 아들을 통하여 모든 세계(우주)를 지으셨다(10절; 요 1:3; 골 1:16). 하나님은 모든 세계를 지으실 때 예수님을 대리자로 세우시고("그로 말미암아") 모든 세계를 지으셨다. "모든 세계"란 말은 '모든 세대에 있는 만물'을 뜻하는 말로 하나님은 모든 세대의 만물을 지으실 때 아들의 생각과 뜻을 통해 지으셨다.

히 1:3. 이는 하나님의 영광의 광채시요 그 본체의 형상이시라 그의 능력의 말씀으로 만물을 붙드시며 죄를 정결하게 하는 일을 하시고 높은 곳에 계신 지극히 크신 이의 우편에 앉으셨느니라(ὃς ὢν ἀπαύγασμα τῆς δόξης καὶ χαρακτὴρ τῆς ὑποστάσεως αὐτοῦ, φέρων τε τὰ πάντα τῷ ῥήματι τῆς δυνάμεως αὐτοῦ, καθαρισμὸν τῶν ἁμαρτιῶν ποιησάμενος ἐκάθισεν ἐν δεξιᾷ τῆς μεγαλωσύνης ἐν ὑψηλοῖς-Who being the brightness of [his] glory, and the express image of his person, and upholding all things by the word of his power, when he had by himself purged our sins, sat down on the right hand of the Majesty on high-KJV).

히브리서 저자는 본 절에서 아들에 관하여 다섯 가지를 말한다. 첫째, "이는 하나님의 영광의 광채시라"(ὃς ὢν ἀπαύγασμα τῆς δόξης)고 말한다 (요 1:14; 14:9; 고후 4:4; 골 1:15). 즉 '아들은 하나님의 영광의 광채시라'는 것이다. 아들은 하나님의 영광을 비치시는 광채시라는 뜻이다. 여기 "영광"이란 말은 하나님의 속성을 지칭하는 말로 하나님은 영광스러우시고 완전하시며 엄위하신 것을 뜻하는 말이다. 그리고 "광채시라"는 말은 (달처럼) 반사하는 광채를 뜻하지 않고, 하나님의 영광을 비추시는 광채시라는 뜻이다. 예수님은 "나는 세상의 빛이라"고 하신다(요 8:12). 그는 빛이시고 그에게는 어둠이 전혀 없으시다. 요한 사도는 "말씀이 육신이 되어 우리 가운데 거하시매 우리가 그의 영광을 보니 아버지의 독생자의 영광이요 은혜와 진리가 충만하더라"고 말한다(요 1:14). 예수님께서 하나님의 빛을 반사하는 반사광이라고 말하는 것은 예수님이 누구신지 모른 탓이다. 예수님은 하나님을 그대로 보여주는 말씀(말씀이란 본체를 온전히 그대로 보여주는 존재를 말한다)이시니 예수님께서 친히 빛이심을 알아야 한다.

둘째, "그 본체의 형상이시라"고 말한다. '예수님은 하나님(본체)을 빼닮은 분'이란 뜻이다. "본체"(ὑποστάσεως)란 '실질적 성격' 혹은 '본질'이란 뜻으로 예수님은 하나님의 정확한 재현이시다. 아들은 존재에 있어서 아버지와 똑같으신 분이시다. 그렇다고 해서 두 존재가 완전히 혼돈되어 위(person)가 없어진다는 뜻은 아니다. 두 인격은 따로 존재하면서 두 분이 똑같다는 뜻이다. 그리고 "형상"이란 말은 '원형을 그대로 그린 초상'이란 뜻으로서 예수님은 하나님 존재의 원형을 그대로 그린 초상이시다. 이 말씀도 역시 예수님은 하나님을 그대로 보여주신 말씀이란 말과 같다. 위의 첫 번째 말씀과 두 번째 말씀은 예수님이 어떤 분이신지 그 인격을 말해주는 말이다.

셋째, "그의 능력의 말씀으로 만물을 붙드시며"라고 말한다(요 1:4; 골 1:17; 계 4:11). 본문은 예수님의 사역에 대해 말씀한다. 하나님과 똑같으신 예수님(앞의 두 본문)은 능력의 말씀(ῥήματι)으로 만물을 붙드신다. 말씀(요 1:1)이신 예수님은 그의 능력 있는 말씀으로 우주를 운행하시고 모든 인간사를 섭리하신다(골 1:17). 우리는 그리스도께서 우주의 모든 것을 운행하시고 또 인간의 만사 만건을 주장하시는 것을 믿어야 한다. 실제로 예수님께서는 주장하시지 않는 것이 없고 섭리하지 않으시는 것이 없다. 그러므로 우주 안에 우연이란 존재하지 않는다.

넷째, "죄를 정결하게 하는 일을 하셨다"(καθαρισμὸν τῶν ἁμαρτιῶν ποιησάμενος)고 말한다(7:27; 9:12, 14, 16). 본문도 역시 예수님의 사역에 대해 말한다. 여기 "하셨다"(ποιησάμενος)는 말은 부정(단순)과거 분사 중간태로 죄를 정결하게 하는 일을 결정적으로 하셨다는 뜻이다. 9:28은 "이와 같이 그리스도도 많은 사람의 죄를 담당하시려고 단번에 드리신바 되셨다"고 증언한다. 그리스도는 대제사장으로서 십자가에서 대속의 죽음을 죽으셔서 그의 피로 많은 사람의 죄를 정결하게 하셨다. 누구든지 그리스도께서 십자가에서 죽으신 것이 자기의 죄 때문에 죽으셨다는 것을 믿으면 그의 죄는 정결함을 받는다.

다섯째, "높은 곳에 계신 지극히 크신 이의 우편에 앉으셨다"고 말한다 (8:1; 10:12; 12:2; 시 110:1; 엡 1:20; 벧전 3:22). 본문은 예수님께서 하나님과 똑같으신 분으로 놀라운 사역을 감당하신 후 하나님 우편에 앉으셨다고 말한다. 헬라어 본문에 보면 본문은 바로 앞에 나온 문장과 연결되어 있어서 그리스도의 십자가의 대속의 죽음으로 백성들의 죄를 정결하게 하신 후에 그 결과로 하나님 우편에 앉으신 것을 말하는 것이다. 그리스도는 대속 사역을 감당하신 후 승천하셨다고 성경은 말씀한다(롬 8:34; 엡 1:20; 골 3:1; 계 3:21; 5:12). 본문의 "우편"이란 말과 "앉으셨다"는 말은 문자대로 취해서는 안 되고 상징적으로 보아야 한다. 누구의 우편에 앉는다는 말은 문자대로 오른 편에 앉는다는 뜻이 아니라 어떤 특권을 뜻하는 말이다.

예수님께서 하나님 우편에 앉으셨다는 말은 온 우주를 다스리는 자리에서
우주를 다스리고 계신다는 것을 뜻하는 말이다. 하나님께서는 모든 이름
위에 뛰어난 이름을 예수님에게 주셨다. 빌 2:9-11은 "이러므로 하나님이
그를 지극히 높여 모든 이름 위에 뛰어난 이름을 주사 하늘에 있는 자들과
땅에 있는 자들과 땅 아래 있는 자들로 모든 무릎을 예수의 이름에 꿇게
하시고 모든 입으로 예수 그리스도를 주라 시인하여 하나님 아버지께 영광을
돌리게 하셨느니라"고 증언한다. 예수님은 대속의 사역을 감당하셔서 모든
이름 위에 뛰어난 이름을 얻으셨다.

**히 1:4. 그가 천사보다 훨씬 뛰어남은 그들보다 더욱 아름다운 이름을 기업으
로 얻으심이니(having become as much superior to angels as the name
he has obtained is more excellent than theirs).**

히브리서 저자는 예수 그리스도께서 "천사보다 훨씬 뛰어나시다"고 말
한다. 예수님은 만유의 상속자이시고 우주를 지으신 분이시며(2절), 하나님
과 똑같으신 분이시고 그의 능력의 말씀으로 만물을 운행하시며 죄를 정결하
게 하는 일을 하셨고 따라서 하나님 우편에 앉으신 예수님(3절)은 "천사보다
훨씬 뛰어나시다"는 것이다. 당시 사람들은 천사[10]를 대단한 존재로 알았는
데 히브리서 저자는 예수님께서 천사와 비교도 되지 않을 정도로 훨씬 뛰어
나시다는 것을 밝히고 있다.

그리스도께서 천사보다 훨씬 뛰어나신 것은 바로 그리스도께서 "더욱
아름다운 이름을 기업으로 얻으신" 것을 보면 알 수 있다는 것이다(엡 1:21;
빌 2:9-10). 저자는 예수님께서 "아들"(5절), "하나님"(8절), "주"(8-10절)라
는 이름을 기업으로 얻으셨다고 말한다. 이사야 선지자는 이사야 9:6에서

---

10) "천사": 하늘에 있으면서 주로 하나님께 쓰이는 초자연적, 영적 존재로서, 인격을 가진
사자이다(시 8:5; 히 1:4; 2:7). 천사는 피조물인고로 천사를 예배하는 것은 금지되어 있다(골
2:18; 계 19:10; 22:8-9). 천사를 뜻하는 히브리어 '말라크'는 '사자'(messenger)의 뜻이고, 헬라어
'앙겔로스'(angel)도 같은 뜻이다. 천사가 하는 일(직분)은, 하나님의 뜻을 전하고 혹은 행하는
것으로서, 인간을 보호하고, 지도하며, 형벌을 주기도 한다(창 19:1; 출 3:2).

"이는 한 아기가 우리에게 났고 한 아들을 우리에게 주신 바 되었는데 그의 어깨에는 정사를 메었고 그의 이름은 기묘자라, 모사라, 전능하신 하나님이라, 영존하시는 아버지라, 평강의 왕이라 할 것임이라"고 말한다. 그런가하면 저자는 천사들은 숭배나 존경의 대상이 아니라 오히려 예수님께 경배하는 존재로서(6절), 주님께 바람, 불꽃으로 사용되는 존재라(7절, 14절)고 말한다. 이름을 비교해도 예수님과 천사는 비할 바가 되지도 못한다.

B. 천사보다 우월하신 그리스도   1:5-14

히브리서 저자는 앞(1-4절)에서 하나님이 구약 시대에는 여러 차례에 걸쳐 그리고 여러 가지 방법으로 말씀하시다가 신약 시대가 되어서는 아들을 통하여 단번에 그의 계시를 보인 것을 말했는데 이제 이 부분(5-14절)에 와서는 그리스도께서 천사보다 우월하신 것을 논증한다. 그런데 아들이 천사보다 우월하신 것을 증명함에 있어 저자는 주로 70인 역 구약 성경의 시편 말씀(시 2:7; 삼하 7:14; 시 97:7; 시 104:4; 45:6-7; 102:25-27; 110:1)을 인용하여 증명한다. 저자는 아들이 이름에 있어서나 성육신 후의 사역에 있어서나 천사보다 우월하시다는 것을 증명한다.

히 1:5. 하나님께서 어느 때에 천사 중 누구에게 너는 내 아들이라 오늘 내가 너를 낳았다 하셨으며 또 다시 나는 그에게 아버지가 되고 그는 내게 아들이 되리라 하셨느냐(Τίνι γὰρ εἶπέν ποτε τῶν ἀγγέλων, Υἱός μου εἶ σύ, ἐγὼ σήμερον γεγέννηκά σε καὶ πάλιν, Ἐγὼ ἔσομαι αὐτῷ εἰς πατέρα, καὶ αὐτὸς ἔσται μοι εἰς υἱόν-For unto which of the angels said he at any time, Thou art my Son, this day have I begotten thee? And again, I will be to him a Father, and he shall be to me a Son-KJV).

본 절은 하나님께서 천사들 중 어느 천사에게 아들이라고 부르신 일이 있었느냐, 하나님께서 천사를 낳았다는 말씀을 하신 적이 있었느냐, 또 하나

님께서 천사에게 아버지가 되신다고 하신 적이 있었느냐, 천사가 장래에
하나님의 아들이 될 것이라는 말씀을 하신 적이 있었느냐고 질문하신 것을
기록한다. 그럼으로써 저자는 본 절에서 하나님께서 그런 질문을 천사에게
하신 적이 없으셨다는 것을 매우 강하게 부각시키고 있다.

히브리서 저자는 본 절부터 13절까지 구약 성경 말씀 7군데(시 2:7;
삼하 7:14; 시 97:7; 시 104:4; 45:6-7; 102:25-27; 110:1)를 인용한다. 저자는
본 절에서 구약 성경 두 군데(시편 2:7, 삼하 7:14)를 인용한다. 먼저 시편
2:7(70인 역)을 인용하는데 시편 2:7의 말씀은 하나님께서 다윗과 맺으신
언약의 말씀이다(삼하 7:14 참조). 즉 "너는 내 아들이라 오늘11) 내가 너를
낳았다"이다. 하나님께서 자신이 택하신 왕을 자기의 아들로, 자신을 그
왕의 아비로 선언하신 것은 첫째, 하나님과 그 택하신 왕들 사이에 부자지간
(父子之間)에만 가질 수 있는 친밀감이 있음을 뜻하는 동시에, 둘째, 그
왕의 통치권이 절대적인 신적 권위를 가질 것임을 나타낸다. 여기 부자지간
이란 말은 육적인 부자지간을 뜻하는 말이 아니라 하나님께서 자신이 택하신
자를 왕으로 삼으시고 기름 부으셔서 왕으로 삼으신 것을 뜻한다. 본 절의
말씀은 다윗의 왕위를 계승하는 왕의 즉위식 때 자주 낭송되었다(Hodges).
그러나 본 절의 말씀은 궁극적으로 메시아에 대한 예언이다. 그런고로 바울
사도는 시 2:7을 메시아에게 적용하고 있고(5:5; 행 13:33), 히브리서 저자도
시 2:7을 본 절에서 그리스도에게 적용시키고 있다. 오직 그리스도만이
하나님의 아들이시다. 천사들은 넓은 의미에서 집합적으로만 하나님의 아들
로 불릴 뿐이다(욥 1:6; 38:7).

저자는 삼하 7:14을 인용하고 있다. 즉 "나는 그에게 아버지가 되고

___

11) 여기 "오늘날"이란 말이 예수님의 생애 중에 어느 시기를 의미하느냐를 두고 많은
견해가 있다. 1) 영원 전에 하나님께서 예수님을 나신 것을 뜻한다고 하는 견해. 2) 예수님의
성육신 때를 가리킨다는 견해. 3) 예수님께서 세례 받을 때를 지칭한다는 견해(눅 3:22). 4)
예수님께서 구원하신 때를 지칭한다는 견해(눅 4:21). 5) 예수님께서 부활 승천하신 때를 지칭한
다는 견해 등이 있다(Paul Ellingworth, John Brown, B. F. Westcott, F. F. Bruce, Donald A. Hagner,
William L. Lane. 박윤선). 마지막 견해가 가장 타당한 것으로 보인다(행 13:33; 히 5:5 참조).

그는 내게 아들이 되리라"는 말씀이다(삼하 7:14; 대상 22:10; 28:6; 시 89:26-27). 본 절의 말씀은 다윗이 성전을 건축하려 할 때 하나님은 선지자 나단을 시키셔서 다윗의 아들 솔로몬이 성전을 건축할 것이라고 알려주셨는데 하나님은 솔로몬에게 "나는 그에게 아버지가 되고 그는 내게 아들이 되리라"(Ἐγὼ ἔσομαι αὐτῷ εἰς πατέρα, καὶ αὐτὸς ἔσται μοι εἰς υἱόν)고 하셨다. 이 말씀도 역시 예수 그리스도에게 적용되는 말씀이다. 본문의 "그는"(αὐτὸς)이 강조되어 예수님만이 하나님의 아들이시라는 뜻이다. 즉 아무리 훌륭한 천사라고 해도 천사는 하나님의 독생자가 아니다.

히 1:6. 또 그가 맏아들을 이끌어 세상에 다시 들어오게 하실 때에 하나님의 모든 천사들은 그에게 경배 할지어다 말씀하시며(ὅταν δὲ πάλιν εἰσαγάγῃ τὸν πρωτότοκον εἰς τὴν οἰκουμένην, λέγει, Καὶ προσκυνησάτωσαν αὐτῷ πάντες ἄγγελοι θεοῦ-And again, when he bringeth in the first-begotten into the world, he saith, And let all the angels of God worship him-KJV).

저자는 앞 절(5절)에서 그리스도께서 하나님의 아들 되심을 강조한 반면 본 절에서는 모든 천사들이 하나님의 아들에게 경배할 것을 강조한다. 그러니까 본 절은 예수님께서 하나님의 아들이시고 천사들은 그 아들에게 경배하는 피조물임을 극명하게 드러내고 있다. 그러므로 사실상 유대인들이 그렇게 위대하게 생각하는 천사들조차도 예수님에게 경배할 존재들이라는 것이다.

그런데 천사들이 언제 예수님에게 경배할 것이냐는 것은 본 절 상반절 해석에 달려 있다. 즉 본문의 헬라어 "다시"(πάλιν)란 말을 어디에 두어 해석하느냐에 따라 뜻은 전혀 달라진다. 만일 "다시"란 말을 영국 흠정역(KJV)처럼 "또"라는 말 다음에 두어 "또 다시"라고 번역하면(KJV, NIV, RSV, NRSV, Bleek, Morris, Bruce, Lane, Kistemaker) "다시"란 말이 문장 전체를 수식하게 되어 본 절은 예수님의 초림 때나 재림 때를 구분하지 않게 된다. 그러나 "다시"(πάλιν)란 말을 "들어오게 하실 때에"라는 말 앞에 두어 번역하면 "다시 들어오게 하실 때에"란 말이 되어 예수님의 재림 때를 지칭하게 된다(한글 개역판, 한글 개역개정판, NASB, NKJV, ASV, Michel, Hewitt, Westcott). 두 가지 번역이 다 가능하나 헬라어 본문은 아무래도 후자처럼 번역하는 것이 더 낫다. 그리고 5절의 인용문을 고려할 때 후자의 번역이 더 바른 것으로 보인다.

본문의 "맏아들"(11:28; 12:23; 눅 2:7; 롬 8:29; 골 1:15, 18; 계 1:5)이란 말은 그리스도께서 '만유의 후사'(2절)가 되심을 표현한 말이고 또 하나님의 영적 자녀들의 머리가 되심을 표현한 말이며(롬 8:29), 또 그리스도께서 부활의 첫 열매로서 우리도 장차 그로 말미암아 부활하게 될 터이니 그런 점에서도 맏아들이시라는 말이다(고전 15:20-24). 예수님은 맏아들의 신분 으로 사람들이 사는 세상에 들어오셨다.

저자는 "하나님의 모든 천사들은 그에게 경배 할지어다"(70인 역 신 32:43; 시 97:7b; 벧전 3:22)라고 하나님께서 말씀하신 것을 기록한다. 하나 님은 맏아들이 인간들의 세상에 다시 들어오게 하실 때에 모든 천사들은 그(아들)에게 경배해야 된다고 명령하신다. 천사들 역시 피조물이니 아들에 게 경배해야 하고 또 "구원받을 상속자들"을 섬기도록 명령 받은 것이다(14 절). 따라서 천사는 결코 인간의 경배의 대상이 될 수 없다.

히 1:7. 또 천사들에 관하여는 그는 그의 천사들을 바람으로, 그의 사역자들 을 불꽃으로 삼으시느니라 하셨으되(καὶ πρὸς μὲν τοὺς ἀγγέλους λέγει, Ὁ ποιῶν τοὺς ἀγγέλους αὐτοῦ πνεύματα καὶ τοὺς λειτουργοὺς αὐτοῦ πυρὸς φλόγα-And of the angels he saith, Who maketh his angels spirits, and his ministers a flame of fire-KJV).

저자는 천사들에 관한 말을 또 인용한다(시 104:4). 하나님은 "그(하나 님)의 천사들을 바람으로, 그(하나님)의 사역자들을 불꽃으로 삼으시느니라 고 하셨다"고 말한다. 시편 104편은 자연을 노래하는 시편으로, 유대인들과 초대 기독교인들에게는 잘 알려진 시편이다. 시 104편은 회당 예배 시였던 금요일 저녁과 토요일 아침에 많이 불렸다고 한다(Ernest Werner in Kistemaker). 히브리서 저자는 이 시편을 70인 역(헬라어로 번역한 구약 성경)에서 인용했다. 이유는 "천사들"이라는 낱말이 있기 때문이다. 대부분의 번역판들에는 "천사들"이라는 말이 나타나지 않는다(우리 구약 성경 시 104편에도 천사라는 말이 없다). 우리 한글 성경(시 104:4)에는 "바람을 자기 사신으로 삼으시고 불꽃으로 자기 사역자를 삼으시며"라고 번역되어 있다. 그러나 헬라어 번역판에는 "천사들"이란 말이 두드러지게 나타나 있다. 저자는 천사들이 도움의 역할을 하는 것으로 묘사하고 있다. 그들은 바람이나 번개처럼 하나님의 창조물 중의 하나일 뿐으로서 하나님의 뜻에 완전히 종속하는 입장이다. 천사들은 하반 절에 기록된 것처럼 하나님께서 자유자재로 쓰시는 "사역자들"이라는 것을 보여주고 있다.

히 1:8-9. 아들에 관하여는 하나님이여 주의 보좌는 영영하며 주의 나라의 규는 공평한 규이니이다 주께서 의를 사랑하시고 불법을 미워하셨으니 그러므로 하나님 곧 주의 하나님이 즐거움의 기름을 주께 부어 주를 동류들보다 뛰어나게 하셨도다 하였고(πρὸς δὲ τὸν υἱόν, Ὁ θρόνος σου ὁ θεὸς εἰς τὸν αἰῶνα τοῦ αἰῶνος, καὶ ἡ ῥάβδος τῆς εὐθύτητος ῥάβδος τῆς βασιλείας σου. ἠγάπησας δικαιοσύνην καὶ ἐμίσησας ἀνομίαν· διὰ τοῦτο ἔχρισέν σε ὁ θεὸς ὁ θεός σου ἔλαιον ἀγαλλιάσεως παρὰ τοὺς μετόχους σου).

저자는 앞(7절)에서 천사들이 예수님의 심부름꾼에 지나지 않는다고 말했는데 이 부분(8-9절)에서는 아들 예수님의 우월하심에 관하여 언급한다. 저자는 "아들"을 "하나님"이라고 또 "주"라고 규명한다. 즉 "하나님이여 주의 보좌는 영영하며 주의 나라의 규는 공평한 규이니이다 주께서 의를 사랑하시고 불법을 미워하셨으니 그러므로 하나님 곧 주의 하나님이 즐거움의 기름을 주께 부어 주를 동류들보다 뛰어나게 하셨도다"(시 45:6-7에서 인용한다)라고 말한다.

히브리서 저자는 아들을 "하나님"이라고 밝혀주며 "주"라고 밝힌다. 저자는 "주"(예수님)의 보좌는 영영하다고 말한다. 즉 예수님의 왕권은 영원하다는 것이다. 그리고 "주의 나라의 규는 공평한 규이니이다"라고 말한다. 즉 예수님 나라의 통치는 도덕적이라고 한다. 아주 선하고 옳으시다는 뜻이다. 세상 통치자들의 통치는 부정과 비리로 쌓여 있으나 예수님의 통치행위는 사랑을 바탕으로 하시고 선하다고 하신다. 한 가지도 선하지 않으신 것이 없다.

저자는 "주께서 의를 사랑하시고 불법을 미워하셨다"고 언급한다. 본문의 "의를 사랑하셨다"(ἠγάπησας δικαιοσύνην)는 말은 부정(단순)과거 시제로 예수님께서 십자가에서 대속의 죽음을 죽으신 것을 뜻하고 "불법을 미워하셨다"(ἐμίσησας ἀνομίαν·)는 말도 역시 부정(단순)과거 시제로 예수님께서 사탄을 배격하시고 택함 받은 사람들의 죄를 미워하셔서 대신 짐을 지신 것을 지칭한다.

그런고로 히브리서 저자는 하나님께서 예수님에게 "하나님 곧 주의 하나님이 즐거움의 기름을 주께 부어 주를 동류들보다 뛰어나게 하셨다"고 언급한다(사 61:1; 행 4:27; 10:38). 즉 즐거움의 기름을 예수님께 부어 예수님을 동류들보다 뛰어나게 하셨다고 한다. 본문의 "즐거움의 기름을 주께 부었다"는 말은 '예수님께서 하나님으로부터 우주 통치권을 부여받으신 것'을 뜻한다. 그리고 본문의 "동류들"이란 '천사들'을 지칭한다. 예수님은 그의 공로로 말미암아 하나님으로부터 우주 통치권을 부여 받아 천사들보다 훨씬 뛰어나시게 되셨다. 히브리서 저자는 곳곳에서 예수님의 우월함을 증명한다. 예수님은 하나님이시고 우주를 통치하시는 왕이시고 천사들은 통치를 받는 피조물임을 극명하게 드러내고 있다. 그러므로 우리는 하나님이시며 우주의 왕께 마땅히 또한 절대적으로 경배하고 순종해야 한다.

히 1:10. 또 주여 태초에 주께서 땅의 기초를 두셨으며 하늘도 주의 손으로

지으신 바라(καί, Σὺ κατ᾽ ἀρχάς, κύριε, τὴν γῆν ἐθεμελίωσας, καὶ ἔργα τῶν χειρῶν σού εἰσιν οἱ οὐρανοί).

본 절부터 12절까지는 시 102:25-27의 인용이다. 그 중에서 본 절은 시 102:25의 인용이다. 저자는 본 절에서 예수님을 "주"라고 말씀하고 땅과 하늘의 조성자로 묘사한다. 즉 "주여 태초에 주께서 땅의 기초를 두셨으며 하늘도 주의 손으로 지으신 바라"라고 말한다(시 102:25). 본 절은 2절 하반 절("그로 말미암아 모든 세계를 지으셨다")과 동의 절이다.

본문의 "태초에"란 말은 창 1:1의 "태초에"란 말과 동의어로 예수님께서 천지를 창조하신 때를 말한다. 본문의 첫 단어 "주"란 말은 8절의 "하나님"과 동의어이다. "주"라는 단어는 본서에 16회나 반복되어(1:10; 2:3; 7:14, 21; 8:2, 8, 9, 10, 11; 10:16, 30; 12:5, 6, 14; 13:6, 20) 그리스도의 신성을 강조하고 있다. 예수님은 주님으로서 땅의 기초를 두셨고 하늘도 예수님의 손으로 지으신 것이다(요 1:1-2 참조). 땅이나 하늘이나 주님께서 지으셨는데 천사도 그 피조물 중에 하나라는 논리이다. 본문의 "주의 손으로"란 말은 '주님의 권능으로'란 뜻이다. 주님께서 권능의 말씀으로 우주를 지으신 것을 뜻한다.

히 1:11-12a. 그것들은 멸망할 것이나 오직 주는 영존할 것이요 그것들은 다 옷과 같이 낡아지리니 의복처럼 갈아입을 것이요 그것들은 옷과 같이 변할 것이나(αὐτοὶ ἀπολοῦνται, σὺ δὲ διαμένεις, καὶ πάντες ὡς ἱμάτιον παλαιωθήσονται, καὶ ὡσεὶ περιβόλαιον ἑλίξεις αὐτούς, ὡς ἱμάτιον καὶ ἀλλαγήσονται).

이 부분(11-12a)은 시 102:26의 인용이다. 주님은 영원히 변치 않으시나 예수님께서 만드신 것들은 멸망하고 옷과 같이 낡아지며 의복처럼 갈아입어야 할 것이고 옷과 같이 변할 것이라는 것이다(사 34:4; 51:6; 마 24:35; 벧후 3:7, 10; 계 21:1). 즉 시작이 있는 물질들은 끝이 있게 된다는 뜻이다. 모든 피조물은 다 변한다. 그렇기에 변하지 않으리라고 생각해서는 안 된다.

그러나 예수님은 영원히 변치 않으시는 하나님이시다.

히 1:12b. 주는 여전하여 연대가 다함이 없으리라 하였으나(σὺ δὲ ὁ αὐτὸς εἶ καὶ τὰ ἔτη σου οὐκ ἐκλείψουσιν).

본 절(12절 하반 절)은 시 102:27의 인용이다. 앞(11-12a)에서 저자는 피조 세계가 모두 다 변할 것을 말하고 본 절에서는 예수님은 여전하여 연대가 끝이 없으리라고 말한다. 그렇다. 예수 그리스도는 어제나 오늘이나 영원토록 동일하시다(13:8). 그러므로 영생하는 우리는 영원하신 예수님만을 바라보고 살아야 한다.

히 1:13. 어느 때에 천사 중 누구에게 내가 네 원수로 네 발등상이 되게 하기까지 너는 내 우편에 앉아 있으라 하셨느냐(πρὸς τίνα δὲ τῶν ἀγ-γέλων εἴρηκέν ποτε, Κάθου ἐκ δεξιῶν μου, ἕως ἂν θῶ τοὺς ἐχθρούς σου ὑποπόδιον τῶν ποδῶν σου-But to which of the angels said he at any time, Sit on my right hand, until I make thine enemies thy footstool?).

저자는 마지막 7 번째로 구약 성경(시 110:1)을 인용하여 천사는 메시아가 아니라는 것을 역설한다. 저자는 하나님께서 "어느 때에 천사 중 누구에게 내가 네 원수로 네 발등상이 되게 하기까지 너는 내 우편에 앉아 있으라 하셨느냐"고 말한다(3절; 10:12; 시 110:1; 마 22:44; 막 12:36; 눅 20:42). 하나님께서 '천사들 중에 누구에게 내가 네 원수로 네 발등상이 되게 하기까지 너는 내(하나님) 우편에 앉아 있으라고 하셨느냐,' 즉 이 말의 의도는 하나님께서 그런 말씀을 하신 일이 없었다는 것이다. 하나님께서 예수님에게는 '내가 네 원수로 네 발등상이 되게 하기까지 너는 내(하나님) 우편에 앉아 있으라'고 하셨는데 천사들 중에 그 어느 천사에게라도 이런 말씀을 하지 않으셨다는 것이다. 하나님께서는 천사가 경배의 대상이 아니라는 것을 강조하신다. 시편 110:1은 메시아 예언 시로 예수님도 인용하셨고(마 22:44) 사도들도 인용했다(행 2:35-36; 고전 15:25). 이 메시아 예언은 예수님께서 십자가 대속의 죽음을 죽으시고 부활 승천하셔서 지금 하나님 우편에 계시므로 이루셨고 또 앞으로 예수님께서 최후적으로 재림 하셔서 사탄을 불 못에 넣으시므로 완전히 이루실 것이다. 어떤 천사도 하나님의 우편에 앉도록 초청받지 못했으나 예수님은 지금 하나님 우편에 앉아 계시다.

히 1:14. 모든 천사들은 섬기는 영으로서 구원 받을 상속자들을 위하여 섬기라고 보내심이 아니냐(οὐχὶ πάντες εἰσὶν λειτουργικὰ πνεύματα εἰς διακονίαν ἀποστελλόμενα διὰ τοὺς μέλλοντας κληρονομεῖν σωτηρί-ʹαν-Are they not all ministering spirits, sent forth to minister for them who shall be heirs of salvation?-KJV).

저자는 앞 절(13절)에 이어 본 절에서도 "모든 천사들은 섬기는 영으로서 구원 받을 상속자들을 위하여 섬기라고 보내심"을 받은 존재라고 말한다(창 19:16; 32:1-2, 24; 시 34:7; 91:11; 103:20-21; 단 3:28; 7:10; 10:11; 마 18:10; 눅 1:19; 2:9, 13; 행 12:7; 27:23). 저자는 천사의 직무를 말하여 그리스도와 비교한다. 저자는 천사들은 하나님을 섬기는 영적인 존재라고 말한다. 천사들은 하나님의 법을 선포하고(행 7:53; 갈 3:19; 히 2:2), 하나님 의 백성들에게 하늘의 메시지를 전달하며(사 6:6-7; 단 8:18-19; 9:20-23; 10:12, 14; 눅 1:18-19), 하나님의 백성들의 필요를 채우기 위해 시중들고(왕 상 19:5, 7; 시 91:11-12; 마 18:10; 행 7:38; 12:15; 고전 11:10), 도시와 국가를 수호하는 수호자들로 임명되며(겔 9:1; 단 10:13, 20-21; 11:1; 12:1), 그리스도께서 재림하실 때 택함 받은 자들을 사방에서 모을 것이다(마 24:31; 막 13:27).

예수님은 하나님 우편에 앉으셔서 구원받을 상속자들(성도들)을 위하여 섬기라고 천사들을 보내시는데(롬 8:17; 딛 3:7; 약 2:5; 벧전 3:7), 천사들을 보내시는 예수님과 보냄을 받은 천사들은 천양의 차이가 있다. 따라서 구원

받을 성도들을 섬기도록 보냄을 받은 천사들을 우리가 숭배한다거나 천사들을 위대하게 여겨서는 안 된다. 우리는 오직 그리스도만 높이고 그에게만 영광을 돌려야 한다.

제2장 큰 구원을 이루시는 위대하신 예수 그리스도

C. 그리스도에게 불순종하지 말라   2:1-4

저자는 앞(1:1-14)에서 예수님은 위대하시고 또 천사보다 비교도 할수 없이 크시다고 말하고 따라서 이 부분(1-4절)에서는 그리스도에게 불순종하지 말라고 부탁한다(1절). 천사들에게 불복종한 것도 합당한 보응을 받았으니(2절), 그리스도께 불복하면 그 보응을 피할 수 없다고 말한다(3절). 하나님께서도 여러 가지 방법을 동원하셔서 그리스도께서 이룩하신 구원을 증거 하시니(4절) 아무도 그리스도의 구원을 등한히 해서는 안 된다고 말한다. 이 부분(1-4절)은 히브리서 저자가 그리스도께서 천사보다 위대하심을 말하는 1:5-14과 2:5-18의 내용 사이의 괄호 구 역할을 하고 있다.

히 2:1. 그러므로 우리는 들은 것에 더욱 유념함으로 우리가 흘러 떠내려가지 않도록 함이 마땅하니라(Διὰ τοῦτο δεῖ περισσοτέρως προσέχειν ἡμᾶς τοῖς ἀκουσθεῖσιν, μήποτε παραρυῶμεν-Therefore we ought to give the more earnest heed to the things which we have heard, lest at any time we should let [them] slip-KJV).

저자는 "그러므로," 즉 '그리스도께서 천사보다 위대하신 고로'(1:5-14) "우리는 들은 것에 더욱 유념함으로 우리가 흘러 떠내려가지 않도록 함이 마땅하다"(we must pay the closer attention to what we have heard, lest we drift away from it)고 말한다. 본문의 "들은 것"이란 말은 다음 절과의 관계를 고려할 때 '그리스도로부터 들은 것, 사도들로부터 들은 것, 사도들로부터 들은 자들이 전해 준 것을 들은 것'을 뜻한다(3절). 저자는 "우리는 들은 것에 더욱 유념해야 한다"고 말한다. 이유는 "우리가 흘러 떠내려가지 않아야" 하기 때문이라는 것이다. 저자의 이 말은 '우리가 들은 바로부터 떠내려가지 않아야' 하기 때문이라는 것이다. 우리가 들은 것으로부터 떠내려간다는 것은 바로 구원의 말씀으로부터 떠내려가는 것을 의미한다. 그런고로 저자는 우리가 구원의 말씀으로부터 멀리 떠내려가지 않도록 하는 것이 아주 마땅한 일이라고 말한다. 잠언 3:21(70인 역)은 "내 아들아 완전한 지혜와 근신을 지키고 이것들이 네 눈앞에서 떠나지 말게 하라"고 명령한다. 모세는 이스라엘 백성들에게 그들이 주의해야 할 것을 가르쳤다. 즉 "이스라엘아 들으라 우리 하나님 여호와는 오직 유일한 여호와이시니"라고 했다(신 6:4). 모세는 이스라엘 민족에게 "네 자녀에게 부지런히 가르치며 집에 앉았을 때에든지 길을 갈 때에든지 누워 있을 때에든지 일어날 때에든지 말씀을 강론할 것이며 너는 또 그것을 네 손목에 매어 기호를 삼으며 네 미간에 붙여 표로 삼고 또 네 집 문설주와 바깥문에 기록 할지니라"고 말한다(신 6:7-9). 우리는 주님과 사도들로부터 들은 그리스도의 말씀에 유념하고 그 말씀으로부터 떨어져 나갈까 아주 조심해야 한다.

히 2:2. 천사들을 통하여 하신 말씀이 견고하게 되어 모든 범죄 함과 순종하지 아니한 자들이 공정한 보응을 받았거든(εἰ γὰρ ὁ δι' ἀγγέλων λαληθεὶς λόγος ἐγένετο βέβαιος καὶ πᾶσα παράβασις καὶ παρακοὴ ἔλαβεν ἔνδικον μισθαποδοσίαν-For if the word spoken by angels was stedfast, and every transgression and disobedience received a just recompence of reward-KJV).

본 절 초두에는 이유접속사(γὰρ)가 있어 우리가 주님으로부터 들은 복음의 말씀으로부터 떨어져 나가지 않도록 주의해야 할 이유를 기록하고 있다. 그 이유는 다름 아니라 "천사들을 통하여 하신 말씀이 견고하게 되어 모든 범죄 함과 순종하지 아니한 자들이 공정한 보응을 받았기" 때문이라고 한다

(민 15:30-31; 신 4:3; 17:2, 5, 12; 27:27; 33:2; 시 68:17; 행 7:53; 갈 3:19). '하나님께서 천사들을 통하여 말씀하신 것이 있는데 그 말씀도 견고하므로 당연히 어겨서는 안 되는데 그것을 어겨 결국 불순종한 자들이 있어 그들이 하나님으로부터 의로운 보응을 받았다'는 것이다. 저자는 하나님께서 천사들을 통하여 말씀을 하셨다고 말한다. 하나님은 구약 시대에 시내산에서 천사들을 통하여 이스라엘 백성들에게 율법을 주셨다는 것을 말한다. 스데반은 행 7:53에서 "너희는 천사가 전한 율법을 받고도 지키지 아니하였도다"라고 증언하며, 바울은 갈 3:19에서 "율법은 무엇이냐 범법함으로 더하여진 것이라 천사들을 통하여 한 중보자의 손으로 베푸신 것"이라고 증언한다. 저자는 하나님께서 이렇게 구약 시대에 천사들을 통하여 말씀하신 말씀도 효력이 있어 어길 수 없었고 실제로 그 말씀들을 범한 자들은 아주 정당한(의로운) 보응을 받았다고 말한다. 본문의 "범죄함"(παράβασις)이란 말은 '옆으로 발을 드려놓은 것,' '탈선,' '일탈,' '범죄,' '법을 파괴함'을 뜻한다. 그리고 "순종하지 아니함"(παρακοή)이란 말은 '그릇된 경청,' '불완전한 경청,' '불순종함'을 뜻한다. 그리고 "공정한 보응"이란 말은 '의로운 보응'을 뜻한다. 법을 어기면 하나님으로부터 의로운 보응을 받는다는 뜻이다. 구약 시대 천사들을 통한 말씀을 어겼어도 합당한 징벌을 받았다면 신약 시대를 맞아 그리스도의 말씀을 어기면 틀림없이 벌을 받는다는 것을 말한다.

히 2:3. 우리가 이같이 큰 구원을 등한히 여기면 어찌 그 보응을 피하리요 이 구원은 처음에 주로 말씀하신 바요 들은 자들이 우리에게 확증한 바니 (πῶς ἡμεῖς ἐκφευξόμεθα τηλικαύτης ἀμελήσαντες σωτηρίας, ἥτις ἀρχὴν λαβοῦσα λαλεῖσθαι διὰ τοῦ κυρίου ὑπὸ τῶν ἀκουσάντων εἰς ἡμᾶς ἐβεβαιώθη-How shall we escape, if we neglect so great salvation; which at the first began to be spoken by the Lord, and was confirmed unto us by them that heard [him]-KJV).

저자는 하나님께서 천사들을 통하여 하신 말씀도 권위가 있어 그 법을 어긴 사람들과 불순종한 사람들이 벌을 받았는데(앞 절) "우리가 이같이 큰 구원을 등한히 여기면 어찌 그 보응을 피하리요"라고 말한다(10:28-29; 12:25). 여기 "이같이 큰 구원"이란 본 절 하반 절에 말씀한 "처음에 주로 말씀하신 바요 들은 자들이 우리에게 확증한바"의 구원을 지칭한다(1:2; 마 4:17; 막 1:14). 즉 '예수님께서 말씀하신 것이고 그리고 예수님으로부터 들은 사도들이 우리에게 전한 말씀에 의한 구원'을 지칭한다.

저자는 우리가 예수님이 말씀하신 구원의 말씀과 또 예수님으로부터 들은 사도들로부터 전해들은 자들이 우리에게 전해준 말씀에 의한 구원을 등한히 여기면 어찌 그 징벌을 피할 수 있을 것이냐고 말한다. 저자는 "이 구원은 처음에 주로 말씀하신 바요 들은 자들이 우리에게 확증한바"라고 말한다(눅 1:2). 히브리서 저자는 놀라운 구원은 처음에 주님께서 말씀하신 것이고 또 주님으로부터 들은 사도들로부터 전해들은 자들이 우리에게 말씀 해 주신 것이라고 말한다. 주님께서 말씀하신 구원의 말씀을 등한히 여기는 것은 구약 시대에 천사들을 통하여 시내 산에서 하신 말씀(율법을 지킬 때 사람들은 병으로부터 구원을 얻었고 기근으로부터 구원을 얻었으며 외국 의 압제로부터 구원을 받았다)을 어기는 것보다 더 큰 징벌이 있다고 말씀한 다. 천사들을 통하여 주신 율법을 지킬 때 사람들은 현세적인 고통으로부터 구원을 얻을 수 있었다. 그런데 예수님의 복음을 믿을 때 영육의 구원을 체험하는 것이다.

본 절을 통하여 본서의 저자는 그리스도로부터 직접 말씀을 들은 사도가 아니고 사도들로부터 전해들은 세대 중에 한 사람임을 알 수 있다. 그러니까 본서의 저자는 사도로부터 전해들은 세대 사람들 중 한 사람이라는 것을 알 수 있다.

히 2:4. **하나님도 표적들과 기사들과 여러 가지 능력과 및 자기의 뜻을 따라 성령이 나누어 주신 것으로써 그들과 함께 증언하셨느니라**

(συνεπιμαρτυροῦντος τοῦ θεοῦ σημείοις τε καὶ τέρασιν καὶ ποι-
κίλαις δυνάμεσιν καὶ πνεύματος ἁγίου μερισμοῖς κατὰ τὴν αὐτοῦ
θέλησιν).

저자는 앞(3절)에서 예수님의 말씀과 사도들로부터 전해들은 자들이
말씀한 것을 언급했는데 이제 본 절에서는 하나님께서 우리의 구원을 위해서
행하신 일을 언급한다. 즉 "하나님도 표적들과 기사들과 여러 가지 능력과
및 자기의 뜻을 따라 성령이 나누어 주신 것으로써 그들과 함께 증언하셨
다"(while God also bore witness by signs and wonders and various mira-
cles and by gifts of the Holy Spirit distributed according to his own
will-RSV)고 말한다(막 16:20; 행 14:3; 19:11; 롬 15:18-19; 고전 2:4).
본문의 "하나님도"(God also)란 말은 '그리스도로부터 전한 자들로부터
전해들은 자들(3절)만 아니라 하나님도 역시' 우리의 구원을 위해서 역사하
셨다는 것을 역설하는 말이다. 하나님은 세 가지 일을 행하셨다. 즉 "표적들"
을 주셨고 "기사들"을 주셨으며(출 7:3, 9; 신 4:34; 사 8:18; 단 6:27; 마
24:24; 막 13:22; 요 4:48; 행 2:19, 22, 43, 45; 4:30; 5:12; 6:8; 7:36;
14:3; 15:12; 롬 15:18; 고후 12:12; 살후 2:9) "여러 가지 능력"(마 22:29;
행 8:13; 19:11; 롬 8:38; 15:13; 고전 1:18, 24; 12:10, 28-29; 고후 12:12;
갈 3:5; 히 6:5; 벧전 3:22)을 주셨다. 위에 말한 세 가지는 동일한 것을
말하는 것인데 "표적들"이라고 말한 것은 어떤 이적이 하나님을 보여준다는
뜻에서 표적이라 하고 또 어떤 이적이 사람의 시선을 끈다는 뜻에서 기사라
고 표현하며 또 어떤 이적이 하나님의 능력을 보여준다는 뜻에서 능력이라고
표현한다. 하나님은 여러 가지를 동원하여 사도들이 전한 복음이 확실함을
증언하셨다.

그리고 위의 세 가지보다 마지막 성령의 증언은 더 큰 것이다. 즉
"자기의 뜻을 따라 성령이 나누어 주신 것"(고전 12:4-11; 12:10)으로써
복음을 증언해 주셨다는 것이다. 즉 '하나님의 뜻을 따라 성령을 나누어주
셔서'(엡 1:5, 9) 복음을 증언해 주셨다. 성령을 각 사람에게 나누어주신

것이야 말로 가장 효과적인 증언이다. 다른 것들(표적들, 기사들, 능력들)은 못 받았어도 성령만 받으면 복음을 믿게 되니 가장 효과적인 증언인 셈이다.

D. 그리스도의 성육신의 의의 2:5-18

히브리서 저자는 그리스도께서 천사보다 위대하시다고 말하는 1:5-14과 2:5-18 사이의 괄호 구에 해당하는 1-4절(그리스도의 구원을 가볍게 여기지 말라는 말씀)을 말씀한 다음 이제는 다시 그리스도께서 천사보다 위대하시다는 것을 묘사하는 구절들(5-18절)로 돌아온다. 이 부분은 그리스도께서 왜 천사보다 낮아지셨는가를 설명한다. 그리스도께서 천사보다 낮아지셨던 이유는 첫째, 인간이 상실했던 통치권을 회복하기 위해서라 하고(5-9절), 둘째, 많은 아들들을 영광으로 인도하시기 위해서라 하며(10-13절), 셋째, 사탄의 세력을 무효화시키기 위해서라 하고(14-16절), 넷째, 백성들의 대제사장이 되기 위해서라고 말한다(17-18절).

1. 인간이 상실했던 통치권을 회복시키기 위해서다 2:5-9

저자는 그리스도께서 왜 천사보다 낮아지셨는가를 설명하는 단락(5-18절)에서 그리스도께서 천사보다 낮아지셨던 이유는 첫째, 인간이 상실했던 통치권을 회복하기 위해서라 한다(5-9절).

히 2:5. 하나님이 우리가 말하는바 장차 올 세상을 천사들에게 복종하게 하심이 아니니라(Οὐ γὰρ ἀγγέλοις ὑπέταξεν τὴν οἰκουμένην τὴν μέλλουσαν, περὶ ἧς λαλοῦμεν).

저자는 1:14에서 "모든 천사들은 섬기는 영으로서 구원 받을 상속자들을 위하여 섬기라고 보내심"을 받았다고 증언하고, 괄호 구(1-4절)를 건너뛰고 본 절에 와서 "하나님이 우리가 말하는바 장차 올 세상을 천사들에게 복종하게 하심이 아니니라"고 증언한다. 다시 말해 장차 올 세상은 천사들이 다스리는 것이 아니라 아들이 다스릴 것이라는 말씀이다.

저자는 "하나님께서 장차 올 세상을 천사들에게 복종하게 하지 않으신 다"고 말한다(6:5; 벧후 3:13). 히브리서 독자들의 관념 속에는 천사들이 장차 오는 세상을 통치할 것이라고 생각하지만12) 결코 하나님께서 그렇게 일처리를 하시지 않는다고 말한다. 일반 독자들은 예수님께서 성육신하셔서 비천해지셨고 또 십자가에서 죽으셨으니 예수님께서 장차 올 세상을 통치하 시지 못하고 천사들이 통치할 것이라고 생각할 수 있으나 하나님은 결코 그 천사들에게 내세의 통치권을 맡기지 않으실 것이라고 말씀하신다. 본문의 "우리가 말하는바"라는 말은 '저자가 말하는바'라는 뜻이 아니라 저자를 뺀 '일반 독자들이 말하는바'란 뜻이다. 저자는 일찍이 장차 오는 세상의 통치자가 아들이시라는 사실을 알고 있었다. 저자는 일반 독자들을 대신해서 "우리가 말하는바"라고 말한 것이다.

그리고 "장차 올 세상"이란 '내세'를 지칭하는 말인데(9:11; 10:1; 13:14) 예수님께서 승천하셔서 하나님 우편에 앉아서 통치하시는 때(1:3)부터 시작 되기는 하나 그 완성은 예수님께서 재림하신 후에 올 것이다. 장차 올 세상 사람들의 통치자는 천사들이 아니라 아들이시다.

히 2:6. 그러나 누구인가가 어디서 증언하여 이르되 사람이 무엇이기에 주께서 그를 생각하시며 인자가 무엇이기에 주께서 그를 돌보시나이까 (διεμαρτύρατο δέ πού τις λέγων, Τί ἐστιν ἄνθρωπος ὅτι μιμνήσκῃ αὐτοῦ, ἢ υἱὸς ἀνθρώπου ὅτι ἐπισκέπτῃ αὐτόν).

---

12) 히브리서 저자가 예수님께서 천사들보다 위대하시다는 것을 기록한 이유는 당시 히브리 서의 수신자들이 사해사본을 보관하고 있던 쿰란 공동체의 가르침에 헌신했거나 아니면 크게 영향을 받은 신자들이었기 때문이었을 것이다. 사해사본들에는 천사들의 역할에 대해 많은 내용이 담겨 있는데 이 쿰란공동체는 왕의 역할과 제사장의 역할을 맡을 두 명의 메시아적 인물을 기다리고 있었는데 그 둘이 다 천사장 미가엘에게 종속된다고 믿었다. 다시 말해 쿰란 공동체 사람들은 "장차 오는 세상"이 결국은 천사들의 권위에 종속된다고 생각했다. 그래서 히브리서 저자는 장차 올 세상이 결코 천사들의 소관이 아니라고 주장했다는 것이다(P. Hughes).

저자는 본 절부터 8절 상반 절까지 예수님의 성육신 사건을 말하기 위해 시편 8:4-6의 말씀을 인용하고 있다. 본 절 초두에 "그러나"(δέ)라는 낱말은 문맥을 고려하여 "더구나"로 번역하는 것이 좋을 것이다(Lenski). 저자는 5절에서도 하나님께서 장차 오는 세상 사람들을 천사들에게 복종하게 하지 않으실 것이라고 했는데 저자가 본 절부터 8절 상반 절까지에 걸쳐 시편 8:4-6의 말씀을 인용하여 설명할 때에도 역시 천사는 장차 오는 세상에서 통치권이 없다고 말하기 위해 "더구나," "더욱"이라는 말을 사용한다.

저자는 본 절 초두에 "누구인가가 어디서 증언하여 이르되"라고 말하면서 시편 8:4-6을 인용한다. 저자가 시편의 말씀이 누가 쓴 말씀이고 또 그 말씀이 어디 있는지 몰라서 "누구인가가 어디 증언하여 이르되"라고 말한 것은 아니다. "히브리서 저자는 자기가 인용하는 성경 구절의 저자를 밝히기 위해 특별히 신경을 쓰지 않는다. 왜냐하면 그는 구약 성경 전체가 다 하나님의 말씀이며 성령의 음성인 것을 알기 때문이다. 인간 저자에 대해서는 '누가 어디 증언하여 이르되'처럼 살짝 시사하는 것으로 족하다"(F. F. Bruce).[13] 히브리서에는 이런 식의 표현이 아주 많다(1:5, 6, 7, 8-9, 10-12, 13, 2:6-8, 12, 13, 3:7-11, 15; 4:3, 4, 5, 7; 5:5, 6; 6:14; 7:17, 21; 8:5, 8-12; 9:4-5, 20; 10:5-7, 15-16, 17, 37-38; 12:5-6, 20, 21, 26; 13:5-6).[14]

저자는 "사람이 무엇이기에 주께서 그를 생각하시며 인자가 무엇이기에 주께서 그를 돌보시나이까"라는 시편 8:4의 말씀을 70인 역으로부터 인용한다(욥 7:17; 시 8:4; 144:3 참조). 시편 8편은 다윗이 쓴 시로서 다윗은 하나님께서 사람을 생각하시며 돌보시는 것을 감사하여 찬양한다. 여기 "사람"이란 말과 "인자"라는 말은 동의어이며 '하나님의 형상대로 창조된

---

13) 브루스(F. F. Bruce), *히브리서*, 성경주석뉴인터내셔널, 이장림역, p. 104.
14) P. Hughes, *A Commentary on the Epistle to the Hebrews*, Grand Rapids: Eerdmans, p. 84.

사람'(창 1:26-27)을 지칭한다. 다윗은 하나님의 형상대로 창조된 사람의
복됨을 생각하며 하나님을 찬양했으나, 본 절에서는 히브리서 저자가 그리스
도와 연합된 성도에게 적용하여 하나님을 찬양하는 것이다. 다윗은 또 "무엇
이기에"를 두 번 반복하며 사람은 아무 것도 아닌데 하나님께서 생각해주시
고 돌보시는 것을 너무 황송하게 생각하고 찬양한다. 본서 저자도 역시
그리스도와 연합된 성도를 하나님께서 생각해 주시고 돌보시는 것을 감사하
여 찬양한다. 본 절의 "사람," "인자"란 말은 시편 8편에서는 '하나님의
형상대로 지음 받은 사람'을 지칭하지만, 히브리서에서는 '그리스도와 연합
된 성도'를 지칭하는 것으로 받아야 한다. 그리스도는 인류의 머리시요
또 대속자이시며 우리와 연합되신 분으로서 우리의 대표이시다. 본문의
"생각하다"란 말은 '주의를 집중하여 철저하게 마음에 새기고 있다'는 뜻으
로 하나님께서 그리스도를 믿는 성도들을 아주 깊이 생각해주시는 것을
뜻한다.

그리고 한 가지 분명히 말해야 하는 것은 본 절의 "사람"("인자")이란
말은 시편의 경우 '하나님의 형상대로 창조된 사람'을 지칭하고 또 본 절의
경우에는 '그리스도와 연합된 사람'을 지칭하지만, '성도와 연합되신 그리스
도'를 지칭하고 있기도 하다는 사실이다. 즉 본 절의 "사람"이란 말은 때로는
'그리스도와 연합된 사람' 혹은 '성도와 연합된 그리스도'를 지칭하는 것으
로 보아야 한다. 다시 말해 "사람"이란 말이 이중적(二重的) 의미를 가지고
있다고 보아야 한다. 왜냐하면 성도와 그리스도는 일체가 되기 때문이다.
많은 주석가들은 이에 동의한다.

히 2:7. 저를 잠시 동안 천사보다 못하게 하시며 영광과 존귀로 관을 씌우시며
(ἠλάττωσας αὐτὸν βραχύ τι παρ' ἀγγέλους, δόξῃ καὶ τιμῇ ἐστεφάνωσας
αὐτόν).

저자는 "저를 잠시 동안 천사보다 못하게 하시며 영광과 존귀로 관을
씌우셨나이다"라는 시편 8:5의 말씀을 70인 역에서 인용한다. 여기 "저"(

"그")란 말은 택한 자들을 구원하신 '그리스도'를 지칭한다. 하나님께서 예수님을 잠시 동안[15] 천사보다 못한 존재로 보내셨고 또 그렇게 살게 하셨으며 또 십자가에서 죽게 하셨다. 그러나 예수님께서 구속 사역을 마치신 다음에는 하나님께서 예수님에게 "영광과 존귀로 관을 씌워주셨다." 즉 '하나님은 예수님을 부활 승천하게 하셔서 하나님 우편에 앉히셨다'는 뜻이다. 지금 예수님은 온 우주를 통치하고 계신다.

히 2:8a. 만물을 그 발아래에 복종하게 하셨느니라 하였으니(πάντα ὑπέταξας ὑποκάτω τῶν ποδῶν αὐτοῦ).

저자는 본 절을 시편 8:6의 말씀을 70인 역에서 인용한다. 다윗은 하나님께서 만물을 구원받은 인간의 발아래 두신 것을 생각하고 하나님께 감사하고 찬양했는데, 본서의 저자는 하나님께서 온 우주를 예수님(성도는 예수님과 연합된 존재이다)의 발아래에 복종하게 하셨다고 말한다. 성도는 예수 안에서 만물을 주장하는 입장이 되었다. 만물이 예수님의 발아래 복종한 것은 바로 천사 또한 예수님의 발아래 복종하게 된 것을 뜻한다.

히 2:8b. 만물로 그에게 복종하게 하셨은즉 복종하지 않은 것이 하나도 없어야 하겠으나 지금 우리가 만물이 아직 그에게 복종하고 있는 것을 보지 못하고(ἐν τῷ γὰρ ὑποτάξαι ((αὐτῷ)) τὰ πάντα οὐδὲν ἀφῆκεν αὐτῷ ἀνυπότακτον. νῦν δὲ οὔπω ὁρῶμεν αὐτῷ τὰ πάντα ὑποτεταγμένα-For in that he put all in subjection under him, he left nothing [that is] not put under him. But now we see not yet all things

---

15) 여기 "잠시 동안"이란 말이 '조금'(등급)을 말하는 것인가 아니면 시간적으로 '잠깐 동안'을 의미하는 것인가에 대한 견해 차이가 있다. 본 절에서는 시간적으로 말한 것으로 보인다. 이유는 시간적으로 잠시 동안 낮은 위치를 가졌다가 다시 원상 회복했다는 말이 옳기 때문이다. 만약 "조금 못하게"라는 뜻을 택하면 예수님은 영원히 조금 낮은 위치에 계셔야 하기 때문이다. 번역들은 "잠깐 동안"으로 번역한 것들이 있고(개역판, 공동번역, 표준 새번역, NASB, RSV, NLT) 또 "조금"으로 번역한 번역판들(현대인의 성경, KJV, NIV, ASV)이 있다.

put under him-KJV).

저자는 하나님께서 "만물로 그에게 복종하게 하셨은즉 복종하지 않은 것이 하나도 없어야 할 것이라"고 말한다(1:13; 마 28:18; 고전 15:27; 엡 1:22). 하나님께서 만물(천사들 포함)로 하여금 예수님의 통치에 복종하도록 만들어 놓으셨으니 복종하지 않는 것이 한 가지도 없어야 할 것이지만 그렇지 못하다는 뜻이다. 저자는 연이어 "지금 우리가 만물이 아직 그에게 복종하고 있는 것을 보지 못하고 있다"고 말한다(고전 15:25). 본문에서 말하는 "우리"란 말은 저자를 포함한 독자들을 지칭하는 말로 지금 시점에서는 우리가 아직 천사를 포함하여 만물이 아직 예수님의 통치에 복종하고 있는 것을 아직 보지 못하고 있음을 나타낸다. 저자는 당시의 현실을 직감하여 만물(사람 포함)이 아직 예수님에게 복종하고 있는 것을 보지 못하고 있다고 했는데 이는 세상에 아직도 죄가 있어 순종하지 않고 있는 것을 드러낸 말이다.

히 2:9. 오직 우리가 천사들보다 잠시 동안 못하게 하심을 입은 자 곧 죽음의 고난 받으심으로 말미암아 영광과 존귀로 관을 쓰신 예수를 보니 이를 행하심은 하나님의 은혜로 말미암아 모든 사람을 위하여 죽음을 맛보려 하심이라 (τὸν δὲ βραχύ τι παρ' ἀγγέλους ἠλαττωμένον βλέπομεν Ἰησοῦν διὰ τὸ πάθημα τοῦ θανάτου δόξῃ καὶ τιμῇ ἐστεφανωμένον, ὅπως χάριτι θεοῦ ὑπὲρ παντὸς γεύσηται θανάτου).

저자는 앞(8b)에서 "지금 우리가 만물이 아직 그(예수님)에게 복종하고 있는 것을 보지 못하고 있다"고 말하고는 본 절에서는 예수님께서 죽음의 고난을 당하신 것을 말한다. 저자는 "우리가 천사들보다 잠시 동안 못하게 하심을 입은 자 곧 죽음의 고난 받으심으로 말미암아 영광과 존귀로 관을 쓰신 예수를 본다"고 말한다(빌 2:7-9). 저자는 예수님께서 천사들보다 잠시 동안 못하게 하심을 입었었다고 말한다. 여기 "잠시 동안"이란 말은 7절의 인용문에 있는 것처럼 한시적으로 예수님께서 낮아지신 것을 지칭하는 말이다. 예수님은 성육신하셔서 사람의 몸을 입으셨고 사람의 삶을 사셨으며 또 십자가에서 대속의 죽음을 죽으셨기에 천사들보다 낮아지셨다. 저자는 예수님께서 천사들보다 낮아지셨던 것을 조금 더 구체적으로 설명한다. 즉 예수님은 "죽음의 고난을 받으신 것"이라고 말한다. 예수님께서 죽음의 고난을 받으신 다음에는 영광과 존귀로 관을 쓰셨다고 말한다(행 2:33; 빌 2:6-11). 다시 말해 예수님은 십자가에서 죽으시고 매장되셨다가 부활하셔서 승천하셨다는 것이다. 예수님은 하나님께서 "하늘과 땅의 모든 권세를 내게 주셨다"고 말씀하신다(마 28:18).

저자는 예수님께서 죽으셨던 목적은 "하나님의 은혜로16) 말미암아 모든 사람을 위하여 죽음을 맛보려 하심이라"고 말한다(요 3:16; 12:32; 롬 5:18; 8:32; 고후 5:15; 딤전 2:6; 요일 2:2; 계 5:9). 예수님의 죽으심이 모든 사람에게는 하나님의 은혜(막 10:45; 요 3:16; 롬 5:8)라는 것이다. 이것처럼 놀라운 은혜는 없다. 예수님의 죽으심은 "모든 사람을 위하여 죽음을 맛보기 위함이었다"(마 16:28; 막 9:1; 눅 9:27; 요 8:52). 그는 모든 사람들을 위하여 죽음을 죽으셔야 했다. 여기 "모든 사람"이란 만인 구원을 말하는 것이 아니라 '믿는 사람'을 뜻하는 말이다(2:10, 11-12).

2. 많은 아들들을 영광으로 인도하시기 위해서다 2:10-13
저자는 그리스도께서 왜 천사보다 낮아지셨는가를 설명하는 단락(5-18절)에서 그리스도께서 천사보다 낮아지셨던 이유는 첫째, 인간이 상실했던 통치권을 회복하기 위해서라 하고(5-9절), 이제 둘째 번으로 많은 아들들을 영광으로 인도하시기 위해서라고 말한다(10-13절).

---

16) 여기 "하나님의 은혜로"란 말이 어떤 사본들에서는 "하나님 없이" 혹은 "하나님과 분리되어"란 말로 기록되어 있는데 중요한 사본들에서는 "하나님의 은혜로"란 말이 기록되어 있을 뿐 아니라 문맥으로 보아도 "하나님의 은혜로"라고 보는 것이 의심 없이 타당하다고 보인다. 혹자들은 "하나님 없이"란 말이 문맥에 더 어울린다고 주장하기도 하나 문맥을 깊이 살필 때 하나님의 은혜로 말미암아 예수님께서 모든 사람을 위하여 죽음을 맛보신 것으로 말해야 옳다.

히 2:10. 그러므로 만물이 그를 위하고 또한 그로 말미암은 이가 많은 아들들을 이끌어 영광에 들어가게 하시는 일에 그들의 구원의 창시자를 고난을 통하여 온전하게 하심이 합당하도다(Ἔπρεπεν γὰρ αὐτῷ, δι' ὃν τὰ πάντα καὶ δι' οὗ τὰ πάντα, πολλοὺς υἱοὺς εἰς δόξαν ἀγαγόντα τὸν ἀρχηγὸν τῆς σωτηρίας αὐτῶν διὰ παθημάτων τελειῶσαι).

본 절 초두에는 이유접속사(γὰρ)가 있어 본 절이 앞 절(9절) 내용의 이유를 말하고 있다(본 절 초두의 "그러므로"란 번역은 오역이다). 즉 앞 절에서 예수님은 죽음을 맛보셨다고 했는데 그 이유는 예수님께서 고난을 통하여 예수님의 사역이 온전하게 되어야 하기 때문이다. 예수님께서 죽지 않으시면 예수님의 사역이 온전함에 이르지 않는다. 예수님의 사역이 온전해지기 위해서는 예수님은 일단 백성들의 죄를 대속하시기 위해서 죽어야 했다.

저자는 문장 초두에 하나님이 어떤 분이심을 설명하기 위해 "만물이 그를 위하고 또한 그로 말미암은 이"(δι' ὃν τὰ πάντα καὶ δι' οὗ τὰ πάντα)라고 말한다(롬 11:36; 골 1:16; 계 4:11 참조). 즉 '하나님은 만물을 창조하신 분이시고 또 만물을 유지하시는 분'이라고 말한다. 이렇게 위대하신 분임에도 불구하고 "많은 아들들을 이끌어 영광에 들어가게 하시는 일에," 다시 말해 '많은 아들들을 이끌어 천국에 들어가게 하시는 일에' 그냥 그의 능력으로 밀어붙이지 않으시고 "그들의 구원의 창시자를 고난을 통하여 온전하게 하심이 합당했다"는 것이다(5:9; 12:2; 눅 13:32; 행 3:15; 5:31). "그들의 구원의 창시자" 즉 '하나님의 택함 받은 백성들의 구원을 시작하신 자 예수'(12:2)를 "고난을 통하여 온전하게 하심이 합당했다"는 것이다(눅 24:46). 여기 "고난을 통하여 온전하게 하심이 합당했다"는 말은 예수님께서 '고난을 통하여 예수님의 인격을 온전하게 하심이 합당했다'는 뜻이 아니라 '예수님의 고난을 통하여 예수님의 사역을 온전하게 하시는 일이 합당했다'는 뜻이다(10:14). 예수님의 인격이나 능력은 예수님의 고난이 없어도 완전하시지만 예수님의 사역이 온전함에 이르는 것은 반드시 백성들을 위한 고난을 통해야 한다는 것이다. 왜냐하면 죄의 값이 사망인고로 백성들이 지은 죄를 위해서는 예수님께서 반드시 십자가에서 죽음을 당하셔야 하기 때문이다. 우리들의 죄 때문에 예수님은 십자가에서 죽음을 당하지 않을 수 없으셨다. 반드시 죽으셔야 했다. 예수님께서는 우리를 대신해 죽으심으로 그의 사역을 완성하셨다.

히 2:11. 거룩하게 하시는 이와 거룩하게 함을 입은 자들이 다 한 근원에서 난지라 그러므로 형제라 부르시기를 부끄러워하지 아니하시고(ὅ τε γὰρ ἁγιάζων καὶ οἱ ἁγιαζόμενοι ἐξ ἑνὸς πάντες· δι᾽ ἣν αἰτίαν οὐκ ἐπαισχύνεται ἀδελφοὺς αὐτοὺς καλεῖν).

저자는 "거룩하게 하시는 이와 거룩하게 함을 입은 자들이 다 한 근원에서 났다"고 말한다(10:10, 14; 17:26). "거룩하게 하시는 이" 즉 '예수님'과 "거룩하게 함을 입은 자들" 즉 '성도들'이 한 근원에서 났다는 것이다. "거룩하게 하시는 이"는 바로 앞 절(10절)에 있는 대로 예수님께서 고난을 당하여 성도들을 거룩하게 하셨기에 예수님을 지칭하며 또 "거룩하게 함을 입은 자들"은 바로 앞 절(10절)에 "많은 아들들"이란 말이 있는데 그들이 바로 예수님의 피로 거룩하게 함을 입은 자들이다. 오늘의 우리들 또한 그리스도의 고난의 피로 거룩함을 얻었다. 그런고로 우리는 세상에서 구별된 삶을 살아야 한다.

저자는 예수님과 성도들이 "한 근원에서 났다"고 말한다. 여기 "한 근원"이 무엇을 지칭하느냐는 것을 두고 몇 가지 견해가 있다. 1) 한 근원은 하나님을 지칭한다는 견해(Chrysostom, Thomas Aquinas, Alford, Moffatt, Westcott, F. F. Bruce, Dods, W. L. Lane, 이상근, 이순한). 2) 한 근원은 아브라함이라는 견해(Bengel, Weiss), 3) 한 근원은 아담이라는 견해(Zahn, Leski, 박윤선). 4) 그리스도와 성도들이 공유하고 있는 한 가지 인성이라는 견해(Calvin, P. E. Hughes). 모든 견해들이 다 그럴듯한 견해들이나 문맥을 살필 때 4번이 타당하다고 보아야 할 것이다. 14절에 보면 "자녀들은 혈과

육에 속하였으매 예수님도 같은 모양으로 혈과 육을 함께 지니셨다"는 말씀
에 따라 한 혈육에 속하였다는 말로 보는 것이 가장 타당할 것이다. 오늘
우리는 예수님과 똑같은 혈과 육을 가지고 있는 성도들이기에 우리를 향해
예수님께서는 형제라고 부르신다.

저자는 "그러므로 형제라 부르시기를 부끄러워하지 아니하셨다"고 말한
다(마 28:10; 요 20:17; 롬 8:29). 그 이유는 똑같은 혈, 육을 지니셨기 때문에
예수님은 우리를 형제라 부르시기를 부끄러워하지 않으셨다는 것이다. 그러
나 사실 예수님께서 우리를 형제라고 부르신 것은 예수님께서 놀라운 겸손을
보여주신 것이며 또 사랑을 보여주신 것이다. 우리가 예수님의 형제가 되었
으니 우리가 얼마나 올라갔는가를 알 수 있다.

**히 2:12-13. 이르시되 내가 주의 이름을 내 형제들에게 선포하고 내가 주를
교회 중에서 찬송하리라 하셨으며 또 다시 내가 그를 의지하리라 하시고
또 다시 볼지어다 나와 및 하나님께서 내게 주신 자녀라 하셨으니**(λέγων,
᾿Απαγγελῶ τὸ ὄνομά σου τοῖς ἀδελφοῖς μου, ἐν μέσῳ ἐκκλησίας ὑμνήσω
σε, καὶ πάλιν, ᾿Εγὼ ἔσομαι πεποιθὼς ἐπ᾿ αὐτῷ, καὶ πάλιν, ᾿Ιδοὺ ἐγὼ
καὶ τὰ παιδία ἅ μοι ἔδωκεν ὁ θεός).

저자는 앞(11절)에서 예수님께서 성도들을 형제라고 부르시기를 부끄러
워 아니하셨다고 했는데 실제로 구약 성경 세 곳으로부터 인용하되 예수님께
서 말씀하신 것처럼 인용한다. 저자는 문장 초두에 "이르시되"란 말을 쓰면
서 예수님께서 말씀하신 것처럼 하고 있다. 그 "이르시되"는 저자가 말한
것이 아니라 "예수님께서 말씀하신 것"으로 되어 있다. 예수님은 구약의
세 곳(시 22:22; 사 8:17: 사 8:18)을 인용하셔서 자신이 말씀하신 것으로
드러내신다.

예수님은 시편 22:22을 인용하여 "내가 주의 이름을 내 형제들에게
선포하고 내가 주를 교회 중에서 찬송하리라"고 하신다(시 22:25). 즉
'예수님은 하나님의 이름을 예수님의 형제들에게 선포하고, 예수님께서

교회(내 형제들) 중에서 하나님을 찬송하리라'고 하신다. 이 시편은 다윗이 왕위에 오르기 전 사울을 피해 다니는 중에 온갖 박해와 수난을 당하면서도 하나님의 도우심을 얻어 왕위에 오르게 될 것을 바라보며 하나님을 찬송하는 내용이다. 시편 22편은 메시아를 미리 보여주는 의미에서 메시아 시(詩)라고 한다.

실제로 예수님께서는 이 시편을 인용하여 자신이 하나님을 형제들에게 선포하고 또 자신이 하나님을 교회(예수님의 형제들) 중에서 찬송한다고 말씀하신다. 그는 하나님을 형제들에게 선포할 뿐 아니라 그 형제들 중에서 찬송하겠다고 하시는 점에서 형제들과 아주 밀착되어 있음을 보여주고 있다. 예수님께서는 단지 많은 사람들이 있는 곳에서만 하나님을 전하신 것이 아니라 주를 믿는 형제들에게 선포하시며, 또 아무도 없는 외딴 곳에서 하나님을 혼자서만 찬양하신 것이 아니라 형제들(교회) 중에서 하나님을 찬송하겠다고 하신다. 그는 형제들에게 둘러싸이신 분이시고, 오늘도 여전히 우리를 위해 죽으신 사랑을 계속해서 보여주고 계신다.

저자는 예수님께서 두 번째 성경을 인용하신 것을 기록한다. 저자는 예수님께서 인용하신 또 하나의 말씀을 기록하기 위해 "또 다시"라고 말한다. 예수님은 "내가 그를 의지하리라"는 말씀을 이사야 8:17에서 인용한다 (시 18:2; 사 12:2). 이 말씀의 원래 뜻은 이사야가 앗수르의 침략에 직면해 있는 이스라엘 백성들에게 하나님을 의지하도록 하기 위해 "내가 여호와를 의지하리라"고 말한다. 이렇게 이사야가 하나님을 의지하여 난관을 극복하겠다는 것을 발표한다. 예수님께서는 이사야가 한 말의 이런 의도를 자신에게 적용하여 바로 자신이 하나님을 의지하여 십자가 고난을 감내하시겠다고 하신다. 즉 예수님께서는 그의 형제들에게 하나님을 의지하도록 고취(鼓吹)하고 계신다. 여기에서 예수님은 반드시 그 형제들의 신앙을 고취하시기 위해 "내가 여호와를 의지하리라"고 하셨다.

저자는 예수님께서 세 번째로 성경을 인용하신 것을 기록한다. 저자는 예수님께서 인용하신 또 하나의 말씀을 기록하기 위해 "또 다시"라고 말한다. 저자는 예수님께서 인용하신 내용을 이렇게 기록한다. 즉 "볼지어다 나와 및 하나님께서 내게 주신 자녀라"고 하신 이사야 8:18에서 인용한다(요 20:29; 17:6, 9, 11-12). 예수님은 아주 중요한 것을 언급하기 위해 "볼지어다"라는 감탄사를 사용하신다. 아주 중요한 말씀을 하신다는 뜻으로 이 말씀을 사용하신 것이다. 이 말씀의 원래 뜻은 이사야가 그의 두 아들 스알야숩과 마헬살렐하스바스와 그의 제자들에게 관해 언급한 내용으로 저자는 여기서 이사야를 그리스도의 모형으로 보고 그의 두 아들은 그리스도를 믿는 자들의 모형으로 보고 있다. 예수님께서는 본 절에서 자신과 그리스도인들 간의 깊은 연합을 묘사하심으로 계속하여 자신과 성도들이 연합되어 있음을 보여주신다. 예수님께서는 성도들과 연합되어 있음으로 성도들을 형제라고 부르시기를 부끄러워 아니하신다. 감사한 것은 지금도 예수님께서는 우리를 극진히 사랑하시고 형제라 부르심을 주저하지 않으신다.

3. 사탄의 세력을 무효화시켜 인간해방을 위해서다 2:14-16

저자는 그리스도께서 왜 천사보다 낮아지셨는가를 설명하는 단락(5-18절)에서 그리스도께서 천사보다 낮아지셨던 이유는 첫째, 인간이 상실했던 통치권을 회복하기 위해서라 하고(5-9절), 둘째, 많은 아들들을 영광으로 인도하시기 위해서라 하며(10-13절), 이제 사탄의 세력을 무효화시키기 위해서라 한다(14-16절).

히 2:14. 자녀들은 혈과 육에 속하였으매 그도 또한 같은 모양으로 혈과 육을 함께 지니심은 죽음을 통하여 죽음의 세력을 잡은 자 곧 마귀를 멸하시며(ἐπεὶ οὖν τὰ παιδία κεκοινώνηκεν αἵματος καὶ σαρκός, καὶ αὐτὸς παραπλησίως μετέσχεν τῶν αὐτῶν, ἵνα διὰ τοῦ θανάτου καταργήσῃ τὸν τὸ κράτος ἔχοντα τοῦ θανάτου, τοῦτ' ἔστιν τὸν διάβολον).

저자는 앞(10-13절)에서 그리스도께서 천사보다 낮아지신 이유로 많은 아들들을 영광으로 인도하시기 위해서라고 했는데, 이제 본 절에서는 다른 이유를 말한다. 즉 사탄의 세력을 무효화시키기 위해서 성육신하신 것이라고 말한다.

저자는 사람이 혈과 육에 속하였다고 말하고 예수님께는 혈과 육을 함께 지니셨다고 말한다. 즉 "자녀들은 혈과 육에 속하였으매 그도 또한 같은 모양으로 혈과 육을 함께 지니셨다"고 말한다. 여기에서 하나님의 "자녀들이 혈과 육에 속하였다"는 말이 의미하는 바는 아담으로부터 육체를 받았다는 말이고, 예수님께서 혈과 육을 함께 지니셨다는 말의 의미는 사람의 몸을 입으셨다는 뜻이다. "혈과 육"이란 말은 인간성을 가리키는 히브리식 표현법이다(고전 15:50; 갈 1:16; 엡 6:12). 예수님은 신성을 지니셨고 또 나약한 인성을 지니신 분이시다. 예수님은 이 땅에 오실 때 마리아로부터 혈과 육을 취하셨다. 본문의 "같은 모양"이란 '동등한 모양'을 뜻하는 말로 예수님께서 우리와 아주 똑같은 혈과 육을 취하셨다는 뜻이다(요 1:14; 롬 8:3; 빌 2:7).

예수님께서 우리와 같은 모양으로 혈과 육을 취하신 목적은 대속의 "죽음"을 죽기 위해서였다. 혈과 육을 입지 않으면 대속의 죽음을 죽을 수가 없다. 왜냐하면 죽음은 육체를 입고서야 가능한 즉 육체가 없으면 죽을 수 없기 때문이고, 또한 사람의 범죄와 관련되어서는 사람을 대신할 대속의 죽음은 사람이 되어야만 가능한 것이 당연한 조건이 되기 때문이다.

저자를 통해 우리는 또한 놀라운 사실, 곧 예수님께서 대속의 죽음을 죽으신 결과 "죽음의 세력을 잡은 자 곧 마귀를 멸하셨다"는 것을 듣게 된다(고전 15:54-55; 골 2:15; 딤후 1:10). 이는 '사람을 죽음에 이르게 하는 힘을 가진 자 곧 마귀의 세력을 무효화 시켰다'는 뜻이다. 마귀는 죽음의 세력을 가진 자였다. 마귀는 하와에게 접근하여 하와를 속여 선악과를 먹게 하여 죽음에 이르게 했다(창 3:4-6; 롬 5:12; 계 12:9). 죽음에 이르게 한 것은 영적 죽음에 이르게 한 것을 말하며 또 육신의 죽음에 이르게 한 것도 의미한다. 아담과 하와는 결국 하나님으로부터 멀리 떨어진 사람들이 되었고(영적 죽음) 또 결국 육신도 죽게 되었다. 물론 사람을 죽이시고 살리시는 권한은 전적으로 하나님께 있다. 마귀는 다만 하나님께서 허락하신 범위 아래에서만 사람을 죽음에 이르게 하는 일을 할 수 있을 뿐이다. 마귀는 인류 최초의 사람들을 죽음에 이르게 하는 세력을 가지고 있었다. 그래서 유일하게 그 대적(大敵)인 마귀의 세력을 이기실 수 있는 예수님께서 우리와 똑같은 혈육을 입으시고 우리를 대신 하여 죽으셔서(롬 8:3) 그 마귀의 세력을 무효화시키셨다. 그러므로 누구든지 그리스도께서 대신 죽으심을 믿으면 영생하게 된다(요 3:16; 롬 5:8; 요일 4:9). 이와 같은 이유로 오늘 우리는 대속의 죽음을 죽어주셔서 사탄의 세력으로부터 우리를 해방하시고 영생을 허락하신 예수님께 한없는 감사와 찬송을 돌려야 할 것이다.

히 2:15. 또 죽기를 무서워하므로 한평생 매여 종노릇 하는 모든 자들을 놓아 주려 하심이니(καὶ ἀπαλλάξῃ τούτους, ὅσοι φόβῳ θανάτου διὰ παντὸς τοῦ ζῆν ἔνοχοι ἦσαν δουλείας).

저자는 예수님 죽으심의 또 하나의 효력을 말한다. 그것은 곧 예수님께서 대속의 죽음을 죽어주셔서 "죽기를 무서워하므로 한평생 매여 종노릇 하는 모든 자들을 놓아 주려 하셨다"고 말한다(눅 1:74; 롬 8:15; 딤후 1:7). 즉 '죽기를 무서워하기 때문에 일평생 사망의 공포에 매여 꼼짝 못하는 모든 사람들을 죽음의 공포에서 해방시키기 위해서 예수님께서 대신 죽어주셨다'는 뜻이다. 예수님께서 우리를 대신해서 죽어주셔서 우리의 죽음을 옮겨주셨다. 그래서 우리는 죽기를 무서워할 필요도 없고 사망의 공포에 매여 있을 필요도 없게 되었다. 우리는 세상에 그 무엇도, 심지어 죽음까지도 그리스도 안에 있는 우리를 하나님의 사랑에서 끊을 수 없음을 알게 된다(롬 8:38-39). 본문의 "놓아주려"(ἀπαλλάξῃ)란 말은 부정(단순)과거 접속법으로 '해방했다,' '놓아주었다,' '풀어놓았다'는 뜻으로 그리스도께서 사람을 놓아주셨다는 뜻이다. 그리스도께서 놓아주시면 참으로 절대적으로 놓이는 것이다(눅 12:58; 행 19:12). 그리스도 대속의 죽음을 믿지 않는 사람들은 영원한 죽음을 앞에 두고 일평생 죽음의 공포에 휩싸여 산다. 왜냐하면 오직 그리스도만이 우리를 이 사망의 노예 상태로부터 풀어놓으실 수 있기 때문이다. 이제그 사실을 알고 믿는 우리는 그리스도로 말미암아 죄로부터 해방을 받았으며(요 8:32-36; 롬 8:34) 또 죄의 결과인 사망으로부터도 해방을 받은 자들이다(롬 6:23).

히 2:16. 이는 확실히 천사들을 붙들어 주려 하심이 아니요 오직 아브라함의 자손을 붙들어 주려 하심이라(οὐ γὰρ δήπου ἀγγέλων ἐπιλαμβάνεται ἀλλὰ σπέρματος ᾿Αβραὰμ ἐπιλαμβάνεται).

본 절 초두에는 이유접속사(γὰρ)가 있어 저자가 앞 절(15절)에서 말한바 그리스도께서 성육신 하신 이유를 제공하고 있다. 다시 말해 그리스도께서 십자가에서 죽으셔서 성도들로 하여금 죽음의 공포에서 해방 받고 살아가게 하셨는데 그 이유는 "확실히 그가 천사들을 붙들어 주려 하심이 아니요 오직 아브라함의 자손을 붙들어 주려 하시기" 때문이라는 것이다. 즉 '분명히 예수님이 천사들을 도우시려고 하신 것이 아니요 오직 아브라함의 자손인 성도들을 도우려 하시기' 때문이라고 말한다. 예수님의 육체의 죽음은 육체를 가지고 있는 아브라함의 자손들을 구원하기 위함이다.

그런데 본 절 해석에 다른 견해가 있음에 주의해야 한다. 즉 "붙들어 주려 한다"(ἐπιλαμβάνεται)는 말의 해석을 혹자들은 '성품을 취하다'(assume the nature of)는 뜻으로 보고 본 절을 "이는 확실히 천사들의 성품을 취하려 하심이 아니요 오직 아브라함의 자손의 성품을 취하려 하심이라"고 해석한다. 그렇다면 이 해석이 이 문맥에서 가능한 것인가 하는 문제가 있다. 그런데 자세히 살펴보면 "붙들어 주려 한다"(ἐπιλαμβάνεται)는 단어가 "성품을 취하다"라는 번역이 가능한 것으로 보이지는 않는다. 그 이유는 첫째, "천사의 성품을 취한다"는 번역은 지금까지 없었던 번역이고, 둘째,

"붙들어주려 한다"는 단어가 8:9에도 나오는데 거기서도 역시 "도와준다," "돌보다"는 뜻으로 번역되고 있기 때문이다. 이와 연관하여 본 절도 우리 개역 개정판 번역처럼 번역하는 것이 옳게 보인다. 따라서 본 절의 의미는 예수님께서 성육신하셔서 죽으신 것은 천사들을 도우려고 하신 것이 아니라 아브라함의 자손들을 도우려 하심이었다는 뜻으로 보는 것이 적절하다. 예수님께서 육신을 입으신 이유는 분명히 육신을 가지신 아브라함의 자손들을 돕기 위함이라는 것이다. 저자가 이 시점에서 천사를 거론한 것은 저자가 살아있던 당시의 사람들이 천사가 메시아의 나라에서 중보적 역할을 한다는 이단 사상이 퍼져 있었기 때문인 것으로 보인다. 예수님께서 성육신 하신 것은 우리를 구원하시기 위함이었다.

4. 백성들의 대제사장이 되기 위해서다   2:17-18

저자는 그리스도께서 왜 천사보다 낮아지셨는가를 설명하는 단락(5-18절)에서 그리스도께서 천사보다 낮아지셨던 이유는 첫째, 인간이 상실했던 통치권을 회복하기 위해서라 하고(5-9절), 둘째, 많은 아들들을 영광으로 인도하시기 위해서라 하며(10-13절), 셋째, 사탄의 세력을 무효화시키기 위해서라 하고(14-16절), 이제 이 부분(17-18절)에서는 백성들의 대제사장이 되기 위해서라고 말한다.

히 2:17. 그러므로 그가 범사에 형제들과 같이 되심이 마땅하도다 이는 하나님의 일에 자비하고 신실한 대제사장이 되어 백성의 죄를 속량하려 하심이라(ὅθεν ὤφειλεν κατὰ πάντα τοῖς ἀδελφοῖς ὁμοιωθῆναι, ἵνα ἐλεήμων γένηται καὶ πιστὸς ἀρχιερεὺς τὰ πρὸς τὸν θεὸν εἰς τὸ ἱλάσκεσθαι τὰς ἁμαρτίας τοῦ λαοῦ).

문장 초두의 "그러므로"(ὅθεν)란 말은 '예수님께서 아브라함의 자손을 붙들어주려고 성육신 하셨으므로(앞 절)'란 뜻이다. 저자는 아브라함의 자손 즉 우리를 구원하시려면 "그가 범사에 형제들과 같이 되심이 마땅하다"고 말한다(빌 2:7). 혈과 육을 가진 형제들을 구원하시려면 그가 범사에 형제들과 같이 되시는 것은 아주 당연하신 일이었다.

저자는 본 절 하반 절에서 예수님께서 혈과 육을 가진 형제들과 같이 되신 목적을 말한다. 목적은 다름 아니라 "예수님께서 하나님의 일에 자비하고 신실한 대제사장이 되어 백성의 죄를 속량하려 하심이라"고 말한다. 여기 "하나님의 일에"란 말은 '하나님과 관계된 일들에 있어서,' '하나님을 섬기는 일에 있어서'라는 뜻이다. 놀랍게도 예수님께서 행하시는 일들은 모두가 다 하나님을 섬기시는 일이었다.

예수님께서 우리들과 같이 되신 목적은 "자비하고 신실한 대제사장이 되어 백성의 죄를 속량하려 하심이었다"(4:15; 5:1-2). 예수님은 사람을 상대하여 자비하신 대제사장 역할을 하시기 위해서 성육신 하셨다는 것이고 또 하나님을 상대해서는 신실한 대제사장 역할을 감당하시기 위하여 성육신 하셨다는 것이다. 예수님은 사람을 사랑하셔서 죽으시는 대제사장이셨고 하나님 앞에는 빈틈없이 신실하신 대제사장으로 죽으시는 분이 되시기 위해 육신을 입으셨다. 예수님은 사람을 사랑하시는 놀라운 대제사장이시었고 하나님께는 놀랍게 충성하시는 대제사장이시었다.

예수님께서 대제사장이 되어 죽으셔서 하신 일은 "백성의 죄를 속량하시는"(εἰς τὸ ἱλάσκεσθαι τὰς ἁμαρτίας τοῦ λαοῦ-to make reconciliation for the sins of the people) 일을 하셨다. 여기 "속량한다"(τὸ ἱλάσκεσθαι)는 말은 '...의 죄를 없애다,' '...을 갚다'는 뜻으로 예수님께서 대제사장으로서 백성들의 죄를 갚아주셔서 하나님과 사람 사이에 평화를 이룩하셨다. 사람의 죄 때문에 하나님의 진노가 사람을 향하고 있었고 사람은 그들이 지은 죄 때문에 하나님으로부터 멀리 떨어져 있었는데 예수님은 자신을 드려 피를 뿌려 우리의 죄를 온전히 덮으셨다. 그와 같이 하여 우리는 죄로부터 석방되었고 용서되었으며 회복되었다. 예수님은 하나님과 사람을 놀랍게도 온전히 화목한 관계가 되게 하시기에 부족함 없는 회복을 이루셨다. 바울은 롬 5:1에서 "우리가 믿음으로 의롭다 하심을 받았으니

우리 주 예수 그리스도로 말미암아 하나님과 화평을 누리자"고 권고하고 있다.17)

히 2:18. 그가 시험을 받아 고난을 당하셨은즉 시험 받는 자들을 능히 도우실 수 있느니라(ἐν ᾧ γὰρ πέπονθεν αὐτὸς πειρασθείς, δύναται τοῖς πειραζομένοις βοηθῆσαι-Φορ ιν τηατ ηε ηιμσελφ ηατη συφφερεδ βειγ τεμπτεδ, he is able to succour them that are tempted-KJV).

본 절 초두에는 이유접속사(γὰρ)가 있어 앞 절(17절)에서 말한바 예수님께서 형제들과 같이 되신 이유를 말한다. 예수님께서 형제들과 같이 되신 이유는 "그가 시험을 받아 고난을 당하셨은즉 시험 받는 자들을 능히 도우실 수 있기" 위해서라고 한다(4:15-16; 5:2; 7:25). 저자는 예수님께서 시험을 받아 고난을 당하셨다고 말한다. 예수님께서 공생애를 시작하실 때 시험을 당하셨고 세례를 받으신 후 광야에서 시험을 받으셨다. 마 4:1-2은 "그

---

17) 바울은 우리가 의롭다 함을 받은 사람들인 고로 "예수 그리스도로 말미암아 하나님과 화평을 누리자"고 권고한다(롬 5:1; 엡 2:14; 골 1:20). 여기 "예수 그리스도로 말미암아"란 말은 우리가 하나님과 화평을 누리는 일에 있어서도 예수님께서 중보자시라는 뜻이다. 하나님의 은혜와 사랑도 그리스도를 통하여 우리에게 임하고 또 우리의 찬양과 감사도 그리스도를 통하여 하나님께 상달되는 것처럼 하나님과의 화평도 그리스도를 통해서 이루어지게 된다. 그런데 여기 "화평을 누리자"라는 말은 "화평을 누리고"라고 번역할 수도 있다. 유력한 사본들은 "화평을 누리자"라고 기록되어 있고, 약간의 사본들과 번역본들(A.V., A.R.V., N.A.S., Beck, R.S.V., N.I.V.)은 후자("화평을 누리고")를 지지하고 있다. 후자를 지지하는 학자들과 번역본들은 주로 문맥 때문이라고 말한다. 학자들은 바울이 처음 1절부터 "화평을 누리자"라고 권면 형을 썼다는 것이 좀 어색하다는 것이고, 또 다음에 따라오는 문장 곧 "우리가 믿음으로 서 있는 이 은혜에 들어감을 얻었으며"(2절), "우리가 환난 중에도 즐거워하나니"(3절)가 다 서술문이니 1절도 서술문으로 되어야 한다는 주장이다. 그러나 우리는 유력한 사본들 속에 "화평을 누리자"라고 기록되어 있는 글을 그대로 받아서 읽는 것이 더 바람직한 것으로 여긴다. 바울은 3:21-4:25까지 길게 믿음으로 의롭다 함을 받는 방법을 언급한 후 "그러므로....화평을 누리자"라고 강권한 것으로 보면 좋을 것이다. 다시 말해 '우리가 하나님과 화평을 얻었으니 그것을 누리자'라고 말할 수 있을 것이다.
　　그러면 실제적으로 화평을 누린다는 것이 무엇인가. 화평을 누린다는 말은 하나님께서 주시는 모든 은혜를 받아드리는 것이며, 또 우리로서는 하나님께 대한 찬양과 감사를 드리는 것을 뜻한다. 우리는 하나님과 화평한 관계가 이루어졌으니 하나님께서 그리스도를 통하여 주시는 모든 은혜를 받아야 한다. 그리고 은혜를 받은 후에는 찬양과 감사를 한없이 올려드려야 한다. 이 모든 화평의 행위는 예수 그리스도로 말미암아 이루어지는 것은 말할 것도 없다(김수홍, *로마서주해*, 1판. pp. 116-117).

때에 예수께서 성령에게 이끌리어 마귀에게 시험을 받으러 광야로 가사 사십 일을 밤낮으로 금식하신 후에 주리셨다"고 증언한다. 그리고 십자가를 지시기 전 겟세마네 동산에서 시험을 당하셨다(마 27:36-46). 이 두 가지 큰 시험 말고도 예수님은 인성(人性)을 가지셨으므로 시험을 받으셨다. 이렇게 예수님께서 시험을 받으셨기에 "시험 받는 자들을 능히 도우실 수 있으셨다."

그러니까 위의 두 절을 종합해보면 예수님께서 성육신하신 것은 첫째, 백성의 죄를 속량하시기 위함이었고, 둘째, 자신이 시험을 받아 고난을 당하 셨기 때문에 시험받는 자들을 도우시기 위함이었다. 감사한 사실은 지금도 우리가 시험을 받아 어려움을 당할 때 예수님은 우리를 도우셔서 시험에서 승리하게 하신다.

제 3 장

II. 그리스도는 모세보다 우월하시다   3:1-4:13

저자는 앞(1:5-2:18)에서 그리스도께서 천사보다 우월하신 것을 말씀한 다음 이제 그리스도께서 구약의 모세보다 위대하신 것을 말씀한다 (3:1-4:13). 저자는 이 부분(3:1-4:13)에서 그리스도께서 모세보다 우월하신 것을 말하고(3:1-6), 백성들이 모세 아래에서 실패한 것을 말하며(3:7-19), 하나님의 백성들이 안식을 잃을 수도 있다는 것을 말한(4:1-10) 후 하나님의 안식에 들어가기를 힘쓰라고 권한다(4:11-13).

A. 예수님은 모세보다 위대하시다   3:1-6

모세는 유대인 신자들에게 그리스도께서 모세보다 위대하시다는 것을 말하지 않을 수 없었다. 왜냐하면 유대인 신자들은 당시에 모세를 위대한 존재로 알고 있었기 때문이었다. 모세는 유대인들에게 있어서 최고, 최대의 인간이었고(마 11:11), 그렇기에 모세의 영향력은 그 당시 막강했으므로(요 9:28) 예수님께서 모세보다 위대하시다는 것을 말하지 않을 수 없었다. 그래서 저자는 예수가 누구인지 깊이 생각하라고 권하고 있으며(1절), 예수님이야 말로 모세보다 영광을 받을만한 분이라고 말한다(3-4절). 그 이유는 모세가 하나님 집에서의 사환으로서 신실한 사람이었으나 예수님은 하나님의 집을 맡은 아들이라고 밝힌다(5-6절).

히 3:1. 그러므로 함께 하늘의 부르심을 받은 거룩한 형제들아 우리가 믿는 도리의 사도이시며 대제사장이신 예수를 깊이 생각하라(Ὅθεν, ἀδελφοὶ ἅγιοι, κλήσεως ἐπουρανίου μέτοχοι, κατανοήσατε τὸν ἀπόστολον καὶ ἀρχιερέα τῆς ὁμολογίας ἡμῶν Ἰησοῦν).

저자는 "그러므로"(ὅθεν), 즉 '그리스도께서 천사보다 위대하시므로'(2:5-18) "함께 하늘의 부르심을 받은 거룩한 형제들아 우리가 믿는 도리의 사도이시며 대제사장이신 예수를 깊이 생각하라"고 권한다(2:17; 4:14; 5:5; 6:20; 8:1; 9:11; 10:21; 롬 15:8). 저자는 수신자들을 향하여 "함께 하늘의 부르심을 받은 거룩한 형제들아"라고 부른다(롬 1:7; 고전 1:2; 엡 4:1; 빌 3:14; 살후 1:11; 딤후 1:9; 벧후 1:10). '자신도 하늘의 부르심을 받은 거룩한 사람이지만 수신자들도 하늘의 거룩한 부르심을 받은 형제들'이라고 말한다. "하늘의 부르심을 받았다"는 말은 '하나님에 의해 구원받기로 예정되었고 이 땅에 태어난 후 예수님을 믿도록 부르심을 받았다'는 뜻이다(빌 3:14). 저자는 하나님의 부르심을 받은 자는 "거룩하다"고 말한다. "거룩하다"는 말은 죄가 하나도 없이 깨끗하다는 말이 아니라 '구별되었다'는 뜻이다(2:11; 롬 1:7; 고전 1:2). 이는 마치 구약 시대에 하나님께 바친 제물들이 모두 거룩하다고 표현한 것과 같은 표현이다.

저자는 자신도 부름을 받았고 수신자들도 하나님의 부르심을 받은 구별된 사람으로서 "믿는 도리의 사도이시며 대제사장이신 예수를 깊이 생각하라"고 부탁한다. 여기 "믿는 도리의 사도이시며 대제사장이신 예수"(the Apostle and High Priest of our profession, Christ Jesus)란 말은 '우리가 고백하는 사도이시며 대제사장이신 예수'란 뜻으로 예수님은 하나님으로부터 보냄을 받으신 사도이시며 우리를 위한 대제사장이시라는 뜻이다. 저자는 하나님으로부터 보내심을 받으신 예수(마 15:24; 막 9:37; 눅 10:16; 요 3:16-17; 17:3, 18) 그리고 우리의 죄를 위하여 대신 죽으신 대제사장이신 예수(2:17)를 "깊이 생각하라"고 말한다. "깊이 생각하라"(consider)는 말은 '아주 주의 깊게 생각하라,' '계속해서 생각하라'는 뜻이다(10:24). 앞으로 저자가 말하는바 예수님을 깊이 생각하라는 뜻이다. 우리는 일상생활에서 예수님을 깊이 생각해야 한다.

히 3:2. 그가 자기를 세우신 이에게 신실하시기를 모세가 하나님의 온 집에서 한 것과 같이 하셨으니(πιστὸν ὄντα τῷ ποιήσαντι αὐτὸν ὡς καὶ Μωϋσῆς ἐν ((ὅλῳ)) τῷ οἴκῳ αὐτοῦ).

저자는 예수님께서 모세보다 위대하시다는 것을 말하는 이 단락(1-6절)에서 예수님이나 모세나 신실하셨던 점은 같다고 말한다. 저자는 예수님께서 "자기를 세우신 이에게 신실하시기를 모세가 하나님의 온 집에서 한 것과 같이 하셨다"고 말한다(5절; 민 12:7). 예수님께서는 자기를 사도로 세우시고 대제사장으로 세우신 하나님께 신실하시기를 모세가 하나님의 온 집 즉 이스라엘 전 민족 가운데서(민 12:7) 신실하게 봉사했던 것 같이 하셨다. 저자가 여기서 "예수님께서 신실하셨다"(pisto;n o[nta)는 말을 현재 분사로 표현한 이유는 아마도 예수님께서 지상의 공생애의 사역을 마치고 승천하신 후에도 백성들을 위한 사역을 계속하시는 것을 생각하고 사용한 시제로 보인다(Kistemaker).[18] 예수님은 지금도 교회를 위해 신실하게 사역하시며 하나님 앞에서 기도하고 계신다.

저자가 여기서 모세를 언급한 이유는 유대인들이 모세를 대단한 인물로 알고(민 12:1-8; 신 34:10-12) 예수님에 대해서는 평범한 인물로 알고 있었기에 모세나 예수님이나 신실하신 점에서는 똑같다고 말한 것이다. 똑같다고 말한 이유는 유대인들이 모세의 신실함을 대단한 것으로 알고 있기에 예수님은 모세에 비하여 못하지 않다는 것을 말하기 위함이다. 실제로 예수님의 충성심은 모세의 충성심과는 비교 되지도 않을 정도로 대단하시다(요 7:16; 12:49; 14:10; 17:4).

히 3:3. 그는 모세보다 더욱 영광을 받을 만한 것이 마치 집 지은 자가

---

18) Simon J. Kistemaker, *Exposition of the Epistle to the Hebrews*, p. 85.

그 집보다 더욱 존귀함 같으니라(πλείονος γὰρ οὗτος δόξης παρὰ Μωϋσῆν ἠξίωται, καθ᾽ ὅσον πλείονα τιμὴν ἔχει τοῦ οἴκου ὁ κατασκευάσας αὐτόν).

저자는 앞 절에서는 신실하신 점에 있어서는 예수님께서 모세와 마찬가지라고 말했으나 이제 본 절에서는 예수님께서 "모세보다 더욱 영광을 받을 만한 것이 마치 집 지은 자가 그 집보다 더욱 존귀함 같다"고 말한다(슥 6:12; 마 16:18). 저자는 예수님이 "모세보다 더욱 영광을 받을 만하다"고 말한다. 저자는 예수님께서 모세보다 더욱 영광을 받을 만하시다는 것을 세상의 비유로 표현한다. 즉 "집 지은 자가 그 집보다 더욱 존귀함 같다"고 표현한다. 집 지은 건축가가 그 집보다 더욱 존귀함 같이 예수님은 모세보다 더 존귀하시다. 집 지은 건축가와 그 건축가가 지은 집, 두 가지 중에서 어느 것이 더 존귀하냐는 문제는 아주 판단하기 쉬운 문제이다. 집을 지은 건축가가 더 영광스럽고 위대하다는 것은 극명한 사실이다.

예수님은 집을 지으신 분이시다. 예수님은 교회 즉 천국을 건설하신 분이시고(마 16:18) 모세는 천국에 참여하는 한 사람에 지나지 않는다. 예수님은 모세를 포함하여 무수한 천국시민들을 조성하신 분이시다. 이쯤 되면 어느 분이 더 위대하신지 분명히 알 수 있다.

히 3:4. 집마다 지은 이가 있으니 만물을 지으신 이는 하나님이시라(πᾶς γὰρ οἶκος κατασκευάζεται ὑπό τινος, ὁ δὲ πάντα κατασκευάσας θεός).

저자는 본 절에서 앞 절(3절)의 사실을 더 설명하고 있다. 저자는 앞 절에서 "집 지은 자가 그 집보다 더욱 존귀함 같다"고 말하고, 본 절에서는 "집마다 지은 이가 있으니 만물을 지으신 이는 하나님이시라"고 말한다(1:2; 엡 2:10; 3:9). 저자는 집마다 지은 건축자가 있다는 것을 말하고 만물을 지으신 분은 "하나님"이시라고 말한다. 여기 "하나

님"에 대해 혹자는 '그리스도'라고 주장하기도 하나 다음 5-6절에서
하나님과 그리스도를 분명히 구분하고 있는 것을 보아 본 절의 "하나님"
을 '그리스도'라고 보는 것은 무리라고 보인다. 그런고로 본 절의 "만물
을 지으신 이"는 '하나님'으로 보고 그 만물을 지으신 창조 사역에 동참
하셨던 그리스도께서(1:2; 요 1:3, 10; 골 1:16) 단지 만물의 한 부분인
모세보다 비교도 할 수 없을 정도로 위대하신 분이라고 말하는 것이
적실할 것이다.

"만물을 지으신 이는 하나님이시라"는 말이 너무 파격적이기 때문에
본 절을 하나의 삽입절로 취급하는 해석이 있다(RSV는 본 절을 삽입 절이라
고 표현한다). 그러나 저자가 본 절 초두에 이유접속사(γὰρ)를 둔 것을
보면 삽입 절이라고 보기가 어렵다. 오히려 본 절은 앞 절의 말씀을 설명하는
문장으로 보는 것이 타당하다.

**히 3:5-6a. 또한 모세는 장래에 말할 것을 증언하기 위하여 하나님의 온
집에서 종으로서 신실하였고 그리스도는 하나님의 집을 맡은 아들로서 그와
같이 하셨으니**(καὶ Μωϋσῆς μὲν πιστὸς ἐν ὅλῳ τῷ οἴκῳ αὐτοῦ ὡς θεράπων
εἰς μαρτύριον τῶν λαληθησομένων, Χριστὸς δὲ ὡς υἱὸς ἐπὶ τὸν οἶκον
αὐτοῦ).

또한 예수님께서 모세보다도 영광 받을만한 분(3-4절)이라고 할 수 있는
이유는 "모세는 장래에 말할 것을 증언하기 위하여 하나님의 온 집에서
종으로서 신실하였기" 때문이다(2절 주해 참조; 출 14:31; 민 12:7; 신 3:24;
수 1:2; 8:31). 본문의 "장래에 말할 것"(τῶν λαληθησομένων)이란 말은
미래 수동태 분사 시제로 '장래에도 계속적으로 말 되어져야 하는 것'을
지칭한다. 모세는 장래에 예수님께서 계속해서 말씀하실 구원의 복음을
미리 구약 시대에 증거 했다(신 18:15, 18-19). 모세는 애굽에서 이스라엘
민족에게 피 뿌리는 예를 정했고(히 11:28) 또 이스라엘 민족을 출애굽
시켰으며 또 광야의 시내 산에서 하나님의 율법을 받았다. 그런가 하면

예수님은 모세가 행한 일을 근거로 십자가에서 피를 흘리셨고 사람들을
죄 가운데서 구출해 내셨으며 또한 모세가 받아 놓은 율법을 하나하나 다
이루셨다(요 19:30). 그러므로 우리가 알게 되는 사실은 모세가 예수님께서
행하실 일들을 예표 하는 예표자 역할을 한 사실이다. 다시 말해 모세는
예수님께서 죽음으로써 백성들을 구원하실 일을 미리 증거 하는 일을 했다.
그는 "하나님의 온 집" 즉 '광야 교회'에서 "종으로서 신실하였다." 모세는
세례 요한처럼 예수님(모세의 주인이시다)께서 이 세상에 오셔서 하실 일을
미리 준비했는데 하나님 보시기에 아주 만족하실 만큼 종으로서 충성을
다했다.

　　여기 "종"(θεράπων)이란 단어는 주인의 명령에 따라서 섬기는 노예라는
말과는 달리 '자원해서 자발적으로 일하는 자유로운 사환'을 지칭한다. 모세
는 스스로 하나님의 뜻을 따라 자발적으로 섬겼다(70인 역의 출 4:10; 14:31;
민 11:11; 12:7; 신 3:24; 수 1:2; 8:31, 33).

　　모세의 경우는 광야 교회 안에서 충실하게 하나님을 섬긴(수 1:1-4 참조)
자발적 종으로서의 충성스러움을 보여주었다면 그리스도께서는 "하나님의
집을 맡은 아들로서 그와 같이 하셨다"(1:2). '하나님의 집을 관할하는 아들
로서 신실하셨다'는 뜻이다. 본문의 "하나님의 집"이란 '하나님 백성들의
총체,' '거듭난 성도의 총체'를 뜻한다(고전 3:16; 6:19; 고후 6:16; 엡
2:21-22; 딤전 3:15; 벧전 2:5). 모세는 예수님의 선지자로서 신실한 모형이었
다(신 18:15, 18).

**히 3:6b. 우리가 소망의 확신과 자랑을 끝까지 굳게 잡고 있으면 우리는
그의 집이라**(οὗ οἶκός ἐσμεν ἡμεῖς, ἐάν((περ)) τὴν παρρησίαν καὶ τὸ
καύχημα τῆς ἐλπίδος κατάσχωμεν).

　　저자는 6절 상반 절에서 "그리스도는 하나님의 집을 맡은 아들"이라고,
즉 '성도들의 총체를 관할하고 돌보시는 아들'이라고 소개하고, 본 절에서는
"우리가 소망의 확신과 자랑을 끝까지 굳게 잡고 있으면 우리는 그의 집이

라"고 말한다(6:11; 10:35; 14절; 마 10:22; 24:13; 롬 5:2; 골 1:23). 즉
"우리가 소망의 확신과 자랑을 끝까지 굳게 잡고 있으면" 그리스도의 집이
된다는 뜻이다. 여기 "소망의 확신"이란 '믿음의 확신'이란 뜻이다. "소망"은
'믿음'의 별명이다. 그러니까 "소망의 확신"이란 '믿음의 확신'이란 뜻이다
(3:6; 4:16; 10:19, 35). 이는 믿음을 확실하게 가지라는 권면과 같다. 그리고
"자랑"이란 '그리스도를 자랑하는 것'을 뜻한다. 이는 범사에 그리스도를
자랑하고 기뻐해야 한다는 뜻이다. 우리가 그리스도를 믿는 믿음을 확실히
가지고 그리스도를 자랑하면 우리는 그리스도의 집의 회원이 되는 것이다.
우리가 신자라면 그리스도에 대한 믿음의 확신을 가지며 또 그리스도를
끊임없이 기뻐하고 자랑해야 한다. 그러면 우리는 하나님의 집 즉 교회의
일원이 되는 것이다.

B. 백성은 모세 아래에서 실패했다 3:7-19

저자는 앞(1-6절)에서 그리스도가 모세보다 위대하시다는 것을 말했는
데 이제 이 부분(7-19절)에서는 시편 95:7-11을 인용하여 백성들이 모세
아래에서 실패한 사실을 지적하면서 이제 그리스도 아래에서는 실패하지
말 것을 권하고 있다. 저자는 먼저 시 95:7-11을 인용하고(7-11절), 그 시편을
해설하며 적용한다(12-14절). 그리고 해설한 것을 지지하기 위해 역사적인
예증을 들어 말한다(15-19절).

**히 3:7-8. 그러므로 성령이 이르신바와 같이 오늘날 너희가 그의 음성을
듣거든 광야에서 시험하던 날에 거역하던 것 같이 너희 마음을 완고하게
하지 말라**(Διό, καθὼς λέγει τὸ πνεῦμα τὸ ἅγιον, Σήμερον ἐὰν τῆς φωνῆς
αὐτοῦ ἀκούσητε, μὴ σκληρύνητε τὰς καρδίας ὑμῶν ὡς ἐν τῷ παρα-
πικρασμῷ κατὰ τὴν ἡμέραν τοῦ πειρασμοῦ ἐν τῇ ἐρήμῳ).

저자는 "그러므로"(διο) 즉 '우리가 그리스도를 향한 믿음의 확신과
그리스도를 자랑하는 삶을 살면 우리가 하나님의 교회의 회원이 되는 고로'

(앞 절) 12절의 "하나님에게서 떨어질까 조심할 것이요"라는 말과 연결된다. 혹자는 본 절 초두의 "그러므로"란 말이 8절 말씀 즉 "너희 마음을 완고하게 하지 말라"는 말에 연결되는 것으로 보나(Moffatt, Morris, Lane) 12절 하반 절 말씀 "하나님에게서 떨어질까 조심할 것이요"라는 말과 연결된다고 보는 것이 더 자연스럽다 (Calvin, Bengel, Alford, Westcott, Vincent, Kistemaker). 이유는 시편 95:7-11의 긴 말씀이 7-11절 사이에 인용되었기 때문에 본 절 초두의 "그러므로"라는 말은 12절 하반 절의 "하나님에게서 떨어질까 조심할 것이요"라는 말과 연결되는 것으로 보는 것이 바람직하다.

히브리서 저자는 "성령이 이르신 바와 같이 오늘날 너희가 그의 음성을 듣거든"이라고 말하면서 8절 이하의 말씀을 한다(15절; 삼하 23:2; 시 9:7; 행 1:16). 저자는 본 절로부터 11절까지에 걸쳐 인용한 시편 95:7-11의 말씀을 "성령"의 말씀이라고 말한다.[19] 저자는 이곳 말고도 구약을 인용하면서 성령이 이르신 말씀이라고 한다(9:8; 10:15). 막 13:11; 행 13:2; 20:23; 28:25; 딤전 4:1 참조. 구약은 사람의 말이 아니라 성령님의 말씀이요 하나님의 말씀이다. 성경은 성경 스스로 비단 구약만이 아니라 모든 성경은 성령의 감동으로 기록되었다고 사도들은 말한다(딤후 3:16; 벧후 1:21).

저자는 시편 95:7("너희가 오늘날 그 음성듣기를 원하노라")의 말씀을 인용하여 "오늘날 너희가 그의 음성을 듣거든"이라고 말한다. 하나님께서 주전 1,450년에 광야에서 모세를 통하여 이스라엘 백성들에게 말씀하신 그 말씀은 살아 역사하여 다윗 때에도 그 말씀을 통하여 똑같은 말씀을 하고 계시며 또 히브리서 저자 당시에도 역시 하나님께서 동일한 말씀을

---

19) 히브리서 저자는 때로는 성부 하나님을 성경의 저자라고 말한다. 예를 들면 1:5(시 2:7); 1:7(시 104:4); 1:13(시 110:1); 5:5(시 2:7). 또 때로는 성자를 저자라고 말하기도 한다. 예를 들면 2:12(시 22:22); 2:13(사 8:17); 10:5-7(시 40:6-8). 또 때로는 성령을 저자라고 말하기도 한다. 예를 들면 3:7-11(시 95:7-11); 10:15-17(렘 33-34). Simon Kistemaker, *Hebrews*(NTC), p. 90, note 8.

하신다고 말한다. 하나님의 말씀은 "살아있고 활력이 있는 말씀"이다(히 4:12). 하나님은 항상 "오늘날" 말씀하신다(3:7; 4:7; 5:5). 모세 오경을 통해서도 그 때("오늘날") 말씀하시고 시편을 통해서도 그 때("오늘날") 말씀하시며 선지서들을 통해서도 그 시대("오늘")에 말씀하셨다. 그리고 오늘도 모세를 통하여 말씀하신 것을 통해서 오늘 말씀하시고 다윗을 통해서 말씀하신 말씀을 통해서 오늘도 여전히 우리에게 말씀하시며 히브리서 저자를 통하여 말씀하신 것을 통해서 오늘 말씀하신다. 그러므로 성경은 우리에게 구약과 신약을 통하여 오늘 말씀하시며 또한 영원히 말씀하신다. 그렇기에 성경을 대하는 우리는 바로 오늘이라는 시간에 성경인 하나님의 말씀이 나에게 말씀하시는 바를 받아야 한다. 우리는 진실로 하나님의 말씀에 귀기울여야 한다.

다윗은 당대의 이스라엘 사람들에게 "오늘날 너희가 그의 음성을 듣거든 광야에서 시험하던 날에 거역하던 것 같이 너희 마음을 완고하게 하지 말라"고 말한다. 즉 '오늘 이스라엘 민족이 하나님의 음성을 들으면 하나님을 시험하던 옛날에 하나님을 거역하던 것 같이 마음을 완고하게 하지 말라'고 말한다. 결코 선조들이 광야에서 하나님을 시험하던 날에 귀를 돌려 하나님의 말씀을 듣지 않았던 것처럼(출 17:1-7) 하지 말라는 것이다. 하나님은 지금도 이스라엘 민족에게 말씀하시니 말이다. 이스라엘의 조상들은 완고했으나 현재 다윗 시대의 이스라엘 후손들은 마음을 완고하게 해서는 안 된다는 뜻이다. 이스라엘 민족이 물이 부족했을 때 모세와 다투었던 곳을 '맛사' 혹은 '므리바'라고 칭했는데 그 때 그들은 참으로 마음을 완고하게 했다. 그렇게 완고하게 한 것이 곧 하나님을 시험한 것이었다. 이스라엘 민족은 하나님께 원망함으로써 불평과 불만을 나타낸 일종의 도전행위를 감행했다. 이것이 바로 하나님을 시험한 것이다. 오늘도 하나님을 향하여 원망하고 불평하는 수가 있는데 그것은 하나님을 시험하는 행위이다. 이스라엘 민족의 완고함은 애굽 왕 바로가 하나님의 놀라운 이적을 보면서도 하나님을 믿지 못하고 대적했던 것처럼(출 9:35) 하나님

의 역사하심에 대해 완강히 거부하는 성향으로 굳어져 버린 인간의 마음을
가리킨다.

**히 3:9. 거기서 너희 열조가 나를 시험하여 증험하고 사십 년 동안에 나의
행사를 보았느니라**(οὗ ἐπείρασαν οἱ πατέρες ὑμῶν ἐν δοκιμασίᾳ καὶ
εἶδον τὰ ἔργα μου).

저자는 시편 95:9("그 때에 너희 조상들이 내가 행한 일을 보고서도
나를 시험하고 조사하였도다")을 본 절에 인용한다. 저자는 "거기서 너희
열조가 나를 시험하여 증험하고 사십 년 동안에 나의 행사를 보았느니라"고
기록한다. 저자는 "거기," 즉 '광야에서' "너희 열조가 나(하나님)를 시험하
여 증험했다"고 말한다. 본문의 "시험했다"(ἐπείρασαν)는 말은 '유혹했다,'
'시험했다'는 뜻이고, "증험했다"(δοκιμασία)는 말은 '제련했다' 혹은 '연금
했다'(쇠붙이를 불에 달구어 단련하는 것)는 뜻이다. "너희 열조가 나를
시험하여 증험했다"(ἐπείρασαν οἱ πατέρες ὑμῶν ἐν δοκιμασίᾳ)는 말은
'너희 조상들이 나를 제련하듯 시험했다'는 뜻이다. 하나님께서는 이스라엘
민족이 하나님의 행사가 가시적으로 드러나길 원하여 실제로 하나님께 그것
을 요구 했던 이스라엘 민족의 모습에 대하여 평가하시기를 그들이 하나님의
약속을 믿지 못한 숨은 동기로 인하여 결국은 하나님 자체를 시험하는 결과
를 초래했다고 표현하시는 것이다.

이스라엘의 조상들은 그렇게도 하나님을 심히 괴롭히면서 시험한 반면
하나님은 그분의 신실하심으로써 도리어 "사십년 동안에 하나님의 행사"를
보여주셨다. 불기둥과 구름기둥으로 가려주시고 만나를 내려 주시며 물을
마시게 해주시고 의복과 신발이 닳지 않게 해주셨다(출 13:21; 16:4-5; 17:6;
신 29:5).

**히 3:10. 그러므로 내가 이 세대에게 노하여 이르기를 그들이 항상 마음이
미혹되어 내 길을 알지 못하는도다 하였고**(τεσσεράκοντα ἔτη· διὸ

προσώχθισα τῇ γενεᾷ ταύτῃ καὶ εἶπον, Ἀεὶ πλανῶνται τῇ καρδίᾳ, αὐτοὶ δὲ οὐκ ἔγνωσαν τὰς ὁδούς μου).

저자는 시 95:10("내가 사십 년 동안 그 세대로 말미암아 근심하여 이르기를 그들은 마음이 미혹된 백성이라 내 길을 알지 못한다 하였도다")을 본 절에 인용한다. 즉 "그러므로 내가 이 세대에게 노하여 이르기를 그들이 항상 마음이 미혹되어 내 길을 알지 못하는도다"라고 말한다. 문장 초두의 "그러므로"란 말은 '이스라엘의 광야 조상들이 하나님을 시험하고 증험하였으므로'란 뜻이다. 그래서 하나님은 "내가 이 세대에게 노하여 이르기를 그들이 항상 마음이 미혹되어 내 길을 알지 못하는도다"라고 하셨다(민 14:11, 22-23; 신 1:35). 하나님은 "이 세대," 즉 '이스라엘의 광야 조상들'에게 두 가지로 노하여 말씀하셨다. 하나는 하나님께서 "그들이 항상 마음이 미혹되게" 하셨다. "마음이 미혹되게 한다"(They do alway err in [their] heart)는 말은 '마음이 유혹 받게 한다'는 뜻으로 하나님은 그를 시험하는 사람들에게 사탄의 꾐이나 죄의 유혹을 받아 신앙에서 빗나가게 하셨다. 오늘도 하나님을 시험하는 사람들은 사탄이나 죄의 유혹을 받아 신앙의 길에서 빗나가게 되는 것을 볼 수 있다.

또 하나의 벌은 "내 길을 알지 못하게" 하시는 것이었다. "내 길을 알지 못하게 하시는 것"은 '하나님의 인도를 알지 못하게 하시는 것'을 뜻한다. 이 벌은 바로 앞에 말한 첫 번째 벌과 연결된 벌이다. 하나님께서 하나님을 시험하는 사람들에게 마음이 미혹되게 하시니 결과적으로 하나님의 인도를 알지 못하게 되는 것이다. 하나님은 이스라엘의 조상들로 하여금 자기 길을 다녀 광야 생활 40년을 살게 하셨다. 하나님을 시험하는 것은 참으로 위험한 일이다.

히 3:11. 내가 노하여 맹세한 바와 같이 그들은 내 안식에 들어오지 못하리라 하였다 하였느니라(ὡς ὤμοσα ἐν τῇ ὀργῇ μου· Εἰ εἰσελεύσονται εἰς τὴν κατάπαυσίν μου).

하나님을 시험했던 이스라엘의 조상들에게 하나님은 이미 맹세하신바와 같이 또 하나의 벌을 내리셨다. 즉 하나님은 "그들은 내 안식에 들어오지 못하리라"고 하신 것이다. 여기 "내 안식"이란 말은 이스라엘의 조상들이 소유했어야 했던 '가나안 땅'을 지칭한다. 그 땅이 "안식"이라고 불리는 이유는 이스라엘의 조상들이 그 가나안 땅에서 영원히 그리고 안전하게 살아야 할 곳이었기 때문이다(신 12:9). 만일 이스라엘의 조상들이 하나님을 거역하지만 않았다면 가나안 땅에 들어가서 안전하게 살 수 있었다. 그러나 하나님께서 말씀하신 바는 약속의 백성 이스라엘이라 할지라도 그들이 자신을 거역한다면 그가 누구든지 간에 결코 가나안 땅에 들어가지 못하리라고 하신다. 가나안 땅이 여기에서는 "안식"이란 말로 표현됐지만 4장에 가면 더 깊은 뜻으로 사용되고 있다.

히 3:12. 형제들아 너희는 삼가 혹 너희 중에 누가 믿지 아니하는 악한 마음을 품고 살아 계신 하나님에게서 떨어질까 조심할 것이요(Βλέπετε, ἀδελφοί, μήποτε ἔσται ἔν τινι ὑμῶν καρδία πονηρὰ ἀπιστίας ἐν τῷ ἀποστῆναι ἀπὸ θεοῦ ζῶντος).

히브리서 저자는 본 절부터 14절까지 앞(7-11절)에 말씀한 이스라엘의 옛날 불신앙 사건을 근거하여 수신자들에게 적용한다. 저자는 당시의 수신자들을 향하여 "형제들아"라는 애칭을 사용하여 진지한 권면을 한다. 즉 "너희는 삼가 혹 너희 중에 누가 믿지 아니하는 악한 마음을 품고 살아 계신 하나님에게서 떨어질까 조심할 것이라"고 말한다. 본 절중에서는 "너희는 삼가 조심할 것이요"라는 말이 강조되었다. 아주 조심하라는 것이다. 무엇을 조심해야 하는가 하면 "혹 너희 중에 누가 믿지 아니하는 악한 마음을 품고 살아 계신 하나님에게서 떨어질까" 조심하라는 것이다. 저자는 이스라엘의 조상들의 불신앙을 근거하여 당대의 수신자들에게 "누가 믿지 아니하는 악한 마음을 품고 살아 계신 하나님에게서 떨어질까" 조심하라고 말한다. 악한 마음을 품으며 믿지 아니하는 모든 자는 살아 역사하시는

하나님에게서 영적으로 멀리멀리 떨어진다는 것이다. 본문의 "믿지 아니하
는 악심"(καρδία πονηρὰ ἀπιστίας)이란 말은 '불신앙의 악한 마음' 혹은
'불신앙이라는 악한 마음'이라고 번역할 수 있는데 '불신앙은 곧 악한 마음'
이라는 뜻이다. 불신앙이 악이란 뜻이다. 저자는 수신자들에게 믿지 아니하
는 악한 마음을 품고 있으면서 하나님으로부터 멀리 떨어질까 아주 조심하라
고 권한다. 이 세상에서 가장 악한 것은 바로 그리스도를 믿지 않는 것이다(렘
17:9). 악이란 것은 믿지 않는 것이므로 모든 악한 행위 역시 그 믿지 않는
것에서부터 생겨난다.

본문의 "살아계신 하나님"이란 말은 "살아계신"이란 말이 없어도 되나
이교(異敎)의 생명 없는 우상들과 구별하기 위해 쓰인 말로 구약 성경과
신약 성경에 종종 사용되고 있다(9:14; 10:31; 12:22; 신 5:26; 수 3:10;
삼상 17:26; 왕하 19:4, 16; 단 6:20; 마 16:16; 26:63; 요 6:57). 우리는
"하나님"이란 말 앞에 "살아계신"이란 말을 붙이지 않아도 참으로 살아계셔
서 역사하는 하나님을 매일 경험하며 살고 있다.

**히 3:13. 오직 오늘이라 일컫는 동안에 매일 피차 권면하여 너희 중에 누구든
지 죄의 유혹으로 완고하게 되지 않도록 하라**(ἀλλὰ παρακαλεῖτε ἑαυτοὺς
καθ᾽ ἑκάστην ἡμέραν, ἄχρις οὗ τὸ Σήμερον καλεῖται, ἵνα μὴ σκληρυνθῇ
τις ἐξ ὑμῶν ἀπάτῃ τῆς ἁμαρτίας).

저자는 앞(12절)에서 "하나님에게서 떨어질까 조심하라"고 권한 다음
본 절에서는 "오직 오늘이라 일컫는 동안에 매일 피차 권면하여 너희
중에 누구든지 죄의 유혹으로 완고하게 되지 않도록 하라"고 말한다.
여기 "오직 오늘이라 일컫는 동안"이란 말은 '오늘이라고 말할 수 있는
동안' 혹은 '오늘이라고 말할 수 있는 시기'라는 뜻으로 시기적으로는
예수님 재림 전의 모든 시기를 총칭한다. 우리는 매일 매일 그 날에
대하여 "오늘"이라고 말하며 산다. 그러니까 "오늘"이라고 우리의 입으
로 말할 수 있는 매일매일 피차 권면하며 살라는 것이다. 이 말은 꼭

사역자인 목사나 전도사로부터 권면을 받아야 하는 것이 아니라 성도들이라면 서로가 피차 권면하는 것이 필요하다는 것이다. 피차 권면하여 "너희 중에 누구든지 죄의 유혹으로 완고하게 되지 않도록 하라"고 한다. 죄의 유혹을 받아 마음이 단단하게 되면 믿음에서 떠나게 되는 고로 서로 하나님의 말씀으로 권고하여 죄의 유혹을 물리치고 신앙에 굳게 서라는 것이다.

본문의 "죄의 유혹으로"(ἀπάτη τῆς ἁμαρτίας)란 말은 '그 죄의 유혹으로'란 뜻으로 바로 앞서 말한바 하나님을 떠나는 불신앙을 지칭한다. 사람은 죄의 유혹이 있으면 하나님을 떠나기 쉽다. 광야에서 이스라엘의 조상들은 단지 자기 자신 한 사람만 죄의 유혹을 받고 유혹된 것이 아니라 다른 사람들까지도 유혹하여 망하게 했다. 오늘도 죄는 무수한 사람들을 유혹하여 사람을 망하게 한다. 우리는 매일 우리 자신들의 마음이 굳어 있는지 확인해야 한다. 항상 성령의 지배와 인도를 받으며 살아야 한다.

히 3:14. 우리가 시작할 때에 확신한 것을 끝까지 견고히 잡고 있으면 그리스도와 함께 참여한 자가 되리라(μέτοχοι γὰρ τοῦ Χριστοῦ γεγόναμεν, ἐάνπερ τὴν ἀρχὴν τῆς ὑποστάσεως μέχρι τέλους βεβαίαν κατάσχωμεν).

본 절 초두에는 이유접속사(γὰρ)가 있어 앞 절에서 말한바 "매일 피차 권면하여 누구든지 죄의 유혹으로 완고하게 되지 않도록 해야 할" 이유를 제공하고 있다. 왜 죄의 유혹으로 완고하게 되지 않도록 해야 하는가 하면 "우리가 시작할 때에 확신한 것을 끝까지 견고히 잡고 있으면 그리스도와 함께 참여한 자가 되기" 때문이라고 한다(6절). 다시 말해 "우리가 시작할 때에 확신한 것을 끝까지 견고히 잡고 있기" 위해서는 매일 피차 권면해야 한다는 것이다.

"우리가 시작할 때에 확신한 것을 끝까지 견고히 잡고 있으면"이라는 말은 '우리가 처음 믿기 시작할 때에 가졌던 확신을 끝까지 굳게 잡고 있으면'이라는 뜻이다. 사람은 예수님을 처음 믿게 되었을 때 확신을 갖게 되는 법인데 세월이 갈수록 죄의 유혹 때문에 마음이 완고해지게 되므로 그렇게 되지 않으려면 끝까지 굳게 믿음을 잡고 있어야 한다. 6절 주해 참조.

그렇게 하면 "그리스도와 함께 참여한 자가 된다." "그리스도와 함께 참여한다"는 말은 '구원을 비롯하여 모든 것을 그리스도와 함께 누리게 된다'는 뜻이다. 다시 말해 그리스도와 함께 공동 상속자가 된다는 뜻이다. 그러므로 우리는 이 영광스러운 사실을 바라보는 자들로서 자신들이 죽을 때까지 그리고 그리스도의 재림 때까지 그리스도를 믿기 위하여 매일 피차 권면하고 매일 기도생활을 잘 해나가야 할 것이다.

히 3:15. 성경에 일렀으되 오늘 너희가 그의 음성을 듣거든 격노하시게 하던 것 같이 너희 마음을 완고하게 하지 말라 하였으니(ἐν τῷ λέγεσθαι, Σήμερον ἐὰν τῆς φωνῆς αὐτοῦ ἀκούσητε, Μὴ σκληρύνητε τὰς καρδίας ὑμῶν ὡς ἐν τῷ παραπικρασμῷ).

본 절이 어느 구절에 연결되어야 하느냐를 두고 몇 가지 견해가 있다. 1) 바로 앞선 14절의 결구(結句)로 보는 견해. 2) 13절(14절은 하나의 삽입절로 본다)과 연결되는 구절로 보는 견해. 3) 16-19절의 서론 구절로 보는 견해 등으로 나누어진다. 이 견해들 중에서 마지막 견해(3번)가 가장 타당한 것으로 보인다. 이유는 본 절에 이스라엘 민족이 광야 생활에서 하나님을 "격노하시게 하던 것"을 말하고 있는데 16-19절에서는 이스라엘 민족의 조상들이 광야에서 하나님을 격노하시게 했던 것과 연관되어 있는 것들을 다루기 때문이다.

본 절 초두의 "성경에 일렀으되"(ἐν τῷ λέγεσθαι)라는 말은 단순히 "일렀으되" 혹은 "방금 말한바와 같이"라는 뜻일 뿐 "성경"이란 말은 없다("while it is said"-KJV, RSV 혹은 "As has just been said"-NIV). 그러나 뜻은 "성경에 일렀으되"라는 말씀이 된다. 저자는 시편 9:7-8을

인용하여 본 절에 기록하고 있다(7-8절도 시편 95:7-8을 인용하여 기록한
것이다).

저자는 "오늘 너희가 그의 음성을 듣거든 격노하시게 하던 것 같이
너희 마음을 완고하게 하지 말라 하였다"는 말을 인용하고 있다(7절).
본 절 주해를 위해 본 장 7-8절 주해를 참조할 것. 시편 95:7-8의
인간 저자 다윗은 당대 사람들에게 '오늘 너희가 하나님의 음성을
듣거든 광야의 조상들이 하나님을 격노하시게 하던 것과 같이 너희의
마음을 완고하게 하지 말라'고 권면한다. 이유는 믿음에서 벗어나서
하나님의 인도하심을 알지 못하여 안식에 들어가지 못할까 염려했기
때문이었다.

**히 3:16. 듣고 격노하시게 하던 자가 누구냐 모세를 따라 애굽에서 나온
모든 사람이 아니냐**(τίνες γὰρ ἀκούσαντες παρεπίκραναν ἀλλ' οὐ πάντες
οἱ ἐξελθόντες ἐξ Αἰγύπτου διὰ Μωϋσέως).

히브리서 저자는 본 절과 다음 절(17절), 그리고 또 그 다음 절(18절)에
걸쳐 자신이 질문하고 또 자신이 대답하는 형식으로 광야에서 하나님을
반역한 자들의 종말의 비참함을 드러내어 저자 당대의 사람들에게 경고하고
있다. 하나님의 은혜를 받고도 하나님을 반역한다는 것이 얼마나 큰 죄라는
것을 여실히 보여주고 있다.

저자는 먼저 질문한다. 즉 "듣고 격노하시게 하던 자가 누구냐?"고 질문
한다(8절 주해 참조). 하나님의 음성을 듣고 하나님을 격노하시게 하던 자가
누구냐는 질문이야 말로 극명한 대답을 끌어내는 질문이다. 즉 그 대답은
"모세를 따라 애굽에서 나온 모든 사람이 아니냐"의 의미를 나타내는 수사
의문문 형식의 대답이다(민 14:2, 4, 11, 24, 30; 신 1:34, 36, 38). "모세를
따라 애굽에서 나온 모든 사람들이라"는 말은 '모세를 따라 출애굽 한 모든
사람들(여호수아와 갈렙을 제외한 모든 사람들), 출애굽하면서 하나님의
큰 이적을 본 모든 사람들, 출애굽하면서 하나님의 큰 역사를 본 모든 사람들

이었다'이다. 그들은 광야에서 물이 없어 므리바에서 마음을 완고하게 하여 하나님을 격노하시게 했다(민 20:13). 저자는 이런 말로 당대의 사람들을 경계하고 있다.

저자는 16-18절에 걸쳐 "누구"(16절), "누구"(17절), "누구"에게(18절) 냐고 질문하고 있는데 본 절에서는 출애굽의 놀라운 이적을 맛본 자들이 하나님을 격노하시게 했다고 답하고(본 절), 또 17절에서는 광야에서 엎드러져서는 안 되는 사람들이 범죄 하여 엎드러졌다고 답하고, 또 18절에서는 반드시 순종해야 할 사람들이 순종하지 않아서 가나안에 들어가지 못했다고 답한다.

이 3절을 비교하면 16절은 "애굽에서 나온 모든 사람"을 언급했고 17절은 "시체가 광야에 엎드러진 범죄 한 자들"을 언급했으며 18절은 "(가나안에 들어가지 못한 사람들은) 순종하지 아니하던 자들"이라고 언급한다. 그러니까 애굽에서 나온 사람들(16절), 광야에서 범죄 한 사람들(17절), 가나안에 들어가지 못한 불순종의 사람들(18절)을 언급하고 있다.

히 3:17. 또 하나님이 사십 년 동안 누구에게 노하셨느냐 그들의 시체가 광야에 엎드러진 범죄 한 자에게가 아니냐(τίσιν δὲ προσώχθισεν τεσ- σεράκοντα ἔτη οὐχὶ τοῖς ἁμαρτήσασιν, ὧν τὰ κῶλα ἔπεσεν ἐν τῇ ἐρήμῳ).

저자는 또 질문하고 대답한다. 질문은 "하나님이 사십 년 동안 누구에게 노하셨느냐"이다. 대답은 극명하게 "그들의 시체가 광야에 엎드러진 범죄 한 자에게가 아니냐"이다(민 14:22, 29; 26:65; 시 106:26; 고전 10:5; 유 1:5). '그들의 시체가 광야에 엎드러진 범죄 한 자에게가 아니냐'는 대답 속에는 그들이 하나님의 진노를 받아서 광야에서 엎드러졌다는 것이다. 범죄 하면 반드시 하나님의 진노를 받게 되고 또 벌을 받게 된다는 것을 보여주고 있다. 출애굽 시 20세 이상이었던 사람들은 여호수아와 갈렙을 제외하고는 나머지 모두가 광야에서 엎드러졌다. 본문의 역사적 배경이 되는 본문은 민 14:29-31에 기록되어 있다. 이스라엘의 광야 사람들은 그들의 대표들이 가나안을 정탐하고 돌아온 후 악평하는 소리를 듣고 하나님을 너무 심하게 원망한 결과 40년 동안 하나님의 진노를 받으면서 광야를 헤맸고 결국 광야에서 다 죽고 말았다.

히 3:18. 또 하나님이 누구에게 맹세하사 그의 안식에 들어오지 못하리라 하셨느냐 곧 순종하지 아니하던 자들에게가 아니냐(τίσιν δὲ ὤμο-σεν μὴ εἰσελεύσεσθαι εἰς τὴν κατάπαυσιν αὐτοῦ εἰ μὴ τοῖς ἀ-πειθήσασιν).

저자는 또 질문하고 대답한다. 질문은 "하나님이 누구에게 맹세하사 그의 안식에 들어오지 못하리라 하셨느냐"이다(민 14:30; 신 1:34-35). 본문의 "안식에 들어간다"는 말은 '가나안 복지에 들어가는' 것을 지칭한다. 하나님은 아주 단단히 말씀하시기를 가나안 복지에 들어가지 못할 사람들이 있다고 하셨는데 하나님은 누구에게 맹세까지 하시면서 가나안 복지에 들어가지 못하리라고 하셨느냐는 것이다. 그 답은 아주 극명한 것으로 "순종하지 아니하던 자들에게가 아니냐"이다. 하나님은 순종하지 아니하던 자들은 가나안에 들어가지 못한다고 하셨다(민 14:43 참조). 이스라엘 사람들은 하나님의 약속을 신뢰하지도 않았고 하나님을 시험했으며 불순종하여 결국은 가나안에 들어갈 수 없었다(출 5:21; 14:11; 15:24; 16:2; 17:2-3; 32:1; 민 11:1, 4; 14:2, 22-23). 본 절의 "순종하지 아니하던 자들"이란 말은 17절의 "범죄 한 자"란 말과 동의어로 사용되었다. 본문의 "순종하지 아니했다"는 말은 "믿지 않았다"는 말과 본서에서 동의어로 사용되었다(5:9; 11:31). 이는 사람은 믿음이 없으면 순종하지 못하게 되는 것과 깊이 연관되기 때문이다. 이와 같은 이유로 우리는 주를 믿는 것을 통하여 그리스도에게 순종하는 삶을 살아야 한다.

히 3:19. 이로 보건대 그들이 믿지 아니하므로 능히 들어가지 못한 것이라

(καὶ βλέπομεν ὅτι οὐκ ἠδυνήθησαν εἰσελθεῖν δι' ἀπιστίαν-Σο ωε σεε τηατ τηεψ χουλδ νοτ εντερ ιν βεχαυσε οφ υνβελιεφ-KJV).

문장 초두의 "이로 보건대"(So we see)란 말은 '결론은'이란 뜻으로 "그들이 믿지 아니하므로 능히 들어가지 못했다"는 것이다(4:6). 앞 절(18절)에서는 "순종하지 아니"하므로 가나안에 들어오지 못한 것이라고 했는데 본 절에서는 "믿지 아니하므로 능히 들어가지 못한 것"이라고 한다. 이스라엘 민족이 광야에서 하나님과 모세를 불순종한 것은 결국은 하나님을 믿지 않았기 때문이었다는 것이다. 여전히 이런 일은 오늘날에도 교회에서 불순종하는 원인을 불신에서 찾아야 함을 알게 한다. 우리는 불신하지 않기 위해서 성경을 많이 보고 연구하며 묵상해야 할 것이고 많은 기도를 드려야 할 것이다.

제 4 장

C. 하나님의 안식은 잃을 수도 있다 4:1-10

저자는 앞(3:7-19)에서 시편 95:7-11을 인용하여 백성들이 모세 아래에서 실패한 사실을 지적하면서 그리스도 아래에서는 실패하지 말 것을 권고한 다음 이제 이 부분(1-10절)에서는 하나님께서 주시는 안식을 대망할 것을 권하고 있다. 구약 신자들은 하나님께서 주시는 안식처인 가나안에 들어가지 못했으나 신약의 신령한 이스라엘은 천국에 들어가기를 힘쓸 것을 권고한다.

히 4:1. 그러므로 우리는 두려워할지니 그의 안식에 들어갈 약속이 남아 있을지라도 너희 중에는 혹 이르지 못할 자가 있을까 함이라(Φοβηθῶμεν οὖν, μήποτε καταλειπομένης ἐπαγγελίας εἰσελθεῖν εἰς τὴν κατάπαυ-σιν αὐτοῦ δοκῇ τις ἐξ ὑμῶν ὑστερηκέναι).

저자는 "그러므로"(οὖν) 즉 '광야의 이스라엘 사람들이 불신앙 때문에 가나안에 들어가지 못했으므로' "우리는 두려워할지니 그의 안식에 들어갈 약속이 남아 있을지라도 너희 중에는 혹 이르지 못할 자가 있을까 한다"고 말한다(12:15). 즉 '우리(저자 당시의 "우리")는 두려워해야 할 것이니 하나님의 안식 곧 천국에 들어갈 약속이 아직 유효하다고 해도 우리 중에는 혹 천국에 이르지 못할 사람이 있을지 모른다는 생각을 해야 한다'는 것이다. 여기 "두려워할지니"(Φοβηθῶμεν)란 말은 부정(단순)과거 가정법으로 '두려워하자,' '두려워합시다'라는 뜻으로 천국에 들어갈 약속은 아직 유효해도 수신자들 중에는 혹 못 들어갈 사람이 있을는지도 모르는 일이니 두려워해야 한다는 것이다.

저자는 본 장에서 네 번이나 "안식에 들어갈 약속(ἐπαγγελίας)[20]이 남아있다"고 말한다(4:1, 6, 9, 11). 하나님의 약속이 아직 남아 있다는 말은 구약의 이스라엘 백성들이 가나안에 들어간 것으로 약속이 다 끝난 것은 아니고 아직도 그 약속이 살아 있다는 뜻이다. 다시 말해 하나님의 약속은 아직도 유효하다는 뜻으로 예수님 재림 전까지 하나님의 약속은 여전히 살아있고 효과가 있어 그 약속을 믿으면 천국에 갈 수 있는 것이다. 하나님의 약속은 하나님에 의해 예고되었으며 복음이 전파되고 받아드려지는 곳에 여전히 유효하다. 다시 말해 복음을 받아드리는 모든 사람들은 이 약속에 참여할 수 있다. 지금도 미전도 종족들이 복음을 받으면 천국에 갈 약속은 여전히 그들에게 효과를 발휘하는 것이다.

저자는 "너희 중에는 혹 이르지 못할 자가 있을까 한다"고 말한다. 본문의 "이르지 못할"(ὑστερηκέναι)이란 말은 '미치지 못할,' '실패할,' '부족할'이라는 뜻으로 이미 신앙의 걸음을 시작한 자들 중에서 혹 도중에 낙오자가 있을까 두려워하라는 말이다. 즉 안식에 이르지 못한 자로 판단될 신자가 있을까 염려하라는 뜻이다. 자기 자신은 꽤 신앙생활을 잘하는 줄로 알았는데 결국은 천국에 이르지 못할 자가 있을까 염려하라는 말이다.

본문의 "있을까"(δοκῇ)란 말은 3인칭 단수 현재 가정법으로 '생각하다,' '상상하다,' '...일 듯하다'라는 뜻으로 동사가 3인칭 단수임으로 혹자는 주어를 하나님으로 보아 하나님께서 안식에 들어가기에 부족한 자로 판단하신다는 의미라고 주장하나 주어를 "너희 중의 어떤 이"(any one of you)로 보는 것이 더 타당할 것이다. 즉 '너희 중의 어떤 이가 혹 천국에 이르지

---

20) "약속": 여러 가지 실례에 보이는 대로 '약속' 또는 '약속한다'로 역된 명사 및 동사는 '말한다' 또는 '말씀'이라는 말이고, 발언하는 말 그것이 진실 된 보증이라는 개념이 기본으로 되어 있다. '나는 말한다'란 '나는 약속 한다'와 같은 의미의 것이고 '약속 한다'고 할 필요가 없었던 것이다. 특히 하나님의 약속의 경우는 하나님의 '자애'(慈愛 steadfast love)와 '진실'이 강조되고 있고, 그것이 하나님의 '계약'(covenant)의 실현으로 되는 것이다. 이러한 사상구조에서 하나님의 약속에 전적(全的)인 신뢰를 건 신앙자의 인격적이며 활력 있는 신앙 체험을 알 수가 있다.

못할 사람이 있을까 함이라'로 보는 것이 더 타당할 듯하다.

히 4:2. 그들과 같이 우리도 복음 전함을 받은 자이나 그러나 들은 바 그 말씀이 그들에게 유익하지 못한 것은 듣는 자가 믿음과 결부시키지 아니함이라(καὶ γάρ ἐσμεν εὐηγγελισμένοι καθάπερ κἀκεῖνοι· ἀλλ' οὐκ ὠφέλησεν ὁ λόγος τῆς ἀκοῆς ἐκείνους μὴ συγκεκερασμένους τῇ πίστει τοῖς ἀκούσασιν).

저자는 본 절 초두에 이유접속사(γάρ)를 기록하여 앞 절에 말한바 '저자 당시의 유대인 성도들이 천국에 들어가지 못할 사람이 있을까 두려워할' 이유를 제공하고 있다. 본 절은 왜 저자 당시의 유대인들이 천국에 못 들어갈지도 모른다는 생각을 해야 하는 가를 말한다.

저자는 이스라엘의 조상들과 당대의 유대인 성도들과 비교하여 복음을 받은 것은 똑같으나 조상들은 믿지 아니했다는 점이 다르다고 말한다. 저자는 "그들과 같이 우리도 복음 전함을 받은 자이나"라고 말한다. 즉 '광야의 유대인 조상들과 같이 우리들 곧 저자 당시의 유대인 성도들도 복음을 받았다'고 말한다. 선조들(출 3:8; 민 13:27, 30)이나 당시의 성도들(살전 2:13)이나 복음을 받은 점에서는 똑 같다고 말한다.

그러나 문제는 "들은 바 그 말씀이 그들에게 유익하지 못한 것은 듣는 자가 믿음과 결부시키지 아니했다"고 말한다. 들은바 그 말씀 즉 복음이 광야의 조상들에게 유익하지 못했던 이유는 복음을 듣는 자가 믿지 아니했기 때문이라고 한다. 저자는 상반 절에서는 "복음"이라고 표현하고 하반 절에서는 "말씀"이라고 표현한다. 두 말씀이 동의어임을 알 수 있다. 본문의 "믿음과 결부시키지 아니함이라"(not being mixed with faith)는 말은 '믿지 않았다'는 표현이다. 하나님께서 아무리 복된 소식이나 말씀을 주셔도 믿지 않으면 모두 소용이 없는 일이다(롬 10:16-17).

히 4:3. 이미 믿는 우리들은 저 안식에 들어가는도다 그가 말씀하신 바와

같으니 내가 노하여 맹세한 바와 같이 그들이 내 안식에 들어오지 못하리라
하셨다 하였으나 세상을 창조할 때부터 그 일이 이루어졌느니라
(εἰσερχόμεθα γὰρ εἰς ((τὴν)) κατάπαυσιν οἱ πιστεύσαντες, καθὼς
εἴρηκεν, Ὡς ὤμοσα ἐν τῇ ὀργῇ μου, Εἰ εἰσελεύσονται εἰς τὴν κατάπαυ-
σίν μου, καίτοι τῶν ἔργων ἀπὸ καταβολῆς κόσμου γενηθέντων).

저자는 앞 절(2절)의 이스라엘의 조상들과는 달리 "이미 믿는 우리들은
저 안식에 들어간다"라고 말한다(3:14). 저자는 동시대 사람들에게 잘 믿으
라는 뜻으로 이 말을 하고 있다. 참으로 약속(1절), 복음(2절 상반 절), 말씀(2
절 하반 절)을 믿는 사람들은 천국에 들어간다는 것이다(행 16:31; 롬 10:9;
살전 2:13). 본문의 "저 안식"(τὴν κατάπαυσιν)이란 말은 저자가 지금까지
언급한 바로 '그 안식'을 지칭한다. 즉 '그 천국'을 말한다. 그리고 "들어가는
도다"(εἰσερχόμεθα)라는 말은 현재형 동사로 '지금도 들어가고 있고 앞으로
도 계속해서 믿는 사람들이 천국에 들어갈 것'이라는 뜻이다.

그리고 저자는 복음을 믿는 사람들이 천국에 들어갈 것이라는 것을
증명하기 위해 "그가 말씀하신 바와 같으니 내가 노하여 맹세한 바와 같이
그들이 내 안식에 들어오지 못하리라 하셨다 하였으나 세상을 창조할 때부터
그 일이 이루어졌다"고 말한다(3:11; 시 95:11). 저자는 먼저 하나님의 부정
적인 말씀을 인용하고(시 95:11) 다음으로는 자신의 긍정적인 해설을 기록한
다(하나님의 창조원리).

저자는 먼저 "그가 말씀하신 바와 같으니 내가 노하여 맹세한 바와
같이 그들이 내 안식에 들어오지 못하리라"(시 95:11)는 말씀을 인용한다.
여기 "그가 말씀하신 바와 같으니"란 말은 '하나님께서 말씀하신바와 같다'
는 뜻이다. 시편 95:11("내가 노하여 맹세하기를 그들은 내 안식에 들어오지
못하리라")의 말씀은 하나님의 말씀이라는 것이다. 다시 말해 하나님께서
시편 기자 다윗을 통하여 말씀하셨다는 것이다. 저자는 시편의 말씀을 사람
의 말로 받지 아니했다. 하나님께서 노하여 맹세하신 말씀의 내용은 '광야
이스라엘의 조상들은 하나님께서 주시는 안식 즉 가나안에 들어가지 못하리

라'는 것이었다. 하나님은 광야 이스라엘의 조상들이 절대로 가나안 땅에 들어가지 못하리라고 맹세하신 바와 같이 히브리서 저자는 이스라엘의 조상들이 가나안에 들어가지 못했다고 확언한다(여호수아와 갈렙을 제외하고).

그러나 히브리서 저자는 이미 믿는 성도는 천국에 들어간다고 말하기 위해 창조의 기사를 말한다. 즉 "세상을 창조할 때부터 그 일이 이루어졌다"고 확언한다(창 2:2). '하나님께서 세상을 창조하신 후에 그 일 곧 새로운 시대, 안식시대를 이루셨다'고 말한다. 제 7일과 함께 하나님의 새로운 시대 즉 안식의 시대는 시작되었다는 것이다. 하나님은 6일 동안 창조하신 후 더 창조하시는 일을 하시지 않고 제 7일 이후에는 줄곧 쉬시는 기간을 만드신 것이다. 6일까지는 "저녁이 되며 아침이 되니"라는 말이 계속되다가 (창 1:5, 8, 13, 19, 23, 31) 제 7일째부터는 그런 구분이 없어졌다. 이제 새로운 시대가 시작된 것이다. 이스라엘의 조상들이 안식(가나안)에 들어가지 못한 것은 일시적인 현상이고 영원한 현상은 아니다. 안식에 대해서 저자는 4-9절까지 계속해서 말씀한다. 다시 말해 저자는 4-9절까지 계속해서 해설한다.

히 4:4. 제 칠일에 관하여는 어딘가에 이렇게 일렀으되 하나님은 제 칠일에 그의 모든 일을 쉬셨다 하였으며(εἴρηκεν γάρ που περὶ τῆς ἑβδόμης οὕτως, Καὶ κατέπαυσεν ὁ θεὸς ἐν τῇ ἡμέρᾳ τῇ ἑβδόμῃ ἀπὸ πάντων τῶν ἔργων αὐτοῦ).

히브리서 저자는 "제 칠일에 관하여는 어딘가에 이렇게 기록되어 있다"고 말한다. 저자는 제 7일에 관한 구약의 기록이 어디에 있는지 몰라서 "어딘가에"라고 말한 것이 아니다. 유대인 성도들은 구약에 관해서 너무 극명하게 아는 고로 그저 "어딘가에"라고만 말해도 다 알기 때문에 말씀이 기록되어 있는 위치가 구약 어디인지 구체적으로 말하지 않고 그 내용을 정확하게 기록하고 있다. 즉 "하나님은 제 칠일에 그의 모든 일을 쉬셨다"는 말씀을 하고 있다(창 2:2; 출 20:11; 31:17). 저자에게 중요한 것은 내용이었다. "하나님은 제 칠일에 그의 모든 일을 쉬셨다"는 말씀은 하나님께서 세상을 창조하신 후에 제 7일에 그가 하시는 창조사역을 쉬셨다는 뜻이다(창 2:2; 출 20:11; 31:17).

그렇다면 하나님께서 제 7일에는 아무 것도 하지 않으신다는 말인가. 그런 것은 아니다. 하나님께서 안식하시면서 그가 창조하신 것을 기뻐하시고 또 보존하시며 교통하시고 성도들로부터 예배를 받으신다. 오늘 성도들은 토요일 안식일을 지키지 않고 주일(그리스도께서 부활하신 날)에 안식 행위를 한다. 즉 주일에 예배하고 하나님을 찬양하고 기뻐한다. 주일에 예배하지 않는 사람들은 안식을 모르는 사람들이다. 너무 안타깝게도 많은 사람들이 하나님과 함께 쉬는 복을 누리지 못하고 지옥 같은 삶을 살아가고 있다.

히 4:5. 또 다시 거기에 그들이 내 안식에 들어오지 못하리라 하였으니(καὶ ἐν τούτῳ πάλιν, Εἰ εἰσελεύσονται εἰς τὴν κατάπαυσίν μου-And in this [place] again, If they shall enter into my rest-KJV).

히브리서 저자는 다시 "거기" 즉 '시편 95:11'에 있는 말씀("그들은 내 안식에 들어오지 못하리라")을 꺼내어 본 절에 인용한다. 이 시편 95:11은 다윗이 민수기 14:23을 가지고 자기 당대 사람들을 경고하기 위하여 기록한 말씀이다.

다윗이 이 말씀을 할 때는 대략 주전 1,000년으로 여호수아와 갈렙을 비롯하여 광야 이스라엘 사람들 중에 20세 미만의 사람들이 가나안에 들어간 후 많은 세월이 지난 후였다. 그러니까 다윗이 쓴 "안식"이란 말은 가나안에 들어가는 것을 의미하지 않고 '천국'에 들어가는 것을 의미한다.

히브리서 저자가 이 말씀을 반복하는(3:11, 18; 4:3, 5) 이유는 어떤 사람들은 안식을 얻지만 또 어떤 사람들은 안식을 잃을 수도 있기 때문이었다. 다시 말해 '절대로 이런 일이 나에게 일어나지 않으리라'고 장담할 사람은 없다는 것이다. 복음의 말씀에 순종하면 안식을 얻고 순종하지 않으면 잃을 수도 있기 때문에 시편 95:11의 말씀이 반복되는 것이다. 여호수아와 이스라엘이 안식의 땅 가나안에 들어간 후 여호수아가 죽은 후 얼마가 지나 이스라엘 사람들은 다시 하나님으로부터 등을 돌렸기에(수 2:10) 다윗은 민수기 14:23을 가지고 자기 당대 사람들을 경고하기 위해 시편 95:11을 말한 것이다.

히 4:6. 그러면 거기에 들어갈 자들이 남아 있거니와 복음 전함을 먼저 받은 자들은 순종하지 아니함으로 말미암아 들어가지 못하였으므로(ἐπεὶ οὖν ἀπολείπεται τινὰς εἰσελθεῖν εἰς αὐτήν, καὶ οἱ πρότερον εὐαγγελισθέντες οὐκ εἰσῆλθον δι' ἀπείθειαν).

저자는 앞 절(5절)의 결론("그러면"이라고 번역하기 보다는 "그러므로" 라고 번역하는 것이 더 나을 것으로 보인다)을 낸다. 즉 다윗 시대에 다윗이 "그들이 내 안식에 들어오지 못할까"(5절)하고 두려워 한 것을 보면 "거기에 들어갈 자들이 남아 있다"는 것을 보여준다. 즉 '천국에 들어갈 자들이 아직 남아 있다'는 것을 알 수 있다. 그런데 저자는 "복음 전함을 먼저 받은 자들은 순종하지 아니함으로 말미암아 들어가지 못하였다"고 말한다 (3:19). 즉 "복음 전함을 먼저 받은 자들," 곧 '광야 이스라엘의 조상들'은 복음을 순종하지 아니함으로 가나안에 들어가지 못한 것이란 뜻이다. 혹자는 광야의 이스라엘 조상들에게 무슨 복음이 전파되었겠느냐고 의문하겠으나 그들도 역시 하나님의 말씀을 믿고 순종만 했다면 가나안에 들어갈 수 있었 던 고로 그들에게 전파된 말씀은 복음이었다(2절 참조).

히 4:7. 오랜 후에 다윗의 글에 다시 어느 날을 정하여 오늘날이라고 미리 이같이 일렀으되 오늘 너희가 그의 음성을 듣거든 너희 마음을 완고하게 하지 말라 하였나니(πάλιν τινὰ ὁρίζει ἡμέραν, Σήμερον, ἐν Δαυὶδ λέγων μετὰ τοσοῦτον χρόνον, καθὼς προείρηται, Σήμερον ἐὰν τῆς φωνῆς αὐτοῦ ἀκούσητε, μὴ σκληρύνητε τὰς καρδίας ὑμῶν).

저자는 앞 절(6절)에서 광야의 이스라엘 조상들이 순종하지 않아서 가나안에 들어가지 못한 것을 말한 다음 본 절에 와서는 다윗 시대에 안식에 들어갈 사람들이 있었다는 것을 말하기 위해 "오랜 후에 다윗의 글에 다시 어느 날을 정하여 오늘날이라고 미리 이같이 일렀다"고 말한다. 즉 '오랜 후에(500년 후에) 하나님은 오늘이라는 어느 한 날을 정하시고 다윗을 통해 전에 말씀하신 대로 다음과 같이 말씀하신다'고 말한다. 하나님께서 다윗을 통하여 하신 말씀 "오늘 너희가 그의 음성을 듣거든 너희 마음을 완고하게 하지 말라"고 하셨다는 것이다(3:7; 시 95:7). 여기 "오늘"이란 말은 하나님께서 말씀하시는 "오늘"이다. 하나님은 항상 "오늘날" 말씀하신다(3:7; 4:7; 5:5). 모세 오경을 통해서도 그 때("오늘날") 말씀하시고 시편을 통해서도 그 때("오늘날") 말씀하시며 선지서들을 통해서도 그 시대(오늘)에 말씀하셨다. 그리고 오늘도 모세를 통하여 말씀하신 것을 통해서 오늘 말씀하시고 다윗을 통해서 말씀하신 말씀을 통해서 오늘도 여전히 우리에게 말씀하시며 히브리서 저자를 통하여 말씀하신 것을 통해서 오늘 말씀하신다. 성경은 구약이나 신약을 통하여 영원히 말씀하신다. 하나님은 다윗을 통하여 다윗 당대의 사람들에게 하나님의 음성을 들을 때 마음을 완고하게 하지 말고 순종해서 안식에 들어가라고 말씀하신다.

히 4:8. 만일 여호수아가 그들에게 안식을 주었더라면 그 후에 다른 날을 말씀하지 아니하셨으리라(εἰ γὰρ αὐτοὺς Ἰησοῦς κατέπαυσεν, οὐκ ἂν περὶ ἄλλης ἐλάλει μετὰ ταῦτα ἡμέρας).

저자는 "만일 여호수아가 그들에게 안식을 주었더라면 그 후에 다른 날을 말씀하지 아니하셨으리라"고 말한다. 다시 말해 '만일 여호수아가 이스라엘 사람들에게 진정한 안식, 최후적 안식을 주었더라면 여호수아 후에 다른 날(다윗 때)을 하나님께서 말씀하지 아니하였으리라'고 한다. 여호수아가 이스라엘 민족을 이끌고 가나안에 들어간 것은 영원한 안식을 위한 하나의 예표였다.

하나님은 이스라엘 사람들이 광야에서 헤맬 때 모세를 통하여 안식을 약속하셨다. 신명기 12:10은 "너희가 요단을 건너 너희 하나님 여호와께서 너희에게 기업으로 주시는 땅에 거주하게 될 때 또는 여호와께서 너희에게 너희 주위의 모든 대적을 이기게 하시고 너희에게 안식을 주사 너희를 평안히 거주하게 하실 때에"라고 증언한다(3:20; 5:33 참조). 하나님의 이 약속은 문자적으로 이루어졌다(수 22:4). 하나님께서 이렇게 이스라엘 민족에게 안식을 주셨지만 그 안식은 최후적인 안식이 아니라는 것을 저자가 말하고 있다. 진정한 안식이 아니니 하나님은 다윗 시대에 다시 안식을 말씀하신 것이다(시 95편). 하나님께서 그의 백성에게 말씀하신 안식은 현세적인 안식이 아니라 영원한 안식이었다. 그 안식은 복음을 믿음으로 얻는 신령한 안식이요, 그 안식은 죄와 악으로부터 떠난 안식이다. 우리는 지금 그리스도로 말미암아 죄와 악으로부터 영원한 안식을 얻었다. 우리는 평강을 누려야 한다.

히 4:9. 그런즉 안식할 때가 하나님의 백성에게 남아 있도다(ἄρα ἀπολείπε-ται σαββατισμὸς τῷ λαῷ τοῦ θεοῦ).

히브리서 저자는 "그런즉"(ἄρα), 곧 '여호수아의 가나안 정복으로 백성들에게 최후적인 안식, 신령한 안식이 주어지지 못한 고로'(앞 절) "안식할 때가 하나님의 백성에게 남아 있다"고 말한다. '참으로 안식할 일이 하나님의 백성에게 남아 있다'는 뜻이다. 여호수아의 인도로 가나안에 들어가서 안식하는 것은 앞날의 참 안식의 그림자일 뿐이었다. 본문의 "하나님의 백성"이란 '그리스도를 믿는 성도들'을 지칭하는 말이다(벧전 2:10). 그리스도를 믿는 성도들은 참 안식을 누릴 수 있다. 즉 신령한 안식, 죄를 떠난 안식, 영원한 안식을 누릴 수 있다.

그렇다면 히브리서 저자가 여기서 말하는 하나님의 백성들에게 남아있는 안식이란 무엇을 지칭하는가. 다시 말해 그리스도를 믿는 성도들이 누려야 할 안식이란 무엇을 의미하는가. 그것은 "기독교인들이 천국에서는 물론

이 땅위에서도 향유하는 거룩한 행복의 상태"를 말한다(존 브라운).[21] 혹자
는 기독교인들에게 남아있는 안식을 천국에 가서만 누리는 안식(Justin,
Hofius)으로 말하나 남아있는 안식인 고로 그리스도와 연합된 상태에서
이 땅에서 누리는 행복(Morris, Hewitt, Rendal)과 또 천국에 가서 누리는
행복을 지칭하는 것으로 보는 것이 타당하다. 계 14:13은 "내가 들으니
하늘에서 음성이 나서 이르되 기록하라 지금 이후로 주 안에서 죽는 자들은
복이 있도다 하시매 성령이 이르시되 그러하다 그들이 수고를 그치고 쉬리니
이는 그들의 행한 일이 따름이라 하시더라"고 증언한다. 참 안식이란 수고를
그치고 쉬는 것이다. 그리스도인은 천국에서 안식할 때가 남아 있다는 이
좋은 말씀을 알아야 한다.

**히 4:10. 이미 그의 안식에 들어간 자는 하나님이 자기의 일을 쉬심과
같이 자기의 일을 쉬느니라**(ὁ γὰρ εἰσελθὼν εἰς τὴν κατάπαυσιν αὐτοῦ
καὶ αὐτὸς κατέπαυσεν ἀπὸ τῶν ἔργων αὐτοῦ ὥσπερ ἀπὸ τῶν ἰδίων
ὁ θεός).

본문의 "이미 그의 안식에 들어간 자"가 누구인지에 대한 견해는 세
가지가 있다. 1) 이미 승천하신 그리스도를 지칭한다는 견해. 2) 이미 영원한
안식에 들어간 자들을 지칭한다는 견해. 3) 그리스도와 연합한 성도들을
지칭한다는 견해(Bengel, Westcott, Vincent, Morris, Hewitt, 박윤선, 이상
근). 문맥을 살필 때 3번이 타당하다. 11절은 현세에서 안식에 들어가기를
힘쓰라는 권고를 하고 있으니 3번이 타당하다고 보아야 한다. 이미 영원한
안식에 들어간 사람들에게 그런 권고는 불가능하다.

저자는 그리스도와 연합한 성도들은 "하나님이 자기의 일을 쉬심과 같이
그도 자기의 일을 쉰다"고 말한다. 하나님은 창조사역을 마친(창 2:2-3)
다음에는 창조 사역을 더 이상 하시지 않고 안식하시면서 그가 창조하신

---

21) 존 브라운(John Brown), *히브리서* (상), 김유배옮김, p. 256.

것을 기뻐하시고 또 보존하시며 교통하시고 성도들로부터 예배를 받으신다. 그리스도와 연합된 성도들은 하나님께서 온전히 주장하시도록 자리를 내어주고 쉬게 된다. 우리는 우리 자신을 부인하고 전적으로 그리스도에게 모든 것을 맡길 때 이 안식에 들어가게 된다(캘빈).22) 따라서 우리는 이 일을 계속해서 힘써야 한다(다음 절).

D. 하나님의 안식에 들어가기를 힘쓰라 4:11-13

저자는 앞(1-10절)에서 하나님께서 주시는 안식을 대망할 것을 권한 다음 이제 이 부분(11-13절)에서는 하나님의 안식에 들어가기를 힘쓰라고 권고한다. 하나님의 안식에 들어가기 위해서는 하나님의 말씀에 전적으로 순종해야 한다고 말한다.

히 4:11. 그러므로 우리가 저 안식에 들어가기를 힘쓸지니 이는 누구든지 저 순종하지 아니하는 본에 빠지지 않게 하려 함이라(σπουδάσωμεν οὖν εἰσελθεῖν εἰς ἐκείνην τὴν κατάπαυσιν, ἵνα μὴ ἐν τῷ αὐτῷ τις ὑποδείγματι πέσῃ τῆς ἀπειθείας).

저자는 "그러므로"(οὖν), 즉 '하나님이 자기의 일을 쉬심과 같이 성도들도 자기의 일을 쉬는 고로' "우리가 저 안식에 들어가기를 힘쓰라"고 말한다(6절 주해 참조). 여기 "저 안식"이란 말은 '10절에서 말하는 안식 즉 하나님께서 자기 일을 쉬심과 같이 성도가 취하는 저 안식'을 지칭한다. "저 안식은 하나님께서 창조하실 때 제정되었고, 조상들에게 약속되었으며, 그들의 불신앙 때문에 금지되었고, 신앙이라는 조건부로 우리에게 남아있는 저 하나님의 안식"을 말한다(Vincent). 저자는 우리가 저 안식에 들어가기를 힘쓰라고 권고한다. 힘쓰지 않으면 우리도 광야의 이스라엘 조상들처럼 가나안 복지에 들어가지 못하게 되는 것이다. 즉 "누구든지 저 순종하지 아니하는 본에

---

22) 캘빈, *히브리서*, 캘빈성경주석 10, 1995, 서울: 성서교재간행사, p. 98.

빠지지 않게 하려 함이라"고 말한다(3:12, 18-19). 여기 "저 순종하지 아니하
는 본"이란 말은 '과거 이스라엘의 조상들이 광야에서 불순종하던 본'을
가리킨다. 안식에 들어가기를 힘쓰지 않으면 별수 없이 하나님의 말씀에
불순종하게 된다는 것이다. 여기서 우리가 힘쓴다는 말에 대하여 짚어 본다
면 인간적인 노력을 기울인다는 말 즉 인간 편에서의 공로를 통해 일을
성취한다는 의미가 아니라 다만 우리는 할 수 없는 인간들인 줄 알기에
오직 하나님께만 모든 것을 전적으로 맡기는 행위를 뜻한다. 다시 말해
우리는 단지 순종하는 행위를 드릴 뿐이다.

**히 4:12. 하나님의 말씀은 살아 있고 활력이 있어 좌우에 날선 어떤 검보다도
예리하여 혼과 영과 및 관절과 골수를 찔러 쪼개기까지 하며 또 마음의
생각과 뜻을 판단하나니**(Ζῶν γὰρ ὁ λόγος τοῦ θεοῦ καὶ ἐνεργὴς καὶ
τομώτερος ὑπὲρ πᾶσαν μάχαιραν δίστομον καὶ διϊκνούμενος ἄχρι μερ-
ισμοῦ ψυχῆς καὶ πνεύματος, ἁρμῶν τε καὶ μυελῶν, καὶ κριτικὸς ἐνθυμή-
σεων καὶ ἐννοιῶν καρδίας).

　본 절 초두에는 이유접속사(γὰρ)가 있어 우리가 하나님께 순종해야 하는
(앞 절) 이유를 제공하고 있다. 우리가 순종하지 않고는 하나님이 주시는
안식에 들어갈 수 없기 때문에 우리는 순종해야 한다는 것이다. 하나님께
순종한다는 말은 하나님의 말씀에 순종한다는 말과 똑같은 것을 본 절이
보여주고 있다.

　저자는 우리가 안식에 들어가기 위해서는 하나님의 말씀에 순종하라고
말하면서 하나님 말씀의 특성을 진술하고 있다. 첫째, "하나님의 말씀은
살아있고 활력이 있다"고 말한다. 여기 "하나님의 말씀"(ὁ λόγος τοῦ θεου)
이 무엇인지에 대해 크게 두 가지 견해가 있다. 1) 성자 자신을 지칭한다는
견해(요 1:1처럼). 2) 하나님의 계시라는 견해. 이 두 견해 중에 둘째 번
견해가 타당하다.

　성경 속의 "살아있다"는 말은 "활력이 있다"는 말과 같은 말이다.23)

하나님께서 살아 계시기 때문에(3:12; 10:31; 12:29) 그의 말씀도 살아 역사하며 활력이 있는 것이다. 하나님의 말씀은 살아있어서 능력을 발휘하고 따라서 사람들의 심령에 들어가서 심령을 살린다(신 32:47; 요 5:38; 6:63, 68; 행 7:38; 벧전 1:23). 하나님의 말씀은 활력이 있어 죄인을 회개하게 하며 또 구원하는 일을 한다. 따라서 하나님의 말씀은 일반 종교적인 글들과는 달리 세상 모든 사람들에게 말씀하신다. 말씀은 사람들로부터 반응을 요구하신다. "하나님의 말씀"이란 말은 신약 성경에 적어도 39회 나타나고 거의 언제나 하나님께서 직접 하신 말씀이나 혹은 하나님에 대해서 기록한 말씀을 지칭한다(Simon Kistemaker).24) "살아 있다"(Ζῶν)는 말은 하나님 말씀의 특징 중 가장 두드러진 특징이다(사 49:2; 렘 23:29; 고후 10:4, 5; 벧후 1:23). 스데반은 모세가 시내 산에서 "살아있는 하나님의 말씀"을 받았다고 말했고(행 7:38), 베드로는 그의 수신자들에게 "너희가 거듭난 것은 썩어질 씨로 된 것이 아니요 썩지 아니할 씨로 된 것이니 살아 있고 항상 있는 하나님의 말씀으로 되었느니라"고 말한다(벧전 1:23).

하나님 말씀의 두 번째 특징은 "활력이 있다"(ἐνεργής)는 것이다. 말씀은 효력이 있고 능력을 발휘한다. 하나님의 말씀은 그 효력에 있어 놀라운 능력을 발휘하시기에 어느 누구도 살아있고 운동력이 있는 말씀으로부터 피할 수 없다. 하나님의 말씀은 심령이 죽은 사람을 다시 살리신다(엡 2:1-5).

저자는 하나님의 말씀은 "좌우에 날선 어떤 검보다도 예리하다"고 말한다(잠 5:4; 엡 6:17; 계 1:16; 2:16).   즉 하나님의 말씀은 양날이 선 칼과 같이 예리하다는 것이다. 하나님의 말씀이 예리하다는 말은 하나님

23) 혹자는 12절의 "말씀"이라는 표현을 '로고스'(ὁ λόγος)로 쓰지 말고 '흐레마'(ῥῆμα)로 기록했어야 할 것이라고 한다. 이유는 12절의 "말씀"은 '정적인 하나님의 말씀'이 아니라 '전파된 말씀'이라는 뜻을 가지기 때문이라고 한다. 헬라어 성경에서는 대체적으로 '전파된 말씀'이라는 뜻을 나타낼 때는 주로 '흐레마'(ῥῆμα)를 사용해왔기 때문이다. 그러나 히브리서 저자는 그런 구분을 엄격히 하지 않고 있음을 볼 수 있다. 6:5에서 "선한 말씀"이라는 낱말이 '정적인 하나님의 말씀'('로고스'(ὁ λόγος)이란 뜻인데도 '흐레마'(ῥῆμα)를 사용하고 있다.

24) Kistemaker, *Exposition of the Epistle to the Hebrews*, NTC, p. 116.

의 말씀이 우리의 양심과 심령을 침투하는 특성을 가리킨다. 요한 사도는 밧모 섬에서 계시를 보았는데 "그(예수님)의 오른손에 일곱별이 있고 그의 입에서 좌우에 날선 검이 나온다"고 표현하고 있다(계 1:16). 하나님은 피조물에 대하여 궁극적인 힘을 가지고 계신다. 하나님의 말씀을 거부하는 사람들은 결국 심판과 죽음을 당할 수밖에 없다. 하나님의 말씀에 순종하는 사람들은 안식을 누리게 되고 영생을 가지게 된다. 누구든지 하나님의 말씀을 무시하거나 소홀히 하고 는 결코 안식이나 영생과는 관계없는 사람이 되는 것이다.

저자는 "(하나님의 말씀이) 혼과 영과 및 관절과 골수를 찔러 쪼개기까지 하며 또 마음의 생각과 뜻을 판단 한다"고 말한다(고전 14:24-25).[25] "혼"과 "영"은 동의어이고 "관절"과 "골수"는 쪼갤 수 없는 육체를 지칭한다. 세상의 의사나 성형외과 의사도 혼과 영과 관절과 골수를 쪼갤 수 없고 또 마음과 뜻을 알 수가 없다. 그러나 하나님의 말씀은 아무리 뛰어난 사람이라 할지라도 결코 할 수 없는 바로 그 일을 하시는 것이다. 오직 하나님의 말씀만이 우리의 심령 깊은 곳을 파고들어 찔러 쪼개고 판단하신다. 하나님의 말씀은 우리의 영육을 완전히 해부하신다. 사람들은 아무리 가까운 부부끼리라 할지라도 서로 그 마음의 생각과 뜻을 감찰하지 못하는데 하나님의 말씀은 마음의 생각과 뜻을 온전하게 파헤치시고 판단하신다. 시편 139:1-3은 "여호와여 주께서 나를 살펴보셨으므로 나를 아시나이다 주께서 내가 앉고 일어섬을 아시고 멀리서도 나의 생각을 밝히 아시오며 나의 모든 길과 내가 눕는 것을 살펴보셨으므로 나의 모든 행위를 익히 아시오니 여호와여 내 혀의 말을 알지 못하시는 것이 하나도 없으시니이다"라고 증언한다. 예수님은 "사람이 내 말을 듣고 지키지 아니할지라도 내가 그를 심판하지 아니하노라 내가 온 것은 세상을 심판하려 함이 아니요 세상을 구원하려

---

25) 4:12은 살 5:23과 더불어 사람을 3분하는 학설의 근거가 되고 있다. 3분설은 고대의 그릭 및 알렉산드리아 교부들과 일부 독일과 영국 학자들이 채택했다. 그와 반면 사람을 두 구분하는 학설은 어거스틴을 비롯하여 라틴 교부들과 스콜라 시대에 받아드려졌고 교회 개혁 시대에뿐 아니라 현대에도 지배적인 학설이다.

함이로라 나를 저버리고 내 말을 받지 아니하는 자를 심판할 이가 있으니
곧 내가 한 그 말이 마지막 날에 그를 심판하리라"고 증언하신다(요
12:47-48). 하나님의 말씀은 지금도 우리를 꿰뚫어보시고 찔러 쪼개시며
판단하신다. 순종은 결코 우리가 할 수 없기에 순종할 수 있길 위해 주를
바라며 간구해야 한다.

**히 4:13. 지으신 것이 하나도 그 앞에 나타나지 않음이 없고 우리의 결산을
받으실 이의 눈앞에 만물이 벌거벗은 것 같이 드러나느니라**(καὶ οὐκ ἔστιν
κτίσις ἀφανὴς ἐνώπιον αὐτοῦ, πάντα δὲ γυμνὰ καὶ τετραχηλισμένα
τοῖς ὀφθαλμοῖς αὐτοῦ, πρὸς ὃν ἡμῖν ὁ λόγος).

저자는 앞(12절)에서 우리의 인격 전체가 하나님의 말씀의 판단을 받는
다고 말했는데 본 절에서는 피조물 전체가 하나님 앞에 나타난다고 말한다.

저자는 "지으신 것이 하나도 그 앞에 나타나지 않음이 없다"(Neither
is there any creature that is not manifest in his sight)고 말한다(시 33:13-14;
90:8; 139:11-12). 모든 피조물은 하나님 보시는 앞에 나타나지 않을 수
없고 또 숨길 수 없다고 말한다. 누가 감히 하나님 앞에서 숨길 수 있겠는가.
하나님 앞에서 숨겨진다는 것은 불가능한 일이다.

그리고 저자는 "우리의 결산을 받으실 이의 눈앞에 만물이 벌거벗은
것 같이 드러난다"(all things [are] naked and opened unto the eyes of
him with whom we have to do)고 말한다(욥 26:6; 34:21; 잠 15:11). 본문의
"우리의 결산을 받으실 이"란 말은 '우리가 밝히지 않으면 안 되는
분'(Morris)[26] 혹은 '우리가 셈을 해드려야 하는 분'(Vincent)이라는 뜻으로
우리는 하나님 앞에서 반드시 결산을 해야 한다는 것을 드러내는 표현이다.
우리가 결국에 가서는 결산을 해야 하는 하나님의 눈앞에 우리는 아무 것도
숨길 수 없다. 어느 정도 숨길 수 없느냐 하면 벌거벗은 정도가 된다는

---

26) Leon Morris, *Hebrews*, The Expositor's Bible Commentary, vol. 12. Grand Rapids: Zondervan,
p. 45.

것이다. 우리는 하나님의 말씀 앞에 드러나고(12절) 또 하나님 앞에 숨길
수 없이 드러나게 마련이니(본 절) 철저히 순종해서 안식에 이르러야 한다.
하나님 앞에서는 어둠도 빛이다. 시 139:12은 "주에게서는 흑암이 숨기지
못하며 밤이 낮과 같이 비추이나니 주에게는 흑암과 빛이 같음이니이다"라
고 증언한다. 하나님은 우리의 심령 속 모르시는 곳이 없으시다. 만약 우리가
순종하지 못했다면 철저히 회개하여 다시 순종의 길로 들어서야 한다. 불신
자들은 무엇인가를 숨겨보려고 애쓴다. 그러나 그것은 아주 쓸데없는 일이
다. 왜냐하면 하나님께서는 모든 것을 아시기 때문이다. 렘 23:24은 "여호와
의 말씀이니라 사람이 내게 보이지 아니하려고 누가 자신을 은밀한 곳에
숨길 수 있겠느냐 여호와가 말하노라 나는 천지에 충만하지 아니하냐"고
우리에게 증언한다.

III. 그리스도의 대제사장 직분 4:14-6:20

　　저자는 앞(3:1-4:13)에서 그리스도는 모세보다 위대하시다는 것을 말
한 다음 이제 4:14-6:20에서는 그리스도는 위대한 대제사장이라고 주장한
다. 저자는 먼저 그리스도의 대제사장 직분은 백성에게 큰 격려가 됨을
말하고(4:14-16), 예수님께서 대제사장으로서의 자격이 있음을 말하며
(5:1-4), 그리스도께서 대제사장 자격을 갖추신 것을 설파하고(5:5-10),
우리가 영적으로 전진함이 필요하다고 말한다(5:11-14). 그리고 우리 모두
에게 당부하는 것은 신앙의 영광스러움을 누리지 못하는 초보로 돌아가서
는 안 된다고 말하며(6:1-8), 오히려 성도의 부지런함을 나타내라고 권면하
며(6:9-12), 하나님께서 우리에게 복 주실 것을 확실히 약속하신 것을
말한다(6:13-20).

　　A. 대제사장 직분은 백성에게 큰 격려가 된다 4:14-16
　　저자는 이제 본서의 중요 주제인 그리스도의 대제사장 직(職)을 논한다.
저자는 그리스도는 우리의 대제사장임을 말하고 그 제목 아래 우리가 믿는

도리를 굳게 잡고 은혜의 보좌 앞으로 담대히 나아가라고 권면한다.

히 4:14. 그러므로 우리에게 큰 대제사장이 계시니 승천하신 이 곧 하나님의 아들 예수시라 우리가 믿는 도리를 굳게 잡을지어다(Ἔχοντες οὖν ἀρχιερέα μέγαν διεληλυθότα τοὺς οὐρανούς, Ἰησοῦν τὸν υἱὸν τοῦ θεοῦ, κρατῶμεν τῆς ὁμολογίας).

문장 초두의 "그러므로"(οὖν)는 2:17("그가 범사에 형제들과 같이 되심이 마땅하도다 이는 하나님의 일에 자비하고 신실한 대제사장이 되어 백성의 죄를 속량하려 하심이라")을 받는 접속사이다. 저자는 2:17에서 우리가 고백하는(3:1) 대제사장에 대해서 처음으로 언급했는데 이제 다시 본 절에서 대제사장직의 중요성에 대해 언급하려고 "그러므로"라는 접속사를 사용하고 있다(John Brown, Westcott, Simon Kistemaker).

저자는 "우리에게 큰 대제사장이 계시다"고 말한다(Ἔχοντες οὖν ἀρχιερέα μέγαν). 3:1의 "우리가 믿는 도리의 사도이시며 대제사장이신 예수를 깊이 생각하라"고 말한 것을 받아, 본 절에서 '우리가 큰 대제사장을 가지고 있다'고 말한다. 여기 "큰"이라고 말한 것은 구약의 레위 계통의 대제사장직에 비하여 예수님은 비교할 수 없이 큰 대제사장이라는 것을 드러낸다(10:21). 예수님은 위대하신 큰 대제사장이시다. 그는 일 년 일차 지성소에 들어가서 피를 뿌리는 인간 대제사장이 아니시다. 우리는 위대하신 대제사장을 가지고 있다.

그리고 저자는 대제사장이 "승천하신 이 곧 하나님의 아들 예수시라"고 말한다(7:26; 9:12, 24). 구약의 레위 계통의 대제사장은 일 년에 한 번 지성소에 들어가 잠시 하나님 앞에서 봉사하고 나오지만 예수님은 승천하셔서 항상 하나님 앞에서 우리를 위해 기도하신다. 9:24은 "그리스도께서는 참 것의 그림자인 손으로 만든 성소에 들어가지 아니하시고 바로 그 하늘에 들어 가사 이제 우리를 위하여 하나님 앞에 나타나셨다"고 증언한다. 그는 하늘 위에 높이 오르신 자이시다(7:26). 그는 승천하신 분으로 항상 하나님 앞에서 우리를 위하여 기도하시고 주장하신다.

히브리서 저자는 큰 대제사장이 "하나님의 아들 예수시라"고 말한다. 저자는 본 절에서 큰 대제사장이 하나님의 아들이라고 말함으로써 큰 대제사장직에 특별한 가치를 부여한다. 즉 예수님의 큰 대제사장직의 탁월성은 그가 하나님의 아들이라는 데서부터 기인한다. 물론 예수님이 하나님의 아들이 아니었으면 대제사장도 되실 수가 없었다.[27] 그가 하나님의 아들이시기 때문에 우리를 철저히 아시고 우리의 연약함을 온전히 체휼하신다.

저자는 "우리가 믿는 도리를 굳게 잡을지어다"라고 권한다(10:23). "믿는 도리"란 '신앙고백'이라는 뜻이다(3:1). 우리는 그리스도께서 우리를 위한 대제사장이라는 신앙고백을 굳게 잡아야 한다. 우리는 예수님이 지상에서 고난 받으시고 죽으시며 부활 승천하신 것도 고백해야 한다. 왜냐하면 예수님께서 땅위에서 제사장직을 수행하지 않으셨더라면(대속의 죽음을 죽지 않으셨더라면) 그가 하늘에서 대제사장으로 일하실 수 없었을 것이기 때문이다. 우리는 신앙고백을 하되 "우리에게 큰 대제사장이 계시니 승천하신 이 곧 하나님의 아들 예수시라"고 굳게 고백해야 한다. 우리는 마음으로 믿고 입으로 시인해야 한다(롬 10:10). 마음으로 예수님이 승천하신 대제사장이라고 믿고 또 입으로 시인하여 다른 사람들에게도 영향을 끼쳐야 할 것이다.

히 4:15. 우리에게 있는 대제사장은 우리의 연약함을 동정하지 못하실 이가 아니요 모든 일에 우리와 똑같이 시험을 받으신 이로되 죄는 없으시니라(οὐ γὰρ ἔχομεν ἀρχιερέα μὴ δυνάμενον συμπαθῆσαι ταῖς ἀσθενει- ´αις ἡμῶν, πεπειρασμένον δὲ κατὰ πάντα καθ᾽ ὁμοιότητα χωρὶς ἁμαρτίας).

본 절 초두에는 이유를 말하는 접속사(γὰρ)가 있어 우리가 믿는 도리를

---

27) Geerhardus Vos, *The Teaching of the Epistle to the Hebrews* (Nutley: The Presbyterian and Reformed Publishing Co., 1974), 7. 77.

굳게 잡아야 할 이유를 말하고 있다. 우리가 신앙고백을 분명히 해야 하는 이유는 "우리에게 있는 대제사장은 우리의 연약함을 동정하지 못하실 이가 아니기" 때문이다(2:18; 사 53:3). 즉 '우리의 대제사장은 우리의 연약함을 동정하시는 분이시라'는 것이다. 여기 "연약"(ἀσθενείαις)이란 말은 복수로 서 우리의 '연약들'을 지칭하는 말이다. 우리의 연약함은 한두 가지가 아니다. 그저 우리는 연약할 뿐이다. 우리의 "연약함"이란 우리가 당하는 고난들을 지칭하는 말이 아니고 도덕적으로나 육체적으로 약해서 죄를 지을 가능성이 있는 연약성을 지칭한다. 저자는 예수님께서 우리의 연약한 점들을 "동정하지 못하시는" 분이 아니라고 말한다. "동정 한다"는 말은 단순히 지식적으로 동정한다는 뜻이 아니라 체험을 했기에 동정할 수 있음을 뜻한다. 그런고로 우리가 예수님을 하늘의 제사장으로 공적으로 고백하고 부르짖으면 다른 사람들이 우리를 꾸짖고 멸시하며 모욕할 때 예수님은 우리와 함께 고난을 받아주시고 돌보아주신다.

저자는 예수님께서 "모든 일에 우리와 똑같이 시험을 받으신 이"라고 말한다(눅 22:28). '모든 일에 있어서(in all points) 우리와 똑같이 시험을 받으신 분'이라는 것이다. 예수님은 사람의 몸을 입으신 후 공생애를 시작하시면서 유대 광야에서 시험을 받으셨고(마 4:1-11), 죽으시기 전 겟세마네 동산에서 큰 시험을 당하셨고(눅 22:39-46) 또 모든 점에서 시험을 당하셨다. 예수님께서 모든 점에서 시험을 받으셨다는 말은 그의 지상의 공생애 동안 목마름과 싸우시고 피곤과 싸우시며 버림을 당하시고 절망적인 상황을 당하신 것을 뜻한다. 예수님은 모든 시험을 당해보셨기에 우리가 당하는 시험을 아시고 도우신다.

저자는 예수님은 모든 일에 우리와 똑같이 시험을 받은 분이로되 "죄는 없으시니라"고 말한다(7:26; 고후 5:21; 벧전 2:22; 요일 3:5). 예수님께서 "죄가 없으시다"(χωρὶς ἁμαρτίας)는 말은 예수님께서 모든 일에서 시험을 받으셨으나 그 시험은 밖에서 온 시험들이고 죄의 욕망에서 일어난 것들이 아니기 때문에 실제로 죄를 짓지는 않으셨다는 뜻이다. 성경은 예수님은 죄가 없다고 말한다(사 53:9; 요 1:29; 7:18; 8:4; 14:30; 고후 5:21; 벧전 2:23; 요일 3:5). 예수님은 우리가 당하는 모든 시험은 당하시나 죄는 짓지 않으셨다. 예수님은 죄를 짓지 않으신 채 시험을 당하셨기에 우리가 당하는 시험을 그에게 고하면 그는 아주 예민하게 느끼시고 우리를 도우신다. 그런고로 우리가 시험을 당할 때 얼른 그에게 고하여 그 시험을 극복할 수 있어야 한다.

히 4:16. 그러므로 우리는 긍휼하심을 받고 때를 따라 돕는 은혜를 얻기 위하여 은혜의 보좌 앞에 담대히 나아갈 것이니라(προσερχώμεθα οὖν μετὰ παρρησίας τῷ θρόνῳ τῆς χάριτος, ἵνα λάβωμεν ἔλεος καὶ χάριν εὕρωμεν εἰς εὔκαιρον βοήθειαν).

히브리서 저자는 "그러므로"(οὖν), 즉 '예수님이 우리의 연약함을 동정하지 못하실 분이 아니므로'(앞 절) "우리는 긍휼하심을 받고 때를 따라 돕는 은혜를 얻기 위하여 은혜의 보좌 앞에 담대히 나아가자"고 권고한다(10:19, 21-22; 엡 2:18; 3:12). 즉 '우리는 과거에 지은 죄에 대하여 긍휼히 여기심을 받고, 현재 필요한바 그리고 앞날에 필요한바 때를 따라 돕는 은혜를 얻기 위하여 은혜의 보좌 앞으로 담대히 나아가자'고 한다. 우리는 지난 날 지은 모든 죄를 용서받기 위해 하나님의 보좌 앞으로 나아가야 한다. 모든 피조물의 주인이 되시는 하나님만이 모든 피조물을 생성, 다스리실 수 있고 또한 하나님의 베푸시는 긍휼로 인해서만 모든 피조물은 보존되고, 회복되며, 선대하심을 맛볼 수 있다(시 145:9-"여호와께서는 모든 것을 선대하시며 그 지으신 모든 것에 긍휼을 베푸시는도다"). 그리고 현재에 필요한바 그리고 앞날에 필요한바 때를 따라 필요한, 돕는 은혜를 얻기 위해 하나님의 보좌 앞으로 담대하게 나아가야 한다.

본문의 "때를 따라 돕는 은혜"(grace to help in time of need.)란 '필요한 때에 도와주는 은혜'란 뜻으로 그 필요는 물질적인 것일 수도 있고 육신적인 것일 수도 있으며 또 때로는 영적인 도움일 수도 있다. 우리가 때를 따라 도움이 필요한 기도제목을 가지고 하나님의 보좌 앞으로 나아가 부르짖으면 하나님은 도우신다. 하나님께서는 도우실 준비를 항상 하고 계시다(2:18). 우리는 일상생활에서 항상 필요한 것이 있고 또 때를 따라 필요한 것들이 있다. 무슨 필요든지 그 필요를 채우기 위해 하나님의 보좌 (하나님의 보좌란 말은 그리스도의 보좌를 뜻하기도 한다) 앞으로 담대히 나아가야 한다.

저자는 "은혜의 보좌 앞에 담대히 나아가자"(Let us therefore come boldly unto the throne of grace)고 말한다. 저자가 이렇게 말한 것을 보면 수신자들은 이미 은혜의 보좌 앞에 나아가고 있었던 것을 알 수 있다. 그리고 그런 수신자들을 향해 이제는 은혜의 보좌에로 더욱 담대하게 나아가자고 초대한다. 저자는 10:22("우리가 마음에 뿌림을 받아 악한 양심으로부터 벗어나고 몸은 맑은 물로 씻음을 받았으니 참 마음과 온전한 믿음으로 하나님께 나아가자")에서 똑같은 동사를 사용하여 하나님께 나아가자고 권한다. 오늘 하나님의 보좌 앞에 담대하게 나아가면 될 터인데 나아가지는 않고 고민하는 사람들이 너무 많은 것은 안타까운 일이다.

제 5 장

B. 대제사장의 자격   5:1-4

저자는 그리스도의 대제사장 직분이 백성에게 큰 격려가 된다는 것을 말한(4:14-16) 다음 이 부분(5:1-4)에서는 레위 계통의 대제사장 직에 대해 언급한다. 대제사장은 첫째, 사람 가운데서 택한 자라하고, 둘째, 하나님의 부르심을 받아야 한다고 말한다. 저자는 그리스도께서 이 두 가지 자격을 갖추셨다고 말한다(6-10절).

히 5:1. 대제사장마다 사람 가운데서 택한 자이므로 하나님께 속한 일에 사람을 위하여 예물과 속죄하는 제사를 드리게 하나니(Πᾶς γὰρ ἀρχιερεὺς ἐξ ἀνθρώπων λαμβανόμενος ὑπὲρ ἀνθρώπων καθίσταται τὰ πρὸς τὸν θεόν, ἵνα προσφέρῃ δῶρά τε καὶ θυσίας ὑπὲρ ἁμαρτιῶν).

저자는 "대제사장마다 사람 가운데서 택한 자"(ἐξ ἀνθρώπων λαμβα-νόμενος)라고 말한다. '대제사장마다 사람 가운데서 취함을 받았다'는 뜻이다(출 28장-29장; 레 8장-10장; 민 16장-18장). 구약 시대에는 아론과 그의 자손들만 대제사장으로 봉사했다. 대제사장의 자격은 사람 가운데서 취함을 입어야 했다.

저자는 대제사장이 사람 가운데서 취함을 받은 고로 "하나님께 속한 일에 사람을 위하여 예물과 속죄하는 제사를 드리게 한다"고 말한다(2:17; 8:3). 즉 대제사장이 사람 가운데서 취함을 입었기 때문에 하나님께 속한 일에 사람을 위하여 예물과 속죄하는 제사를 드리게 한다는 것이다. 여기 "하나님께 속한 일에"란 뜻은 '하나님께 제사 드리는 일에'란 뜻이다(2:17

참조). 대제사장은 하나님께 제사를 드리는 일에 있어서 "사람을 위하여 예물과 제사를 드려야 한다"는 것이다(8:3, 4; 9:9; 10:11; 11:4). "사람을 위하여"(ὑπὲρ ἀνθρώπων)란 말은 '사람의 유익을 위하여'란 뜻이다. 대제사장을 사람 중에서 택해야 할 이유는 사람을 위하여 제사를 드려야 하기 때문이었다.

　"예물과 제사"(8:3; 9:9)란 말은 본문에서 동의어로 사용되었다고 볼 수 있다. 8:3에서는 "예물과 제사"란 말이 나오지만 바로 그 다음 절 즉 8:4에 보면 단축형 즉 "예물"이라는 단어 하나만 나오는 것을 보면 본 절에서도 동의어로 사용되었다고 볼 수 있다. 제사장은 속죄하기 위하여 예물을 드렸음이 분명하다.

히 5:2. 그가 무식하고 미혹된 자를 능히 용납할 수 있는 것은 자기도 연약에 휩싸여 있음이라(μετριοπαθεῖν δυνάμενος τοῖς ἀγνοοῦσιν καὶ πλανωμέ-νοις, ἐπεὶ καὶ αὐτὸς περίκειται ἀσθένειαν).

　저자는 대제사장이 사람 가운데서 취함을 입었으므로 "무식하고 미혹된 자를 능히 용납할 수 있는 것은 자기도 연약에 휩싸여 있기 때문이라"고 말한다(2:18; 4:15; 7:28). 본문의 "무식하고 미혹된 자"(τοῖς ἀγνοοῦσιν καὶ πλανωμένοις)란 말은 '무식하기 때문에 미혹된 자들'이라는 뜻이다.

　저자는 대제사장이 무식해서 미혹된 자들을 "능히 용납할 수 있는 것은 자기도 연약에 휩싸여 있기" 때문이라고 말한다. "능히 용납할 수 있다"는 말은 '충분히 동정할 수 있다'(KJV), '크게 부드럽게 대할 수 있다'(RSV), '너그럽게 대할 수 있다'는 뜻이다. 그렇게 너그럽게 대할 수 있는 이유를 대제사장 자신에게서 찾는다. 즉 대제사장이 "연약에 휩싸여 있기 때문이라"고 한다. "연약에 휩싸여 있다"는 말은 '도덕적인 약함에 싸여 있다'는 뜻이다. 대제사장도 사람 가운데서 취함을 입었기 때문에 자신도 심히 연약함에 싸여 있으니 다른 무식하고 미혹된 사람들을 너그럽게 대할 수 있다는 것이다. 오늘날의 우리 역시 연약한 사람들임을 기억하여 다른 연약한 사람들을 불쌍히 여기고 아껴주어야 한다.

그러나 누구든지 모든 죄를 용서 받기 위하여 대제사장 앞으로 나올 수는 없었다. 무식해서 죄를 지은 사람만 대제사장 앞으로 나와서 제사를 드려 용서를 받을 수 있었다. 하나님을 슬프게 하기 위해서 일부러 짓는 죄들에 관해서는 대제사장 앞으로 나와서 너그럽게 취급받는다는 말이 없다. 대제사장은 하나님을 괴롭히고 슬프게 하는 죄들과 약하기 때문에 짓는 죄들의 차이들을 알아야 했다(시 95:7-11). 굳이 죄를 구별하여 말하면 무식 죄들은 보통 하나님의 계명에 주의하지 않아서 짓는 죄였다(레 22:14; 민 15:22-31). 그런가하면 유식 죄들은 하나님의 법을 충분히 알고 있으면서도 의도적인 배신으로 말미암아 짓는 죄이다.

히 5:3. 그러므로 백성을 위하여 속죄제를 드림과 같이 또한 자신을 위하여도 드리는 것이 마땅하니라(καὶ δι' αὐτὴν ὀφείλει, καθὼς περὶ τοῦ λαοῦ, οὕτως καὶ περὶ αὐτοῦ προσφέρειν περὶ ἁμαρτιῶν).

저자는 "그러므로" 즉 '대제사장 자신도 연약에 휩싸여 있으므로'(앞 절) "백성을 위하여 속죄제를 드림과 같이 또한 자신을 위하여도 드리는 것이 마땅하다"고 말한다(7:27; 9:7; 레 4:3; 9:7; 16:6, 15-17). '대제사장은 양편, 즉 백성을 위하여 그리고 자신을 위해서 속죄제를 드려야 했다'는 뜻이다. 실제로 대제사장은 대 속죄일(7월 10일)애 먼저 자신과 가족의 속죄를 위해 수송아지를 바치고, 그 후 백성들을 위해 염소를 바쳤다(레 9:7; 16:6, 15-17). 그러나 죄가 없으신 예수님(4:15)은 자신을 위해 속죄제를 바칠 필요는 없었다(7:27).

히 5:4. 이 존귀는 아무도 스스로 취하지 못하고 오직 아론과 같이 하나님의 부르심을 받은 자라야 할 것이니라(καὶ οὐχ ἑαυτῷ τις λαμβάνει τὴν τιμὴν ἀλλὰ καλούμενος ὑπὸ τοῦ θεοῦ καθώσπερ καὶ 'Ααρών).

저자는 "이 존귀" 즉 '대제사장이 되는 존귀'는 "아무도 스스로 취하지 못하고 오직 아론과 같이 하나님의 부르심을 받은 자라야 할 것이라"고 말한다(출 28:1; 민 16:5, 40; 대상 23:13; 대하 26:18; 요 3:27). 대제사장이 되는 존귀는 아무도 스스로 취할 수 있는 것이 아니라 오직 아론과 같이 하나님의 부르심을 받아야 한다는 것이다. 아론도 하나님의 부르심을 받아 대제사장이 되었다(출 29:4; 레 8:1-9; 민 3:10). 이에 반해 북 이스라엘은 레위인 아닌 일반인들을 택하여 마음대로 제사장으로 세웠고 제사날도 아무 날이나 정하여 제사를 드렸다(왕상 12:31-33). 그러나 바로 하나님 중심이 아닌 인간 뜻 성취를 위하여 시행된 이와 같은 일들은 죄가 되어 북 이스라엘 이란 나라가 하나님으로부터 계속된 책망을 듣게 되는 이유와 결국 멸망 받는 원인을 제공한다.

C. 대제사장 자격을 갖추신 그리스도 5:5-10

저자는 앞(1-4절)에서 사람 가운데서 취한 대제사장에 대해서 언급했고 이제 이 부분(5-10절)에서는 그리스도의 대제사장 자격을 말한다. 저자는 그리스도께서 하나님의 아들이라는 것과 멜기세덱의 반차를 따르는 대제사 장이라고 말한다. 저자는 먼저 그리스도께서 하나님의 부르심을 받았다고 말하고(5-6절), 다음으로 그리스도의 인성을 말한다(7-10절).

히 5:5. 또한 이와 같이 그리스도께서 대제사장 되심도 스스로 영광을 취하심 이 아니요 오직 말씀하신 이가 그에게 이르시되 너는 내 아들이니 내가 오늘 너를 낳았다 하셨고(Οὕτως καὶ ὁ Χριστὸς οὐχ ἑαυτὸν ἐδόξασεν γενηθῆναι ἀρχιερέα ἀλλ' ὁ λαλήσας πρὸς αὐτόν, Υἱός μου εἶ σύ, ἐγὼ σήμερον γεγέννηκά σε).

저자는 "또한 이와 같이"(οὕτως) 즉, '아론이 하나님의 부르심을 받아 대제사장 된 것과 같이'(앞 절) "그리스도께서 대제사장 되심도 스스로 영광 을 취하심이 아니요 오직 말씀하신 이가 그에게 이르시되 너는 내 아들이니 내가 오늘 너를 낳았다 하셨다"고 말한다(1:5; 시 2:7; 요 8:54). 즉 그리스도

께서 대제사장 되신 것도 "스스로 영광을 취하심이 아니라"고 말한다. 다시
말해 예수님께서는 '스스로 대제사장이 되시는 영광을 취하신 것이 아니라'
는 것이다(요 5:31, 43; 8:54; 17:5; 빌 2:6-7 참조).

저자는 예수님께서 대제사장 되신 것이 예수님께 말씀하신(시편 2:7)
하나님께서 예수님께 이른 말씀인 "너는 내 아들이니 내가 오늘 너를 낳았
다"는 말씀으로 인하여 대제사장이 되셨다고 말한다. "너는 내 아들이니
내가 오늘 너를 낳았다"는 말씀은 시 2:7("여호와께서 내게 이르시되 너는
내 아들이라 오늘 내가 너를 낳았도다")로부터 인용한 말씀인데 저자는
시 2:7의 말씀을 본서 1:5[28])에도 기록했다. 그곳 주해 참조할 것. 저자는
예수님께서 대제사장 되심이 하나님의 아들이시라는 것과 연계시키고 있다.
그가 하나님의 아들[29])이 아니었다면 대제사장이 되시지 않았을 것이라는
뜻이다. 본서 저자가 "오늘날"이라고 말한 것은 "그리스도께서 하늘 보좌에
좌정하신 날, 다시 말해 지존자(하나님)가 십자가에 못 박히신 예수님을
'주와 그리스도'로 높인 것(행 2:36)을 공고하신 날"이다(F. F. Bruce).[30])
저자는 예수님을 자기 아들로 환호하여 맞이한 바로 그날에 하나님께서
예수님을 대제사장으로 환호하며 맞이했다고 말하고 있다. 예수님께서는
자신이 자기 스스로를 높여 제사장 되신 것이 아니다.

**히 5:6. 또한 이와 같이 다른 데서 말씀하시되 네가 영원히 멜기세덱의
반차를 따르는 제사장이라 하셨으니**(καθὼς καὶ ἐν ἑτέρῳ λέγει, Σὺ ἱερεὺς
εἰς τὸν αἰῶνα κατὰ τὴν τάξιν Μελχισέδεκ).

---

28) 1:5에서 저자는 예수님을 천사와 비교하는 중에 예수님이 하나님의 아들이시라고 말하여
예수님의 위대성을 부각시키고 있다.

29) 윌렴 헨드릭슨은 예수님께서 하나님의 아들이시라는 말에 대해 다음과 같이 말한다.
"1) '하나님의 한 아들'로서의 윤리적인 아들의 신분; 2) 메시아로서 직분적인 아들의 신분;
3) 동정녀에게서 탄생하심으로써 하나님이 그의 인성의 아버지가 되셨다는 의미에서 탄생적인
아들의 신분; 4) 영원 전에 아버지에게서 발생하셔서 아버지와 성령으로 더불어 하나님의 본질을
동등하게 나누고 계시다는 의미에서의 삼위일체적인 아들의 신분. 그러나 이 네 가지는 서로
분리될 수 없다"고 말한다(*마태복음* -중- 헨드릭슨 성경주석, p. 47).

30) F. F. Bruce, *히브리서 17*, p. 174.

저자는 앞(5절)에서 하나님께서 아들이신 예수님을 제사장으로 맞이했다고 말씀하고, 본 절에서는 다른 성경 구절 즉 시편 110:4을 인용하여 예수님은 영원히 멜기세덱의 반차를 따르는 제사장이라고 말한다. 저자는 시편 110:4 말씀, 즉 "네가 영원히 멜기세덱의 반차를 따르는 제사장이라"는 예언의 말씀을 예수님에게 적용하고 있다(7:17, 21). 그러니까 예수님은 멜기세덱의 반차를 따르는 제사장이라는 것이다. 여기 "반차"(τάξιν)란 말은 '계열,' '계통,' '서열'(표준새번역, NASB) '반차'(개역성경), '계승'(NEB)등의 뜻을 지닌다. "멜기세덱의 반차를 따르는 제사장이라"는 말은 멜기세덱과 같은 계통의 제사장이란 말이 아니라 멜기세덱과 같은 유사성을 가진 제사장이란 뜻이다. 즉 멜기세덱은 후손이 없었다(7:3).

그리스도와 멜기세덱(창 14:18-20)은 다음과 같은 유사성을 가지고 있다. 1) 멜기세덱이 성경에 단 한번 나타나는 인물인 것처럼(창 14:18-20) 예수님도 단번에 영원한 제사를 드리셨다. 예수님은 자신을 드려서 단번에 속죄사역을 완성하셨다(10:10, 18). 2) 멜기세덱은 족보도 없고 시작한 날도 없으며 생명의 끝도 없는 신비스런 인물이었는데(7:3), 예수님도 출생부터 사역, 죽음과 부활 승천까지 모두 하나의 경이에 속하는 분이시다. 3) 멜기세덱은 제사장이면서 동시에 평화의 왕이었던 것처럼(7:2) 예수님도 대제사장이신 동시에 영원한 평화의 왕이시다(사 9:6; 마 21:1-11). 4) 멜기세덱은 율법이 공포되기 이전의 인물이었던 것처럼, 예수님도 율법이 주어지기 이전부터 계셨을 뿐 아니라(요 1:1; 17:5) 율법을 완성하시려고 이 땅에 오셨다(마 5:17). 5) 아론이 소와 양을 바친 반면, 멜기세덱은 떡과 포도주를 가지고 싸움에서 돌아오는 아브라함을 맞으러 나온 것처럼(창 14:18-20), 예수님도 자기의 살을 주러오셨고 피를 뿌리러 오셨다는 점에서 유사하다. 아무튼 멜기세덱은 예수님의 제사장 직분의 완전함을 예표 하는 인물이다. 그가 하나님에 의해 세움 받은 제사장이었던 것처럼 예수님 역시 그러하시다.

히 5:7. 그는 육체에 계실 때에 자기를 죽음에서 능히 구원하실 이에게 심한 통곡과 눈물로 간구와 소원을 올렸고 그의 경건하심으로 말미암아 들으심을 얻었느니라(ὃς ἐν ταῖς ἡμέραις τῆς σαρκὸς αὐτοῦ δεήσεις τε καὶ ἱκετηρίας πρὸς τὸν δυνάμενον σῴζειν αὐτὸν ἐκ θανάτου μετὰ κραυγῆς ἰσχυρᾶς καὶ δακρύων προσενέγκας καὶ εἰσακουσθεὶς ἀπὸ τῆς εὐλαβείας).

저자는 앞(5-6절)에서 그리스도께서 하나님으로부터 부르심을 받았다고 말한 다음 본 절부터 10절까지는 그리스도의 인성에 관해 말한다. 저자는 "그는 육체에 계실 때에 자기를 죽음에서 능히 구원하실 이에게 심한 통곡과 눈물로 간구와 소원을 올렸고 그의 경건하심으로 말미암아 들으심을 얻었다"고 말한다(시 22:1; 마 26:37, 39, 42, 44, 53; 27:46, 50; 막 14:33, 36, 39; 15:34, 37; 눅 22:43; 요 12:27; 17:1). 즉 '예수님께서 아직 육신을 입고 계시는 중 십자가에서 죽으시기 전 겟세마네 동산에서 자기를 죽음에서 능히 구원하실 하나님께 심한 통곡과 눈물로 간구와 소원을 올렸고 하나님을 경외하심으로 하나님으로부터 응답을 받으셨다'는 뜻이다.

저자는 예수님께서 "자기를 죽음에서 능히 구원하실 이에게" 기도하신 사실을 전한다. 즉 예수님은 자기를 죽음으로부터 능히 구원하실 하나님께 기도하셨다(마 26:36-46; 막 14:32-42; 눅 22:39-46; 요 12:27). 예수님은 하나님께 기도하시되 하나님은 죽지 않게 하실 수도 있으시고 또 죽으면 죽은 자 가운데서 구원하실 수 있는 분으로 알고 계셨고, 또 그렇게 전적으로 신뢰하셨다. 절대적인 신앙이었다. 막 14:36에서 예수님은 "아빠 아버지여 아버지께는 모든 것이 가능하오니 이 잔을 내게서 옮기시옵소서 그러나 나의 원대로 마옵시고 아버지의 원대로 하옵소서"라고 기도하셨다. 하나님은 모든 것이 가능하신 분이시다. 구약에도 하나님의 가능하심을 많이 말하고 있다(시 9:13; 33:19; 56:13; 116:8; 118:18).

본문의 "심한 통곡과 눈물로 간구와 소원을 올렸다"는 말은 '심한 통곡을 하며 눈물을 흘려 간절히 기도하셨다'는 뜻이다. 성경에 예수님께서 우셨다는 기록은 세 번 나온다. 첫째, 베다니 지방의 나사로가 죽었을 때(요 11:35).
그 때는 소리 없이 눈물만 흘리셨다. 둘째, 예루살렘에 마지막으로 입성하실
때 예루살렘 성을 보시며 눈물을 흘리셨다(눅 19:41). 셋째, 겟세마네 동산에
서 기도하시면서 울부짖으셨다(본 절). 본문의 "통곡과 눈물"이라는 표현은
세 번째 겟세마네 동산에서 고함을 치며 우신 것을 가리킨다(마 26:38;
막 14:34; 눅 22:44). 그리고 본문의 "간구와 소원"(δεήσεις τε καὶ
ἱκετηρίας)이란 말은 둘 다 복수형으로 많이 기도하신 것을 표현하는 말이
다. 예수님은 인류의 대속을 위해서 많이 기도하셨다. 예수님은 승천하시기
전에도 이렇게 세상에서 제사장의 일을 하셨다. 우리는 우리의 부패성 때문
에 시간을 잡아 많이 기도해야 한다.

　　저자는 "그의 경건하심으로 말미암아 들으심을 얻었다"고 말한다. 즉
'그리스도의 경외하심 때문에 그 기도가 응답되었다는 뜻이다. 그리스도께
서 하나님을 경외하시는 것을 하나님께서 보시고 응답해 주셨다는 것이다
(눅 22:43). 그리스도는 기도하시기를 "나의 원대로 마옵시고 아버지의 원대
로 하옵소서"라고 기도하셨다(마 26:39, 42; 막 14:36). 하나님의 뜻이 이루
어지기를 위해 기도하는 것이 하나님을 경외하는 기도이다. 나의 뜻만 이루
어지기를 위해 기도하는 것은 이기적인 기도이다.

**히 5:8-9. 그가 아들이시면서도 받으신 고난으로 순종함을 배워서 온전
하게 되셨은즉 자기에게 순종하는 모든 자에게 영원한 구원의 근원이
되시고**(καίπερ ὢν υἱός, ἔμαθεν ἀφ' ὧν ἔπαθεν τὴν ὑπακοήν, καὶ
τελειωθεὶς ἐγένετο πᾶσιν τοῖς ὑπακούουσιν αὐτῷ αἴτιος σωτηρίας
αἰωνίου).

　　본서의 저자는 예수님이 "아들이시면서도 받으신 고난으로 순종함을
배웠다"(καίπερ ὢν υἱός, ἔμαθεν ἀφ' ὧν ἔπαθεν τὴν ὑπακοήν)고 말한다
(3:6; 빌 2:8). '예수님은 하나님의 아들이시었지만 받으신 고난을 통하여
순종함을 경험하셨다'는 뜻이다. 본문의 "순종함"이란 말은 앞에 관사가

있어 '잘 알려진 그 순종'이란 뜻으로 예수님께서 경험하신 순종을 지칭한다. 박윤선 박사는 "그는 우리를 위하여 낮아지셔서 영광대신에 십자가의 고난을 받으셨다(빌 2:6-8). 그 고난은 그가 당연히 받으실 분깃이 아니고 하나님의 뜻을 순종하신 제물 되신 행위이다. 예수님께서 '순종함을 배우셨다'고 함은, 이 순종이 없던 분으로서 비로소 이 덕을 습득하셨다는 의미가 아니다. 이것은 그런 덕을 그 본질로 소유하신 분으로서 현실계에서 하나님 아버지의 지시를 따라서 그것을 경험하셨다는 의미이다...예수님의 순종은 하나님의 인격으로 실행하신 순종이기 때문에 그 가치가 무궁하다. 우리는 이와 같은 예수님의 의(義) 때문에 구원을 받는다"고 했다.31) 키스테메이커(Simon Kistemaker)는 "죄인은 하나님의 말씀에 귀를 기울임으로 그의 길을 고치고 불순종으로부터 순종으로 돌아선다. 그러나 예수님은, 무죄하신 분으로서, 무엇을 버리고 고침으로써 배우시는 것은 아니다. 차라리 예수님의 수동적이며 능동적인 순종을 통하여 그리스도는 죄인들에게 영생을 주시고 사람의 죄의 빚을 벗겨주신다. 바울은 롬 5:19에서 '한 사람이 순종하지 아니함으로 많은 사람이 죄인 된 것 같이 한 사람이 순종하심으로 많은 사람이 의인이 되리라'고 하셨다"고 말한다.32)

저자는 예수님께서 고난을 통하여 순종함을 경험하셨기에 "온전하게 되셨은즉 자기에게 순종하는 모든 자에게 영원한 구원의 근원이 되셨다"고 말한다(2:10; 11:40). 예수님은 영원부터 온전하신 분이지만 그가 인성을 가지셨으므로 그 지혜와 키가 성장하셨고 하나님 보시기에 사랑스러워 가셨다(눅 2:52). 예수님은 순종을 경험하여 온전해지셨다. 예수님은 겟세마네 동산에서 그리고 갈보리에서 무한한 시험을 견디셨다. 예수님은 고난을 통하여 온전해지셨다. 그래서 그는 자기를 순종하는 모든 사람들에게 의를 입혀주셨다(2:10). 다시 말해 그리스도를 믿고 순종하는 모든 사람들에게 의를 입혀주신 것이다. 본 절의 "순종"이란 말은 믿음이란 말과 같은 말이다.

31) 박윤선, 히브리서, 공동서신, 성경주석, 서울: 영음사, pp. 71-72.
32) Simon Kistemaker, Exposition of the Epistle to the Hebrews, p. 139.

순종이란 믿고 따르는 것을 말한다.

히 5:10. 하나님께 멜기세덱의 반차를 따른 대제사장이라 칭하심을 받으셨느니라(προσαγορευθεὶς ὑπὸ τοῦ θεοῦ ἀρχιερεὺς κατὰ τὴν τάξιν Μελχισέδεκ).

저자는 예수님께서 고난을 경험하셔서 온전하게 되심으로(8-9절), "하나님께 멜기세덱의 반차를 따른 대제사장이라 칭하심을 받으셨다"고 말한다(6절; 6:20). 예수님께서 온전하게 되어 부활 승천하신 후 하나님은 예수님을 "멜기세덱의 반차를 따른 대제사장이라"고 칭해주셨다는 뜻이다(6절 참조). 예수님께서 고난 중에 순종을 경험하셔서 온전해지셨음으로 우리에게는 구원의 근원이 되셨고(9절), 하나님으로부터는 대제사장으로 임명받는 일이 발생한 것이다(본 절).

D. 영적으로 전진함이 필요하다 5:11-14

저자는 앞(5-10절)에서 그리스도께서 하나님의 아들이시고 멜기세덱의 반차를 따르는 대제사장이라고 말한 다음 이 부분(11-14절)에서는 수신자들이 영적으로 전진해야 할 필요가 있다고 말한다. 신앙생활을 시작한지 오래되어 벌써 남을 가르치는 선생이 되었어야 할 터인데 아직도 그리스도 진리의 초보나 배워야 할 정도라고 한탄한다. 저자는 그리스도인들이 영적 분별력을 사용함으로 연단을 받아 선악을 분별하는 자들이 되어야 한다고 말한다.

히 5:11. 멜기세덱에 관하여는 우리가 할 말이 많으나 너희가 듣는 것이 둔하므로 설명하기 어려우니라(Περὶ οὗ πολὺς ἡμῖν ὁ λόγος καὶ δυσερμήνευτος λέγειν, ἐπεὶ νωθροὶ γεγόνατε ταῖς ἀκοαῖς).

저자는 "멜기세덱에 관하여는 우리가 할 말이 많다"고 말한다(요 16:12; 벧후 3:16). 즉 '멜기세덱의 제사장직에 관하여는 많은 것을 말할 것이 있다고'고 말한다. 그러나 저자는 수신자들이 "듣는 것이 둔하다"고 말한다(마 13:15). 여기 "둔하다"(νωθροί)는 말은 '느리다,' '굼뜨다,' '완고하다'란 뜻으로 수신자들의 영적 감각이 아주 둔해진 것을 지칭한다(6:12). 사람의 많은 죄는 영적 깨달음을 아주 둔하게 한다. 저자는 수신자들이 죄가 많아 영적으로 깨달음이 아주 둔한 사실을 알게 되어 멜기세덱의 제사장직, 즉 예수님께서 승천하셔서 우리를 위해 행하시는 사역에 대해서 "설명하기 어렵다"고 말한다. 그래서 그는 수신자들이 영적으로 전진하기를 먼저 권면 한 후에 예수님의 제사장 사역에 대해 말하려고 한다(7장). 성도들은 자기 자신의 죄를 자복하고 무엇보다도 성령의 지혜를 구해야 깊은 진리를 깨달을 수가 있다.

히 5:12. 때가 오래되었으므로 너희가 마땅히 선생이 되었을 터인데 너희가 다시 하나님의 말씀의 초보에 대하여 누구에게 가르침을 받아야 할 처지이니 단단한 음식은 못 먹고 젖이나 먹어야 할 자가 되었도다(καὶ γὰρ ὀφείλοντες εἶναι διδάσκαλοι διὰ τὸν χρόνον, πάλιν χρείαν ἔχετε τοῦ διδάσκειν ὑμᾶς τινὰ τὰ στοιχεῖα τῆς ἀρχῆς τῶν λογίων τοῦ θεοῦ καὶ γεγόνατε χρείαν ἔχοντες γάλακτος ((καὶ)) οὐ στερεᾶς τροφῆς).

저자는 수신자들의 현재 영적상태를 생각하고 한탄한다. 저자는 "때가 오래되었으므로 너희가 마땅히 선생이 되었어야 했다"고 말한다. 즉 '신앙생 활한지 오래 되었으므로(아마 30년이 지난 것으로 보인다) 마땅히 선생이 되었어야 할 것이었다'고 말한다. 저자의 이 말은 모두 선생이 되어야 한다는 말이 아니라(약 3:1) 오랜 세월이 지나 모두들 남에게 전도하고 가르칠만한 선생이 되었어야 한다는 뜻이다.

이제는 다른 사람을 섬길 위치에 가야 함에도 불구하고 오히려 영적인 초보 상황에 머무르고 있는 수신자들을 향해 저자는 "하나님 말씀의 초보에 대하여 누구에게 가르침을 받아야 할 처지"에 있다고 수신자들의 영적 주소 를 알려준다(6:1). 그리고 그 상황 즉, 하나님 말씀의 초보에 대하여 누구에게 가르침을 받아야 할 처지가 과히 추천할 만한 상황이 아님을 아는 저자로서 한탄하고 있다. 초보는 히브리서 저자가 6:1-2에 기록한 것, 즉 '죽은 행실을 회개함과 하나님께 대한 신앙과 세례들과 안수와 죽은 자의 부활과 영원한 심판에 관한 교훈의 터를 다시 닦는 것'이 라고 말해준다.

저자는 수신자들의 영적 수준을 음식 먹는 것에 비유하고 있다. "단단한 음식은 못 먹고 젖이나 먹어야 할 자가 되었다"고 말한다(고전 3:1-3; 벧전 2:2). 여기 "단단한 음식"은 다음절에 의하면 "의의 말씀"이라고 한다. 그리고 "젖"은 다음 절에 의하면 어린 아이가 먹는 음식이라고 말한다. 히브리서 수신자들의 영적 수준은 아주 유치한 어린 아이 수준이라는 것이다(고전 3:1-2 참조). 그리스도를 영접한 신자라 할지라도 죄를 자복하지 않고 진리를 깨달으려고 기도하지 않으면 별수 없이 영적으로 어린 아이 수준이 되는 것이다. 따라서 신자인 우리는 항상 죄를 자복하고 성령의 지혜를 구하여 그리스도께서 하나님 우편에서 행하시는 대제사장직에 대해 더욱 밝히 알아야 할 것이다.

히 5:13. 이는 젖을 먹는 자마다 어린 아이니 의의 말씀을 경험하지 못한 자요(πᾶς γὰρ ὁ μετέχων γάλακτος ἄπειρος λόγου δικαιοσύνης, νήπιος γάρ ἐστιν).

문장 초두의 접속사(γὰρ)는 '진실로,' '참으로,' '너희가 다 아는 바와 같이'란 뜻으로 저자는 "진실로 젖을 먹는 자마다 어린 아이니 의의 말씀을 경험하지 못한 자"라고 말한다. 그 진리는 수신자들이 다 아는 바라고 말한다.

저자는 계속해서 수신자들을 유치한 어린 아이(이해력이 매우 낮은 자)라고 말한다(마 11:25; 고전 3:1; 13:11; 14:20; 갈 4:3; 엡 4:14; 벧전 2:2). 저자는 앞 절에서 수신자들이 젖이나 먹어야 할 자가 되었다고 말했는데 본 절에서는 젖을 먹는 사람들은 모두 어린 아이 같은 자들이라고 말한다. 이는 비유적인 말로 아무리 사회적으로는 위대한 인물이라도 말씀의 초보나 배워야 할 정도라면 어린 아이 같이 유치하다는 뜻이다.

저자는 그들은 "의의 말씀을 경험하지 못하는 자"라고 말한다. 여기 "의의 말씀"이 무엇이냐를 두고 많은 견해가 발표되었다. 1) 그리스도에 대한 지식이라는 견해. 2) 복음이라는 견해. 3) 믿음을 통한 칭의라는 견해. 4) 도덕적 진리라는 견해. 5) 기독교 신앙의 근본적 의에 관한 가르침 이라는 견해. 6) 의에 관하여 취급하는 말씀이라는 견해. 7) 의의 원리라는 견해. 8) 복음에 부합한 의라는 견해. 9) 멜기세덱의 반차를 좇은 그리스도 의 대제사장직 이라는 견해 등이 발표되었다. 문맥을 고려할 때 마지막 견해가 가장 가까운 견해일 것으로 보인다. 그리고 본문의 "경험하지 못한"(ἄπειρος)이란 말은 '낯 설은,' '생소한,' '익숙하지 않은'이란 뜻으로 멜기세덱의 반차를 좇은 그리스도의 대제사장직에 대해서는 전혀 생소 하다는 뜻이다. 다시 말해 그리스도께서 대제사장으로서 하시는 사역에 대해서 유대인 신자들은 전혀 알지 못하는 형편이라는 뜻이다. 유대인 신자들은 레위 계통의 제사 직에 대해서는 익숙했지만 멜기세덱의 반차를 좇은 그리스도의 대제사장직에 대해서는 전혀 알지 못했다. 우리는 그리스 도께서 하나님 우편에서 대제사장으로서 우리를 구원하시는 일을 잘 알아 야 한다.

히 5:14. 단단한 음식은 장성한 자의 것이니 그들은 지각을 사용하므로 연단을 받아 선악을 분별하는 자들이니라(τελείων δέ ἐστιν ἡ στερεὰ τροφή, τῶν διὰ τὴν ἕξιν τὰ αἰσθητήρια γεγυμνασμένα ἐχόντων πρὸς διάκρισιν καλοῦ τε καὶ κακοῦ).

본문의 "단단한 음식"이란 말은 앞에서 언급된바(12-13절) '그리스도의 대제사장직과 그의 사역을 아는 것'(7:1-10:18)을 비유하는 말로 '그리스도 의 대제사장직과 그의 사역에 대해서 아는 것'은 영적으로 장성한자들에게 속한 것이다. 영적으로 해이해진 신자들은 모르는 진리라는 것이다. 영적으 로 유치한 어린 아이들은 "단단한 음식"을 먹을 수가 없다. 영적으로 성숙한 자들만이 그리스도의 대제사장직과 그 사역에 대해서 알 수가 있다.

저자는 "그들은 지각을 사용하므로 연단을 받아 선악을 분별하는 자들이라"고 말한다(사 7:15; 고전 2:14-15). 즉 '영적으로 장성한 자들은 지각(知覺), 즉 영적 분별 기능을 사용해서 하나님의 말씀을 묵상하고 연구하며 하나님과 영적 교제를 나누는(이것이 연단이다) 중에 무엇이 선이고 무엇이 악인지를 분별하게 된다'는 것이다. 그리고 본문의 "선악"이란 도덕적인 선악, 윤리적인 선악을 지칭하는 말이 아니라 하나님의 진리의 말씀에 위배되느냐 혹은 그렇지 않느냐를 뜻하는 말이다. 영적 성장은 쉽게 이루어지지 않는다. 노력을 하지 않으면 몇 십 년이 지나도 여전히 어린 아이의 유치한 초보의 신앙만을 유지할 뿐이다. 따라서 부단히 노력해야 한다. 우리는 지각, 곧 성령에 의한 영적 분별력을 부단히 사용해서 진리의 말씀에 위배되느냐 아니면 그렇지 않느냐를 분별해야 한다.

제 6 장

E. 초보로 돌아가서는 안 된다 6:1-8

저자는 앞(5:11-14)에서 수신자들에게 영적으로 전진하라고 권면한 다음 이 부분(6:1-8)에서는 이어 초보로 돌아가서는 안 되고 영적으로 전지해야 할 것을 강력하게 권한다. 저자는 적극적으로는 전진할 것을 권하고(1-3절), 소극적으로는 영적 후퇴에 대해 경계하고 타락의 위험을 알린다(4-8절).

히 6:1-2. 그러므로 우리가 그리스도의 도의 초보를 버리고 죽은 행실을 회개함과 하나님께 대한 신앙과 세례들과 안수와 죽은 자의 부활과 영원한 심판에 관한 교훈의 터를 다시 닦지 말고 완전한 데로 나아갈지니라(Διὸ ἀφέντες τὸν τῆς ἀρχῆς τοῦ Χριστοῦ λόγον ἐπὶ τὴν τελειότητα φερώμεθα, μὴ πάλιν θεμέλιον καταβαλλόμενοι μετανοίας ἀπὸ νεκρῶν ἔργων καὶ πίστεως ἐπὶ θεόν, βαπτισμῶν διδαχῆς ἐπιθέσεώς τε χειρῶν, ἀναστάσεώς τε νεκρῶν καὶ κρίματος αἰωνίου).

저자는 "그러므로," 즉 '영적으로 전진해야 함으로'(5:11-14) "우리가 그리스도의 도의 초보를 버리고...터를 다시 닦지 말고 완전한 데로 나아가라"고 권면한다. 10년이 가도 20년이 가도 항상 그리스도 도의 초보에만 매달려 있어서는 안 되고 계속해서 완전한 데로 전진해야 한다는 것이다.

그러면 "우리가 그리스도의 도의 초보를 버리자"(5:12; 빌 3:12-14)는 말은 저자 자신의 결심을 표출하는 말인지, 아니면 독자들에 대한 권면인지, 견해가 갈린다. 비록 저자가 "우리가"라는 말을 하면서 자신을 "우리" 속에 포함하고 있기는 하지만 이 말(1-2절)은 독자들에게 권면하기 위해서 한

것으로 보아야 한다. 왜냐하면 앞(5:11-14)에서나, 혹은 뒤따르는 문맥(9-12
절)을 보면 독자들에게 권면하기 위해 이 부분(1-2절)을 기록했기 때문이다.
　그러면 "그리스도의 도의 초보를 버리자"는 말은 무엇을 뜻하는가. 그것
은 바로 뒤따라 나오는 것들(죽은 행실 회개하는 문제를 자꾸 토론하는
것, 하나님께 대한 신앙의 터를 다시 닦는 것, 세례가 무엇인지 다시 규명하는
것, 안수가 무엇인지 다시 규명하는 것, 죽은 자의 부활에 대한 교훈의
터를 다시 닦는 것, 영원한 심판에 관한 교훈의 터를 다시 닦는 것)을 버리라
는 말이다. 여기 "도"(λόγου)란 말은 '교리'라는 뜻이고 "초보"란 말은 '기초
적 교리'라는 뜻이다(5:12). 그리고 "버리라"는 말은 아주 버리라는 뜻이
아니라 '뛰어넘으라,' '떠나라,' '계속해서 전진 하라'(move on)는 뜻으로
거기에만 머물러 있지 말고 뛰어 넘어 앞으로 전진 하라는 뜻이다. 혹 '버리
라'는 말을 성도들이 잘못 이해할 가능성이 있다. 영적 초보는 모든 그리스도
인들이 영적인 여정에서 겪어야 하는 것이다. 그래서 영적 초보로서 배우고,
익혀야 되는 것들은 당연히 익혀야 한다. 따라서 그리스도 초보의 도에
대하여 단지 아예 무시하라는 것으로서 이 말을 이해해서는 안 된다. 이
말의 깊은 의미는 그리스도인으로서 단지 계속해서 영적으로 어린 아이와
같은 상황에만 머물지 말고 성장하기를 촉구하는데 있다. 다시 표현하면
시간이 꽤 많이 흘러도 그저 초보적 진리에만 매달리고 거기서만 맴돌며
초보적인 상황을 결코 떠나지 못하는 성도들의 영적 성장 상황이 성도에게
있어서 자연스럽고 정상적인 과정이 아니기에 반드시 그런 비정상적인
영적 성장 상황을 뛰어 넘어 기독교의 깊은 진리에로 나아가라는 말이다.
　"...터를 다시 닦지 말고 완전한 데로 나아가라"는 말이 원문에는 1절에
기록되어 있으므로 여기서 먼저 해석한다. 이 말은 '...의 기초를 다시 닦지
말고 완전한 데(5:12)로 전진하라'는 뜻이다. '완전한데로 나아가라'는 말은
기독교의 깊은 진리 가운데로 나아가라는 말로 볼 수 있는데 구체적으로
저자가 7장 이하에 강조하는 내용으로 볼 수 있다. 즉 예수님은 멜기세덱의
반차를 좇은 대제사장이라는 진리(7:1-28), 또 예수님은 하늘 성소에서 사역

하시는 대제사장이라는 진리 등(8:1-10:18)을 들 수 있다.

"죽은 행실 회개"란 말은 '영적으로 죽었던 과거의 행실(엡 2:1; 골 2:23)에서부터 하나님께로, 그리스도께로 돌아서는 것'(U-turn 하는 것)을 지칭한다(9:14; 행 2:38; 3:19 참조). 일단 한번 그리스도를 믿기로 했으면 (즉 돌아섰으면) 다시 거기에만 머물러서는 안 된다. 아프리카의 어떤 나라 사람들은 선교사들이 결신 시킬 때마다 앞으로 나아와서 믿겠다는 서약을 한다고 한다. 그래서 여러 해 그 행동만 하고 성화에는 힘쓰지 않는다고 한다. 그리스도인의 죽은 행실 회개는 자연스럽게 성화로 나아갈 수밖에 없다.

"하나님께 대한 신앙"(πίστεως ἐπὶ θεόν)이란 '성도들이 그리스도를 영접할 때 하나님을 향하여 취하는 적극적인 신뢰와 헌신의 행위'를 지칭한 다(행 20:21 참조). 성도들은 그리스도를 영접할 때 죽음에 이르는 행실로부 터 믿음으로 말미암아 그리스도 안의 삶 속으로 돌아선다. 회개는 소극적인 측면이지만 하나님께 대한 신앙은 적극적인 측면이다. 이 둘은 서로 뗄 수 없는 관계에 있다. 우리가 일단 하나님께 대한 신앙을 가진 다음에는 이 일에만 국한되지 말고 한걸음 나아가 적극적으로 열매 맺어야 한다. 다시 말해 하나님 안에서의 안식도 누리며(4:2-3) 천국에 대한 확신을 가져야 할 것이다.

"세례들"이 왜 기독교의 초보 진리에 속하게 된 것인가? 그것은 주님께서 제자들에게 성부와 성자와 성령의 이름으로 세례를 주라고 명령하셨기 때문 이며(마 28:19), 또 오순절 성령 강림 이후 사람들이 기독교로 개종할 때 반드시 세례를 받아야 했기 때문이다(행 2:38, 41; 8:12f, 36; 9:18; 10:47f; 19:4-5 등). 그런데 "세례들"이란 말이 복수로 표시된 이유가 무엇인가? 여러 가지 세례들이 있었기 때문이었다. 1) 세례를 베풀 때 여러 가지 양식이 있었기 때문이라는 견해(Augustine, Peter Lombard). 물세례(보통의 경우에 받는 세례이다), 눈물의 세례, 순교자가 받는 피의 세례 등이 있었기 때문이 었다. 2) 물세례와 성령 세례가 있었기 때문이라는 견해(Aquinas). 3) 기독교

세례 이외에 씻는 의식들(막 7:4; 히 9:10)이 여럿 있었기 때문이라는 견해
(Kistemaker). 키스테메이커(Simon Kistemaker)는 여러 학자들이 제출한
여러 가지 견해들 중 몇 가지 씻는 예식을 열거한다. 1) 정결예식(Qumran).
2) 삼위일체의 이름으로 세례를 받을 때 세 번 물에 잠기는 예식. 3) 세례
받을 지원자들이 많은 이유. 4) 물세례, 피 세례, 불세례, 그리고 성령 세례
등. 5) 레위기의 율법에 정해진 씻는 법들과 기독교 세례 등을 든다. 위와
같은 여러 세례들 말고도 세례란 말이 복수로 표기된 이유는 아마도 기독교
세례와 다른 종교의 씻는 예법을 대조한데서 생긴 말인 듯하다. 우리 성도들
이 예수님을 믿은 다음에는 더 이상 세례의 양식 같은 데에 집착할 것이
아니라 예수님께서 베푸신 성령 세례를 받은 다음에는 성령의 열매를 맺는
일에 관심을 두고 전진해야 할 것이다.

　"안수"라는 것이 기독교의 초보 진리에 속하게 된 이유는 무엇인가?
그것은 예수님께서 병자를 고치실 때 안수하셨기 때문이었을 것이고(막
5:23; 6:5; 7:32; 8:23-25; 눅 4:40; 13:13), 어린 아이들을 축복하실 때
안수하셨기 때문이었을 것이다(마 19:13-15; 막 10:16). 뿐만 아니라 사도들
도 안수하여 성령의 역사가 있었기 때문일 것이다(행 8:14-17; 9:17; 19:6).
"안수"는 유대회당에서도 실행되는 관습이었으나 초대 기독교 교회 안에서
자주 실행되고 있었다.[33] 본문에 저자가 말한 안수는 초대교회 당시 성도들
이 알아야 할 초보적인 기독교 교리였다. 그러나 히브리서 저자가 이런
교리를 다시 닦지 말라고 한 이유로는 그런 안수예식에만 매달려 있을 것이
아니라 사실 신앙인으로서 이 땅을 살 때 더 중요한 것은 열매 맺는 일에
매진하는 것임이 분명하기 때문이다.

　"죽은 자의 부활"이란 세상 끝에 의인과 악인이 함께 부활할 것이라는
교리이다(요 5:29: 행 17:31-32; 고전 15:1-57). 이 교리가 기독교의 초보

---

33) 캘빈(John Calvin)은 믿는 성도의 어린 자녀들이 유아세례를 받고 언약 안에서 교회에
속하게 되지만 그들이 장성한 후 신앙에 관해 교육을 받고 교리문답을 배운다고 말한다. 그런
후에 어린 자녀들은 사도들로부터 시작된 안수를 받음으로 세례를 확증 받는다고 말한다.

진리가 된다는 것은 당연하다. 이 교리보다 더 중요한 교리는 없다. 죽은
자가 부활한다는 교리는 구약 성경에도 있고(시 16:10; 사 26:19; 겔 37:10;
단 12:2), 예수님과 사도들 시대에도 일반 성도들이 죽은 자의 부활에 관한
진리를 알고 있었다(요 11:24). 바리새인들도 사두개인들과는 달리 부활
교리에 관해 알고 있었다(행 23:6-7). 예수님은 자신이 부활이라고 가르쳐주
셨고(요 11:25), 사도들은 예수님의 가르침을 그들의 복음 전도의 기초로
삼았다(행 1:22; 2:32; 4:10; 5:30; 10:40; 13:37; 17:31-32; 26:23). 그러나
성도들이 항상 이런 교리에만 집념하는 것은 별의미가 없다. 더 중요한
단계로 나아가야 한다. 다시 말해 기독교 신자로서 성령의 열매를 맺는
데로 나아가야 한다. 그렇게 열매를 맺을 때에야(7-8절) 비로소 죽은 자의
부활 교리도 힘 있게 믿을 수 있게 된다.

　　"영원한 심판"이란 문제도 기독교 진리의 초보이다(행 24:25; 롬 2:16;
계 20:11-13). 영원한 심판이란 주제는 죽은 자의 부활이란 교리만큼이나
중요하다. 이 두 교리는 함께 등장하는 때가 많다(요 5:24, 28-29; 계
20:11-15). 하나님께서 심판하실 때는 "영원한 심판"을 하신다. 다시 말해
하나님께서 심판하시면 그 효과가 영원하다. 예수님은 산 자와 죽은 자를
심판하러 이 땅에 재림하실 것이다. 이 진리야 말로 기독교의 초보 진리가
아닐 수 없다. 그만큼 중요한 진리이다. 그러나 신자들이란 이런 진리들(위의
6가지 기초 교리)을 아는 데만 머물러 있어서는 안 된다. 더 완전한 데로
나아가야 한다. 이런 권면은 오늘날 우리도 실제로 실감하는 진리이다. 왜냐
하면 앞으로 나아가지 않으면 단지 정체하는 정도에서 머무르는 것이 아니라
기약 없이 퇴보하는 신앙인이 될 수밖에 없기 때문이다. 우리는 예수님을
바라보고 계속해서 예수님을 소유하려고 달려가야 한다(빌 3:7-16). 기초나
반복하는 사람은 평생 반복한다. 학생들 중에도 항상 기초공부만 하는 학생
들이 있다. 기초 공부를 한 다음에 빨리 다음 단계로 나아갈 때 기초도
더욱 확실해지는 것이 아닌가.

히 6:3. 하나님께서 허락하시면 우리가 이것을 하리라(καὶ τοῦτο ποιήσο-
μεν, ἐάνπερ ἐπιτρέπῃ ὁ θεός).

히브리서 저자는 1-2절에서 당시 수신자들에게 6가지 기독교의 초보
교리를 떠나 완전한데로 나아가라고 권면한 다음 "하나님께서 허락하시면
우리가 이것을 하리라"고 말한다(행 18:21; 고전 4:19). 하나님께서 허락하셔
야 초보 교리를 넘어 완전한데 나아갈 수 있다는 것이다. 우리는 완전한데
나아가려는 소원을 가져야 한다. 하지만 궁극적으로는 그 모든 일은 하나님
께서 허락하셔야 한다는 것을 기억하라. 그러하기에 우리들은 하나님께
지혜도 구하고 힘도 구해서 매일 앞으로 나아가야 한다. 다시 말해 매일
열매 맺기를 힘써야 한다. 우리는 안다. 우리에게 믿음 주시는 분도 하나님이
시지만(눅 24:45; 행 16:14; 엡 2:8) 그 신앙을 장성하게 하시는 분도 하나님
이시라는 것을 안다(고전 3:7; 빌 3:15).

히 6:4. 한 번 빛을 받고 하늘의 은사를 맛보고 성령에 참여한바 되고
(Ἀδύνατον γὰρ τοὺς ἅπαξ φωτισθέντας, γευσαμένους τε τῆς δωρεᾶς
τῆς ἐπουρανίου καὶ μετόχους γενηθέντας πνεύματος ἁγίου).

히브리서 저자는 앞(1-3절)에서 기독교 진리의 초보에만 머물러 있지
말고 완전한 데 나아갈 것을 권면한 다음 본 절부터 8절까지는 영적으로
전진하지 못하는 경우 무서운 결과를 대하게 될 것이라고 경계한다(4-8절).
히브리서 저자는 4-5절에서 1) "한 번 빛을 받고"(φωτισθέντας), 2) "하늘의
은사를 맛보고"(γευσαμένους), 3) "성령에 참여한바 되고"(γενηθέντας),
4) "하나님의 선한 말씀과 내세의 능력을 맛보고"(γευσαμένους) 등의 네
개의 부정(단순)과거 분사형을 사용하여 한번 결정적으로 체험한 일들을
드러내고 있다. 누구든지 한번 빛을 받고 타락한 자들, 한번 하늘의 은사를
받고 타락한 자들, 한번 성령에 참여하고 타락한 자들, 한번 하나님의 선한
말씀과 내세의 능력을 맛보고 타락한 자들은 다시 새롭게 하여 회개할 수
없다는 것이다.

본 절 초두의 이유접속사(γὰρ)는 앞부분(1-3절)을 받아 수신자들이 완전한 데 나아가야 할 이유를 말한다. 즉 완전한 데 나아가지 못하고 후퇴하는 경우 무서운 결과를 맞이할 것을 경계한다. 그러니까 1-3절은 뒤따라오는 4-8절과 밀접한 관계가 있음을 보여주고 있다.

그러면 "한 번 빛을 받았다"는 말은 무엇을 뜻하는가.[34] 본문의 "한번"(ἄπαξ)이란 말은 '한 번의 체험'을 강조하는 말이다. 그리고 "빛을 받았다"(φωτισθέντας)는 말은 부정(단순)과거 분사 수동태로 '과거에 한번 빛을 받은 체험이 있었다'는 것을 뜻한다(10:32). 중요한 것은 이 말의 의미이다. 왜냐하면 이 말의 의미하는 바는 심령이 한번 말씀을 받은 경험이 있다는 것을 뜻하지(10:26과 10:32 비교; 요 1:9 참조) 결코 중생의 체험이 있었다는 것을 뜻하는 말은 아니기 때문이다. 중생한 사람이 타락하지 않는다는 것은 성경의 증언이다(요 6:37, 39; 10:27-28; 15:16; 롬 8:29-30; 요일 2:19; 5:18). 본문의 말씀과 같이 한 때 심령이 말씀을 받아 환하게 되는 경험을 한 자들이었음에도 불구하고 다시 어두운 삶으로 돌아가는 자들이 많이 있음을 볼 수 있다.

그리고 "하늘의 은사를 맛보았다"는 말은 무엇을 뜻하는가. "하늘의 은사를 맛보았다"는 말은 '하나님께서 주시는 선물을 맛보았다'는 것을 뜻한다(요 4:10; 6:32; 행 2:38; 10:45; 엡 2:8). 여기 "은사"[35]란 각주에 보인바와 같이 많은 견해가 있는데 아마도 '성만찬과 함께 임하는 영적 축복의 총화'라고 보는 것이 가장 나을 것으로 보인다. 여기 맛보았다는

---

34) "한번 빛을 받았다"는 말을 두고 2세기로부터 현대까지 '세례를 받았다'는 뜻으로 보는 것이 대세였다. 그렇게 본 최초의 사람은 저스틴(Justin Martyr)이었다. 이 말을 세례로 보게 된 큰 이유는 "한번"이란 말 때문이다. 세례는 평생 한번만 받기 때문이다. 그러나 10:26과 10:32을 종합해보면 "빛을 받았다"는 말은 "진리를 아는 지식을 받은 것"과 동의어라는 것을 알 수 있다. 그런고로 빛을 받은 것을 "세례 받은 것"으로 축소해서 해석하는 것은 바람직스럽지 않아 보인다.

35) "은사"가 무엇을 지칭하느냐를 두고 여러 견해가 제시되었다. 1) 그리스도(요 4:10). 2) 성령(행 2:38; 8:20; 10:45; 11:17). 3) 성찬. 4) 세례. 5) 믿음. 6) 사죄. 7) 중생. 8) 복음. 9) 그리스도로 말미암은 구원. 10) 성만찬과 함께 임하는 영적 축복의 총화(F. F. Bruce)라는 견해 등이 제시되었다.

표현은 깊은 지경에 들어가지 않은 것을 뜻한다.

　　그리고 "성령에 참여한 바 되었다"는 말은 무엇을 뜻하는가(2:4; 갈 3:2, 5). 이는 '성령의 은사나 영향에 참여함'을 뜻하는 말이라고 할 수 있다. 즉 방언이나 예언이나 병 고치는 은사나 능력을 행하는 것과 같은 은사에 참여함을 뜻하는 말이다. 존 브라운은 성령의 은사나 권세를 함께 나눈다는 뜻이라고 했다. 그는 "영감을 받은 저자가 기독교의 근원적인 섭리를 특징짓는, 성령의 놀라운 은사 능력을 원칙적으로 언급하고 있다는 것도 가능성이 크다. 이러한 은사는 '마음을 새롭게 함으로써 변화된 사람들'에 국한 되는 것은 결코 아니다. 이 구약의 섭리 아래서 발람과 사울도 놀라운 예언의 은사를 받았음을 발견하게 된다. 우리는 가룟 유다가 다른 사도들과 마찬가지로 이적을 행하는 능력을 지녔음을 의심할 이유가 없다" 고 말한다.36) 마 7:22-23; 고전 13:2 참조. 이렇게 성령의 은사에 참여한 자라도 하나님의 선택을 받지 않았으면 배반할 수가 있는 것이다.

히 6:5. 하나님의 선한 말씀과 내세의 능력을 맛보고도(καὶ καλὸν γευσα-μένους θεοῦ ῥῆμα δυνάμεις τε μέλλοντος αἰῶνος).

　　히브리서 저자는 수신자들이 "하나님의 선한 말씀을 맛보았다"(καλὸν γευσαμένους θεοῦ ῥῆμα)는 표현을 사용한다. 이는 '하나님께서 주신 아름 다운 말씀을 체험했다'는 뜻이다. 하나님의 말씀은 모두 아름다운 말씀이다. 성경에 가룟 유다가 한 말, 귀신들이 한 말들도 하나님께서 우리 인류에게 주셔서 유익하게 하시려 한 것이니 모두 아름다운 말씀들이고 유익한 말씀들 이다. 하나님의 말씀이 아름다운 이유는 그것이 우리에게 믿음을 주기 때문 이고(롬 10:9), 영생을 주기 때문이며(요 6:63, 68; 행 5:20; 엡 5:26), 성령님 이 (말씀들을) 검으로 쓰셔서 우리의 심령을 해부하시기 때문이다(4:12; 엡 6:17). 이렇게 하나님의 선한 말씀을 맛보고도 타락하는 자들이 있을

---

36) John Brown, *히브리서* (상), p. 343.

수 있다는 것이다. 이에 대해 박윤선 박사는 "맛본 정도는 복음 신앙에 깊이 침투한 것이 아니다. 복음의 은혜를 맛보기만 한 자들은 시작만 하고 전진하지 않는 자들이니 위태하다. 택함을 받은 자들은 복음과 능력을 맛볼 뿐 아니라 시험과 역경을 통과하면서 주님을 따라 간다"고 말한다.37)

히브리서 저자는 수신자들이 "내세의 능력을 맛보고도"(δυνάμεις μέλ-λοντος αἰῶνος) 타락할 수 있다고 말한다(2:5). 여기 "내세의 능력을 맛보았다"는 말은 '능력들을 맛보았다'는 뜻이다. 저자는 본문에서 "능력들"(δυνάμεις-powers)이라고 복수를 사용한다. 즉 수신자들이 '표적들과 기사들과 여러 가지 능력들'(2:4)에 동참했음을 시사한다. 저자가 "내세의"라는 말을 사용한 이유는 그것들이 종말(예수님께서 지상에서 사역하시는 때 벌써 내세가 시작된 것이다)에 나타날 것이기 때문이다. 수신자들은 그것들을 현세에서 이미 맛 본 것이다. 그들이 예수님께서 행하신 이적들을 보기도 했을 것이며 다른 사도들이 이적을 행할 때 보았을 것이다. 그런데 이렇게 능력을 맛보고도 타락한 자들이 있다는 것은 우리에게 놀라움이 아닐 수 없다. 그러므로 우리는 항상 자신이 믿음이 있는가를 검토해야 할 것이고(고후 13:5) 참으로 열매를 맺으며 사는지 확인해야 할 것이다(7-8절).

히 6:6. 타락한 자들은 다시 새롭게 하여 회개하게 할 수 없나니 이는 그들이 하나님의 아들을 다시 십자가에 못 박아 드러내 놓고 욕되게 함이라(καὶ παραπεσόντας, πάλιν ἀνακαινίζειν εἰς μετάνοιαν, ἀνασταυροῦντας ἑαυτοῖς τὸν υἱὸν τοῦ θεοῦ καὶ παραδειγματίζοντας).

히브리서 저자는 앞(4-5절)에 말한 다섯 가지 은총을 받고도 "타락한 자들은 다시 새롭게 하여 회개하게 할 수 없다"고 말한다(10:26; 마 12:31-32; 벧후 2:20-21; 요일 5:16). 여기 "타락한 자들"(παραπεσόντας)이란 말은 부정(단순)과거 분사 형으로 '하나님을 떠나 참으로 불신앙으로

---

37) 박윤선, *히브리서, 공동서신*, 성경주석, p. 84.

떨어진 자들'을 지칭한다(3:12). 히브리서 저자는 하나님을 떠나 진실로 불신앙으로 떨어진 자들은 "다시 새롭게 하여 회개하게 할 수 없다"고 말한다. "다시 새롭게 한다"(πάλιν ἀνακαινίζειν)는 말은 '믿음을 회복하여 새롭게 한다'는 뜻이다(고후 4:16; 골 3:10). 타락한 자들은 믿음을 얻어 새롭게 하여 그리스도에게로 돌아가지 못한다는 뜻이다.

히브리서 저자는 타락한 자들이 다시 믿음을 얻어 새롭게 하여 그리스도에게로 돌아가지 못하는 이유는 "그들이 하나님의 아들을 다시 십자가에 못 박아 드러내 놓고 욕되게 하기" 때문이라고 한다(10:29). 다시 말해 그들이 믿음을 얻어 새롭게 하여 다시 그리스도에게로 돌아가지 못하는 이유는 그들이 하나님의 아들을 다시 십자가에 못 박아 현저하게 욕되게 하는 것이기 때문이라고 한다. 본문의 "그들이...다시 십자가에 못 박아"(ἀνασταυ-οῦντας ἑαυτοῖς)란 말은 현재 분사형으로 '계속해서 예수님을 십자가에 못 박는다'는 뜻이고, "드러내 놓고 욕되게 함이라"(παραδειγματίζοντας)는 말도 현재 분사형으로 '공개적으로 욕을 보인다'는 뜻으로 위와 같은 타락자들(4-5절)은 예수님을 공개적으로 계속해서 욕보이는 자들이니 다시 새롭게 되어 그리스도에게 돌아가지 못한다.

그렇다면 "타락한 자들은 다시 새롭게 하여 회개하게 할 수 없다"는 말은 한번 타락하면 영원히 회개할 수 없다는 뜻인가. 그러면 이 교리는 캘빈(John Calvin)이 주장한 견인 교리와 모순되는 것이 아닌가라는 의문이 생길 것이다. 그러나 모순되는 것이 아니다. 우리는 히브리서 저자의 본문의 말씀을 자세하게 살펴야 할 것이다. 히브리서 저자는 앞 장들에서 배도(背道)에 대해서 말했다(시편 95편을 인용해서 배도에 대해 설명했다). 이스라엘의 조상들은 출애굽 하여 광야에서 수많은 은혜를 체험했다. 그들은 시내산에서 하나님의 음성도 들었다(출 12장-20장). 그러나 이스라엘의 조상들은 불신앙으로 그들의 마음을 완고하게 만들었고 불순종으로 말미암아 하나님으로부터 떨어져 나갔다(3:12, 18; 4:6, 11). 히브리서 저자는 그들의 불신앙으로부터 오는 배교는 결국 그들의 마음을 완고하게 만들었고, 그러한 결과는 그들로 하여금 회개하지 못하게 만들었다고 말한다(3:13; 4:2; 6:6; 10:26; 12:15).

히브리서 저자는 다른 한편 본 장 9-10절에 "사랑하는 자들아 우리가 이같이 말하나 너희에게는 이보다 더 좋은 것 곧 구원에 속한 것이 있음을 확신하노라. 하나님이 불의하지 아니 하사 너희 행위와 그의 이름을 위하여 나타낸 사랑으로 이미 성도를 섬긴 것과 이제도 섬기고 있는 것을 잊어버리지 아니 하시느니라"고 말하여 독자들을 격려하고 있다.

그렇다면 히브리서 저자는 무엇을 말하는 것인가? 본 장 4-6절의 말씀을 하나의 경고로 말한 것인가? 아니면 실제로 일어날 수 있는 일이라고 말하는 것인가? 히브리서 저자는 분명히 배도가 일어날 수 있다고 말한다(3:12-13; 4:1, 11; 12:15). 다시 말해 히브리서 저자는 이스라엘 조상들의 배도가 히브리서 저자 당시에도 얼마든지 일어날 수 있다고 말하는 것이다. 그러하기에 히브리서 저자는 성도들 상호간에 더욱 격려하라는 메시지를 주고 있다: "우리가 저 안식에 들어가기를 힘쓸지니 이는 누구든지 저 순종하지 아니하는 본에 빠지지 않게 하려 함이라"고 말한다(4:11). 히브리서 저자는 분명히 타락에 대해 언급하고 있다. 가룟 유다는 타락한 후 그리스도에게로 돌아오지 않았다. 베드로는 죄를 지었지만 죄를 회개하고 곧 그리스도에게로 돌아왔다. 배도와 죄를 짓는 것은 서로 다른 것이다. 6절에서 히브리서 저자는 분명히 배도에 대해서 말하고 있다. 배도란 고의적으로 그리고 완전히 그리스도 신앙을 버리는 것을 지칭한다.

배도는 급격히 이루어지는 것은 아니다. 점진적으로 이루어진다. 불신앙으로부터 시작하여 불순종으로 넘어가고 또 거기에서 배도로 넘어가는 것이다. 만일 사람이 믿음에서 이탈하여 타락하면 마음의 강퍅함, 완고함으로 넘어가며 드디어는 회개하지 못하는 상태로 넘어가는 것이다. 히브리서 저자는 당대의 수신자들의 형편을 보고 꾸짖고 있다. 히브리서 저자는 그들이 멜기세덱에 관하여 "듣는 것이 둔해졌고(5:11), 게을러졌으며(6:12), 피곤해졌다(12:12)"고 꾸짖었다. 그래서 히브리서 저자는 오히려 그들의 믿음을 강화하라고 권면한다(4:2; 10:22-23; 12:2). 왜냐하면 사람들이 믿음을 강화 하지 않으면 서서히 믿음은 약화되고 결국은 불신앙으로 전진하며 불순종과 배도로 갈 수 밖에 없기 때문이다. 종국에 가서는 회개할 수 없는 상태에까지 이르게 되는데 이들은 하나님으로부터 택함 받지 않은 사람들이다.

히 6:7. 땅이 그 위에 자주 내리는 비를 흡수하여 밭가는 자들이 쓰기에 합당한 채소를 내면 하나님께 복을 받고(γῆ γὰρ ἡ πιοῦσα τὸν ἐπ᾽ αὐτῆς ἐρχόμενον πολλάκις ὑετὸν καὶ τίκτουσα βοτάνην εὔθετον ἐκείνοις δι᾽ οὓς καὶ γεωργεῖται, μεταλαμβάνει εὐλογίας ἀπὸ τοῦ θεοῦ).

본 절 초두에는 이유를 말하는 접속사(γὰρ)가 있어 본 절과 다음 절이 앞 서 말한 내용에 대한 근거가 되는 것을 말해준다. 본 절의 "땅"은 '그리스 도인들'을 비유하고(마 13:18-23) "비"는 '하나님의 은혜'를 비유한다(사 44:3; 55:10).

"땅이 그 위에 자주 내리는 비를 흡수 한다"는 말은 본 절의 하나님께 복을 받는 그리스도인에게도 적용되고, 다음 절의 저주를 받는 그리스도인에 게도 적용된다. 그러니까 하나님으로부터 은혜를 받는 점에서는 복을 받는 사람에게나 저주를 받는 사람에게나 똑같이 적용된다. 이는 주께서 모든 사람에게 비를 주심과 같다.

그러나 문제는 "밭가는 자들"이 어떻게 하느냐에 따라 결과가 달라진다 는 점이다. 히브리서 저자는 밭가는 자들이 부지런히 일하여 "밭가는 자들이 쓰기에 합당한 채소를 내면 하나님께 복을 받는다"고 말한다(시 65:10). 밭가는 자들이 부지런히 하여 밭가는 자들이 쓰기에 합당한 소출(채소, 곡식)을 내면 밭을 가는 농부가 즐거워하고 기뻐하는 것처럼 그리스도인들 이 완전한 데 나아가고 성령의 열매를 맺으면 하나님께서 그들에게 복을 주신다는 것이다.

히 6:8. 만일 가시와 엉겅퀴를 내면 버림을 당하고 저주함에 가까워 그

마지막은 불사름이 되리라(ἐκφέρουσα δὲ ἀκάνθας καὶ τριβόλους, ἀδόκι-μος καὶ κατάρας ἐγγύς, ἧς τὸ τέλος εἰς καῦσιν).

히브리서 저자는 밭가는 자들이 만일 게을러서 씨를 뿌리지도 않고 김을 매주지도 않으면 "가시와 엉겅퀴를 내게 된다"(창 3:17-18)고 말한다. 즉 신앙인들이 하나님으로부터 은혜를 받지만 신앙 성장에 힘쓰지 않고 불순종하여 배도하면 하나님으로부터 버림을 당하고 세상에서도 저주스런 삶을 살게 되고 그 마지막은 심판을 받게 되리라는 것이다(신 29:23; 사 5:5-6). 따라서 우리는 이 말씀을 기억하여 오직 하나님께로부터 지혜를 구하고 능력을 구하여 우리의 신앙을 키우고 성령의 열매를 많이 맺어야 하겠다.

F. 부지런함을 나타내라   6:9-12

히브리서 저자는 앞(4-6절)에서 배도의 위험을 경고하고 은혜가 임할 때 열심을 다해 신앙을 키울 것을 격려한(7-8절) 다음 이제 이 부분(9-12절)에서는 수신자들에게 구원의 소망이 있는 것을 알려주고 더욱 부지런하여 소망의 풍성함에 이르고 또 약속들을 기업으로 받으라고 격려한다.

히 6:9. 사랑하는 자들아 우리가 이같이 말하나 너희에게는 이보다 더 좋은 것 곧 구원에 속한 것이 있음을 확신하노라(Πεπείσμεθα δὲ περὶ ὑμῶν, ἀγαπητοί, τὰ κρείσσονα καὶ ἐχόμενα σωτηρίας, εἰ καὶ οὕτως λαλοῦμεν).

히브리서 저자는 문장 초두에 "그러나"(δέ-한국어 번역판에는 없다)라는 접속사를 사용하여 앞부분(4-8절)의 경고와는 달리 좀 밝은 이야기를 하려고 한다. 그리고 저자는 초두에 "사랑하는 자들아"(본서에는 이 한곳에서만 이 칭호가 나온다)라는 애칭을 사용하면서 중대한 권면을 하려고 한다. 그리고 헬라어 원문 제일 앞에 "확신하노라"(πεπείσμεθα)는 말을 사용하여 '수신자들이 구원받은 것을 확신 한다'고 말한다. 이 낱말이 현재완료로

되어 있어 벌써부터 저자는 수신자들이 구원에 동참하고 있는 것을 확신하고
있었고 지금도 확신하고 있다고 말한다.

혹자는 히브리서 저자의 이 확신은 방금 생긴 확신이라고 주장한다.
저자가 4-6절까지 무서운 경고를 하다가 이제 수신자들에게 애정의 격류(激
流)를 느껴 그들에게도 구원의 소망이 있다는 것을 확신하게 되었다고 주장
하나, 4절-6절까지의 주장은 어디까지나 수신자들에게 경고하는 것일 뿐
실제로 그런 무서운 일들이 있었던 것은 아니었다고 할 수 있다. 저자는
4절-6절에서 "우리"라는 주어를 사용하지 않는다. 1절-3절에서는 "우리"라
는 주어를 사용하고 있고, 또 9절 이하에도 "우리"나 "너희"라는 주어를
사용하고 있다. 그러니까 4절-6절의 내용은 과거에 있었던 일(가룟 유다나
데마 같은 사람들)을 근거하고 수신자들에게 경고한 것으로 보아야 한다.
저자는 수신자들이 구원의 소망이 있음을 확신하고 있었고 지금도 확신하고
있다는 뜻으로 현재완료형 "확신하노라"(πεπείσμεθα)는 단어를 사용하고
있다고 할 수 있다.

저자는 "우리가 이같이 말하나 너희에게는 이보다 더 좋은 것 곧 구원에
속한 것이 있음을 확신 한다"고 말한다. 여기 "이같이 말하나"란 말은 '4절-6
절같이 말은 하지만'이란 뜻이다. 그리고 "너희에게는 이보다 더 좋은 것
곧 구원에 속한 것이 있음을 확신 한다"는 말은 4절-6절의 내용보다는 더
좋은 것, 곧 구원에 가까운 것, 구원에 밀착한 것이 있음을 확신한다는
것이고 구원의 약속의 상속자라는 것을 확신한다는 뜻이다. 저자는 그들이
배교자라고 생각해서는 안 된다는 것을 알린다. 저자가 4-6절에서 말한
것은 수신자들로 하여금 불신앙을 면하게 하려는 것이었지 결코 그들이
배교자라는 것을 말하려는 아니었다는 것을 말한다. 저자는 수신자들에게
좋은 미래가 있음을 주입시키고 있다. 더 좋은 것들이 있음을 확신시키고
있고 구원받을 것이라고 하는 소망을 넣어주고 있다.

히 6:10. 하나님이 불의하지 아니하사 너희 행위와 그의 이름을 위하여

나타낸 사랑으로 이미 성도를 섬긴 것과 이제도 섬기고 있는 것을 잊어버리
지 아니하시느니라(οὐ γὰρ ἄδικος ὁ θεὸς ἐπιλαθέσθαι τοῦ ἔργου ὑμῶν
καὶ τῆς ἀγάπης ἧς ἐνεδείξασθε εἰς τὸ ὄνομα αὐτοῦ, διακονήσαντες
τοῖς ἁγίοις καὶ διακονοῦντες).

히브리서 저자가 앞 절의 말씀과 같이 수신자들에게 구원의 소망이
있는 것을 말하는 이유(γὰρ)는 두 가지라고 말한다. 첫째는 "하나님이 불의
하지 아니하사 너희 행위를...잊어버리지 아니하시기" 때문이라고 한다(잠
14:31; 마 10:42; 25:40; 요 13:20). "하나님이 불의하지 아니하사"란 말은
'하나님은 미쁘시고 의로우시다'는 뜻이다(살후 1:6-7; 요일 1:9). 또 "너희
행위"란 말은 '수신자들이 믿음으로 하는 행위 전체'를 지칭한다.

그리고 또 하나인 둘째는 "그의 이름을 위하여 나타낸 사랑으로 이미
성도를 섬긴 것과 이제도 섬기고 있는 것을 잊어버리지 아니하시기"
때문이라고 한다(롬 15:25; 고후 8:4; 9:1, 12; 딤후 1:18; 살전 1:3).
수신자들이 하나님을 위하여 사랑을 나타내어 과거에도 성도들을 섬겼고
또 지금도 섬기고 있는 것을 하나님께서 기억하신다는 것이다. 두 가지
즉 "행위"(10:32-34)와 "사랑"(마 25:40; 행 6:2; 고후 8:4)은 결국 하나이
다. 사랑이란 말은 행위라는 말을 설명하는 말이다. 이 두 가지는 결국
믿음에서 나온 것들이다. 수신자들은 믿음이 있었기에 행위를 나타낼
수 있었고 또 사랑을 나타낼 수 있었다. 우리는 믿음을 가지고 사랑을
나타내야 한다.

**히 6:11. 우리가 간절히 원하는 것은 너희 각 사람이 동일한 부지런함을
나타내어 끝까지 소망의 풍성함에 이르러**(ἐπιθυμοῦμεν δὲ ἕκαστον ὑμῶν
τὴν αὐτὴν ἐνδείκνυσθαι σπουδὴν πρὸς τὴν πληροφορίαν τῆς ἐλπίδος
ἄχρι τέλους).

히브리서 저자는 앞(9-10절)에서 수신자들을 위로했는데 이제 이 부분
(11-12절)에서는 수신자들로 하여금 좀 더 열심을 내도록 권면하고 있다.

저자는 "우리가 간절히 원하는 것은 너희 각 사람이 동일한 부지런함을 나타내어 끝까지 소망의 풍성함에 이르기를" 원하고 있다(We want each of you to show this same diligence to the very end, in order to make your hope sure-NIV, 3:6, 14; 골 2:2). 저자는 "우리가 간절히 원한다"고 말한다. 즉 '마음의 강한 소원이 있다'는 것이다. 저자가 마음에 가지고 있는 강한 소원은 바로 '수신자들 각 사람이 사랑에 힘을 썼고 또 지금도 힘을 쓰는 것과 같이(앞 절) 앞으로도 똑같은 정도의 부지런함을 나타내어 (교회는 공동 책임이 있다) 끝까지(소망이 이루어질 때까지) 소망의 풍성 함을 가지기'를 바라는 것이었다. 본문의 "소망의 풍성함"이란 '소망으로 가득 찬 마음 상태,' 즉 '소망이 마음에 충만한 상태'를 지칭하는 말이다. 우리는 영생에의 소망이 마음에 충만한 상태를 항상 가져야 한다. 구원 받음에 대한 소망으로 가득차야 한다. 그래야 신앙이 성장한다. 사랑도 귀하고(11절) 소망도 귀하니(본 절) 두 가지를 동일하게 부지런히 추구해 야 한다.

히 6:12. 게으르지 아니하고 믿음과 오래 참음으로 말미암아 약속들을 기업 으로 받는 자들을 본받는 자 되게 하려는 것이니라(ἵνα μὴ νωθροὶ γένησθε, μιμηταὶ δὲ τῶν διὰ πίστεως καὶ μακροθυμίας κληρονομούντων τὰς ἐπαγγελίας).

히브리서 저자는 본 절에서 두 가지를 권면한다. 하나는 "게으르지 말라" 는 말씀이다. 게으르지 말라는 말은 앞 절에서 "부지런함을 나타내라"는 말로 표현되었다(본 절에서는 소극적으로 표현되고 있다). 실제로 사람이 게으르면 아무 것도 하지 못한다.

또 하나는 "믿음과 오래 참음으로 말미암아 약속들을 기업으로 받는 자들을 본받는 자 되게 하려는 것이라"는 말씀이다(13:36). "믿음과 오래 참음으로 말미암아"란 말은 '믿음을 통하여 그리고 오래 참음을 통하여' 다시 말해 '믿고 오래 참아서'란 뜻이다. 믿고 오래 참아야 "약속들을 기업으로 받게 되는" 것이다. 하나님께서 약속하신 것은 믿음이 있어야 받게 되고 또 오래 참아야 받을 수 있는 것이다.

저자는 10절에서는 "사랑"을 말했고 11절에서는 "소망"을 말했으며 본 절에서는 "믿음"을 말하고 있다. 이 세 가지 말씀은 성경에서 자주 함께 등장한다(롬 5:1-5; 고전 13:13; 갈 5:5-6; 골 1:4-5; 살전 1:3; 5:8). 성도의 신앙 성장은 이 세 가지에 의해서 이루어진다. 성도들이야 말로 신령한 방면에서 성장해야 한다. 베드로는 그의 서신 베드로후서 3:18에서 "우리 주 곧 구주 예수 그리스도의 은혜와 그를 아는 지식에서 자라 가라"고 권한다.

히브리서 저자가 수신자들에게 바라는 것은 믿음을 통하여 그리고 오래 참아 하나님께서 약속하신 것들을 기업으로 받는 자들을 본받는 자가 되라는 것이다. 하나님의 약속들을 받는 데는 항상 믿음이 필요하고 또 인내가 필요한 법인데 그렇게 쉽지 않음에도 불구하고 믿음을 가지고 그리고 인내심을 가지고 하나님의 약속들을 받는 자들이 있으니 그들을 유의하여 보고 본받으라는 것이다. 우리는 다른 성도들(선배일 수도 있고 같은 교회의 회원일 수도 있다)이 믿음으로 그리고 인내로써 약속들을 기업으로 받는 것을 보고 그들을 본받는 자가 되어야 한다. 히브리서 저자가 성도들에게 본 받아야 할 인물을 본 절에서 구체적으로 지적하지는 않았지만 아무래도 아브라함을 염두에 두었을 것이며(13절), 또 믿음의 영웅들을 염두에 두었을 것이다(11장). 우리는 그러한 우리의 모범들을 보고 따라야 한다.

G. 하나님은 확실히 약속하셨다 6:13-20

히브리서 저자는 앞(9-12절)에서 수신자들에게 게으르지 말고 하나님의 약속을 소망하고 인내할 것을 권면했는데 이제 이 부분(13-20절)에서는 하나님께서 약속하신 것은 극명하게 확실하다고 말한다. 저자가 하나님의 약속이 확실한 것을 증명하기 위하여 아브라함의 예를 든다. 하나님께서

아브라함에게 주신 약속은 확실하였으므로 아브라함은 그 약속을 믿고 인내
하였는데 성도들도 하나님께서 주신 약속을 믿고 인내해야 한다고 권면한다.

**히 6:13-14. 하나님이 아브라함에게 약속하실 때에 가리켜 맹세할 자가
자기보다 더 큰 이가 없으므로 자기를 가리켜 맹세하여 이르시되 내가 반드
시 너에게 복주고 복주며 너를 번성하게 하고 번성하게 하리라 하셨더니**(Τῷ
γὰρ Ἀβραὰμ ἐπαγγειλάμενος ὁ θεός, ἐπεὶ κατ’ οὐδενὸς εἶχεν μείζονος
ὀμόσαι, ὤμοσεν καθ’ ἑαυτοῦ λέγων, Εἰ μὴν εὐλογῶν εὐλογήσω σε καὶ
πληθύνων πληθυνῶ σε).

히브리서 저자는 하나님께서 아브라함에게 복주시겠다고 약속하실 때에
평범한 말씀으로 약속하셔도 되는데 아주 맹세까지 하시면서 복을 주겠다고
하셨다고 말한다. 저자는 "하나님이 아브라함에게 약속하실 때에 가리켜
맹세할 자가 자기보다 더 큰 이가 없으므로 자기를 가리켜 맹세하셨다"고
말한다(창 22:16-17; 시 105:9; 눅 1:73). 저자는 하나님께서 "아브라함"에게
약속하신 것을 예로 든다(2:16; 7:4-5; 11:8-19). 이렇게 아브라함을 예로
든 이유는 아마도 그가 믿음의 조상이기 때문이었을 것이고 또 아브라함의
경우가 극적이었기 때문이었을 것이다. 다른 성경저자들도 역시 아브라함을
예로 많이 들었다(행 3:25; 7:17; 롬 4:13; 갈 3:8, 14, 16, 18).

그리고 히브리서 저자는 하나님께서 아브라함에게 약속하실 때에 가리
켜 "맹세할 자가 자기보다 더 큰 이가 없으므로 자기를 가리켜 맹세하셨다"
고 말한다. 저자는 본 절을 기록하면서 창 22:16의 "내가 나를 가리켜 맹세하
노니"라는 글을 인용하여 기록한 것이다. 하나님은 맹세할 자가 자신보다
더 큰 이가 없으므로 자신을 가리켜 맹세하셨다. 원래 맹세의 특성상 맹세하
는 자는 자신보다 더 큰 이를 의지하고 맹세하는 법이었는데 하나님은 자신
보다 더 큰 이가 없음으로 "자기를 가리켜 맹세하셨다." 다른 경우에서도
하나님은 자신을 가리켜(두고) 맹세하셨다(출 32:13; 사 45:23; 렘 22:5;
49:13). 오늘 우리가 받는 약속도 하나님께서 자기를 두고 맹세하시고 주신

약속들이다.

히브리서 저자는 하나님께서 자신을 두고(가리켜) 아브라함에게 맹세하시면서 약속하신 내용을 기록한다. 즉 "내가 반드시 너에게 복주고 복주며 너를 번성하게 하고 번성하게 하리라"는 말씀을 인용한다. 저자는 하나님의 이 약속의 말씀을 창 22:17에서 인용한다. 저자는 70인 역으로부터 약간 변형하여 인용한다(70인 역은 "내가 너의 씨를 번성하게 하리라"이다). 창 22:17은 두 가지 복(자손 번성과 땅 소유)을 말하지만 저자는 본 절에서 한 가지 복(자손 약속)에만 초점을 맞춰 말한다.

히 6:15. 그가 이같이 오래 참아 약속을 받았느니라(καὶ οὕτως μακρο-θυμήσας ἐπέτυχεν τῆς ἐπαγγελίας-And so, after he had patiently endured, he obtained the promise-KJV).

히브리서 저자는 아브라함이 오래 참아서 약속을 받았다고 말하여 수신자들을 격려한다. 본문의 "이같이 오래 참았다"는 말은 아브라함이 하나님께서 약속하신 것을 믿고 인내하며 오래 참았다는 것을 의미한다(11:17; 창 12:4; 21:5). 아브라함은 하나님으로부터 아들이 태어날 것이라는 약속을 받고 그 약속의 아들인 이삭이 출생할 때까지 대략 25년이란 세월을 기다렸고, 또 그 아들을 통하여 손자들이 태어날 때까지는 대략 85년이란 세월이 흐를 때까지 기다렸다(창 25:26). 거기에서 더 나아가 아브라함은 그의 후손 중에서 메시아가 탄생할 것을 멀리서 바라보고 기뻐한 점에서 우리의 모범이 된다(요 8:56).

히 6:16. 사람들은 자기보다 더 큰 자를 가리켜 맹세하나니 맹세는 그들이 다투는 모든 일의 최후 확정이니라(ἄνθρωποι γὰρ κατὰ τοῦ μείζονος ὀμνύουσιν, καὶ πάσης αὐτοῖς ἀντιλογίας πέρας εἰς βεβαίωσιν ὁ ὅρκος).

히브리서 저자는 하나님께서 맹세하시면서 약속하신 것은 아주 확실하

다는 것을 앞에서도 말했고(13-14절), 또 다음 절(17절)에서도 말하기 위해
본 절에서 맹세의 효력을 언급한다. 저자는 "사람들이 자기보다 더 큰 자를
가리켜 맹세하나니 맹세는 그들이 다투는 모든 일의 최후 확정이라"고 말한
다(출 22:11). 즉 '사람들이 맹세할 때는 자기보다 더 큰 자 곧 하늘(마
5:34; 23:22; 약 5:12), 땅(마 5:35; 약 5:12), 성전(마 23:16), 예루살렘(마
5:35), 하나님의 이름으로(창 14:22; 신 6:13; 10:20; 삿 21:7; 룻 1:17;
렘 12:16) 맹세하게 되는데 하나님을 두고 맹세한 것은 사람들이 다투는
모든 일에 최후적인 확정의 효과가 있다'고 말한다. 그러나 예수님 당시
유대인들에게 예수님께서는 사람들이 무엇을 두고 맹세하는 것을 금하셨다
(마 5:33-37). 그러나 법정에서는 판사들이 진리를 확인하기 위하여 선서를
시키는 관습이 있었다. 사람들은 하나님이 궁극적인 진리이심으로 하나님께
호소했으며 또 맹세를 지키지 않으면 하나님의 보복을 감수해야 했다. 법정
에서 피고나 원고나 혹은 변호사들도 진리를 말해야 했다. 그런고로 맹세는
어떤 논쟁에서나 진리를 확고히 세웠다. 히브리서 저자 당시 사람들은 자기
보다 큰 자 곧 하나님을 두고 맹세했다.

**히 6:17. 하나님은 약속을 기업으로 받는 자들에게 그 뜻이 변하지 아니함을
충분히 나타내시려고 그 일을 맹세로 보증하셨나니**(ἐν ᾧ περισσότερον
βουλόμενος ὁ θεὸς ἐπιδεῖξαι τοῖς κληρονόμοις τῆς ἐπαγγελίας τὸ ἀμε-
τάθετον τῆς βουλῆς αὐτοῦ ἐμεσίτευσεν ὅρκῳ).

히브리서 저자는 하나님께서 단지 아브라함 한 사람에게 약속하신 것이
아니라 약속을 기업으로 받는 사람들이 여럿이라고 말한다. 즉 "하나님은
약속을 기업으로 받는 자들에게 그 뜻이 변하지 아니함을 충분히 나타내시려
고 그 일을 맹세로 보증하셨다"고 말한다(11:9; 롬 11:29). 하나님은 아브라
함 한 사람에게(창 22:16-17)만 약속을 기업으로 주시겠다고 약속하신 것이
아니라 수많은 영적인 후손들(그 사람들 속에는 우리도 포함되어 있다)에게
약속하셨다고 말하고, 그런데 하나님은 자신이 약속하신 뜻이 변하지 아니한

다는 것을 충분히 나타내시려고 그 약속을 맹세로 보증하셨다고 한다. 여기 "맹세로 보증하셨다"(ἐμεσίτευσεν ὅρκω)는 말은 '보증하실 때 맹세로 하셨다'는 뜻이다. 다시 말해 맹세하심으로 보증하셨다는 것이다. 사실 하나님은 맹세가 필요하지 않으신 분이지만 그의 약속을 변하지 않고 이루신다는 뜻에서 맹세를 하시면서 보증하셨다. 우리는 하나님의 변치 않는 약속을 받은 자들이다. 그런데 하나님께서 거기에서 그치는 것이 아니라 더 나아가서는 우리에 대한 자신의 약속에 대하여 맹세까지 하시면서 보증하셨다는 사실에 대한 감사의 감격을 놓치지 말아야 한다.

히 6:18. 이는 하나님이 거짓말을 하실 수 없는 이 두 가지 변하지 못할 사실로 말미암아 앞에 있는 소망을 얻으려고 피난처를 찾은 우리에게 큰 안위를 받게 하려 하심이라(ἵνα διὰ δύο πραγμάτων ἀμεταθέτων, ἐν οἷς ἀδύνατον ψεύσασθαι ((τὸν)) θεόν, ἰσχυρὰν παράκλησιν ἔχωμεν οἱ καταφυγόντες κρατῆσαι τῆς προκειμένης ἐλπίδος-다시 번역해보면 "하나님께서는 거짓말을 못하시므로 이 변하지 못할 두 가지 행위로 말미암아 앞에 놓인 소망을 붙잡으려고 피하여 온 우리로 큰 안위를 받게 하려 하셨다"이다).

본 절은 앞 절(17절)의 목적절이다. 즉 저자는 앞 절(17절)에서 하나님께서 아브라함과 그 영적인 후손들에게 자신이 하신 약속이 확실하다는 것을 보여주시기 위해 맹세로 보증하신 것을 말했는데, 하나님께서 그렇게 맹세로 보증하신 목적을 본 절에서 말한다. 즉 "하나님께서 거짓말을 못하시므로 이 변하지 못할 두 가지 행위로 말미암아 앞에 놓인 소망을 붙잡으려고 피하여 온 우리로 큰 안위를 받게 하려 하셨다"고 한다(12:1).

히브리서 저자는 "하나님께서는 거짓말을 못하신다"고 말한다. 하나님께서도 불가능하신 것이 있는데 그건 바로 거짓말 하시는 것이시다(하나님께서 못하시는 것이 또 있다. 그것은 '하나님은 두 점 사이에 직선보다 더 짧은 선을 그으실 수는 없다'는 것이다). 어거스틴(Augustine)은 "하나님은 전능하신 분이지만 거짓말을 하지 못 하신다"고 했다. 거짓말을 못하신다는 것이 우리에게 얼마나 큰 안위가 되는지 모른다. 왜냐하면 만일 하나님께서 거짓말 하시는 분이시라면 우리는 하나님을 믿을 수 없기 때문이다.

저자는 하나님께서 거짓말을 못하시기 때문에 "이 변하지 못할 두 가지 행위"가 결과 되었다고 말한다. 우선 여기 "변하지 못할 두 가지 행위"란 말이 무엇인가를 알아야 한다. 앞 절(17절)에 보면 하나님의 "두 가지 행위"는 하나님께서 '약속하신 것'과 또 '맹세하신 것'이라는 것을 알 수 있다. 하나님께서 약속하신 일과 맹세하신 일 두 가지는 변할 수 없는 것이라는 것이다. 하나님께서 거짓말을 하시지 못하기 때문에 하나님께 한 번 약속하신 것을 변경하시지 않고 또 약속하실 때 맹세하신 것을 변경하시지 않는다. 이런 점에서 하나님은 사람들과 다르시다.

저자는 하나님께서 거짓말을 하실 수 없기 때문에 하나님께서 약속하신 것과 또 거기에 맹세로 보증하신 것을 도무지 변경하시지 못하시니 "앞에 놓인 소망을 붙잡으려고 피하여 온 우리로 큰 안위를 받게 하려 하셨다"고 말한다. 즉 '앞에 있는 구원의 소망(영생의 소망)을 붙잡으려고 세상으로부터 피하여 온 우리들(저자 포함)로 하여금 강력한 안위를 받게 하려 하셨다'는 것이다. 이 이상 더 큰 강력한 안위가 있을까? 결코 없다. 우리는 이 위안을 매일 받고 있다. 우리는 매일 세상에서 피하여 영생의 소망을 붙잡으려고 하나님께로 가야한다(빌 3:7-14).

히 6:19. 우리가 이 소망을 가지고 있는 것은 영혼의 닻 같아서 튼튼하고 견고하여 휘장 안에 들어가나니(ἣν ὡς ἄγκυραν ἔχομεν τῆς ψυχῆς ἀσφαλῆ τε καὶ βεβαίαν καὶ εἰσερχομένην εἰς τὸ ἐσώτερον τοῦ καταπετάσμα-τος-We have this as a sure and steadfast anchor of the soul, a hope that enters into the inner shrine behind the curtain-RSV).

히브리서 저자는 앞(18절)에서 우리가 앞에 있는 소망을 얻으려고 피난

처 되신 예수님을 찾아간다고 했는데 본 절에서는 이 소망이 어떤 효력을
발휘하는 지를 말하고 또 이 소망은 찾는 사람으로 하여금 휘장 안에 들어가
게 해준다고 말한다.

저자는 "우리가 이 소망을 가지고 있는 것은 영혼의 닻 같아서 튼튼하고
견고하다"고 말한다. 여기 "이 소망"이란 '그리스도로 말미암아 얻게 되는
영생에 대한 소망'을 이름이다(앞 절). 저자는 이렇게 우리 그리스도인들이
그리스도로 말미암아 얻게 되는 영생에 대한 소망은 "영혼의 닻 같아서
튼튼하고 견고하다"고 말한다. "영혼의 닻"이란 '영혼을 위한 닻'이란 뜻으
로 영혼을 "튼튼하고 견고하게"(sure and steadfast) 해준다고 말한다. 이
소망이야말로 흔들리는 배를 위해 닻이 견고함을 주듯 우리의 영혼을 안전하
게 해주고 든든하게 지켜준다는 것이다. 그러기에 영생의 소망이 없는
사람들은 영혼의 닻이 없는 사람들이다. 그래서 그들은 항상 흔들거리고
불안하게 세상을 살아간다. 그러므로 영생의 소망이 없는 삶에는 언제나
불안과 공포가 따른다.

저자는 그리스도로 말미암은 영생의 소망은 우리로 하여금 "휘장 안에
들어가게" 해준다고 말한다(9:7; 레 16:15). 본문의 "휘장38) 안에 들어간다"
는 말은 '지성소에 들어감'을 의미한다. 구약 시대에 휘장 안에 들어갈 수
있었던 사람은 대제사장으로 1년에 오직 한차례만 들어갈 수 있었는데(레
16:2, 12; 23:27; 25:9) 그리스도께서 십자가에서 대속의 죽음을 죽으실
때 휘장이 위로부터 아래까지 찢어졌기에(마 27:51) 그 때부터는 누구든지
그리스도를 믿으면 휘장 안, 즉 하나님 앞에 자유롭게 들어갈 수 있게 되었다.
누구든지 "소망"을 가지고 있는 사람은 그 휘장 안 즉 하나님 앞에 들어가는
것이다. 본문의 "들어간다"(εἰσερχομένην)는 말은 현재분사 시제이니 '계
속해서 들어간다'는 뜻이다(7:19). 우리는 영생의 소망을 가지고 있으면서
하나님의 보좌 앞으로 나아가 살게 됨으로 우리의 영혼은 참으로 안전하고

---

38) "휘장": "휘장"이란 구약 시대의 성막 안의 두 개의 방(성소와 지성소)을 구분했던 천을
지칭하는데, 휘장 안쪽은 지성소였고 휘장 바깥쪽은 성소였다.

든든한 것이다.

히 6:20. 그리로 앞서 가신 예수께서 멜기세덱의 반차를 따라 영원히 대제사장이 되어 우리를 위하여 들어 가셨느니라(ὅπου πρόδρομος ὑπὲρ ἡμῶν εἰσῆλθεν Ἰησοῦς, κατὰ τὴν τάξιν Μελχισέδεκ ἀρχιερεὺς γενόμενος εἰς τὸν αἰῶνα-Whither the forerunner is for us entered, [even] Jesus, made an high priest for ever after the order of Melchisedec-KJV).

본 절은 우리의 소망이신(앞 절) 예수님께서 선구자로 휘장 안으로 들어 가셨다는 것과 또 그가 거기서 대제사장 사역을 감당하신다는 것을 말씀한다 (4:14 주해 참조). 본문을 다시 번역해보면 "예수님께서 우리의 선구자로서 그곳에 들어가셔서 멜기세덱의 반차를 따라 영원한 대제사장이 되셨다"이다 (3:1, 5-6, 10; 4:14; 7:17; 8:1; 9:24). 번역한 본문을 가지고 주해해보면 첫째, "예수님께서 우리의 선구자로서 그곳에 들어가셨다"는 것이다. '예수님은 우리의 선발대 역할을 하셔서 하늘 성소에 먼저 들어가셨다.' 구약의 대제사장은 매년 유대력 7월 10일 1차 휘장을 통과하여 지성소에 들어가 속죄의 피를 흘렸으나 우리의 선구자 혹은 선발대는 아니었다.

그러나 예수님은 우리의 죄를 위하여 땅 위에서 단번에 피를 흘리시고 (9:28) 하늘의 성소에 들어 가사 하나님 우편에 계시면서 자신의 피를 근거로 우리의 구원을 위해 역사하신다.39) 아론 자손의 대제사장들은 영원히 계속하지 못하고 바뀐 반면 예수님은 "멜기세덱의 반차를 따라 영원히 대제사장이 되셔서"(5:6, 10; 7:24; 시 110:4) 영원히 역사하신다. 저자는 본 절에서 예수님께서 멜기세덱의 반차를 따라 대제사장이 되어 영원히 사역하신 것을 말씀하고 이를 근거하고 다음 장에서 길게 논한다.

---

39) 예수님께서 대제사장이 되신 것은 승천하신 후의 일이 아니라 그가 땅위에서 영원한 피를 흘려 대제사장이 되셨다(2:17; 3:1; 4:14-15; 5:5, 10). 저자는 본 절에서 예수님께서 대제사장으로서 승천하신 것을 말씀한다. 예수님은 대제사장의 사역을 감당하셨기에 하늘 문을 여신 것이다. 그리고 예수님은 땅에서 영원히 대제사장이 되셨다.

제 7 장

IV. 예수님은 멜기세덱의 반차를 따르신 제사장이다   7:1-28

　히브리서 저자는 앞(4:14-6:20)에서 그리스도의 대제사장 직분이 백성에게 큰 격려가 된다는 것(4:14-16)과 대제사장의 자격(5:1-10)을 말하고 또 우리 그리스도인들은 영적으로 전진함이 필요함을 말했으며(5:11-6:12) 하나님은 우리의 구원을 약속하셨다는 것을 말한(6:13-20) 다음 이 부분(7:1-28)에서는 예수님은 멜기세덱의 반차를 따르신 제사장이라는 것을 말한다. 저자는 먼저 멜기세덱은 제사장이며 왕이라는 것을 말하고(1-3절), 멜기세덱의 위대함을 말하며(4-10절), 아론의 제사장 직분은 온전하지 못하며 새 제사장 예수님의 우월성을 말하고(11-19절), 또 마지막으로 예수님께서 우월하신 이유를 네 가지로 말한다(20-28절).

　A. 멜기세덱은 제사장이며 왕이다   7:1-3
　히브리서 저자는 앞에서 여러 차례 멜기세덱이 예수님의 그림자임을 말했는데 이제 이 부분(1-3절)에서 저자는 멜기세덱의 여러 특징들을 들고 있다. 특징들은 다름 아니라 멜기세덱이 지극히 높으신 하나님의 제사장이라는 것, 아브라함에게서 십일조를 받은 사실, 의의 왕이며 평강의 왕인 것, 영원한 제사장인 것 등을 들고 있다.

히 7:1a. 이 멜기세덱은 살렘 왕이요 지극히 높으신 하나님의 제사장이라 (Οὗτος γὰρ ὁ Μελχισέδεκ, βασιλεὺς Σαλήμ, ἱερεὺς τοῦ θεοῦ τοῦ ὑψίστου-For this Melchisedec, king of Salem, priest of the most high

God-KJV).

히브리서 저자는 "이 멜기세덱은 살렘 왕이요 지극히 높으신 하나님의 제사장이라"고 진술한다. 멜기세덱(창 14:18; 시 110:4)[40]이 "살렘 왕이요 지극히 높으신 하나님의 제사장이라"고 말한 것은 창 14:18("살렘 왕 멜기세 덱이 떡과 포도주를 가지고 나왔으니 그는 지극히 높으신 하나님의 제사장 이었더라")로부터 인용한 것이다. "살렘 왕"이란 말은 '예루살렘 왕'이라는 뜻이다. 혹자는 본 절의 "살렘"을 세겜 골짜기의 살렘(요 3:23)으로 보기도 하지만 예루살렘이라고 하는 설은 오랜 전통의 학설이다(Josephus, Ant, i. 10:2; 시 76:2 참조). 그리고 멜기세덱은 "지극히 높으신(하나님의 신성을 표시하는 낱말) 하나님의 제사장이었다." 그는 모세 율법 이전의 제사장으로 레위 지파의 제사장을 초월하는 제사장이었다. 그는 왕이었으며 동시에 제사장으로 두 직을 겸하고 있었다. 이런 점에서 그리스도의 모형이었다.[41]

히 7:1b-2a. 여러 왕을 쳐서 죽이고 돌아오는 아브라함을 만나 복을 빈자라 아브라함이 모든 것의 십분의 일을 그에게 나누어 주니라(ὁ συναντήσας Ἀβραὰμ ὑποστρέφοντι ἀπὸ τῆς κοπῆς τῶν βασιλέων καὶ εὐλογήσας αὐτόν, ᾧ καὶ δεκάτην ἀπὸ πάντων ἐμέρισεν Ἀβραάμ-who met Abraham returning from the slaughter of the kings, and blessed him; To whom also Abraham gave a tenth part of all-KJV).

---

40) "멜기세덱"(Melchizedek)이란 이름은 예루살렘 왕 아도니세덱(Adoni-Zedek)의 뒷부분 글자들과 같다(수 10:1, 3). 그 이름의 첫 부분(Melchi)은 '나의 왕'이란 뜻이고 둘째 부분(Zedek)은 '옳다, righteous'라는 뜻이니 합치면 '나의 왕은 옳다'는 뜻이 된다. 히브리서 저자는 멜기세덱이 란 이름을 '의의 왕'(king of righteousness)이라고 설명한다(2절). Simon Kistemaker, *Exposition of the Epistle to the Hebrews*, p. 184.
41) "멜기세덱"이란 말이 다른 문헌에도 나타나고 있다. 1) 사해사본(Dead Sea Scroll)에서 나타난다. 즉 *멜기세덱*(11QMelch)에서 멜기세덱은 미가엘 천사장과 비슷하게 의인과 악인에 대한 종말적인 심판을 내리는 인물로 나타난다. 2) 필로(Philo)에서 나타난다. *Allegorical Interpretation* 3:25-26에서 멜기세덱은 '하나님 소유의 제사장직'에 족한 자로 지칭되고 있다. 3) 요세푸스(Josephus)에서 나타난다. *Jewish Antiquities* 179-182에서 멜기세덱은 '하나님의 제사 장'으로 언급되고 있다. 4) 바벨론 탈무드(Babylonian Talmud)에서 나타나고 있다. *Sukkah* 52b에 서 멜기세덱은 엘리야와 연관되어 있다. Donald A Hagner, *히브리서총론*, p. 130.

히브리서 저자는 멜기세덱이 "여러 왕을 쳐서 죽이고 돌아오는 아브라함을 만나 복을 빌었다"고 말한다. 멜기세덱은 아브라함이 그돌라오멜 연합군을 격파하고 돌아올 때 살렘 왕이었는데 아브라함이 가나안 북부로부터 돌아올 때 멜기세덱은 아브라함에게 떡과 포도주를 주었고 또 아브라함을 축복했다(창 14:18-20). 아브라함은 멜기세덱으로부터 축복을 받고 10분의 1을 바쳤다(창 14:20). 아브라함이 멜기세덱에게 노략 물 중 10분의 1을 드린 것이 십일조의 기원이 되었다. 이 기원으로부터 야곱이 벧엘에 나타나신 하나님께 앞으로 십일조를 바칠 것을 서약했고(창 28:22) 모세의 율법 속에 정식으로 법이 되어 들어간 것으로 보인다(레 27:32; 민 18:21; 신 23:23; 말 3:8, 10). 이 십일조 바치는 것은 신약에도 그대로 전수되어 예수님께서도 십일조 바치는 것을 금하지 아니하셨다(마 23:23). 이렇게 아브라함이 십일조를 바친 것은 멜기세덱이 아브라함보다 크다는 표시였고(7절), 레위인 이상의 제사장인 것(8-10절)을 드러내는 것이었다.

히 7:2b. 그 이름을 해석하면 먼저는 의의 왕이요 그 다음은 살렘 왕이니 곧 평강의 왕이요(πρῶτον μὲν ἑρμηνευόμενος βασιλεὺς δικαιοσύνης ἔπειτα δὲ καὶ βασιλεὺς Σαλήμ, ὅ ἐστιν βασιλεὺς εἰρήνης-first being by interpretation King of righteousness, and after that also King of Salem, which is, King of peace-KJV).

히브리서 저자는 멜기세덱의 "이름을 해석하면 먼저는 의의 왕이요 그 다음은 살렘 왕이니 곧 평강의 왕이라"고 말한다(창 14:18). 저자는 "멜기세덱"이란 이름으로부터 두 가지 의미를 빼낸다. 하나는 "의의 왕"이라는 뜻인데, 아마도 멜기세덱은 이름에 걸맞게 그의 통치구역에서 의를 세우고 또 의를 추진해 나간 것으로 보인다. 그리고 또 다른 하나는 "살렘 왕" 곧 "평강의 왕"이라는 의미를 빼낸다. 그는 그의 이름에 걸맞게 그의 통치지역에서 평강의 정치를 힘쓴 것으로 보인다. 멜기세덱의 두 가지 특징 즉 "의"와 "평강"은 그리스도의 모형이었다(사 9:6-7). 그리스도는 이 땅에 참된 평화를 주시러 오셨다. 그러므로 누구든지 그리스도를 주님으로 영접하면 하나님과 화목하게 되고 또 그 마음에 평화가 오며 또 다른 사람들과도 화목을 힘쓰게 되는 놀라운 변화가 있다.

히 7:3. 아버지도 없고 어머니도 없고 족보도 없고 시작한 날도 없고 생명의 끝도 없어 하나님의 아들과 닮아서 항상 제사장으로 있느니라 (ἀπάτωρ ἀμήτωρ ἀγενεαλόγητος, μήτε ἀρχὴν ἡμερῶν μήτε ζωῆς τέλος ἔχων, ἀφωμοιωμένος δὲ τῷ υἱῷ τοῦ θεοῦ, μένει ἱερεὺς εἰς τὸ διηνεκές).

히브리서 저자는 멜기세덱에게 없는 것 다섯 가지를 말한다. 멜기세덱에게 없는 것이 아버지, 어머니, 족보, 시작한 날, 생명의 끝이 없다고 말한다. 멜기세덱에 관한 자세한 기록들은 창 14:18-20에도 있는데 부모나 족보에 관한 기록이 없다. 이렇게 멜기세덱의 인적 사항에 관해 성경이 침묵하고 있는 것은 성령께서 멜기세덱을 가지고 장차 오실 그리스도를 예표하려고 침묵하도록 만드신 것으로 보아야 한다. 실제로 멜기세덱의 부모가 없고 족보가 없고 시작한 날, 생명의 끝이 없을 수가 있겠는가? 다 있지만 성령께서 창세기 저자로 하여금 그런 것을 침묵하도록 만들어 그리스도의 모형이 되도록 하신 것이다. 멜기세덱의 이런 점을 두고 유대인들(Talmud에서)은 그를 심히 악평하여 멜기세덱의 탄생이 수치스러웠기 때문이었고 또 그가 하나님의 이름보다 아브라함의 이름을 앞세웠기 때문에 족보가 말살되었다고도 말한다(창 14:19). 그러나 본서의 저자는 멜기세덱이 여러 가지로 없는 점을 두고 그리스도의 모형이라고 말한다. 우리는 여러 이론보다도 성경의 탁월함을 인정한다. 또한 여러 이론을 주장한 이론가들보다도 성경의 저자들이 하나님께 온전히 쓰임 받았음을 인정한다. 왜냐하면 성경은 성경 자체의 증언대로 성령의 감동으로 된 것이기 때문이다(벧후 1:21). 즉 성경은 성령에 의해 기록된 것으로서 성경 저자들은 자신의 말을 하는 것이 아니라 성령의 감동에 의하여 성경 저자로서 쓰임 받고 있다. 그러므로

성령의 감동으로(벧후 1:21) 기록된 성경의 내용이 다른 어떤 이야기들이나
또 주장들보다 옳은 것임에 대해서는 굳이 따져 말할 필요가 없다. 휴즈
(Hughes)는 여기서 말하는 "요점은 이런 주장들이 긍정적으로 그리스도에
게 적용되는 것이지 멜기세덱에게 적용되지 않는다는 것이다. 성경의 침묵
의 의미는 멜기세덱을 표상으로 표출시켜 영원부터 영원까지 홀로 영존하신
점에서 멜기세덱이 하나님의 아들과 방불한 점을 드러내는 것이다. 이런
침묵에 둘러싸여 멜기세덱은 표상이지만 그리스도는 실제이시다"고 주장
한다.[42]

저자가 멜기세덱의 인적 사항이 숨겨진 것을 두고 "하나님의 아들과
닮아서 항상 제사장으로 있느니라"고 말한다. 본문의 "하나님의 아들"이란
말은 '그리스도'를 지칭하는 말인데 저자는 멜기세덱을 하나님의 아들과
방불하다고 말했지 결코 사람의 아들 즉 예수님의 인성과 방불하다고는
말하지 않았다. "방불하다"는 말은 '비슷하다,' '흡사하다'는 뜻으로(15절
참조) 멜기세덱이 그리스도와 비슷해서 그리스도의 예표가 된다는 뜻이다.
하나님은 구약 시대에 그리스도의 예표를 두셔서 신약 시대 사람들로 하여금
그리스도를 깨닫게 하는데 도움을 주셨다.

그리고 본문의 "항상 제사장으로 있느니라"는 말은 실제로 멜기세덱이
영원한 제사장으로 있다는 말이 아니라 멜기세덱과 같은 제사장이신 그리스
도가 영원하다는 것을 말하기 위해 예표로서의 멜기세덱에 관하여 기록한
것으로 보아야 한다.

B. 멜기세덱의 위대함 7:4-10

히브리서 저자는 앞(1-3절)에서 멜기세덱의 특징을 말한 다음 이 부분
(4-10절)에서는 멜기세덱의 제사장직이 레위의 제사장직보다 높은 것을
증명한다. 이런 증명은 아브라함이 멜기세덱에게 십일조를 바친 점, 멜기세

---

42) Philip Edgcombe Hughes, *A Commentary on the Epistle to the Hebrews*, 1983, p. 248.

덱이 아브라함을 축복한 점 등에서 증명된다.

히 7:4. 이 사람이 얼마나 높은가를 생각해 보라 조상 아브라함이 노략물 중 십분의 일을 그에게 주었느니라(Θεωρεῖτε δὲ πηλίκος οὗτος, ᾦ ((καὶ)) δεκάτην 'Αβραὰμ ἔδωκεν ἐκ τῶν ἀκροθινίων ὁ πατριάρχης).

히브리서 저자는 수신자들에게 "이 사람" 즉 '멜기세덱'이 "얼마나 높은가를 생각해 보라"고 권한다(창 14:20). 여기 "생각하라"(Θεωρεῖτε)는 말이 헬라어 원문에서 초두에 나타나 강조되고 있다. 그러니까 '참으로 한번 생각해보라'는 말이다. 본문의 "높다"(πηλίκος)는 표현은 지위가 높다는 뜻이 아니라 '위대하다'(great, large), '탁월하다'는 뜻으로 '윤리적으로 우월하다'는 뜻이다.

저자는 멜기세덱이 왜 아브라함보다 우월한가를 말하기 위해 "조상 아브라함이 노략물 중 십분의 일을 그에게 주었기" 때문이라고 한다. 저자는 본문의 "조상"(ὁ πατριάρχης)이란 말을 문장 제일 뒤에 두어 강조하고 있다. 이 조상은 말할 나위 없이 문맥을 보아 아브라함을 지칭한다. 아브라함은 심지어 유대인들의 조상이고 또 아랍인들의 육적 조상이며 기독교인들의 육적 조상인데(롬 4:12, 16) 멜기세덱이 아브라함보다 위대하다고 하니 유대인들에게는 참으로 이상하게 느껴졌을 것이다. 이는 아브라함은 유대인 수신자들에게는 대단히 위대한 사람이었었는데 멜기세덱이 더 위대하다니 참으로 놀라운 논리였다. 아브라함은 유대인들에게는 하나님의 벗이었다(대하 20:7; 사 41:8). 그런데도 저자는 멜기세덱이 아브라함보다 더 위대하다고 말한다. 그러니 논리로 따져보면 멜기세덱이 아브라함의 후손들보다도 역시 높다는 결론이 나온다.

저자는 아브라함이 노략 물 중 십분의 일을 멜기세덱에게 준 점에서 멜기세덱이 더 높다고 증거 한다. 유대인들은 아브라함보다 멜기세덱이 더 위대함을 알아야 했다. 그 근거는 아브라함이 멜기세덱에게 십일조를 드렸기 때문이었다. 유대인들은 모세의 법에 의해 십일조를 드리라는 하나님의 명령을 잘 알고 있었다(레 27:30-33; 민 18:21, 24, 26-29; 신 12:17-19; 14:22-29; 26:12-15). 본문의 "노략 물"(ἀκροθινίων)이란 '첫 열매들,' '노략 물 중 가장 좋은 것들'을 지칭하는데 아브라함이 그돌라오멜 동맹군과 싸워서 얻은 노략 물들 중에서 가장 좋은 것들을 뜻한다. 그리고 "십분의 일"(δεκάτην)은 '열 번째의'(형용사로도 사용됨) 혹은 '열 번 째'(명사로도 사용됨)라는 뜻으로 '십분의 일'을 지칭한다(2절, 4절, 8절, 9절). 아브라함이 10분의 1을 그리스도의 예표인 멜기세덱에게 드린 데서부터 십일조 헌금은 시작되었고 또 정당성은 인정되었다.

히 7:5-6a. 레위의 아들들 가운데 제사장의 직분을 받는 자들은 율법을 따라 아브라함의 허리에서 난자라도 자기 형제인 백성에게서 십분의 일을 취하라는 명령을 받았으나 레위 족보에 들지 아니한 멜기세덱은 아브라함에게서 십분의 일을 취하고(καὶ οἱ μὲν ἐκ τῶν υἱῶν Λευὶ τὴν ἱερατείαν λαμβάνοντες ἐντολὴν ἔχουσιν ἀποδεκατοῦν τὸν λαὸν κατὰ τὸν νόμον, τοῦτ' ἔστιν τοὺς ἀδελφοὺς αὐτῶν, καίπερ ἐξεληλυθότας ἐκ τῆς ὀσφύος Ἀβραάμ· ὁ δὲ μὴ γενεαλογούμενος ἐξ αὐτῶν δεδεκάτωκεν Ἀβραάμ-And those descendants of Levi who receive the priestly office have a commandment in the law to take tithes from the people, that is, from their brethren, though these also are descended from Abraham. But this man who has not their genealogy received tithes from Abraham-RSV).

위의 문장을 다시 번역해보면: "레위 자손 가운데 제사장직을 받은 사람들은 그들의 형제인 백성이 아브라함의 몸에서 탄생했을지라도 율법을 따라 그들에게서 십분의 일을 취하라는 명령을 받았으나 레위의 족보에 들지 않은 멜기세덱은 아브라함에게서 십분의 일을 취하고"라고 번역된다.

저자는 이 부분(5-6a)에서 멜기세덱은 레위 족보에 들지 않은 사람인데도 아브라함으로부터 10분의 1을 받은 점에서 아브라함보다 위대하다고 증언한다. 저자는 "레위의 아들들 가운데 제사장의 직분을 받는 자들은 율법을 따라 아브라함의 몸에서 탄생한자라도 자기 형제인 백성에게서 십분의 일을 취하라는 명령을 받았다"고 말한다(민 18:21, 26). 이 부분(5-6a)에서 저자가 말하려고 하는 내용은 '제사장 직분을 받은 레위 사람들은 아브라함의 후손들, 즉 자기들(레위 사람들)과 같은 동족으로부터 십일조를 받도록 율법에 규정하고 있다'는 말이다(민 18:20-31). 그런데 레위 족보에 들지 아니한(3절의 "족보도 없다"는 말에 대한 해설임) 멜기세덱은 아브라함에게서 십일조를 취했으니 아브라함보다 높다는 것이다. 본문의 "허리에서 난자"란 말은 히브리인들의 표현법으로 '몸속에서 난자'를 뜻한다(창 35:11).

이 부분에서 저자는 몇 가지를 대조하고 있다. 즉 레위 계통의 제사장들은 레위의 후손들로서 아브라함에게서 난 일반 백성들보다 우월하다는 것, 조상 아브라함은 후손들보다 위대하다는 것, 멜기세덱은 십일조를 받았기 때문에 조상 아브라함보다 우월하다는 것이다.

히 7:6b-7. 약속을 받은 그를 위하여 복을 빌었나니 논란의 여지없이 낮은 자가 높은 자에게서 축복을 받느니라(καὶ τὸν ἔχοντα τὰς ἐπαγγελίας εὐλόγηκεν. χωρὶς δὲ πάσης ἀντιλογίας τὸ ἔλαττον ὑπὸ τοῦ κρείττονος εὐλογεῖται).

히브리서 저자는 앞(5-6a)에서 멜기세덱이 아브라함으로부터 십일조를 취한 고로 더 우월하다고 말했는데 이제는 멜기세덱이 아브라함에게 축복했다는 점에서 더 위대하다고 말한다. 저자는 멜기세덱이 "약속을 받은 그를 위하여 복을 빌었다"고 말한다(창 14:19; 롬 4:13; 갈 3:16). 즉 '약속을 받은(6:14; 창 12:2-3; 13:14-17) 아브라함을 위하여 축복했다'는 뜻이다.

그러면서 저자는 "논란의 여지없이 낮은 자가 높은 자에게서 축복을 받느니라"고 말한다(창 14:19-20). 즉 '두말할 것 없이 낮은 자가 높은 자에게서 복 빎을 받는 법이라'고 말한다. 이런 논리는 세 가지 예에서 극명하게 보인다. 즉 이삭이 야곱에게 복을 빈 것, 야곱이 그의 아들에게 축복한 것, 모세가 이스라엘에게 축복한 것 등에서 분명하다(창 27:27-29; 48:15-16; 49:1-28; 신 33:1-29).

멜기세덱이 아브라함을 축복한 예(例)에서 우리는 왕이면서 제사장인 멜기세덱이 족장 아브라함에게 지극히 높으신 하나님의 복을 빌어준 것을 볼 수 있다. 아브라함은 멜기세덱이 하나님의 제사장인 줄 알았으므로 노략물 중 좋은 것으로 멜기세덱에게 주었다. 그러므로 아브라함이 멜기세덱에 의하여 복 빎을 받았으니 멜기세덱보다 더 낮은 것이고 레위 사람들과 제사장들은 아브라함의 후손인고로 더 낮은 처지에 있었다.

히 7:8. 또 여기는 죽을 자들이 십분의 일을 받으나 저기는 산다고 증거를 얻은 자가 받았느니라(καὶ ὧδε μὲν δεκάτας ἀποθνήσκοντες ἄνθρωποι λαμβάνουσιν, ἐκεῖ δὲ μαρτυρούμενος ὅτι ζῆ-Here tithes are received by mortal men; there, by one of whom it is testified that he lives-RSV).

히브리서 저자는 또 한 가지 본 절에서 멜기세덱이 아브라함보다 우월함을 말하고 있다. 즉 "여기는 죽을 자들이 십분의 일을 받으나 저기는 산다고 증거를 얻은 자가 받았다"고 말한다(5:6; 6:20). "여기는...저기는" 이란 표현은 '양쪽의 제사 제도를 비교하는' 말이다. 다시 말해 '한편으로는 죽을 수밖에 없는 레위 사람들과 제사장들이 십일조를 받으나 또 다른 한편으로는 산다고 증거를 얻은 멜기세덱이 십일조를 받는다'는 뜻이다. 성경은 레위 계통의 제사장들은 모두 죽었다고 말하나 예수님을 예표하는 멜기세덱에 대하여는 시편 110:4("여호와는 맹세하고 변하지 아니하시리라 이르시기를 너는 멜기세덱의 서열을 따라 영원한 제사장이라") 이 영원한 제사장이라고 증언하고 있다. 시 110:4의 말씀은 실제로 멜기세덱이 죽지 않고 영원히 제사장직을 감당하고 있다는 말은 아니다. 다만 예수님의 대제사장직을 예표 하는 상징적인 점을 드러낸다는 말이다. 멜기세덱은 산다고 증거를 얻은 자였던 점에서 레위 계통의 제사장들보다 탁월하다고 저자는 말한다.

히 7:9. 또한 십분의 일을 받는 레위도 아브라함으로 말미암아 십분의 일을 바쳤다고 할 수 있나니(καὶ ὡς ἔπος εἰπεῖν, δι᾽ Ἀβραὰμ καὶ Λευὶ ὁ δεκάτας λαμβάνων δεδεκάτωται-다시 번역하면: "말하자면 십분의 일을 받은 레위도 아브라함을 통하여 십분의 일을 바쳤다고 할 수 있나니").

본 절 초두에는 "말하자면"(ὡς ἔπος εἰπεῖν)이란 어구가 있어 '특별히 할 말이 있다'는 표현이다. 특별히 할 말이란 다름 아니라 "십분의 일을 받는 레위도 아브라함으로 말미암아 십분의 일을 바쳤다고 할 수 있다"는 말이다. 즉 '일반 백성들에게서 십일조를 받는 레위 제사장들도 아브라함을 통하여 십일조를 멜기세덱에게 바쳤다고 말할 수 있다'는 것이다. 레위 지파의 제사장들은 아브라함의 후손들로서 아브라함이 멜기세덱에게 십일조를 바쳤으니 결과적으로 레위지파는 아브라함의 후손으로서 멜기세덱에 십일조를 바친 결과가 된다는 것이다. 다시 말해 레위 지파 제사장들이 십일조를 멜기세덱에게 바친 셈이니 멜기세덱보다는 낮은 입장을 취하게 된 것이다. 그런 말을 할 수 있는 이유가 다음 절에 제시된다. 저자의 완벽한 논리를 분명하게 보여주는 근거이다.

히 7:10. 이는 멜기세덱이 아브라함을 만날 때에 레위는 아직 자기 조상의 허리에 있었음이라(ἔτι γὰρ ἐν τῇ ὀσφύι τοῦ πατρὸς ἦν ὅτε συνήντησεν αὐτῷ Μελχισέδεκ).

히브리서 저자는 앞(9절)에서 레위 계통의 제사장들도 아브라함을 통하여 멜기세덱에게 십일조를 바쳤다고 할 수 있다 했는데 본 절에서 그 이유를 설명하고 있다. 그 이유는 "멜기세덱이 아브라함을 만날 때에 레위는 아직 자기 조상의 허리에 있었기" 때문이라고 한다. 즉 '멜기세덱이 아브라함을 만나 십일조를 받을 때에 아브라함의 후손인 레위 계통의 사람들과 제사장들은 자기들 조상 아브라함의 몸속에 있어서 태어나지 않았기 때문이라는

것이다. 그러니까 할아버지가 십일조를 멜기세덱에게 바쳤으니 손자들은
자동적으로 할아버지 몸속에서 바친 것이라는 논리로서 완전한 강조가 된다.

C. 아론의 제사장 직분은 온전하지 못하다 7:11-14

히브리서 저자는 앞(4-10절)에서 멜기세덱의 제사장 직이 레위의 제사장
직보다 탁월한 것을 증명했는데 이제 이 부분(11-14절)에서는 아론의 반차를
따르는 레위 계통의 제사장 직분이 온전하지 못하기 때문에 멜기세덱의
반차를 따르는 그리스도의 제사장 직이 필요하다고 역설한다. 그리고 저자는
이 부분에서 동시에 제사장 직분이 바뀌었기에 율법도 반드시 바뀐다는
것을 역설한다.

**히 7:11. 레위 계통의 제사 직분으로 말미암아 온전함을 얻을 수 있었으면(백
성이 그 아래서 율법을 받았으니) 어찌하여 아론의 반차를 따르지 않고
멜기세덱의 반차를 따르는 다른 한 제사장을 세울 필요가 있느냐**(Εἰ μὲν
οὖν τελείωσις διὰ τῆς Λευιτικῆς ἱερωσύνης ἦν, ὁ λαὸς γὰρ ἐπ᾽ αὐτῆς
νενομοθέτηται, τίς ἔτι χρεία κατὰ τὴν τάξιν Μελχισέδεκ ἕτερον ἀνί-
στασθαι ἱερέα καὶ οὐ κατὰ τὴν τάξιν ᾽Ααρὼν λέγεσθαι).

히브리서 저자는 "레위 계통의 제사 직분으로 말미암아 온전함을 얻을
수 있었으면"이라는 표현을 사용한다(18-19절; 8:7; 갈 2:21). 즉 '레위 계통
사람들의 제사직분 수행으로 말미암아 선민 구속의 목적을 달성할 수 없었
다'는 뜻이다. 레위 계통 사람들의 제사로는 매년 죄를 생각나게 할 뿐이었다
(9:23; 10:1, 4 참조). 여기 "온전함"(τελείωσις)이란 '완성,' '성취,' '목적에
도달함'이라는 뜻이니 "온전함을 얻을 수 있었으면"이란 표현은 구약의
제사가 백성들을 온전히 죄 가운데서 구해내지 못한다는 것을 뜻한다. 유대
인 수신자들이 모세의 율법을 절대시하고 또 레위 계통의 제사 직을 온전한
것으로 생각했었는데 저자는 율법도 절대적인 것이 아니고 제사직도 온전하
지 못하다고 그들에게 말해준다.

저자는 레위 계통의 제사 직 수행을 통하여 백성들의 죄가 온전히 해결되었더라면 "어찌하여 아론의 반차를 따르지 않고 멜기세덱의 반차를 따르는 다른 한 제사장을 세울 필요가 있느냐"고 반문한다. 레위 계통 사람들의 제사 직 수행으로 말미암아 백성들의 죄가 온전히 해결될 수 없었기에 '아론의 반차를 따르지 않고 멜기세덱의 반차를 따르는 다른 한 제사장을 세울 필요가 있었다'고 역설한다. 다른 제사장 즉 예수님을 세울 필요가 있었다는 예언은 시편 110:4("여호와는 맹세하고 변하지 아니하시리라 이르시기를 너는 멜기세덱의 서열을 따라 영원한 제사장이라 하셨도다")에 있다.

저자는 문장을 다 끝내지 않고 괄호구 안에 "백성이 그 아래서 율법을 받았으니"라는 말을 삽입한다(이 말씀을 다시 번역하면: "백성은 그 제사장 직에 근거하여 율법을 받았다"이다). 괄호구 안에 있는 말씀의 의미는 '레위 계통의 제사제도 아래 율법이 포함되어 있다는 뜻이다. 다시 말해 제사 직이 율법을 집행한 것을 뜻한다. 이렇게 둘(제사장 제도와 율법)은 일체(一體)임으로 존폐의 운명을 함께 하게 되어 있다. 미리 이런 말씀을 여기 기록한 이유는 다음 절을 위한 것이다.

히 7:12. 제사 직분이 바꾸어졌은즉 율법도 반드시 바꾸어지리니

(μετατιθεμένης γὰρ τῆς ἱερωσύνης ἐξ ἀνάγκης καὶ νόμου μετάθεσις γίνεται).

히브리서 저자는 앞의 괄호구 안에 "백성은 그 제사장직에 근거하여 율법을 받았다"고 말했는데 이제 본 절에 와서 두 가지(제사장 제도와 율법)가 다 변화하게 되어 있다고 말한다. 즉 "제사 직분이 바꾸어졌은즉 율법도 반드시 바꾸어지리니"(For when there is a change in the priesthood, there is necessarily a change in the law as well-RSV)라고 말한다. 저자 당시 현실적으로 레위 계통의 제사 직분이 이미 바꾸어져서 예수님이 대제사장이 되셨으니 율법도 반드시 바꾸어져야 한다는 것을 강조하고 있다. 레위 제사장들도 필요 없게 되었고 그들이 드리던 각종 제사들(번제, 소제, 화목제, 속죄제, 속건제 등)도 드리지 않게 되었다. 드리지 않게 된 이유는 예수님께서 제물 자체가 되셨기 때문이다.

본문의 "반드시 바꾸어져야 한다"는 말은 율법이 없어져야 한다는 말이 아니라 성취형태로 변경되어야 한다는 것을 뜻한다. 왜냐하면 예수님께서 모든 율법을 완성하셨으니(요 19:30) 신약 시대에는 그리스도께서 율법을 성취하신 형태(복음)로 우리가 대하게 되었기 때문이다(갈 2:16; 빌 3:2-3). 신약시대가 되어서는 제물만 안 드려도 되는 것이 아니라 모든 율법들도 예수님께서 다 성취하셨기에 우리는 예수님께서 성취하신 형태를 따라야 한다. 예를 들면 할례나 의식적 법규들이나 절기등도 우리가 지키지 않게 되었다. 이는 신약시대에는 복음을 믿는 믿음만으로 온전하게 되기 때문이다 (롬 3:27; 갈 3:24-27).

히 7:13. 이것은 한 사람도 제단 일을 받들지 않는 다른 지파에 속한 자를 가리켜 말한 것이라(ἐφ' ὃν γὰρ λέγεται ταῦτα, φυλῆς ἑτέρας με-τέσχηκεν, ἀφ' ἧς οὐδεὶς προσέσχηκεν τῷ θυσιαστηρίῳ-다시 번역해보면: "이 말들이 가리키는 그는 다른 지파에 속한 자이다. 그 지파에 속한 사람으로서는 아무도 제단에 종사한 적이 없다.-"For he of whom these things are spoken pertaineth to another tribe, of which no man gave attendance at the altar"-KJV).

히브리서 저자는 "이 말들이 가리키는 그는 다른 지파에 속한 자"(다시 번역한 문장임)라고 말한다. 여기 "이 말들"이란 '앞 절에 기록한 말들'을 지칭하는 것으로, 앞 절의 "제사 직분이 바꾸어졌으니 율법도 반드시 바꾸어질 수밖에 없다"는 말을 지칭함인데, 본 절은 "이 말들이 가리키는 그" 즉 '예수'는 "다른 지파에 속한 자," 곧 '유다 지파에 속한 자'라는 것이다.

저자는 또 "그 지파에 속한 사람으로서는 아무도 제단에 종사한 적이 없다"고 말한다. 다시 말해 '유다 지파에 속한 사람으로서는 아무도 제단에 종사한 적이 없었다'고 말한다. 저자는 예수님이 한 사람의 제사장도 제단에 종사한 일이 없었던 유다 지파에 속했다는 것을 말한다(다음 절). 예수님께서는 결코 레위 지파에 속하지 않으셨다(시 110:4).

히 7:14. 우리 주께서는 유다로부터 나신 것이 분명하도다 이 지파에는 모세가 제사장들에 관하여 말한 것이 하나도 없고(πρόδηλον γὰρ ὅτι ἐξ Ἰούδα ἀνατέταλκεν ὁ κύριος ἡμῶν, εἰς ἣν φυλὴν περὶ ἱερέων οὐδὲν Μωϋσῆς ἐλάλησεν-For [it is] evident that our Lord sprang out of Juda; of which tribe Moses spake nothing concerning priesthood-KJV).

히브리서 저자는 "우리 주께서는 유다로부터 나신 것이 분명하도다"라고 말한다(사 11:1; 마 1:3; 눅 3:33; 롬 1:3; 계 5:5). "우리 주"(ὁ κύριος ἡμῶν) 즉 '우리들의 주 그리스도'(13:20)께서는 "유다로부터 나신 것이 분명하도다"라고 한다. 그리스도가 유다 지파에서 나신 것은 구약에서 예언된 것이고(창 49:10; 사 2:1), 신약 성경에서도 분명히 밝히는 것이다(마 1:1; 9:27; 15:22; 21:15; 22:42; 계 5:5). 본문의 "분명하다"는 말은 '누구에게나 잘 알려진'이란 말로 당시 수신자들에게도 이미 잘 알려진 사실이라는 뜻이다(딤전 5:24-25).

그리고 저자는 "이 지파에는 모세가 제사장들에 관하여 말한 것이 하나도 없다"고 말한다. 저자는 상반 절의 말만 가지고도 예수님이 유다 지파에서 나오신 것이 분명함에도 하반 절 문장을 통하여 한층 더 분명하게 예수님이 유다 지파를 통하여 오셨다는 것을 거듭 말한다. 이 하반 절 문장은 앞(13절) 절의 결론에 비추어 예수님이 유다지파를 통하여 오셨다는 것이 분명하다는 것을 역설한다. 저자의 논리는 아주 정연하다.

D. 새 제사장 직분의 우월성 7:15-19

히브리서 저자는 앞(11-14절)에서 아론의 반차를 따른 레위 계통의 제사 직이 불완전하여 멜기세덱의 반차를 따른 예수님의 제사직분이 필요함

을 역설했는데 이제 이 부분(15-19절)에서는 새 제사장 직분의 우월성을
역설한다.

**히 7:15. 멜기세덱과 같은 별다른 한 제사장이 일어난 것을 보니 더욱 분명하
도다(**καὶ περισσότερον ἔτι κατάδηλόν ἐστιν, εἰ κατὰ τὴν ὁμοιότητα
Μελχισέδεκ ἀνίσταται ἱερεὺς ἕτερος-This becomes even more evident
when another priest arises in the likeness of Melchizedek-KJV).

　본문의 "멜기세덱과 같은 별다른 한 제사장"이란 말은 '예수 그리스도'
를 지칭하는데(6:20), 저자는 "멜기세덱과 같은 별다른 한 제사장" 즉
'예수 그리스도'가 "일어난 것을 보니 더욱 분명하다"고 말한다. 예수
그리스도가 일어난 것을 보니 무엇이 더욱 분명하다는 말인가? 이에 대해
서는 여러 견해가 있다. 1) 레위 계통의 제사 직이 불완전한 것이 분명하다
고. 2) 다른 종류의 제사장이 필요하다는 것이 분명하다고. 3) 레위 계통의
제사직과 율법이 폐기된 것이 분명하다고. 4) 예수님은 레위 계통에 속하지
않으신 것이 분명하다고. 5) 그리스도께서 유다 지파에서 나셨다는 것이
분명하다(Zahn. Lenski)는 것이다. 위의 모든 견해들은 폐기할 수 없는
견해들이나 마지막 5번이 가장 정확하게 말했다고 볼 수 있다. 본 절을
주해하면서 렌스키(Lenski)는 "예수가 유다지파에서 나셨다는 사실보다
'더 분명한' 것이 무엇인가? 그것은 앞에서 진술한 것이다(11-13절). 어떤
주석가들은 오직 한 개의 요점 또는 다른 요점을 선택한다. 즉 레위 계통의
제사직분에는 완전함이 없다는 것, 다른 종류의 제사장이 필요하다는 것,
아론 계통의 제사직분에 관한 율법은 변화되지 않으면 안 된다는 것, 예수
는 레위 지파에 속해 있지 않으시다는 것이다. 그러나 이 모든 요점들은
함께 속해 있고 한 요점이 다른 요점에서 분리될 수가 없다. 사실상 모세가
제사장들에 관련하여 아무 것도 말하지 아니한 지파로부터 예수가 나왔다
는 것보다 더욱 분명한 이 모든 것은 관계절에서 그 정점에 이르는 '조
건'(if)절에서 반복된다(16절)"고 주장한다.[43] 예수님은 유다지파에서 나

신 것이 분명하다(14절).

히 7:16. 그는 육신에 속한 한 계명의 법을 따르지 아니하고 오직 불멸의 생명의 능력을 따라 되었으니(ὃς οὐ κατὰ νόμον ἐντολῆς σαρκίνης γέγονεν ἀλλὰ κατὰ δύναμιν ζωῆς ἀκαταλύτου-Who is made, not after the law of a carnal commandment, but after the power of an endless life-KJV).

히브리서 저자는 새 제사장의 우월하심을 말하기 위해 먼저 소극적으로 예수님은 "육신에 속한 한 계명의 법을 따르지 아니했다"고 말한다. "육신에 속한 한 계명의 법을 따르지 아니했다"(οὐ κατὰ νόμον ἐντολῆς σαρκίνης γέγονεν)는 말은 '아론 자손의 계보를 따르지 아니했다'는 뜻이다. 다시 말해 레위 계통의 제사장들은 반드시 아론 자손이라는 육적 조건에 매어야 했지만 예수님은 그런 육적 조건에 매여 있지 않으셨다. 렌스키(Lenski)는 "'육체에 속한 한 계명'이란 아론과 레위에까지 소급하는 어떤 육체적 혈통과 가계를 요구한 외적 율법이고, 육체적 결함의 부재, 육체적인 정결, 아론의 정숙한 딸과의 결혼 등을 요구한 율법이다. 다시 말하면 아론 계통의 제사장들을 만든 그런 율법이다. 안나와 삽비라의 경우에서 우리는 그들의 일부를 본다. 그들이 고상한 인물들이라 할지라도 그들이 제사장이 되는 것을 지배한 것은 이 외적 율법 이었다"고 주장한다.44) 예수님은 멜기세덱의 반차를 따르신 제사장이었다. 예수님은 구약의 제사장들과는 전혀 다르신 제사장이시다.

그리고 저자는 적극적으로 예수님께서 제사장이 되신 것은 "오직 불멸의 생명의 능력을 따라 되었다"고 말한다(11절의 "멜기세덱의 반차를 좇는"이란 말에 상응하는 표현이다). 여기 "오직 불멸의 생명의 능력을 따라 되었다"는 말은 '영원히 끝나지 않는 생명(요 14:6) 속에 내재하는 능력을 따라

---

43) 렌스키(Lenski), *히브리서, 야고보서,* 성경주석, p. 190.
44) 렌스키, Ibid., pp. 190-191.

제사장이 되셨다'는 뜻이다. 플러머(William S. Plummer)는 "불멸의 생명의 능력"(the power of an endless life)의 의미가 무엇인가를 말하기 위해 페쉬토(Phesito)의 해석: "이는 불멸의 생명의 에너지"라 하고, 또 스튜어트 (Stuart)의 해석: "끝없는 기간의 권위"라 하며, 다우웨이(Doway)의 해석: "영구적인 생명의 능력"이라 해석한 것을 수록하고 있다.45) 예수님의 생명은 불멸의 생명이다. 그는 십자가에서 자신을 희생하셨으나 그는 죽지 않으시고 부활, 승천하셔서 하나님 우편에서 우주를 통치하고 또 우리 위해 기도하신다. 예수님은 불멸의 생명 속에 내재하는 능력에 의하여 대제사장이 되셨다. 이 능력은 하늘의 능력이다. 이 생명에서 나오는 능력은 또 우리에게도 무궁한 생명을 준다(Pfitzner). 영원한 생명으로부터 나오는 능력을 가지신 예수님은 시간이 지나감에 따라 육신의 생명이 자꾸 죽어가던 레위 계통의 제사장들과는 근본적으로 다르신 제사장이시다. 예수님에게 끝없는 생명으로부터 나오는 능력이 있음을 저자는 다음 절에서 시 110:4을 인용하여 증명한다.

히 7:17. 증언하기를 네가 영원히 멜기세덱의 반차를 따르는 제사장이라 하였도다(μαρτυρεῖται γὰρ ὅτι Σὺ ἱερεὺς εἰς τὸν αἰῶνα κατὰ τὴν τάξιν Μελχισέδεκ-For he testifieth, Thou [art] a priest for ever after the order of Melchisedec-KJV).

히브리서 저자는 "증언하기를"이란 말을 본 절 맨 앞에 기록하고 있다. 이 말은 시편 110:4에 기록된 말을 인용한 것인데 거기에는 "여호와는 맹세하고 변하지 아니하시니라"(נִשְׁבַּע יְהוָה וְלֹא יִנָּחֵם)는 말로 아주 강하게 기록되어 있다. 그러니까 시편 110:4은 하나님께서 맹세하시면서 하신 말씀이라는 것이다.

본 절 초두에는 이유를 말하는 접속사(γὰρ)가 있어 앞 절(16절)에 대한

45) William s. Plummer, *Commentary on the Epistle of Paul, the Apostle, to the Hebrews*, p. 291.

이유를 설명한다. 즉 앞 절에 말한바 예수님께서 "불멸의 생명의 능력"을 가지고 계시다고 했는데, 본 절은 그 이유를 설명한다.

저자는 하나님께서 증언하신 말씀 즉 "네가 영원히 멜기세덱의 반차를 따르는 제사장이라 하였도다"라는 말씀을 인용한다(5:6, 10; 6:20; 시 110:4). 하나님은 예수님을 향하여 '네가 영원히 멜기세덱의 반차를 따르는 제사장이라 하였도다'라고 하신다. 본 절의 해석을 위해서는 5:6; 5:10; 6:20; 7:11의 주해를 참조할 것(7:21도 참조할 것). 우리는 _시 110:4을 통해 예수님께서 영원한 생명의 능력을 가지고 계신 분이심을 분명히 알게 된다.

히 7:18. 전에 있던 계명은 연약하고 무익하므로 폐하고(ἀθέτησις μὲν γὰρ γίνεται προαγούσης ἐντολῆς διὰ τὸ αὐτῆς ἀσθενὲς καὶ ἀνωφελές-On the one hand, a former commandment is set aside because of its weakness and uselessness-RSV).

히브리서 저자는 본 절(18절)과 다음 절(19절)에서 예수님의 대제사장 직이 탁월하여 우리를 완전하게 한다고 말한다. 저자는 다음 절에서 예수님의 완전하심을 말하기 위해 먼저 본 절에서 모세 율법이 연약하고 무익해서 우리를 온전하게 하지 못한다고 말한다. 즉 "전에 있던 계명은 연약하고 무익하므로 폐했다"고 말한다(롬 8:3; 갈 4:9). "전에 있던 계명" 즉 '모세 율법'(구약의 제사제도와 관련된 모든 규례들)은 "연약하고 무익하므로 폐했다"는 것이다. 본문의 "연약하다"는 말은 '무력하다'(마 26:41) 혹은 신체적으로 '허약하다'는 뜻으로(마 25:43) 율법의 '무능함'을 뜻하는 말이다. 성경은 율법이 거룩하고 의로우며 선하다고 말하지만(롬 7:12) 또 한편 무능하다는 것도 말한다(롬 8:3). 율법이 연약하다는 말은 사람이 율법을 통하여 한 사람도 의를 얻을 수 없다는 것을 뜻한다(롬 3:20). 고작해야 율법(도덕법)은 사람으로 하여금 죄를 깨닫게 해서(롬 3:20) 사람 자체에게는 소망 없음을 알게 하고 그렇기에 오직 다른 구원의 방법을 바라게 하는 역할을 한다. 즉 그리스도께로 가지 않으면 사람의 구원은 불가능함을 알게 할 뿐이다(갈 3:24).

그리고 "무익하다"는 말은 '쓸모없는,' '소용없는'이란 뜻으로 예수님이 오셔서 피를 흘려 사람을 구원하심으로 구약의 율법(의식 법)은 더 이상 필요 없게 되었다는 것이다. 예수님께서 오시기 전에는 한시적으로 의식법이 효력이 있었고 유익했지만 예수님이 오신 이후에는 구약의 규례들은 그 자체로서 사람을 구원하는 일에 있어서나 또 사람으로 하여금 하나님께 가까이 나아가게 하지는 못하게 하기 때문에(다음 절) 무익한 것이 되었다.

저자는 율법(의식 법)이 연약하고 무익하여 "폐기되었다"고 말한다. "폐기되었다"(ἀθέτησις...γίνεται)는 말은 '파기되었다,' '해약되었다,' '말소되었다,' '무효화되었다'는 뜻으로 의식 법이 폐기되었다는 뜻이다. 왜냐하면 성육신 하신 예수님께서 십자가에서 대속제물이 되셔서 의식 법을 온전히 이루셨기 때문에(마 5:17) 제사에 관련된 의식 법은 더 이상 필요가 없어졌다(롬 8:3-4; 10:4).

히 7:19. (율법은 아무 것도 온전하게 못할지라) 이에 더 좋은 소망이 생기니 이것으로 우리가 하나님께 가까이 가느니라(οὐδὲν γὰρ ἐτελείωσεν ὁ νό-μος- ἐπεισαγωγὴ δὲ κρείττονος ἐλπίδος δι' ἧς ἐγγίζομεν τῷ θεῷ-For the law made nothing perfect, but the bringing in of a better hope [did]; by the which we draw nigh unto God-KJV).

히브리서 저자는 앞 절(18절)에서는 "전에 있던 계명"이라고 표현하고 본 절에 와서는 "율법"이란 말로 바꾸어 표현한다. 동의어임을 알 수 있다. 그리고 저자는 앞(18절)에서는 "연약하고 무익하다"고 표현했는데, 본 절에 와서는 "아무 것도 온전하게 못 할지라"고 표현한다(9:9; 행 13:39; 롬 3:20-21, 28; 8:3; 갈 2:16). 역시 동의어이다. 율법은 사람을 하나님께 가까이 나아가게 하지 못한다는 것을 의미하는데 이는 곧 구원하지 못한다는 뜻이다.

저자는 율법이 사람을 하나님께 가까이 나아가게 하지 못한다고 말한 다음 "이에 더 좋은 소망이 생기니 이것으로 우리가 하나님께 가까이 간다" 고 말한다. "더 좋은 소망이 생겼다"는 말은 '복음이 도입되었다,' '복음이 소개되었다'는 뜻이다. "더 좋은"이란 말을 위해서는 1:4주해를 참조할 것. 그리고 "소망"이란 말을 위해서는 3:6; 6:11주해를 참조할 것. 소망은 율법보 다 "더 좋은" 것임을 주의하라. 복음은 사람을 하나님께 가까이 가게 하는 고로 "더 좋은 소망"이다(6:18; 8:6). 율법으로는 아무도 하나님께 나아갈 수 없었으나 복음(예수)을 통해서 하나님께로 나아갈 수 있게 되었다(엡 3:12; 히 4:16). 우리는 더 좋은 소망 즉 그리스도께서 계시니 조금도 흔들릴 필요가 없으며 더 나아가서는 그 소망되신 그리스도를 의지함으로 하나님께 매일 나아가야 한다.

저자는 "이것으로 우리가 하나님께 가까이 간다"고 말한다(4:16; 10:19; 롬 5:2; 엡 2:18; 3:12). 여기 "이것으로"(δι᾽ ἧς)란 말은 '이것을 통하여'란 뜻으로 '더 좋은 소망을 통하여' 즉 구체적으로 '그리스도를 통하여'란 뜻이 다. 우리는 그리스도를 통해서 매일 매시 하나님께 가까이 나아가서 사랑의 교제를 나누어야 할 것이다.

E. 하나님의 맹세 때문에 우월하시다   7:20-22

히브리서 저자는 앞(15-19절)에서 새 제사장 직분의 우월성을 역설했는 데 이제 이 부분(20-22절)은 새 제사장 직이 우월한 이유를 한 가지 역설한다. 그리스도의 새 제사장 직이 우월한 이유는 하나님께서 맹세하셨기 때문이라 고 한다.

히 7:20. 또 예수께서 제사장이 되신 것은 맹세 없이 된 것이 아니니(Καὶ καθ᾽ ὅσον οὐ χωρὶς ὁρκωμοσίας· οἱ μὲν γὰρ χωρὶς ὁρκωμοσίας εἰσὶν ἱερεῖς γεγονότες-And it was not without an oath-KJV).

히브리서 저자는 본 절에서 레위 계통의 제사장들은 맹세 없이 제사장 이 되었으나 예수님은 하나님의 맹세로 말미암아 제사장이 되셨다는 것 때문에 더 우월하시다고 말한다. 저자는 "예수께서 제사장이 되신 것은 맹세 없이 된 것이 아니라"고 말한다. 예수님께서 제사장 되신 것이 "맹세 없이 된 것이 아니라"는 말씀은 '맹세하고 제사장이 되셨다'는 뜻이다. 하나님은 시편 110:4에서 맹세하시면서 예수님을 제사장으로 세우셨다 (6:13, 17-18 주해 참조). 그런고로 예수님의 제사장직은 영원하다는 것을 드러낸다.

히 7:21. **(그들은 맹세 없이 제사장이 되었으되 오직 예수는 자기에게 말씀하신 이로 말미암아 맹세로 되신 것이라 주께서 맹세하시고 뉘우치지 아니하시리니 네가 영원히 제사장이라 하셨도다)**(ὁ δὲ μετὰ ὁρκωμοσίας διὰ τοῦ λέγοντος πρὸς αὐτόν, Ὤμοσεν κύριος καὶ οὐ μεταμεληθήσεται, Σὺ ἱερεὺς εἰς τὸν αἰῶνα-Those who formerly became priests took their office without an oath, but this one was addressed with an oath, "The Lord has sworn and will not change his mind, 'Thou art a priest for ever'"-RSV).

히브리서 저자는 "그들은 맹세 없이 제사장이 되었다"고 말한다. 레위 계통의 제사장을 임직할 때는 맹세 없이 제사장으로 임직했다는 것이다. 하나님은 모세에게 아론과 그의 아들들을 제사장으로 성별하도록 명령하시고 "아론과 그의 아들들에게 띠를 띠우며 관을 씌워 그들에게 제사장의 직분을 맡겨 영원한 규례가 되게 하라 너는 이같이 아론과 그의 아들들에게 위임하여 거룩하게 할지니라"고 약정하시기는 하셨으나 맹세하시지는 않으셨다(출 29:9).

그러나 저자는 "오직 예수는 자기에게 말씀하신 이로 말미암아 맹세로 되신 것이라 주께서 맹세하시고 뉘우치지 아니하시리니 네가 영원히 제사장이라 하셨다"고 말한다(시 110:4). 저자는 예수님께서 제사장이 되신 것은 "자기에게 말씀하신 이" 즉 '하나님'을 통하여 맹세로 되신 것이라고 말한다. 일반 상식으로 말하면 제사장이 되시는 예수님께서 서약하셔야 했는데

예수님을 제사장으로 임명하신 하나님께서 오히려 맹세하셨다는 것은 잘
이해되지 않는 대목이다. 그러나 하나님은 시편 110:4을 말씀하시면서 친히
맹세를 하셨다. 즉 "주(하나님)께서 맹세하시고 뉘우치지 아니하시리니
네(예수님)가 영원히 제사장이라 하셨다"고 말씀한다(6:13; 창 22:16). '하
나님께서 맹세하시면서 네(예수님)가 영원히 제사장이라고 말씀하신 다음
에는 뉘우치지 아니하실 것이라'고 저자가 말한다. 하나님께서 이처럼 맹세
하시면서 예수님을 제사장으로 세우셨으니 예수님은 영원히 제사장으로
사역하신다.

히 7:22. 이와 같이 예수는 더 좋은 언약의 보증이 되셨느니라(κατὰ τοσοῦτο
((καὶ)) κρείττονος διαθήκης γέγονεν ἔγγυος Ἰησοῦς-"By so much was
Jesus made a surety of a better testament"-KJV, "This makes Jesus the
surety of a better covenant"-RSV).

　　문장 초두의 "이와 같이"란 말은 '예수님께서 제사장이 되실 때에 하나님
께서 맹세하시고 제사장이 되게 하셨음으로 영원한 제사장이 되셨기에'란
뜻이다(앞 절). '예수님께서 영원한 제사장이 되셨기에' 저자는 "예수는
더 좋은 언약의 보증이 되셨다"고 말한다. 여기 "더 좋은 언약"이란 말은
"신약"을 지칭하는 말인데, 저자는 '구약'보다는 '신약'이 "더 좋은 언약"이
라고 말한다. 구약 보다 신약이 더 좋은 언약이라는 말이 신약의 내용이
구약보다 더 탁월함을 의미하는 것은 아니다. 구약과 신약의 중요성과 핵심
강조 내용은 동일하다. 다만 언약의 당사자가 다를 뿐이다. 신약을 "더 좋은
언약"이라고 말하는 이유가 무엇인가에 대해 키스테메이커(Simon
Kistemaker)는 "구약에서는 하나님께서 시내 산에서 이스라엘 백성들과
언약을 맺으셨고 모세가 하나님과 백성 사이에 중보자로 역할을 했는데,
모세는 그 언약을 보증할 수가 없었다. 그러나 신약에서는 예수님께서 속죄
사역을 이루셨기 때문에 중보자도 되셨고 또 보증도 되셨다. 예수님은 하나
님께서 우리와 세우신 언약을 이루실 수가 있었다"고 말한다.46)

구약의 백성들은 하나님께서 백성들과 세우신 언약으로 계속해서 범죄하였으므로 언약을 실현할 수가 없었다. 하나님은 아담과 언약을 맺으셨고 (창 3:15), 노아와 언약을 맺으셨으며(창 9:11-17), 아브라함과 언약을 맺으셨고(창 12:2; 15:5; 17:4), 모세와 언약을 맺으셨으며(출 19:5-6), 다윗과 언약을 맺으셨는데(삼하 7:12-16), 언약의 당사자인 백성들이 반복해서 범죄함으로 언약을 실현할 수가 없었다.

그러나 새 언약에서는 하나님께서 언약을 백성들과 세우신 것이 아니라 중보자이신 예수님과 세우셨기에 새 언약이 다 실현될 수 있었다. 예수님은 언약의 당사자인 백성의 모든 범죄를 단번에 정결하게 하셨으며(1:3) 영원한 제사장으로서 영원히 사죄하신다. 그렇기 때문에 새 언약은 더 좋은 언약이다.

히브리서 저자는 예수님이 영원한 대제사장이 되셨기에 "더 좋은 언약의 보증이 되셨다"고 말한다(8:6; 9:15; 12:24). 저자는 예수님과 관련된 것을 모두 "좋은 것"이라고 말한다. "더 좋은 소망"(7:19), "더 좋은 언약"(본절), "더 좋은 약속"(8:6). 신약이 더 좋은 언약이라 말하는 이유는 예수님이 신약을 보증하셨기 때문이다.

그러면 예수님이 "더 좋은 언약의 보증"이 되셨다는 것은 무엇을 뜻하는가? 저자가 본 절에서 사용한 "보증"(ἔγγυος)[47])이란 말은 예수님이 신약의 성취를 책임지신다는 뜻이다. 새 언약에서 예수님은 하나님과 그의 백성들 사이에서 중재자 역할을 하셨다. 예수님은 하나님과 그 백성들 사이에서 중재자이실 뿐 아니라 보증도 되신다. 이유는 예수님께서 하나님의 백성들을 위해 속죄의 사역을 감당하셨기 때문이다(Kistemaker).[48])

---

46) Simon Kistemaker, *Hebrews,* New Testament Commentary, p. 202.

47) "보증"이란 법정 용어로 자신의 재산 또는 생명을 바쳐서라도 약속한 바를 책임지는 것을 말한다. 여기서는 그리스도께서 십자가에서 자신의 목숨을 희생하신 사건을 지칭한다. 예수 그리스도께서 친히 자신의 몸으로 인류의 죄를 속하셨기에 이제 누구든지 그 예수의 피 공로를 믿고 의지하기만 하면 죄 사함을 받을 수 있는 길이 활짝 열려 있다(롬 5:8-11).

48) Simon Kistemaker, *Hebrews,* NTC, p. 202.

F. 제사장 직분이 영원하기 때문에 우월하시다 7:23-25

히브리서 저자는 앞(20-22절)에서 그리스도의 제사장 직이 우월한 이유
는 하나님께서 맹세하신 때문이라고 했는데 이제 이 부분(23-25절)에서는
그리스도의 제사장 직분이 영원하기 때문에 우월하시다고 변증한다.

**히 7:23-24. 제사장 된 그들의 수효가 많은 것은 죽음으로 말미암아 항상
있지 못함이로되 예수는 영원히 계시므로 그 제사장 직분도 갈리지 아니하느
니라**(καὶ οἱ μὲν πλείονές εἰσιν γεγονότες ἱερεῖς διὰ τὸ θανάτῳ κωλυ-
ʹεσθαι παραμένειν· ὁ δὲ διὰ τὸ μένειν αὐτὸν εἰς τὸν αἰῶνα ἀπαράβατον
ἔχει τὴν ἱερωσύνην-The former priests were many in number, because
they were prevented by death from continuing in office; but he holds
his priesthood permanently, because he continues for ever-RSV).

히브리서 저자는 이 부분(23-24절)에서 레위 계통의 제사장들의 수효가
많은 것을 말하고 예수님의 제사장 직분은 갈리지 않는다고 말한다. 저자는
"제사장 된 그들의 수효가 많은 것은 죽음으로 말미암아 항상 있지 못하다"
고 말한다. 사실 '레위 계통의 제사장들의 수효가 많은 이유는 계속해서
죽었기에 항상 있지 못하기' 때문이었다. 이는 사람에게 생명의 한계가
있으므로 제사장 직이 교체될 수밖에 없다는 것을 말한다. 요세푸스의 증언
에 의하면 아론으로부터 주후 70년 예루살렘 멸망 시까지 83명의 대제사장
들이 있었다고 한다(Antiq. XX, 227[x.I]. 그러나 저자는 "예수는 영원히
계시므로 그 제사장 직분도 갈리지 아니 한다"고 말한다. 즉 예수님께서
영원히 계시기 때문에(시 110:4) 예수님의 제사장 직분도 갈리지 않는다는
것이다. 이런 점에서 예수님의 제사장 직분이 더 우월하시다. 예수님은 지금
도 살아계셔서 대제사장으로서 우리를 위해 기도하신다.

**히 7:25. 그러므로 자기를 힘입어 하나님께 나아가는 자들을 온전히 구원하
실 수 있으니 이는 그가 항상 살아 계셔서 그들을 위하여 간구하심이라**(ὅθεν

καὶ σῴζειν εἰς τὸ παντελὲς δύναται τοὺς προσερχομένους δι᾽ αὐτοῦ
τῷ θεῷ, πάντοτε ζῶν εἰς τὸ ἐντυγχάνειν ὑπὲρ αὐτῶν-Consequently
he is able for all time to save those who draw near to God through
him, since he always lives to make intercession for them-RSV).

히브리서 저자는 "그러므로"(ὅθεν) 즉 '예수는 영원히 계셔서 그 제사장
직분도 갈리지 아니하심으로'(앞 절) "자기를 힘입어 하나님께 나아가는
자들을 온전히 구원하실 수 있다"고 말한다. 즉 '예수님의 공로를 힘입어
하나님께 나아가는 성도들(19절)을 온전히 용서하시고 구원하실 수 있으시
다'는 것이다. 여기 "자기를 힘입어"라는 말은 '그리스도의 공로로 말미암
아'라는 뜻으로 하반 절에서 다시 설명된다. 그리고 "하나님께 나아가는
자들"이란 말은 '성도들'을 지칭한다. 또 "온전히 구원하실 수 있다"는 말은
'완전히 구원하실 수 있으시다'는 것을 뜻한다(눅 13:11 참조). 죄인의 상태
가 어떠하든 예수님께서는 철저히 구원하신다는 것을 뜻한다. 혹자는 "온전
히 구원하실 수 있다"는 말을 시간적으로 따져서 '영원히' 혹은 '항상' 구원
하신다고 해석한다. 물론 그런 의미도 포함한다고 보나, 우리는 더 나아가서
죄인의 상태가 어떻든 철저하게 구원하신다는 뜻으로 받아야 할 것이다.
본문의 "...하실 수 있으시다"(duvnatai)는 말은 예수님의 구원의 능력을
지칭하는 말로 죄인들이 심각한 상태에 빠져 있다할지라도 못 구원하실
것이 없으시다는 뜻이다.

저자는 하반 절에서 "이는 그가 항상 살아 계셔서 그들을 위하여 간구하
심이라"(πάντοτε ζῶν εἰς τὸ ἐντυγχάνειν ὑπὲρ αὐτῶν)고 말한다(9:24;
롬 8:34; 딤전 2:5; 요일 2:1). 하반 절 안에는 이유를 말하는 접속사는
없어도 하반 절은 내용상으로 상반 절에 대한 이유를 말하는 것임에 틀림없
다. 예수님께서 그를 힘입어 하나님께 나아가는 성도들을 구원하실 수 있는
이유는 예수님께서 영원히 살아계셔서 그에게 나아가는 성도들을 위하여
"간구하시기"(εἰς τὸ ἐντυγχάνειν) 때문이다. "간구하신다"(ἐντυγχάνειν)
는 말은 '...과 의견이 일치하다,' '(제안)에 동의하다,' '만나다,' '담화를

주고받다,' '...의 사이에 들어 중재하다'는 뜻으로 예수님은 부활승천하사 하나님 우편에 앉아 성도를 위해 중재의 기도를 하고 계신다는 것을 뜻한다. 롬 8:34은 "그(예수)는 하나님 우편에 계신 자요 우리를 위하여 간구하시는 자시니라"고 말하고 있다. 바울은 예수님께서 우리를 위하여 "하나님 우편에 계셔서(시 110:1; 막 12:35-37; 16:19; 행 2:25; 골 3:1; 히 1:3; 8:1; 12:1; 벧전 3:22) 우리를 위하여 간구하신다"고 말한다(사 53:12; 롬 4:25; 히 7:25; 9:24; 요일 2:1). 예수님께서 "하나님 우편에 계시다"는 말은 '가장 높이 되셨다는 말이고(행 1:9이하) 가장 영예롭게 되셨다는 말이며 거기에서 우주를 통치하신다'는 말이다. 또 바울이 예수님께서 하나님 우편에서 "우리를 위하여 간구하신다"는 말은 '예수님께서 우리의 구원을 위하여 변호하시고 구원의 최종적인 완성을 위하여 간구하신다'는 뜻이다(7:25). 성령님은 우리 안에서 우리의 구원을 위하여 간구하시고(26-27절) 예수님은 하나님 우편에서 우리의 온전한 구원을 위하여 간구하신다. 이렇게 예수님께서 하나님 우편에 계셔서 우리를 위하여 간구하시니 우리의 구원은 너무도 확실하다. 조금도 의심할 바가 없다.

G. 예수님의 인격 때문에 우월하시다 7:26-28

히브리서 저자는 앞(23-25절)에서 그리스도의 제사장 직분이 영원하기 때문에 우월하다고 변증했는데 이제 이 부분(26-28절)에서는 예수님의 인격 때문에 우월하시다고 역설한다.

히 7:26. 이러한 대제사장은 우리에게 합당하니 거룩하고 악이 없고 더러움이 없고 죄인에게서 떠나 계시고 하늘보다 높이 되신 이라 (Τοιοῦτος γὰρ ἡμῖν καὶ ἔπρεπεν ἀρχιερεύς, ὅσιος ἄκακος ἀμίαντος, κεχωρισμένος ἀπὸ τῶν ἁμαρτωλῶν καὶ ὑψηλότερος τῶν οὐρανῶν γενόμενος-For it was fitting that we should have such a high priest, holy, blameless, unstained, separated from sinners, exalted above the heavens-RSV).

문장 초두의 이유접속사(γὰρ)는 본 절을 앞 절과 연결시켜준다. 그리고
문장 초두의 "이러한 대제사장"(Τοιοῦτος...ἀρχιερεύς)이란 말은 앞 절의
'항상 살아서 그들을 위하여 간구하시는 완전하신 대제사장'을 지칭하는
말로 그러한 대제사장은 "우리에게 합당하니 거룩하고 악이 없고 더러움이
없고 죄인에게서 떠나 계시고 하늘보다 높이 되신 이"라는 것이다. 즉 '우리
에게 아주 적격이니 그는 거룩하시고 악이 없으시며 더러움이 없으시고
죄인에게서 떠나 계시며 하늘보다 높이 되신 분'이라는 것이다.

본문의 "거룩하고"(ὅσιος)란 말은 '지극히 거룩한' 것을 지칭하는 말로
그리스도께서 피조물과 구별되어 계심을 뜻하는 말이고, "악이 없고"(ἄκα-
κος)란 말은 '악한 뜻이 없으심'을 뜻하는 말로(롬 16:18) 아론 자손의
대제사장들은 흠이 있음을 시사한다(4:15). 그래서 다음 절에서는 아론
자손 대제사장들이 날마다 자기 죄를 위하여 제사를 드린다고 말한다.
"더러움이 없고"(ἀμίαντος)란 말은 '도덕적으로 순결하심'을 뜻하는 말로
(레 21:10-15) 그는 지상에서 사역하실 때 사람들을 더러움으로 오염시키
지 않으셨고 자신의 순결을 유지하셨다. 그리고 "죄인에게서 떠나 계시고"
란 말은 "하늘보다 높이 되신 이"란 말과 동의어로 보는 것이 좋을 것이다
(8:1; 엡 1:20; 4:10). 예수님께서 죄인들을 위해 죽으신 다음에는 죄인에게
서 떠나 하늘의 성소로 들어가셔서 성도들을 위해 항상 기도하고 계신다
(25절; 4:14; 6:20; 8:2; 12:2; 엡 4:10).49) 이런 대제사장은 우리에게 아주

---

49) 엡 4:10에서 바울 사도는 "내리셨던 그가 곧 모든 하늘 위에 오르신 자니 이는 만물을
충만하게 하려 하심이라"고 말한다. 즉 '승천하신 예수님께서 사람의 몸을 입고 이 땅에 내려오
셨던 것이 분명하고 또 성육신하셔서 고난 당하셨던 예수님께서 하나님 우편으로 승천하신
분'이라고 말하고 있는 것이다(행 1:9, 11; 딤전 3:16; 히 4:14; 7:26; 8:1; 9:24). 바울은 예수님께서
승천하신 목적이 '만물을 충만케 하려 하심이라'고 말한다. 다시 말해, '만물, 곧 교회에 복을
넘치게 하시려는 것'이라고 한다. 여기에서 "만물"은 '우주 안에 있는 만물'(all things)을 지칭하
지만, 다음 문맥에 의하여(11-16절) 더욱 직접적으로 '교회'를 지칭한다. 그러나 만물을 배제하는
것은 아니다. 예수님은 교회를 충만케 하시고 만물을 충만케 하시기를 원하신다(1:23). 예수님은
승천하셔서 교회에 복을 넘치게 주신다. 예수님은 승천하신 후 성령을 보내셔서 성도들에게
놀라운 은사를 주심으로써(11-13절) 교회에 영적인 복을 넘치게 하신다.

적격이시다.

히 7:27. 그는 저 대제사장들이 먼저 자기 죄를 위하고 다음에 백성의 죄를 위하여 날마다 제사 드리는 것과 같이 할 필요가 없으니 이는 그가 단번에 자기를 드려 이루셨음이라(ὃς οὐκ ἔχει καθ᾽ ἡμέραν ἀνάγκην, ὥσπερ οἱ ἀρχιερεῖς, πρότερον ὑπὲρ τῶν ἰδίων ἁμαρτιῶν θυσίας ἀναφέρειν ἔπειτα τῶν τοῦ λαοῦ· τοῦτο γὰρ ἐποίησεν ἐφάπαξ ἑαυτὸν ἀνενέγκας-Who needeth not daily, as those high priests, to offer up sacrifice, first for his own sins, and then for the people's: for this he did once, when he offered up himself-KJV).

히브리서 저자는 앞 절에서 예수님의 인격에 대해 언급했고, 본 절에서는 제사 횟수 면에서 아론 자손 대제사장들의 반복적인 제사 행위와는 달리 예수님은 단 한번 제사를 하여 효과는 영원하게 발휘되는 제사를 드리셨음을 말한다.

저자는 예수님께서 "저 대제사장들이 먼저 자기 죄를 위하고 다음에 백성의 죄를 위하여 날마다 제사 드리는 것과 같이 할 필요가 없다"고 말한다 (5:3; 9:7; 레 9:7; 16:6, 11, 15). 즉 '예수님은 레위 계통의 제사장들이 먼저 자기 죄를 위하고 다음에 백성의 죄를 위하여 날마다 제사 드리는 것과 같이 제사드릴 필요가 없으셨다'는 것이다. 여기서 구약의 대제사장들이 먼저 자기 죄를 위하고 다음에 백성의 죄를 위하여 "날마다" 제사 드렸다는 말이 문제가 된다. 이유는 구약의 대제사장은 일 년에 한 차례 제사 드렸기 때문이다. 이 문제를 해결하기 위해 몇 가지 학설이 제기되었다. 1) 혹자들은 히브리서 저자가 잘 몰라서 이런 실수를 범했다고 주장한다. 히브리서 저자는 유대의 제사장들이 일 년에 단 한번, 대 속죄일에 먼저 자신을 위하고 다음에 백성을 위해서 제사를 드렸다는 사실을 모르고 대제사장이 "날마다"(daily) 제사를 드렸다고 상상해서 히브리서 성경에 기록했다는 것이다. 이런 견해는 합당한 주장이 아니다. 이유는 저자는 일 년에 한번(9:7), "해마다"(10:1) 한번 제사 드린 사실을 기록했다. 이것을 보면 저자는 분명히 알고 있었음이 드러난다. 2) 혹자는 히브리서 저자가 구약의 제사장들이 "날마다" 드리는 제사와 대제사장들이 일 년에 한번 속죄일에 드리는 제사를 구분하지 않고 섞어서 대제사장이 날마다 속죄제를 드렸다고 말했다고 주장한다. 이런 학설도 역시 설득력이 없다. 3) "날마다"란 말을 "그는"(ὅς-이 단어는 관계 대명사인데 선행사는 "대제사장" 즉 예수이다)이란 말에만 해당하는 것으로 보는 이가 있다. 즉 예수님은 "날마다" 제사드릴 필요가 없었다는 식으로 해결하는 견해이다. 그러나 문맥은 이런 해석을 용납하지 않는 것 같다. 4) 히브리서 저자의 "날마다"란 말은 대제사장이 매일 제사를 드렸다는 의미보다는 그가 부주의로 죄를 범했을 때 매일 속죄의 제사를 드려야 할 필요가 있었음을 지적하는 것으로 보아야 할 것이다(F. F. Bruce, Leon Morris). 레 4:2-3; 6:19-23 참조. 그러나 예수님께서는 죄가 없으신 분이시므로 자신의 죄를 위하여 제사를 드릴 필요가 없으실 뿐 아니라(4:15), 다른 사람들을 위해서도 반복적으로 제사를 드리실 필요가 없으시다.

저자는 그 이유로서 "단번에 자기를 드려 이루셨기" 때문이라고 말한다 (9:12, 28; 10:12; 롬 6:10). 여기 "단번에"(ἐφάπαξ)란 말은 '영원히 단 한번에'란 뜻으로 아주 강한 표현이다. 예수님은 자기 죄를 속하시기 위해서는 제사할 필요가 없으셨고 백성들의 죄를 속하시기 위해서도 두 번 속죄제를 드리실 필요가 없으셨다. 예수님은 자기의 몸을 한번 드려 영원한 속죄를 이루셨다. 얼마나 감사한 일인가.

히 7:28. 율법은 약점을 가진 사람들을 제사장으로 세웠거니와 율법 후에 하신 맹세의 말씀은 영원히 온전하게 되신 아들을 세우셨느니라(ὁ νόμος γὰρ ἀνθρώπους καθίστησιν ἀρχιερεῖς ἔχοντας ἀσθένειαν, ὁ λόγος δὲ τῆς ὁρκωμοσίας τῆς μετὰ τὸν νόμον υἱὸν εἰς τὸν αἰῶνα τετελειωμένον-For the law maketh men high priests which have infirmity;

but the word of the oath, which was since the law, [maketh] the Son, who is consecrated for evermore-KJV).

히브리서 저자는 앞(26-27절)에서 예수님의 인격이 완전하심을 말하고 본 절에서는 결론적으로 구약의 제사장들은 약점을 가진 것을 말하고 예수님은 온전하게 되신 아들이라고 말하여 대조한다.

저자는 "율법은 약점을 가진 사람들을 제사장으로 세웠다"고 말한다 (5:1-2). 여기 "율법"이란 '모세의 율법'(레위기)을 뜻하고, "약점을 가진 사람들"이란 말은 일반 사람들이 죄를 짓는 것처럼 대제사장도 역시 죄를 짓는 사람들이라는 뜻이다(4:15; 5:1-2). 모세의 율법은 죄를 짓는 사람들을 대제사장으로 세웠다.

그러나 저자는 "율법 후에 하신 맹세의 말씀은 영원히 온전하게 되신 아들을 세우셨다"고 말한다(2:10; 5:9; 시 110:4). 여기 "율법 후에 하신 맹세의 말씀"이란 '모세의 율법이 광야에서 약점을 가진 사람들을 대제사장으로 세운 후 수(數) 세기가 지나서 하나님은 그의 아들을 맹세의 말씀'으로 세우셨다는 것을 뜻한다(20절 주해 참조). 본문의 "영원히 온전하게 되신 아들"이란 말은 '예수님께서 십자가의 고난으로 말미암아 온전하게 되신 것'을 지칭한다(2:10). 예수님께서 온전하게 되심으로 말미암아 그를 통하여 하나님께로 나아가는 자들을 온전히 구원하실 수 있으시다(7:25).

저자는 예수님께서 이처럼 온전하신 대제사장이시니 유대인 수신자들은 유대교로 돌아가지 말고 예수님에게 확실하게 집착할 것을 권장하고 있다. 우리 역시 온전하게 되신 예수 그리스도만을 바라보고 살아야 한다. 그래서 매일 매시 죄를 지을 수 있는 연약한 사람들인 우리는 영원히 온전하게 되신 예수님을 힘입어 하나님의 보좌 앞으로 나아가 은총을 받아야 할 것이다.

제 8 장

V. 두 언약, 두 성소, 두 제사   8:1-10:18

히브리서 저자는 앞(7:1-28)에서 그리스도께서 멜기세덱의 반차를 따른, 우월하신 대제사장이심을 언급했으나, 이제부터는 그리스도의 사역이 우월하심을 논한다(8:1-10:18). 저자는 먼저 그리스도께서 새 장소에서 그리고 새 언약에 의하여 제사를 드리시는 것을 말하고(8:1-13), 다음으로 그리스도의 제사가 완전하심을 말하며(9:1-28), 마지막으로 그리스도의 제사가 영원하심(10:1-18)을 논한다.

제8장 그리스도는 새 장소에서 그리고 새 언약에 의하여 사역하신다.

A. 그리스도는 하늘 성소에서 사역하시는 대제사장이시다   8:1-2

히 8:1. 지금 우리가 하는 말의 요점은 이러한 대제사장이 우리에게 있다는 것이라 그가 하늘에서 지극히 크신 이의 보좌 우편에 앉으셨으니 (Κεφάλαιον δὲ ἐπὶ τοῖς λεγομένοις, τοιοῦτον ἔχομεν ἀρχιερέα, ὃς ἐκάθισεν ἐν δεξιᾷ τοῦ θρόνου τῆς μεγαλωσύνης ἐν τοῖς οὐρανοῖς).

히브리서 저자는 본 장에서 그리스도께서 새 장소에서 그리고 새 언약에 의하여 사역하시는 것을 말씀하려고 하면서 먼저 "지금 우리가 하는 말의 요점은 이러한 대제사장이 우리에게 있다는 것이라"고 말한다. 여기 "지금 우리가 하는 말"이란 말이 무엇을 지칭하느냐에 대한 견해는 두 가지이다. 1) '지금까지 말해온 것'을 지칭한다는 견해("the things which we have spoken"-KJV, KJVS, NASB, 공동번역, 현대인의 성경, 이순한). 2) '지금부터 말하려고 하는 것'을 지칭한다는 견해(NIV, NKJV, RSV, ASV, 표준 새 번역, Leon Morris, 이상근). 본문의 헬라어 "...하는 말"(λεγομένοις)이란 단어가 현재 분사인 점을 감안할 때 후자의 견해 즉 '지금부터 말하려고 하는 것'을 지칭하는 것으로 보는 것이 더 타당하다. 그리고 문맥을 살필 때 저자가 지금까지 말한 것을 본 절에 요약한 것이 아니라, 지금부터 말하려고 하는 것을 본 절에 기록한 것으로 보여 후자의 견해가 더 타당하다.

그리고 또 한 가지 문제가 되는 것은 "요점"이라고 번역된 낱말의 뜻이 무엇인지가 문제이다. "요점"(Κεφάλαιον)이란 말이 무엇을 뜻하느냐에 대한 견해도 두 가지이다. 1) '요약'(summery)이라는 견해(KJV, KJVS, Calvin, Grotius, Phillips). 2) '요점'(chief point)이라는 견해(NKJV, NASB, NIV, RSV, R. C. H. Lenski, Hewitt, Leon Morris, Kistemaker, 이상근, 박형용). 본문의 문맥을 살필 때 본문은 앞(7장)에서 말한 글을 요약하는 것이 아니라, 이제 앞으로 말하려는 요점을 말하고 있는 것으로 보인다(레온 모리스). 그런고로 후자의 견해가 타당하다.

그리고 저자가 말한바 "이러한 대제사장이 우리에게 있다는 것이라"는 뜻이 무엇인가를 살펴야 한다. 여기 "이러한"이란 말을 두고 역시 두 가지 견해가 있다. 1) '앞(7장)에서 말한'이란 뜻으로, '7장에서 말한 대제사장이 우리에게 있다는 것이라'는 뜻으로 해석하는 견해가 있고, 2) '이제 앞으로 말하려고 하는 대제사장'을 지칭한다는 견해가 있다. 문맥으로 보아 후자가 타당하다.

저자는 이러한 대제사장이 있다고 말한 다음 그 대제사장이 어떤 분임을 말한다. 즉 "그가 하늘에서 지극히 크신 이의 보좌 우편에 앉으셨다"고 말한다(1:3; 10:12; 12:2; 엡 1:20; 골 3:1). 저자가 말하려고 하는 중요한 요점은 바로 그 대제사장이 하늘에서 지극히 크신 하나님의 보좌 우편에 앉아 계시다고 말한다. 여기 "앉으셨다"는 말은 대제사장 예수님께서 모든 사역을 끝내셨다는 것을 보여준다. 대제사장이 하나님 우편에 앉으신 것은 그 대제사장이 동시에 왕이심을 보여주고 있다. 요한계시록은 예수님께서 하나님 우편에 앉아계심을 많이 말하고 있다(계 1:4-5; 3:21; 7:15-17; 12:5). 우리는 그리스도께서 대제사장이시면서 동시에 왕이심을 믿어야 할 것이다.

히 8:2. 성소와 참 장막에서 섬기는 이시라 이 장막은 주께서 세우신 것이요 사람이 세운 것이 아니니라(τῶν ἁγίων λειτουργὸς καὶ τῆς σκηνῆς τῆς ἀληθινῆς, ἣν ἔπηξεν ὁ κύριος, οὐκ ἄνθρωπος).

히브리서 저자는 앞(1절)에서 예수님께서 대제사장으로서 하나님 우편에 앉으신 왕이시라고 말했는데, 본 절에서는 그 대제사장이 "성소와 참 장막에서 섬기는 이시라"고 말한다(9:8, 11, 12, 24). 저자는 대제사장이 성소(참 장막)에서 섬기고 계신다고 말한다. 예수님은 하나님 우편에서 왕으로 통치하시면서 동시에 바로 그 성소에서 대제사장으로 섬기고 계신다. 본문의 "참 장막"이란 말은 거짓 장막에 대한 참 장막이라는 뜻이 아니라 지상(地上)의 모형적 장막에 대한 원형 장막이란 뜻이다.[50] 예수님은 하늘 성소에서 중보자로서 섬기고 계시니 지상의 모형적 성소는 제거되어야 한다. 그런고로 본서의 수신자들은 유대교로 돌아가서는 안 된다.

저자는 참 장막에 대해 좀 더 설명한다. 즉 "이 장막은 주께서 세우신 것이요 사람이 세운 것이 아니라"고 말한다. '하늘 성전은 하나님(the Lord)께서 세우신 것이지 사람이 세운 것은 아니다.' 지상의 성전은 사람이 세운 장소이다.

B. 지상(地上) 성소는 하늘 성소의 그림자이다 8:3-5

히 8:3. 대제사장마다 예물과 제사 드림을 위하여 세운 자니 그러므로 그도 무엇인가 드릴 것이 있어야 할지니라(πᾶς γὰρ ἀρχιερεὺς εἰς τὸ προσφέ-

---

50) 히브리서 저자가 성전이라는 말보다 예루살렘 성전의 원형이었던 장막이라는 말을 사용하는 이유는 장막은 옛 언약의 희생제사에 대한 지상에서의 최초 표명이기 때문이다(예: 9:1-10).

ρειν δῶρά τε καὶ θυσίας καθίσταται· ὅθεν ἀναγκαῖον ἔχειν τι καὶ τοῦτον
ὃ προσενέγκη-For every high priest is ordained to offer gifts and sacrifices:
wherefore [it is] of necessity that this man have somewhat also to offer).

본 절 초두에는 이유를 말하는 접속사(γὰρ)가 있어 본 절이 앞 절과
연관이 있음을 보여주고 있다. 즉 저자는 앞(2절)에서 예수님은 하늘 성소에
서 섬기시는 분이라고 했는데 그러므로 예수님도 무엇인가 드릴 것이 있어야
한다고 말한다.

저자는 "대제사장마다 예물과 제사 드림을 위하여 세운 자"라고 말한다
(5:1). 본문의 "대제사장마다"란 말은 '아론 계통의 대제사장마다'란 뜻이다.
그리고 본문의 "드림"(προσφέρειν)이란 말은 현재 능동태로 계속해서 드리
는 것을 지칭한다. 아론계통의 대제사장들은 계속해서 예물과 제사를 드리곤
했다. 저자는 예수님께서도 대제사장이시니 무엇인가 드릴 것이 있어야
할 것이라고 말한다. 즉 "그러므로 그도 무엇인가 드릴 것이 있어야 할지니
라"고 말한다(9:14; 엡 5:2). 본문의 "드릴"(προσενέγκη)이란 말은 부정(단
순)과거 접속법으로 '단번에 영원히 드릴 것이 있어야 했다'는 뜻이다. 다시
말해 예수님께서 단번에 드려서 영원히 효과를 낼만한 드릴 것이 있어야
했다는 뜻이다. 예수님께서 드려야 할 것은 자신의 몸이었다(7:27). 예수님은
십자가에서 단번으로 영원히 몸을 희생하셨다. 예수님은 땅에서 드리신
자신의 제사를 근거하고 하늘 성소에서 영원히 중보자로서 택한 백성들을
위해 기도하고 계신다. 예수님께서 드려야 할 것이 무엇인가를 구체적으로
9:14이 밝힌다.

**히 8:4. 예수께서 만일 땅에 계셨더라면 제사장이 되지 아니하셨을 것이니
이는 율법을 따라 예물을 드리는 제사장이 있음이라**(εἰ μὲν οὖν ἦν ἐπὶ
γῆς, οὐδ' ἂν ἦν ἱερεύς, ὄντων τῶν προσφερόντων κατὰ νόμον τὰ
δῶρα-For if he were on earth, he should not be a priest, seeing that
there are priests that offer gifts according to the law).

저자는 본 절에서 앞 절(3절)과 정 반대의 것을 가정한다. 즉 "예수께서
만일 땅에 계셨더라면 제사장이 되지 아니하셨을 것이니 이는 율법을 따라
예물을 드리는 제사장이 있다"고 말한다. 예수님께서 땅에 계셨더라면 대제
사장이 되시지 아니하셨을 것이라는 뜻이다. 이유는 모세의 율법에 따라
예물을 드리는, 레위 계통의 제사장이 당시에 사역하고 있었기 때문이라고
한다. 본문의 "있었음이라"(ὄντων)는 말은 현재 분사형으로 '지금도 계속해
서 존재 한다'는 뜻으로 제사장이 아직도 성전에서 사역하고 있음을 시사하
고 있다. 히브리서 저자가 이 편지를 쓰던 당시 구약 성전이 아직 서 있었고
제사장들도 아직 사역하고 있었음을 보여준다. 그러니까 예루살렘 성전이
무너진 주후 70년 이전에 이 편지가 기록되었음을 알 수 있다.

**히 8:5. 그들이 섬기는 것은 하늘에 있는 것의 모형과 그림자라 모세가
장막을 지으려 할 때에 지시하심을 얻음과 같으니 이르시되 삼가 모든 것을
산에서 네게 보이던 본을 따라 지으라 하셨느니라**(οἵτινες ὑποδείγματι
καὶ σκιᾷ λατρεύουσιν τῶν ἐπουρανίων, καθὼς κεχρημάτισται Μωϋσῆς
μέλλων ἐπιτελεῖν τὴν σκηνήν, Ὅρα γάρ φησιν, ποιήσεις πάντα κατὰ
τὸν τύπον τὸν δειχθέντα σοι ἐν τῷ ὄρει).

히브리서 저자는 땅위의 성전에서 제사장들이 "섬기는 것은 하늘에 있는
것의 모형과 그림자라"고 말한다(9:23; 10:1; 골 2:17). 본문의 "섬기는"(λα-
τρεύουσιν)이란 말은 현재 3인칭 복수형으로 '봉사한다,' '섬긴다'는 뜻이
다. 히브리서 저자는 이 편지를 쓰던 당시 구약의 제사장들이 성전에서
봉사하고 있었음을 시사하고 있다.

구약의 제사장들이 섬기고 있던 것은 "하늘에 있는 것" 즉 '하늘에 있는
원형'(9:23; 요 3:12; 엡 1:3; 2:6; 3:10; 6:12)의 모형과 그림자라는 것이다.
"모형"(ὑποδείγματι)이란 말은 '복사,' '윤곽'이란 뜻이고 "그림자"(σκια)
란 말은 '그늘,' '투영,' '짙은 그늘'이란 뜻으로 구약의 제사장들이 섬기던
성전이나 집기들, 예물과 제물들은 하늘 성전과 하늘 제물들의 모형에 지나

지 않았고 그림자에 지나지 않았다.

저자는 구약의 제사장들이 섬기던 성전이나 집기들 그리고 예물과 제물들은 "모세가 장막을 지으려 할 때에 지시하심을 얻어" 지었다고 말한다(출 25:40; 26:30; 27:8; 민 8:4; 행 7:44). 모세는 하나님의 지시하심을 받아 장막을 지었는데 하나님은 "삼가 모든 것을 산에서 네게 보이던 본을 따라 지으라 하셨다"(출 25:40; 26:30; 27:8; 민 8:4). 모세가 지상의 성막을 지을 때 모든 것을 산에서 보이던 "본을 따라"(κατὰ τὸν τύπον) 지었다. 이것이 이스라엘의 성막이었다(출 25:40; 행 7:44). 지상에 지은 성막은 하늘의 원형을 따라 지은 것이다.

C. 옛 언약은 새 언약으로 대치되었다   8:6-13

히 8:6. 그러나 이제 그는 더 아름다운 직분을 얻으셨으니 그는 더 좋은 약속으로 세우신 더 좋은 언약의 중보자시라(νυν((ὶ)) δὲ διαφορωτέρας τέτυχεν λειτουργίας, ὅσῳ καὶ κρείττονός ἐστιν διαθήκης μεσίτης, ἥτις ἐπι κρείττοσιν ἐπαγγελίαις νενομοθέτηται).

저자는 문장 초두에 "그러나 이제"(νυν δέ)[51]라는 말을 사용하여 앞부분과 강한 대조를 보인다. 즉 "그러나 이제는" 땅의 직분이 아니라 하늘의 직분 이야기를 하겠다는 것이다.

저자는 "그(예수님)는 더 아름다운 직분을 얻으셨으니 그는 더 좋은 약속으로 세우신 더 좋은 언약의 중보자시라"고 말한다(7:22; 고후 3:6, 8-9). 저자는 예수님은 "더 아름다운 직분을 얻으셨다"고 말한다. 여기 "더 아름다운 직분"(διαφορωτέρας τέτυχεν λειτουργίας)이란 말은 '더 탁월한 직분,' '더 우월한 직분'이란 뜻으로 하반 절에 언급된 대로 예수님께서 "더 좋은 언약의 중보자" 직분을 얻으셨다는 것을 지칭한다. 예수님의 중보자 직분은 구약의 대제사장 직분보다 더 우월한 직분을 소유하고 계시다는

---

51) νυνὶ가 더 강조된 부사이다. 뜻은 똑같다. 즉 "지금"이라는 뜻이다.

것을 뜻한다. 예수님의 대제사장 직분은 레위 계통의 제사장들보다 뛰어나심
은 비교도 할 수 없이 탁월하시다. 예수님은 원형이시고 구약의 제사장들은
모형이니 얼마나 차이가 있는가? 본문의 "얻으셨으니"(τέτυχεν)란 말은
현재완료형으로 '과거에 이미 얻었고 그 얻은 효과가 지금도 계속되고 있다'
는 것이다. 예수님께서 구약의 대제사장들보다 더 탁월한 직분을 이미 과거
에 얻으셨고 지금도 여전히 더 탁월한 직분을 소유하고 사역하신다.

그리고 저자는 "그는 더 좋은 약속으로 세우신 더 좋은 언약의 중보자시
라"고 말한다. "더 좋은 약속으로"(ἐπι κρείττοσιν ἐπαγγελίαις)란 말은
'더 좋은 약속을 근거로 해서'란 뜻으로 예수님은 더 좋은 약속을 근거해서
세우신 더 좋은 언약의 중보자52)시라는 것이다. "더 좋은 약속"이란 10-12절
에서 인용되고 있는바 렘 31:31-34에 예언된 새로운 언약을 지칭한다.53)
예수님은 십자가 죽음을 통해서 렘 31:31-34에 예언된 새로운 언약을 이루셨
다. 바로 이 부분에서 알아야 할 것은 "중보자"(μεσίτης)란 말이 본서에서
언제나 "더 좋은 언약" 혹은 "새 언약" 이란 말과 함께 등장한다는 점이다
(7:22). 이유는 새 언약이 중보자를 요구하기 때문이다.

히 8:7. 저 첫 언약이 무흠하였더라면 둘째 것을 요구할 일이 없었으려니와

(εἰ γὰρ ἡ πρώτη ἐκείνη ἦν ἄμεμπτος, οὐκ ἂν δευτέρας ἐζητεῖτο τόπος).

저자는 본 절에서는 첫 언약에 흠이 있었음을 지적하고 다음 절들(8-9절)
에서는 첫 언약에 참예했던 사람들에게 잘 못이 있었음을 말하여 첫 언약이

---

52) "중보자"란 말은 '화해 자,' '중재 자'라는 뜻으로 예수님은 하나님과 사람들 사이에
서신 중보자이시다. 예수님은 중보자로서 중보자 역할을 감당하시기 위해 자신의 몸을 화목제물
로 드리셨다. 중보자이신 예수님은 또한 7:22에서 등장한바 "보증"이란 뜻도 가지고 있다.
"보증"이란 자신의 재산을 담보로 다른 이의 채무를 보증하여 주는 보증인을 지칭하는데 예수님
은 우리가 하나님의 약속에 참여하도록 법적으로 보증해 주시는 역할을 감당하신다.
53) 렘 31:33-34는 "그러나 그 날 후에 내가 이스라엘 집과 맺을 언약은 이러하니 곧 내가
나의 법을 그들의 속에 두며 그들의 마음에 기록하여 나는 그들의 하나님이 되고 그들은 내
백성이 될 것이라 여호와의 말씀이니라. 그들이 다시는 각기 이웃과 형제를 가리켜 이르기를
너는 여호와를 알라 하지 아니하리니 이는 작은 자로부터 큰 자까지 다 나를 알기 때문이라
내가 그들의 악행을 사하고 다시는 그 죄를 기억하지 아니하리라 여호와의 말씀이니라"고
증언한다.

새 언약으로 대치될 수밖에 없었음을 밝힌다.

저자는 "저 첫 언약이 무흠하였더라면 둘째 것을 요구할 일이 없었을 것이라"고 말한다(7:11, 18). 저자는 첫 언약에 결함이 있었다고 말한다(7:11). 즉 모세가 하나님으로부터 받아서 준 율법에는 흠이 많다는 뜻이다. 저자의 이 말은 구약 자체에 흠이 있다는 말이 아니라 구약의 중보자가 모세이기에 구약을 성취할 수 있는 보증인이 되지 못해 첫 언약에 흠이 있다는 뜻이다. 그러니까 구약의 내용에 문제가 있는 것이 아니라 구약을 백성들로 하여금 이루게 하는 보증인이 문제라는 것이다.

저자는 첫 언약이 무흠하였더라면 "둘째 것을 요구할 일이 없었을 것이라"고 말한다. 둘째 것, 즉 신약을 요구할 일이 없었을 것이란 뜻이다. 그러나 실제로 우리에게는 새로운 언약을 보증하는 대제사장이 필요했다는 것을 뜻한다.

히 8:8. 그들의 잘못을 지적하여 말씀하시되 주께서 이르시되 볼지어다 날이 이르리니 내가 이스라엘 집과 유다 집과 더불어 새 언약을 맺으리라 (μεμφόμενος γὰρ αὐτοὺς λέγει, Ἰδοὺ ἡμέραι ἔρχονται, λέγει κύριος, καὶ συντελέσω ἐπὶ τὸν οἶκον Ἰσραὴλ καὶ ἐπὶ τὸν οἶκον Ἰούδα διαθήκην καινήν).

저자는 앞(7절)에서 첫 언약에 흠이 있었음을 말했고 이제 본 절과 다음 절(9절)에서는 이스라엘 백성들에게 잘못이 있었음을 말한다. 백성들의 잘못을 지적한 것은 저자의 지적이 아니라 하나님의 지적이었다. 저자는 "주께서 이르시되 볼지어다 날이 이르리니 내가 이스라엘 집과 유다 집과 더불어 새 언약을 맺으리라"고 책망한 사실을 드러낸다(렘 31:31-34). 즉 '하나님께서 이르시기를(9절과 10절에 반복되고 있다) 볼지어다. 신약시대가 이르리니 하나님 내가 이스라엘 집(북쪽 나라)과 유다 집(남쪽 나라)과 더불어 새 언약을 맺으리라'고 하신다는 것이다. 본문의 "날이 이르리니"란 말(렘 16:14; 19:6; 23:5, 7; 30:3; 31:27; 48:12; 49:2; 51:47)은 '신약 시대가

이를 것이라'는 뜻이고, "이스라엘 집과 유다 집"이란 이스라엘이 남북으로
갈려있었기에 남북을 통틀어 이르시는 말씀이다. "새 언약"(8:13; 9:15;
고전 11:25; 고후 3:6)54)이란 새로운 약속들을 근거해서 세우는 새로운
언약을 지칭한다. 이 언약은 10-12절에 기록된 새로운 언약을 지칭함인데
렘 31:31-34절을 인용한 것이다.

**히 8:9. 또 주께서 이르시기를 이 언약은 내가 그들의 열조의 손을 잡고
애굽 땅에서 인도하여 내던 날에 그들과 맺은 언약과 같지 아니하도다 그들
은 내 언약 안에 머물러 있지 아니하므로 내가 그들을 돌보지 아니하였노라**
(οὐ κατὰ τὴν διαθήκην, ἣν ἐποίησα τοῖς πατράσιν αὐτῶν ἐν ἡμέρᾳ
ἐπιλαβομένου μου τῆς χειρὸς αὐτῶν ἐξαγαγεῖν αὐτοὺς ἐκ γῆς
Αἰγύπτου, ὅτι αὐτοὶ οὐκ ἐνέμειναν ἐν τῇ διαθήκῃ μου, κἀγὼ ἠμέλησα
αὐτῶν, λέγει κύριος).

저자는 바로 앞 절에 이어 "또 주께서 이르시기를 이 언약은 내가 그들의
열조의 손을 잡고 애굽 땅에서 인도하여 내던 날에 그들과 맺은 언약과
같지 아니하다"고 말한다. 즉 '하나님께서 말씀하시기를 이 새 언약은 내(하
나님)가 이스라엘 백성들의 조상들의 손을 잡고 애굽 땅에서 출애굽 시키던
날 시내 산에서(출 20:1-17) 조상들과 맺은 옛 언약과 같지 아니하다'고

---

54) "새 언약": 새로운 계약이란 뜻으로 '옛 언약'에 대하여 예수 그리스도에 의해 실현된
언약(계약)을 가리킨다. 성경에 있어서 하나님과 이스라엘 백성과의 사이에 언약이 맺어져
'나는 너희 하나님이 되겠고 너희는 내 백성이 되리라'(렘 7:23)는 관계였다. 그러나 이스라엘백
성은 이 언약을 깨뜨리고, 하나님의 율법을 무시했다(렘 7:24-26). 이 언약의 파기(破棄)에 의한
인간 측의 죄책에 대하여, 하나님 측에서의 구속에 의한 새 언약이 예수 그리스도에 있어서
성취되는 것으로서 예수 그리스도의 속죄에 의해 성립된 언약이 새 언약이다. 따라서 새 언약은
복음이고, 그리스도의 십자가의 피로 말미암아 이룩된 하나님의 은혜이다(히 13:20; 눅 22:20;
고전 11:25). 그리스도 신자는 이 새 언약과 그 약속아래 살고 있는 것이다. 이 은혜의 말씀을
기록한 것이 신약이고, 성찬은 새 언약의 축복을 표상(表象)하고 있는 예전(禮典)이다. 옛 계약(구
언약), 즉 율법 하에서는 하나님께서 [만약 너희가...내 언약을 지키면](출19:5)이라고 하셨으나,
신약에서는 [내가...하리라](히 8:10, 12)고 하셨다. 바울은 귀한 새 언약의 복음을 전하는 사도의
직분을 '새 계약을 위한 일군'이라 하여, 그 영광은 모세 이상의 것임을 말하고 있다(고후
3:6-11).

하셨다. 하나님께서 새로운 언약과 옛 언약은 같지 아니하다고 언명하신다.

새 언약과 옛 언약이 같지 않은 점은 몇 가지가 있다. 첫째, 새 언약이 생긴 이유는 이스라엘 민족이 옛 언약을 지킬 수가 없었기 때문이었다(7절; 7:11). 오늘도 구약의 율법으로 구원을 얻어 보려는 사람들이 있으나 실패한다. 이스라엘 민족은 구약 아래서 포로의 삶을 살았다. 둘째, 구약은 짐승의 피로 세웠으나 새 언약은 그리스도께서 피를 흘려주심으로 세우셨다. 셋째, 구약은 사람을 의롭게 할 수 없으며 정죄의 역할만 했고 새로운 언약은 사람을 의롭게 만들며 구원한다. 넷째, 구약은 행함의 언약이고 새 언약은 은혜의 언약이다. 다섯째, 옛 언약 안에서는 개인과 개인이 분열하고 나라와 나라가 분열하나 새 언약은 개인과 개인, 나라와 나라를 연합시킨다(8절, 이스라엘 집과 유다집의 연합). 오늘 우리가 새 언약 시대에 살고 있음을 지극히 감사하고 찬양해야 한다.

저자는 "그들은 내 언약 안에 머물러 있지 아니하므로 내가 그들을 돌보지 아니하였다"는 말씀을 인용한다. 즉 '이스라엘의 열조는 하나님께서 세우신 시내산 언약 안에 머물러 있지 아니하므로 즉 옛 언약을 지키지 아니하므로 내(하나님)가 그들을 돌보지 아니하였다'고 하신다. 인간 편에서 옛 언약을 지키지 아니 하므로 하나님 편에서는 언약을 지키지 않는 사람들을 돌보지 아니하셨다는 것이다. "돌보지 아니하셨다"는 말은 이스라엘 사람들을 그냥 자기들 원하는 대로 하게 두었다는 뜻이다. 그들이 옛 언약을 지키지 않았기에 하나님은 그들을 향해 무관심하셨다.

히 8:10. 또 주께서 이르시되 그 날 후에 내가 이스라엘 집과 맺을 언약은 이것이니 내 법을 그들의 생각에 두고 그들의 마음에 이것을 기록하리라 나는 그들에게 하나님이 되고 그들은 내게 백성이 되리라(ὅτι αὕτη ἡ δι-αθήκη, ἣν διαθήσομαι τῷ οἴκῳ Ἰσραὴλ μετὰ τὰς ἡμέρας ἐκείνας, λέγει κύριος· διδοὺς νόμους μου εἰς τὴν διάνοιαν αὐτῶν καὶ ἐπὶ καρδίας αὐτῶν ἐπιγράψω αὐτούς, καὶ ἔσομαι αὐτοῖς εἰς θεόν, καὶ αὐτοὶ ἔσονταί μοι εἰς λαόν).

저자는 다시 하나님의 말씀을 인용한다. 즉 "주께서 이르시되 그 날 후에 내가 이스라엘 집과 맺을 언약은 이것이니 내 법을 그들의 생각에 두고 그들의 마음에 이것을 기록하리라 나는 그들에게 하나님이 되고 그들은 내게 백성이 되리라"고 하신다(10:16; 슥 8:8). 다시 말해 '하나님께서 말씀하시기를 그 날 후 즉 예수 그리스도께서 중보자가 되셔서 새 언약을 맺으시는 날(8절에서 말한 "날")에 하나님께서 영적 이스라엘과 맺을 언약은 이것이니 하나님의 법을 영적 이스라엘의 생각에 두고 그들의 마음에 이것을 기록하리라'고 하신다. 이런 복은 신약 시대의 사람들이 받는 첫째 되는 복이다(둘째 복은 다음 절에 있음). 구약의 율법은 돌비에 새겼으나 새로운 언약은 영적 이스라엘의 생각에 두고 마음에 기록하신다는 것이다. 이제 신약 시대에는 사람 개인 개인의 심령 속에 하나님의 언약이 새겨지게 되었다. 신약 시대가 되어 하나님의 말씀이 그리스도인 심령 속에 파고들어 새겨지게 되었는데 이런 새겨짐은 영원히 지워지지 않는다. 이런 현상은 성령으로 말미암아 이루어진다.

그리고 저자는 하나님께서 하신 말씀 "나는 그들에게 하나님이 되고 그들은 내게 백성이 되리라"고 하는 예언을 기록한다. 즉 '나(하나님)는 영적 이스라엘에게 하나님이 되고 영적 이스라엘은 내(하나님)게 백성이 될 것이다'라고 하신다. 이 땅에서 하나님께서 영적 이스라엘에게 하나님이 되시고 또 영적 이스라엘은 하나님의 백성이 되는 것만큼 복된 관계는 없다.

히 8:11. 또 각각 자기 나라 사람과 각각 자기 형제를 가르쳐 이르기를 주를 알라 하지 아니할 것은 그들이 작은 자로부터 큰 자까지 다 나를 앎이라(καὶ οὐ μὴ διδάξωσιν ἕκαστος τὸν πολίτην αὐτοῦ καὶ ἕκαστος τὸν ἀδελφὸν αὐτοῦ λέγων, Γνῶθι τὸν κύριον, ὅτι πάντες εἰδήσουσίν με ἀπὸ μικροῦ ἕως μεγάλου αὐτῶν).

저자는 신약 시대에 그리스도를 믿는 영적 이스라엘 사람들(우주적 공동체의 회원들)은 "각각 자기 나라 사람과 각각 자기 형제를 가르쳐 이르기를 주를 알라 하지 아니할 것이라"고 말한다(사 54:13; 요 6:45; 요일 2:27). 이런 둘째 특징은 앞 절에 말한바 첫째 특징 곧 하나님의 법이 개인들의 심령 속에 박히기 때문에 오는 현상이다. 본문의 "각각 자기 나라 사람"이란 말과 "각각 자기 형제"란 말은 동의어로 영적 이스라엘 안에 속한 사람들을 지칭하는 말이다. 이는 결코 영적 이스라엘 밖의 사람들을 포함하는 말은 아니다. 영적 이스라엘 사람들 즉 모든 믿는 사람들은 다른 영적 이스라엘을 가르쳐 이르기를 주님을 알라고 하지 않을 것이라는 것이다. 그리스도를 알고 믿는 사람들에게 전도하지 않을 것이란 뜻이다.

저자는 영적 이스라엘 사람들에게 하나님을 알라고 하지 않을 이유는 "그들이 작은 자로부터 큰 자까지 다 나를 알기" 때문이라는 것이다. 그리스도를 믿는 사람들은 작은 자로부터 큰 자까지(민족, 부족, 계급, 지위, 빈부 등을 철폐한다는 뜻이다) 다 하나님을 알기 때문에 그들을 향해서 하나님을 알라고 하지 않을 것이라고 한다는 것이다(사 2:2-4; 11:9; 합 2:14). 그러나 이 말은 누구나 구원을 받는다는 말은 아니다. 그리스도를 믿는 사람들은 누구나 하나님을 알게 되고 구원에 동참한다는 것이다.

히 8:12. 내가 그들의 불의를 긍휼히 여기고 그들의 죄를 다시 기억하지 아니하리라 하셨느니라(ὅτι ἵλεως ἔσομαι ταῖς ἀδικίαις αὐτῶν καὶ τῶν ἁμαρτιῶν αὐτῶν οὐ μὴ μνησθῶ ἔτι).

예수님을 믿는 신약 시대의 사람들이 받는 복의 셋째 특징은 "내가 그들의 불의를 긍휼히 여기고 그들의 죄를 다시 기억하지 아니하리라"는 것이다(10:17; 롬 11:27). 즉 '하나님 내가 영적 이스라엘의 불의를 긍휼히 여기고 그들의 죄를 다시 기억하지 아니하리라'는 것이다. 누구든지 예수님을 믿는 사람들은 불의를 용서받는 것이고 또 하나님께서 죄를 다시 기억하지 아니하시는 것이다. 누구든지 하나님을 믿으면 불의와 죄(여기서는 동의

어로 사용되었다)를 용서받는다. 그리스도를 믿는 신약의 사람들은 누구든
지 그리스도의 피로 깨끗함을 얻어 영원히 의인으로 살게 된다. 하나님께서
우리를 용서하시면 하나님은 다시 기억하지 아니하신다는 것을 우리가 기억
해야 한다. 죄를 용서받으면 죄를 전혀 짖지 않았던 사람같이 된다.

**히 8:13. 새 언약이라 말씀하셨으매 첫 것은 낡아지게 하신 것이니
낡아지고 쇠하는 것은 없어져 가는 것이니라**(ἐν τῷ λέγειν Καινὴν
πεπαλαίωκεν τὴν πρώτην· τὸ δὲ παλαιούμενον καὶ γηράσκον ἐγγὺς
ἀφανισμοῦ).

저자는 본 절 상반 절에서는 하나님께서 하신 위대하신 일을 말하고
하반 절에서는 하나님께서 하신 일의 자연적인 결과를 말한다. 저자는 "새
언약이라 말씀하셨으매 첫 것은 낡아지게 하신 것이라"고 말한다(고후
5:17). 하나님께서 "새 언약이라고 말씀하셨기에"(8절; 렘 31:31) 첫 것
즉 첫 언약은 낡아지게 하셨다는 것이다. 새 언약이라고 말씀하신 이상
첫 언약은 낡아지게 하시려는 것이라는 뜻이다.

저자는 "낡아지고 쇠하는 것은 없어져 가는 것이라"(τὸ παλαιούμενον
καὶ γηράσκον ἐγγὺς ἀφανισμου)고 말한다. 이 문장을 다시 번역하면:
"낡아지고 오래된 것은 곧 소멸되어 버린다." "Now that which decayeth
and waxeth old [is] ready to vanish away"-KJV. "And what is becoming
obsolete and growing old is ready to vanish away"-RSV. 즉 '낡아지고
늙어지는 구약은 곧 소멸되어 버린다'는 뜻이다. 낡아지고 늙어지는 것이
끝까지 남아있지는 못한다는 뜻이다. "낡아지다"(παλαιούμενον)란 말은
현재 분사 수동태로 '지금 계속해서 낡아져 가고 있다,' '닳아 해어지고
있다'는 뜻이고, "쇠하다"(γηράσκον)란 말도 역시 분사로 '서서히 소멸해
가고 있다'는 뜻이다. 히브리서 저자가 관찰하는 대로 지상에 아직도 서
있는 구약의 성전과 예법(9장에서 자세히 말함)은 이제 곧 사라질 운명에
처해 있음을 말하고 있다. 그러니 수신자들 중에서 구약으로 돌아가려는

사람들에게 일침을 가하고 있는 셈이다. 하나님께서 히브리서 저자에게
주후 70년 예루살렘 멸망을 의식하게 한 것인지도 모른다.

제 9 장

제9장 그리스도 제물의 완전성

D. 첫 언약의 성소와 예법   9:1-10
   옛 언약이 새 언약으로 대치되었음을 말한(8:6-13) 저자는 이 부분
(9:1-10절)에서 옛 언약의 성소와 예법에 대해 설명한다. 저자는 먼저 구약의
성막과 그 설비를 설명하고(1-5절) 그 안에서 드려지는 제사를 언급하며(6-7
절), 그 제사를 근거로 장차 오실 그리스도를 설명한다(8-10절).

히 9:1. 첫 언약에도 섬기는 예법과 세상에 속한 성소가 있더라(Eἶχε μὲν
οὖν ((καὶ)) ἡ πρώτη δικαιώματα λατρείας τό τε ἅγιον κοσμικόν).
   저자가 본 절부터 7절까지 구약에 속한 성소와 섬기는 예법에 대해
거론하는 이유는 그것을 근거하여 그리스도의 제사가 완전한 것임을 말하려
는 것이다. 저자는 "첫 언약에도 섬기는 예법과 세상에 속한 성소가 있다"고
말한다(출 25:8). 저자가 "첫 언약에도"라고 말한 것은 신약에만 아니라
구약에도 섬기는 예법과 세상에 속한 성소가 있어왔다는 것을 말하려는
것이다.
   본문의 "섬기는 예법"(δικαιώματα λατρείας)이란 말은 '예배에 관한
규례,' '예배에 관한 규정'을 이름이다. 그리고 "세상에 속한 성소"란 말은
'하늘의 성소와 대조되는, 손으로 만든 성소'(성소와 지성소를 구별하지
않고 성막 전체를 지칭한다)를 이름이다(24절). 저자가 여기서 "첫 언약에
도...세상에 속한 성소"가 있어왔다고 말하는 이유는 "예수님께서 손으로

짓지 아니한 것 곧 이 창조에 속하지 아니한 더 크고 온전한 장막으로 말미암아 염소와 송아지의 피로 하지 아니하고 자기의 피로 영원한 속죄를 이루사 단번에 성소에 들어가신 것"을 말하기 위함이다(11-12절). 본문의 "있더라"(Εἶχε)는 말은 미완료과거 시제로 이미 과거에도 있었고 지금도 있다는 것을 표현하는 말이다. 즉 구약의 예배 규정과 손으로 지은 성소는 과거로부터 있었고 히브리서 저자 당시 아직 존재하고 있음을 보여주고 있다. 그것들은 주후 70년 로마의 디도 장군이 이끄는 군대에 의해 무너졌다. 히브리서 저자가 이런 것에 대해 언급하는 이유는 수신자들이 구약 시대 예배에 대해 미련을 버리고 예수님을 잘 믿음으로 섬기는 자들이 되도록 하기 위함이다.

히 9:2. 예비한 첫 장막이 있고 그 안에 등잔대와 상과 진설병이 있으니 이는 성소라 일컫고(σκηνὴ γὰρ κατεσκευάσθη ἡ πρώτη ἐν ᾗ ἥ τε λυχνία καὶ ἡ τράπεζα καὶ ἡ πρόθεσις τῶν ἄρτων, ἥτις λέγεται Ἅγια).

저자는 앞(1절)에서는 성소 전체에 대해 언급했고, 이제 본 절에서는 첫 장막(성소)과 그 안에 있었던 시설들에 대해서 말하고, 다음 절들(3-4절)에서는 지성소와 또 그 안에 있는 시설들에 대해서 언급한다.

저자는 "예비한 첫 장막이 있고 그 안에 등잔대와 상과 진설병이 있으니 이는 성소라 일컫는다"고 말한다(출 25:23, 31; 26:1, 35; 40:4; 레 24:5). 여기 "예비한 첫 장막이 있다"는 말은 '첫 장막이 예비 되어 있었다'는 것을 뜻하고 "그 안에 등잔대가 있었다"는 말은 '성소 안에 들어서면 왼편에 금으로 만든 등잔대가 있고 또 등잔대는 일곱 가지들(branches)이 있어 그 위에 일곱 등잔이 있었다'(출 16장; 25장-26장; 30장; 민 17장)는 것을 지칭한다. 이곳의 일곱 등잔은 신약 시대의 일곱 영 곧 성령을 상징한다(계 4:5). 그리고 "상과 진설병이 있었다"는 말은 '성소 안의 오른 편에 떡 상이 있고 그 상위에 이스라엘 12지파를 상징하는 12개의 떡이 진설되어 있다'는 것을 지칭한다. 이 12개의 떡들은 안식일마다 새롭게 진설되었다(출

25:23-30). 이 떡들은 생명의 떡이신 그리스도를 상징하였는데 12지파 곧 모든 성도들이 생명의 떡을 받아야 할 것을 보여준다. 저자는 "이는 성소라 일컬어진다"고 말한다. 즉 "예비한 첫 장막이 있고 그 안에 등잔대와 상과 진설병이 있었는데" 이를 성소라 일컫는다는 뜻이다.

히 9:3-4. 또 둘째 휘장 뒤에 있는 장막을 지성소라 일컫나니 금향로와 사면을 금으로 싼 언약궤가 있고 그 안에 만나를 담은 금 항아리와 아론의 싹 난 지팡이와 언약의 돌 판들이 있고(μετὰ δὲ τὸ δεύτερον καταπέτασμα σκηνὴ ἡ λεγομένη Ἅγια Ἁγίων, χρυσοῦν ἔχουσα θυμιατήριον καὶ τὴν κιβωτὸν τῆς διαθήκης περικεκαλυμμένην πάντοθεν χρυσίῳ, ἐν ᾗ στάμνος χρυσῆ ἔχουσα τὸ μάννα καὶ ἡ ῥάβδος Ἀαρὼν ἡ βλαστήσασα καὶ αἱ πλάκες τῆς διαθήκης).

저자는 앞(2절)에서는 첫 장막과 그 안의 시설물에 대해 언급했고 이제는 지성소와 그 안에 있는 시설물에 대해 설명한다. 저자는 "둘째 휘장 뒤에 있는 장막을 지성소라 일컫는다"고 말한다(6:19; 출 26:31, 33; 40:3, 21). 여기 "둘째 휘장"이란 '성소와 지성소 사이에 있는 휘장'을 지칭한다(출 26:31-37). 지성소에는 대제사장이 일 년에 한번 짐승의 피를 가지고 들어가 제사했다.

저자는 지성소 안의 시설물에 대해 언급했는데 두 가지가 있다고 말한다. 즉 "금향로와 사면을 금으로 싼 언약궤가 있고 그 안에 만나를 담은 금 항아리와 아론의 싹 난 지팡이와 언약의 돌판들이 있다"(χρυσοῦν ἔχουσα θυμιατήριον καὶ τὴν κιβωτὸν τῆς διαθήκης περικεκαλυμμένην πάντοθεν χρυσίῳ, ἐν ᾗ στάμνος χρυσῆ ἔχουσα τὸ μάννα καὶ ἡ ῥάβδος Ἀαρὼν ἡ βλαστήσασα καὶ αἱ πλάκες τῆς διαθήκης)고 말한다(출 16:33-34; 25:16, 21; 34:29; 40:20; 민 17:10; 신 10:2, 5; 왕상 8:9, 21; 대하 5:10). 하나는 "금향로"라고 말한다. 히브리서 저자는 "금향로"가 둘째 휘장 뒤 즉 지성소에 있다고 말한다. 여기서 문제가 되는 것은 구약 성경에 보면 금향로가

성소에 위치해 있다고 말하고 있다는 점이다(출 30:1-10). 그런데 히브리서 저자는 금향로가 지성소에 있다고 말하는 점이 문제이다. 그렇다면 금향로가 어디에 있다고 말해야 옳은 것인가. 성소에 있다고 해야 하는가 아니면 지성소에 있다고 말해야 옳은 것인가. 이에 대한 학자들의 견해는 갈린다. 1) "금향로"(the golden censer-KJV)가 지성소에 있다고 말한 것은 히브리서 저자가 70인 역을 오해했기 때문에 생긴 것이라는 견해(출 25:23-40; 26:35 같은 구절에 성소에 떡 상과 등대만 있고 향로가 없는 점을 감안할 때 그렇게 볼 수도 있다는 견해). 그러나 히브리서 저자가 성령의 감동으로 성경을 저술하면서 오해했다고 주장하는 것은 무리이다(벧후 1:21). 2) "금 향로"(χρυσοῦν ἔχουσα θυμιατήριον)를 '금 향단'('금으로 만든 분향제단'-표준새번역, the golden altar of incense-NIV, NASB, RSV)으로 번역할 수 있는 것으로 대제사장은 일 년에 한 차례씩 지성소에 들어가면서 향을 피운 금 향단을 가지고 지성소에 들어가 속죄제를 드리기 전에 하나님 앞에 분향하여 그 연기로 속죄소를 가리었으니(레 16:12-13) 비록 향로는 항상 지성소에 있는 것은 아니지만 지성소에 있는 기물로 볼 수 있다는 해석이다 (Davidson, Hewitt, Bruce, Morris, 이순한). 2번의 견해가 바람직한 것으로 보인다.

또 하나는 "사면을 금으로 싼 언약궤가 있다"고 말한다(출 25:10-16; 왕상 8:1-10). "언약궤"는 아카시아 나무로 만든 궤를 말하는데, 길이가 1.1m, 넓이가 0.7m, 높이가 0.7m로 만들었는데 전체를 금으로 쌌다. 언약궤 는 항상 지성소에 있었다. 그러나 바벨론 포로기 이후 새로 지은 성전의 지성소에는 아무 것도 없었던 것으로 보인다.55) 언약궤 안에는 세 가지가 있었다. 즉 "그 안에 만나를 담은 금 항아리와 아론의 싹 난 지팡이와 언약의 돌 판들이 있었다." 첫째, "만나를 담은 금 항아리"가 있었다(출 16:31-34). 금 항아리에 만나를 담아둔 것은 이스라엘을 향하신 하나님의

---

55) Josephus, *Jewish Wars* 1. 152-53; Antiquities 14. 71-72(CLC).

사랑과 권능을 후대에까지 전하기 위해서였다. 둘째, "아론의 싹 난 지팡이"
가 있었다(민 17:1-13). 아론의 지팡이에 싹이 났던 이유는 하나님께서
아론이 참된 대제사장이라는 것을 보여주시기 위함이었다. 하나님께서는
참된 자를 알아주신다. 그리고 셋째, "언약의 돌 판들이 있었다"(출 25:16;
31:18; 32:15; 신 10:1-2). 언약궤 안에 십계명을 기록한 두 돌 판을 두었던
이유는 영원히 하나님의 말씀을 기억하라는 뜻이었다. 위의 세 가지 것들이
포로기 이후 없어진 것은 그리스도께서 오실 터이므로 자리를 내드린 것으
로 보는 것이 좋을 것이다. 그리스도께서 참 만나이시고 그리스도께서 참
대제사장이시며 그리스도께서 참 말씀이시라는 것을 알려주는 사건으로
보아야 할 것이다.

히 9:5a. 그 위에 속죄소를 덮는 영광의 그룹들이 있으니(ὑπεράνω δὲ
αὐτῆς Χερουβὶν δόξης κατασκιάζοντα τὸ ἱλαστήριον-And over it the
cherubims of glory shadowing the mercy seat-KJV-그리고 그 궤위에는,
영광에 빛나는 그룹들이 있어서, 속죄 판을 그 날개로 내리덮고 있었습니다
-표준 새 번역).

저자는 앞(4절)에서 언약궤와 또 언약궤 안에 있는 것들에 대해 언급한
다음 이제 본 절에서는 "그 위에 속죄소를 덮는 영광의 그룹들이 있다"고
말한다(출 25:18, 22; 레 16:2; 왕상 8:6-7). 본문의 "속죄소"란 말은 '(죄를)
덮는 것'(tr,Pok')이란 뜻으로 '언약궤를 덮는 뚜껑'을 지칭한다. 속죄 소는
네모반듯한 판으로 금으로 만들었다(출 25:17). 일 년에 한 차례씩 대제사장
이 여기에 속죄의 피를 부었기 때문에 이 이름이 생겼다. 그리고 본문의
"덮는"이란 말은 '그늘 지우는'이란 뜻으로 영광의 두 그룹들, 즉 두 천사들
이 서로 얼굴을 대하여 속죄소를 향하여 그늘로 덮고 있었다(출 25:17-22;
37:6-9). "영광의 그룹들"은 하나님 보좌에 둘러있는 영물들로서(계 4:6-8)
속죄 소에 하나님이 임재하신 것을 상징했다.

히 9:5b. 이것들에 관하여는 이제 낱낱이 말할 수 없노라(περὶ ὧν οὐκ ἔστιν νῦν λέγειν κατὰ μέρος).

저자는 지금까지 성막에 대해 언급한 다음 이제 본 절에서는 "이것들에 관하여는 이제 낱낱이 말할 수 없다"고 말한다. 저자가 성소와 성소 안에 있는 것들과 지성소와 또 지성소 안에 있는 것들에 대해 이제 하나하나 다 말할 수 없다고 말한다. 저자는 이런 것들과 또 성막 안에서 "드리는 예물과 제사는 섬기는 자를 그 양심상 온전하게 할 수 없기"(9:9) 때문에 상세히 말하기를 원하지 않는다. 저자가 말하기를 원하는 것은 그리스도의 희생의 제사였다(9:11-14). 그런고로 저자는 여기서 갑자기 더 이상 성전의 기물들에 대해서 말하기를 원하지 않았다. 우리도 더 중요한 것에 더 신경을 써서 말해야 한다.

히 9:6. 이 모든 것을 이같이 예비하였으니 제사장들이 항상 첫 장막에 들어가 섬기는 예식을 행하고(Τούτων δὲ οὕτως κατεσκευασμένων εἰς μὲν τὴν πρώτην σκηνὴν διὰ παντὸς εἰσίασιν οἱ ἱερεῖς τὰς λατρείας ἐπιτελοῦντες).

저자는 "이 모든 것을 이같이 예비하였다"고 말한다. 저자가 지금까지 말한바 성전과 기구들을 이처럼 마련해 놓았다는 뜻이다. 다시 말해 제사장들과 대제사장들이 섬기고 피의 제사를 드릴 수 있도록 설비해 놓았다는 것이다.

그리고 저자는 본 절에서는 제사장들의 섬김에 대해 말하고 다음 절에서는 대제사장이 제사 드린 일을 언급한다. 일반 성도들은 성전에 들어가지 못했고 제사장들과 대제사장들만이 성전에 들어가 섬겼는데 그것도 제사장들은 성소에서 섬겼고, 대제사장들은 지성소에서 제사를 드렸다.

저자는 "제사장들이 항상 첫 장막에 들어가 섬기는 예식을 행했다"고 말한다(민 28:3; 단 8:11). 레위 계통의 제사장들이 항상 즉 매일 아침저녁으로 들어가 분향하고(출 30:7-8) 등불을 밝혔으며(출 27:21) 안식일마다 묵은 진설병을 거두고 새 진설병을 드렸다(레 24:8-9). 신약 성경의 누가는 그날의 관례에 따라 제사장들이 추첨에 의해 뽑혀서 성전에 들어가 분향했다고 말한다(눅 1:9).

히 9:7. 오직 둘째 장막은 대제사장이 홀로 일 년에 한 번 들어가되 자기와 백성의 허물을 위하여 드리는 피 없이는 아니하나니(εἰς δὲ τὴν δευτέραν ἅπαξ τοῦ ἐνιαυτοῦ μόνος ὁ ἀρχιερεύς, οὐ χωρὶς αἵματος ὃ προσφέρει ὑπὲρ ἑαυτοῦ καὶ τῶν τοῦ λαοῦ ἀγνοημάτων).

저자는 앞(6절)에서는 제사장들이 매일 한 일을 언급했고 이제 본 절에서는 "오직 둘째 장막은 대제사장이 홀로 일 년에 한 번 들어가되 자기와 백성의 허물을 위하여 드리는 피 없이는 아니 한다"고 말한다. '지성소에는 대제사장이 혼자 일 년에 한 번 대(大) 속죄일(유대력 7월 10일)에 들어갔는데 반드시 자기와 백성의 허물을 사함받기 위하여 피를 가지고 들어가서 피를 뿌렸다'고 말한다(25절; 5:3; 7:27; 출 30:10; 레 16:2, 11-12, 15, 34). 대제사장이 가지고 지성소에 가지고 들어간 피는 먼저 황소의 피를 뿌렸고 다음에 염소의 피를 뿌렸다(레 16:14-15). 그런고로 대제사장은 두 번 지성소에 들어간 것이다. 대제사장은 지성소에 들어가 자기와 백성들의 죄를 위하여 황소의 피를 속죄 소(언약궤 뚜껑) 동편과 앞 편에 뿌렸다(레 16:11, 14). 대제사장은 이 피를 자기와 백성의 죄를 속하기 위하여 하나님께 드렸다. 그런 다음 그는 염소의 피를 가지고 두 번째 지성소에 들어가 속죄 소 위와 앞에 뿌렸다. 대제사장은 이 피로 백성들의 죄를 속했다(레 16:15-16). 신약 시대에 와서는 예수님께서 모든 사람들의 죄를 속하셨다. 구약 시대의 대제사장들이 피를 가지고 속죄한 것은 참 대제사장이신 예수님께서 피 흘려 속죄하실 것을 예표 한 것이었다.

히 9:8. 성령이 이로써 보이신 것은 첫 장막이 서 있을 동안에는 성소에 들어가는 길이 아직 나타나지 아니한 것이라(τοῦτο δηλοῦντος τοῦ πνεύματος τοῦ ἁγίου, μήπω πεφανερῶσθαι τὴν τῶν ἁγίων ὁδὸν ἔτι τῆς πρώτης σκηνῆς ἐχούσης στάσιν-By this the Holy Spirit indicates that the way into the sanctuary is not yet opened as long as the outer tent is still standing-RSV).

히브리서 저자는 "성령이 이로써 보이신 것이" 있다고 말한다 (10:19-20). 즉 성령님께서 6절이 말하는 "첫 장막"과 또 7절이 말하는 "둘째 장막"을 가지고 보여주시는 것(깨우쳐주시는 것)이 있다고 말한다. 저자는 구약 시대의 성막들을 하나의 이야기로만 보지 않고 그것들을 가지고 성령님께서 무엇인가 가르쳐주는 것이 있다고 말하고 있다.

그러면 성령님이 가르쳐주시는 것이 무엇인가? 그것은 "첫 장막이 서 있을 동안에는 성소에 들어가는 길이 아직 나타나지 아니한 것이라"는 것을 가르쳐준다는 것이다(요 14:6). 첫 장막 즉 예수님의 육체가 그냥 계신 동안에는 지성소 즉 천국에 들어가는 길이 아직 나타나지 않은 것이라고 한다. 예수님이 죽으셔야 천국에 들어가는 길이 열린다는 것이다. 저자가 수신자들에게 이 편지를 통하여 가르쳐주기를 원하는 메시지는 땅의 성소를 사모하고 유대교로 돌아가려는 사람들은 천국 가는 길이 열려지지 않는다는 것이었다.

히 9:9. 이 장막은 현재까지의 비유니 이에 따라 드리는 예물과 제사는 섬기는 자를 그 양심상 온전하게 할 수 없나니(ἥτις παραβολὴ εἰς τὸν καιρὸν τὸν ἐνεστηκότα, καθ' ἣν δῶρά τε καὶ θυσίαι προσφέρονται μὴ δυνάμεναι κατὰ συνείδησιν τελειῶσαι τὸν λατρεύοντα).

저자는 앞(8절)에서 첫 장막이 서 있을 동안에는 성소에 들어가는 길이 아직 나타나지 않았다(예수님께서 육체를 가지고 계신 동안에는 천국에 가는 길이 아직 열리지 않았다는 뜻)고 말했는데, 이제 본 절에서 저자는 구약의 장막이 서 있는 동안에 가지는 모든 제사 행위는 섬기는 자를 그 양심상으로 온전하게 할 수 없다고 말한다. 본 절 초두의 "이 장막"이란 첫 장막과 지성소 중 하나를 말하는 것이 아니라 구약의 제도를 통칭하는 말이다. 다시 말해 구약의 장막이 서 있는 동안의 모든 제사 행위는 완전한 속죄를 이루지 못하고 불완전하다는 것을 지칭한다.

본문의 "현재까지의"(εἰς τὸν καιρὸν τὸν ἐνεστηκότα)란 말은 두 가지로 번역될 수 있는데, 1) "그 때를 위한"(for the time then present-KJV)이라고 번역될 수 있다. "그 때를 위한"으로 번역하면 "이 장막은 그 때를 위한 비유"라는 뜻이 된다. 다시 말해 '구약의 제사제도는 장막이 서 있었던 당시를 위한 비유'라는 뜻이 된다. 2) "현재를 위한"이라고 번역될 수 있다. 즉 '히브리서 저자와 수신자들이 살고 있던 시대를 위한 비유'라는 뜻이 된다. 다시 말해 '히브리서 저자와 수신자들이 살고 있던 시대를 위한 교훈'이라는 뜻이 된다. 구약의 장막제도는 히브리서 저자와 수신자들이 살고 있던 당시뿐 아니라 현 신약 시대 전체를 위해서 무엇인가를 가르쳐주는 교훈이란 뜻이 된다. 두 견해 중에 문맥으로 보아(앞 절 참조) 2번의 번역이 타당하다.

성령께서 주시는 깨달음은 구약의 장막은 현 신약 시대를 위한 교훈으로서 구약의 장막 제도에 따라 드리는 "예물과 제사는 섬기는 자를 그 양심상 온전하게 할 수 없다"는 것이다(7:18-19; 10:1, 11; 갈 3:21). 구약의 장막 안에서 제사장들이 드리는 예물과 제사는 섬기는 자를 그 양심(선악을 아는 인간 기능)상으로 만족하게 할 수 없다는 것이다. 그리스도께서 십자가에서 죽으시기 이전에는 사람들이 양심에 걸려 예물을 장막으로 가지고 와서 제사장들에게 예물을 주어 제사를 드리게 해보아도 예배자의 마음을 만족하게 하지 못했다. 그 예물과 제사는 예배자의 양심에 깨끗함을 주지 못했고 죄 의식을 제거하지 못했다. 예물과 제사는 예배 자를 의식적으로만 깨끗하게 했을 뿐 양심의 죄를 제거하지 못했다. 예수님의 피만이 죄를 제거하고 양심을 깨끗하게 하며 사람을 온전하게 만든다(9:13-14).

히 9:10. 이런 것은 먹고 마시는 것과 여러 가지 씻는 것과 함께 육체의

예법일 뿐이며 개혁할 때까지 맡겨 둔 것이니라(μόνον ἐπὶ βρώμασιν καὶ
πόμασιν καὶ διαφόροις βαπτισμοῖς, δικαιώματα σαρκὸς μέχρι καιροῦ
διορθώσεως ἐπικείμενα-They are only a matter of food and drink and
various ceremonial washings-external regulations applying until the time
of the new order-NIV).

저자는 앞(9절)에서 예배 자들이 제사장들을 통하여 예물과 제사를 드려
도 양심에 만족을 얻지 못했다고 말하고, 본 절에서는 예물과 제사가 하나의
육체를 위한 예법일 뿐이지 실질적인 효과는 없는 것이라고 말한다. 저자는
"이런 것," 즉 '예물과 제사'는 "먹고 마시는 것과 여러 가지 씻는 것과
함께 육체의 예법일 뿐이라"고 말한다(레 11:2; 민 19:7; 골 2:16). 저자는
성막 안에서 예물 드리고 제사 드리는 법에는 먹는 것(레 11:1-23), 마시는
것(레 10:8-9), 씻는 것(레 11:24-40; 16:24-28)이 있는데 이런 것들은 육체를
위한 예법일 뿐이라고 말한다.

그리고 저자는 "개혁할 때까지 맡겨 둔 것이라"(ιμποσεδ"ον τηεμ υντιλ
τηε τιμε οφ ρεφορματιον-KJV, applying until the time of the new or-
der-NIV)고 말한다(7:16; 엡 2:15; 골 2:20). 성막에서 예물을 드리고 제사
드리는 행위는 '그리스도께서 개혁하실 때까지만 유효하다'는 뜻이다. 구약
의 모든 법규들은 예수님께서 새 언약을 성취하실 때까지만 효력이 있다는
뜻이다. 새 언약이 성취된 때 구약의 모든 규정들은 그 효력을 상실하게
마련이었다.

E. 그리스도는 자기 피로 영원한 속죄를 이루셨다   9:11-14
히브리서 저자는 앞(1-10절)에서 옛 언약의 성소와 예법에 대해 설명한
다음, 이제 이 부분(11-14절)에서는 예수 그리스도께서 자신의 피로 영원한
속죄를 이루셨다고 말한다. 저자는 그리스도께서 하늘의 성소에서 자신의
피로 속죄의 제물을 드리신 것을 말한다.

히 9:11. 그리스도께서는 장래 좋은 일의 대제사장으로 오사 손으로 짓지 아니한 것 곧 이 창조에 속하지 아니한 더 크고 온전한 장막으로 말미암아
(Χριστὸς δὲ παραγενόμενος ἀρχιερεὺς τῶν γενομένων ἀγαθῶν διὰ τῆς μείζονος καὶ τελειοτέρας σκηνῆς οὐ χειροποιήτου, τοῦτ᾽ ἔστιν οὐ ταύτης τῆς κτίσεως).

저자는 문장 초두에 "그러나"(δέ)라는 접속사를 사용하여 앞부분과 차별화를 시도한다. 저자는 앞(1-10절)에서 구약의 제사에 대해 언급했는데 이제는 그리스도께서 드리신 영원한 제사에 대해 언급한다. 저자는 "그리스도께서는 장래 좋은 일의 대제사장으로 오셨다"고 말한다(3:1; 10:1). 여기 "장래 좋은 일"(γενομένων[56] ἀγαθῶν)이란 '이루어진 좋은 일들'이라는 뜻으로 '하나님께 자유롭게 나아갈 수 있는 것, 이미 이루어진 더 좋은 언약, 하나님과의 인격적 교제, 양심의 자유와 평화 등'을 지칭한다. 그리스도께서는 이 모든 좋은 일들을 성취하시기 위하여 대제사장으로 오셨다.

저자는 그리스도께서 더 좋은 일들을 성취하실 때 "손으로 짓지 아니한 것 곧 이 창조에 속하지 아니한 더 크고 온전한 장막으로 말미암아" 성취하셨다고 말한다(8:2). 그렇다면 저자가 "손으로 짓지 아니한 것 곧 이 창조에 속하지 아니한 더 크고 온전한 장막으로 말미암아"(διὰ τῆς μείζονος καὶ τελειοτέρας σκηνῆς οὐ χειροποιήτου, τοῦτ᾽ ἔστιν οὐ ταύτης τῆς κτίσεως)란 말이 무엇을 말하는 것인가. 몇 가지 견해가 있다. 1) 그리스도께서 더 크고 온전한 장막, 여러 하늘들을 통과하여 하나님께 나아가셨다는 견해(Alford, Zahn, Bruce, Philip E. Hughes, Kistemaker, 이순한). 2) 그리스도 자신의 육체로 말미암아 좋은 일들을 성취하셨다는 견해(Chrysostom, Calvin, Bengel, Westcott, Morris, 이상근). 더 많은 주석가들은 1번을 다 지지하나 다음 절(12절)과의 연결을 생각할 때에는 2번이 더 타당한

---

56) 부정(단순)과거 분사로 '이미 이루어진'이란 뜻이다.

것으로 보인다.

히 9:12. 염소와 송아지의 피로 하지 아니하고 오직 자기의 피로 영원한 속죄를 이루사 단번에 성소에 들어가셨느니라(οὐδὲ δι' αἵματος τράγων καὶ μόσχων διὰ δὲ τοῦ ἰδίου αἵματος εἰσῆλθεν ἐφάπαξ εἰς τὰ ἄγια αἰωνίαν λύτρωσιν εὑράμενος, Neither by the blood of goats and calves, but by his own blood he entered in once into the holy place, having obtained eternal redemption [for us]-KJV).

저자는 앞(11절)에서 그리스도께서 자신의 육체로 말미암아 속죄를 성취하셨다고 말하고 본 절에서는 "염소와 송아지의 피로 하지 아니하고 오직 자기의 피로 영원한 속죄를 이루사 단번에 성소에 들어가셨다"고 말한다(26절, 28절; 10:4, 10; 단 9:24; 슥 3:9; 행 20:28; 엡 1:7; 골 1:14; 벧전 1:19; 계 1:5; 5:9). 구약의 대제사장은 염소와 송아지의 피를 지성소로 가지고 들어가 속죄일에 드렸다(레 16:11-17). 예수님은 짐승의 피를 드리지 아니하시고 오직 "자기의 피로 영원한 속죄를 이루셔서 단번에 천국에 들어가셨다." 예수님은 대제사장이시면서도 자신이 희생제물이셨다. 그는 단번에 그의 피를 드려 영원한 구원을 이루셨다. 예수님께서는 백성들의 대표로서 하나님 앞에 백성들을 위하여 피를 흘려주셨다. 그가 피를 흘리실 때 땅 위의 지성소에서 흘리시지 않고 십자가에서 흘리셨다. 그리하여 그리스도는 십자가에서 우리의 구원을 완성하셨다. 그는 바로 십자가에서 "다 이루었다"고 외치셨다(요 19:30). 예수님은 그의 피로 그의 백성들을 사신 것이다(행 20:28). 예수님께서 단번에 백성들을 영원히 구원하시고 하늘 성소에 들어가셨다. 본문에서 말하는 "성소"란 '하늘 성소' 즉 그리스도께서 대속의 죽음을 죽으사 부활 승천하셔서 들어가신 하나님 보좌 우편을 지칭한다(24절; 8:1).

본 절 주해를 하면서 한 가지 눈에 뜨는 것은 어떤 학자들(Chrysostom,[57] Bengel,[58] P. E. Hughes[59])이 예수님께서 승천하실 때 그의 피를 가지고 하늘 성소에 들어가셨다는 주장을 한다는 점이다. 그 학자들이 주장하는 대로 어떤 이유로든지 하늘 성소로 그리스도의 피가 옮겨졌다는 주장은 성경적으로 옳지 않은 것으로 보인다. 개역 표준 번역판(RSV)도 독자들을 의아하게 만들고 있다. 개역 표준 번역판은 이렇게 번역하고 있다. 즉 "He entered once for all into the Holy Place, taking not the blood of goats and calves but his own blood, thus securing an eternal redemption"-RSV ("그리스도는 염소와 송아지의 피가 아니고 자신의 피를 가지고 지성소에 단번에 들어가셨다. 그래서 영원한 구원을 이루어주셨다"). 개역 표준 번역판(RSV)은 그리스도의 속죄 사역이 십자가에서 아직 완수가 되지 않은 것으로 말하고 있다. 그리스도는 아직도 하늘 성소에서 무엇인가 하셔야 할 일이 남아 있기에 피를 가지고 들어간 것처럼 번역했다. 그리스도께서 십자가에서 이루신 구원은 완전한 것으로 더 이상 보충이 필요 없는 것으로 보아야 한다.[60] 키스테메이커(Simon Kistemaker)는 "그리스도께서 다 이루었다고 소리 치셨을 때(요 19:30) 그는 자신의 피를 가지고 하늘 성소로 들어갈 필요가 없었다. 그는 갈보리 십자가에서 구속 사역을 온전히 이루셨다...하나님은 그리스도께서 구원 사역을 완전히 이루셨다는 뜻으로 지상 성소의 휘장을 위로부터 아래까지 찢어서 확정지어 주셨다"고 주장한다.[61] 브루스(F. F. Bruce)는 "속죄일에 대한 유비(類比)를 강조함으로써 그리스도의 속죄 사역이 십자가 위에서 완성되지 않았다고 주장하는 주석가들이 있다. 다시 말해 그가 승천하여 '효력 있는 자기 피를 바침으로써 하늘의

57) 크리소스톰은 주장하기를 그리스도의 피는 하늘로 올려졌기 때문에 우리는 참 성소에 올려진 그리스도의 피에 참여한다고 주장한다(Homily 33 on Heb. 13).
58) 벵겔(Bengel)은 그리스도께서 승천하실 때 그리스도께서 흘리신 피는 그의 몸속에 넣지 않은 채 그리스도에 의해 하늘 성소로 옮겨졌다고 주장한다(Hughes, *A Commentary on the Hebrews*, Grand Rapids; Eerdman, p. 329).
59) 휴즈(Philip Hughes)는 9:12을 주해하면서 그리스도께서 승천하시면서 피를 가지고 승천하셨다는 것을 주장하기 위해 25쪽이나 되는 추기(追記)를 썼다(pp. 329-354).
60) Leon Morris, *Hebrews-Revelation*, The Expositor's Bible Commentary, 12, ed. by Frank E. Gaeblein, Grand Rapids: Zondervan, p. 86.
61) Simon Kistemaker, *Hebrews*, 9:12주해.

지성소에서 우리를 위해 속죄하기까지는 그의 구속 사역이 완성되지 않았다
는 것이다. 그러나 옛 언약 하에서는 제물의 피를 먼저 뜰에서 드린 다음에
지성소로 가지고 들어가는 것이 필요했지만 새 언약 하에서는 우리 주님의
제사가 그처럼 두 단계로 구분되지 않아도 된다"고 주장한다.62) 그리스도께
서 피를 가지고 승천하셨다는 주장을 반박하기 위해 렌스키(R. C. H. Lenski)
는 "우리는 예수가 그의 죽음의 시간에 하나님 앞에 있는 하늘의 성소에
그의 피를 가지고 들어갔다는 생각을 버리기로 한다. 벵겔(Bengel)이나 슈티
어(Stier), 델리취(Delitzsch)와 또 다른 이들이 그리스도의 피에 대하여 말한
것을 읽어보면 혼란에 빠지게 된다. 그리스도가 흘린 피는 그의 몸속에
도로 들어갔다든지 그 피는 하늘에서 받아졌다든지 그리스도의 죽은 몸속에
남아있던 피는 증가되었고 새로워졌다든지 하는 것이 그들의 견해이다"63)
라고 주장한다. 우리는 개역 표준 역(RSV)의 번역을 받을 수 없고 또 몇몇
학자들의 견해를 받을 수 없다.

히 9:13-14. 염소와 황소의 피와 및 암송아지의 재를 부정한 자에게 뿌려
그 육체를 정결하게 하여 거룩하게 하거든 하물며 영원하신 성령으로 말미암
아 흠 없는 자기를 하나님께 드린 그리스도의 피가 어찌 너희 양심을 죽은
행실에서 깨끗하게 하고 살아 계신 하나님을 섬기게 하지 못하겠느냐(εἰ
γὰρ τὸ αἷμα τράγων καὶ ταύρων καὶ σποδὸς δαμάλεως ῥαντίζουσα
τοὺς κεκοινωμένους ἁγιάζει πρὸς τὴν τῆς σαρκὸς καθαρότητα, πόσῳ
μᾶλλον τὸ αἷμα τοῦ Χριστοῦ, ὃς διὰ πνεύματος αἰωνίου ἑαυτὸν προσή-
νεγκεν ἄμωμον τῷ θεῷ, καθαριεῖ τὴν συνείδησιν ἡμῶν ἀπὸ νεκρῶν
ἔργων εἰς τὸ λατρεύειν θεῷ ζῶντι).

히브리서 저자는 앞(12절)에서 그리스도의 피로써 그의 백성들을 구원하
신 것을 말한 다음 이제 이 부분(13-14절)에서도 역시 그리스도의 피가

---

62) 브루스(F. F. Bruce), *히브리서 17*, 성경주석, 뉴인터내셔널, pp. 290-91.
63) 렌스키(R. C. H. Lenski), *히브리서, 야고보서*, 성경주석, pp. 243-44.

사람들을 죄 가운데에서 구원한다고 강하게 말한다. 저자는 먼저 13절에서 구약 시대의 짐승의 피와 암송아지의 재도 사람의 육체를 정결하게 하고 거룩하게 한다는 것을 말한 다음 14절에서는 그리스도의 피가 속죄한다는 것을 강하게 부각시킨다.

저자는 "염소와 황소의 피와 및 암송아지의 재를 부정한 자에게 뿌려 그 육체를 정결하게 하여 거룩하게 한다"고 말한다. 여기 "염소와 황소의 피"는 속죄일에 바친 제물이었고(레 1:5; 16:11-17; 시 50:13; 사 1:11), "암송아지의 재"는 시체를 만진 사람을 정결하게 하는 예식에 사용되었다 (민 19:1-19). 구약 시대에는 염소와 황소의 피와 및 암송아지의 재를 부정한 자에게 뿌려 그 육체를 정결하게 하여 거룩하게 했다. "육체를 정결하게 하여 거룩하게 했다"는 말은 '육체를 깨끗하게 해서 거룩하게 만들어주었다' 는 말인데 이는 의식적으로 정결하게 만들어주었다는 뜻이다.

저자는 이를 통해 짐승의 피나 짐승의 재를 가지고도 사람의 부정을 의식적으로 정결하게 한다면 "하물며 영원하신 성령으로 말미암아 흠 없는 자기를 하나님께 드린 그리스도의 피가 어찌 너희 양심을 죽은 행실에서 깨끗하게 하고 살아 계신 하나님을 섬기게 하지 못하겠느냐"고 반문한다 (1:3; 6:1; 7:27; 10:22; 눅 1:74;롬 1:4; 6:13, 22; 엡 2:5; 딛 2:14; 벧전 1:19; 3:18; 4:2; 요일 1:7; 계 1:5). 저자는 13절(짐승의 피와 짐승의 재로 육체를 정결하게 한다는 내용)과 본 절(그리스도의 피로 속죄한다는 내용)을 대조하면서 짐승의 피도 사람을 정결하게 한다면 하물며 그리스도의 피야 말할 것이 무엇이 있겠느냐는 논리이다.

저자는 "영원하신 성령으로 말미암아 흠 없는 자기를 하나님께 드린 그리스도의 피"의 효험을 말한다. 여기 "영원하신 성령으로 말미암아"(διὰ πνεύματος αἰωνίου)란 말을 두고 혹자는 '그리스도 자신의 영(靈)으로 말미암아'라고 해석하기도 하나(A. T. Robertson, Snell) '영원하신 성령에 의해서'라고 해석하는 것이 더 나을 것이다(사 42:1; 61:1, 눅 4:18, Bruce, Morris, Lane). 이 문제를 두고 키스테메이커(Kistemaker)는 말하기를 "우리는 이 말씀이 둘 중에 어느 것을 의미하는지 확실히 말하기 어렵다...그러나 그리스도께서 성령에 의해서 이끌리셨다는 것은 사실이다. 예를 들면 누가는 '예수께서 성령의 충만함을 입어 요단강에서 돌아 오사 광야에서 사십 일 동안 성령에게 이끌리시며 마귀에게 시험을 받으시더라 이 모든 날에 아무 것도 잡수시지 아니하시니 날 수가 다하매 주리신지라'고 말하고 있다"고 한다(눅 4:1-2).[64]

저자는 성령에게 이끌리시며 "흠 없는 자기를 하나님께 드린 그리스도의 피"가 이룩한 두 가지의 공로(공적)를 말한다. 그리스도는 흠이 없는 자기를 하나님께 드려 피를 흘려주셨으니 그 공로가 엄청나다. 구약 시대 짐승의 피나 짐승의 재도 그 어떤 효력을 발휘했다고 한다면 흠 없는 자신을 하나님께 드려 피를 흘려주신 그리스도의 공로는 말할 것도 없이 엄청난데 그 공로에 있어서 두 가지는 상상할 수 없이 크다. 그 하나는, 사람의 "양심을 죽은 행실에서 깨끗하게 하는 것"이다. 즉 저자는 "어찌 너희 양심을 죽은 행실에서 깨끗하게 하지 못하겠느냐"고 말한다. 히브리서 수신자들의 양심을 죽은 행실 즉 죄로부터 깨끗하게 한다는 것이다. 구약시대 짐승의 피와 재는 시체로 부정하게 된 사람의 몸은 깨끗하게 했으나 양심은 깨끗하게 하지 못했는데(9절) 그리스도의 피는 죄로 더러워진(막 7:21-23) 사람의 양심을 깨끗하게 한다. 그런고로 바울은 "내가 범사에 양심을 따라 하나님을 섬겼노라"고 말했다(행 23:1). 양심을 따라 하나님을 섬기는 것만큼 복된 일은 다시없다. 둘째, 그리스도의 피는 우리로 하여금 "살아 계신 하나님을 섬기게 한다"고 한다. 그리스도의 피는 영적으로 죽은 사람의 심령을 다시 살려 살아계신 하나님을 섬기게 만들어준다. 하나님께 예배하고 섬기는 것은 큰 복이다.

F. 그리스도는 새 언약의 중보자이시다   9:15-22

64) Simon Kistemaker, *Hebrews,* New Testament Commentary, pp. 251-52.

히브리서 저자는 앞(11-14절)에서 예수 그리스도께서 자신의 피로 영원한 속죄를 이루셨다고 말한 다음, 이 부분(15-22절)에서는 그리스도께서 피를 흘리신 결과로 새 언약의 중보자가 되셨다고 언급한다. 저자는 사람들이 지은 죄를 속량하시려고 그리스도께서 죽으셔서 영원한 기업의 약속을 얻게 하셨다고 말하고(15절), 모세가 구약을 체결하는데도 짐승의 피를 흘려 이룩했고 또 짐승의 피로써 모든 것이 정결하게 되었다고 말한다 (16-22절).

히 9:15. 이로 말미암아 그는 새 언약의 중보자시니 이는 첫 언약 때에 범한 죄에서 속량하려고 죽으사 부르심을 입은 자로 하여금 영원한 기업의 약속을 얻게 하려 하심이라(Καὶ διὰ τοῦτο διαθήκης καινῆς μεσίτης ἐ- στίν, ὅπως θανάτου γενομένου εἰς ἀπολύτρωσιν τῶν ἐπὶ τῇ πρώτῃ διαθήκῃ παραβάσεων τὴν ἐπαγγελίαν λάβωσιν οἱ κεκλημένοι τῆς αἰωνι- ΄ου κληρονομίας-Therefore he is the mediator of a new covenant, so that those who are called may receive the promised eternal inheritance, since a death has occurred which redeems them from the transgressions under the first covenant-RSV).

저자는 "이로 말미암아"(διὰ τοῦτο), 즉 '그리스도께서 피를 흘려주셨으므로'(앞 절) "그는 새 언약의 중보자시라"고 말한다(7:22; 8:6; 12:24). 그리스도께서 십자가에서 대속의 죽음을 죽어주신 것이 새 언약(8:6, 8)을 성립하게 하신 중보자가 되셨다는 뜻이다. 만일 그리스도께서 피를 흘려주시지 않았더라면 그는 새 언약의 중보자가 되시지 못하셨을 것이다. 이제 그는 피를 흘려주셨기에 새 언약의 중보자가 되신 것이다.

저자는 예수님께서 중보자로서 죽으신 목적을 길게 말한다. 즉 "이는 첫 언약 때에 범한 죄에서 속량하려고 죽으사 부르심을 입은 자로 하여금 영원한 기업의 약속을 얻게 하려 하셨다"고 말한다(롬 3:25; 5:6; 벧전 3:18). 본문의 "첫 언약 때에 범한 죄"(τῶν ἐπὶ τῇ πρώτῃ διαθήκῃ παραβάσεων)란 말이 무엇을 뜻하느냐를 두고 두 가지 견해가 제시되었다. 1) '구약 시대에 사람들이 율법을 범한 죄'를 속량하시려고 예수님께서 죽으셨다는 뜻이라고 하는 견해(Aquinas, Hughes, Hewitt, Plummer, Lane, Brown, 이상근). 2) '어느 시대를 막론하여 사람들이 율법을 범한 죄'를 속량하시려고 예수님께 죽으셨다는 견해(Westcott, Moffatt, 박윤선, 이순한)로 갈린다. 이 두 견해 중 2번이 옳다. 이유는 "첫 언약 때에"(ἐπὶ τῇ πρώτῃ διαθήκῃ)란 말은 '구약 시대에'란 뜻이 아니라 '첫 번 언약을 근거하여'란 뜻인 고로 '하나님의 법을 근거하여'란 뜻이 된다.65) 그런고로 구약 시대나 신약 시대를 가리지 않고 하나님의 법을 범한 죄에서 사람들을 속량하려고 예수님께서 죽으셨다는 뜻이 된다.

저자는 예수님께서 "속량하려고 죽으사 부르심을 입은 자로 하여금 영원한 기업의 약속을 얻게 하셨다"고 말한다(3:1). 본문의 "속량"(ἀπο-λύτρωσιν)이란 말은 몸값을 주고 다시 사오는 것을 뜻한다. 예수님은 피를 흘려 우리를 다시 사셨다(행 20:28). 예수님께서 피를 흘려 만세 전에 하나님으로부터 부르심을 입은 자들(엡 1:4)로 하여금 영원한 기업 즉 내세의 복된 생명과 천국을 얻게 하셨다.

히 9:16. 유언은 유언한 자가 죽어야 되나니(ὅπου γὰρ διαθήκη, θάνατον ἀνάγκη φέρεσθαι τοῦ διαθεμένου).

히브리서 저자는 본 절과 다음 절(17절)에서 "언약"이라고 번역해도 되고 "유언"이라고 번역해도 되는 "디아데케"라는 낱말(διαθήκη)을 대부분의 번역판들로 하여금 "유언"이라고 번역하게 만들었다.66) 왜냐하면 "유언

---

65) 여기 전치사 "에피"(ἐπι)를 어떻게 번역하느냐에 따라 해석이 갈린다. 이것을 '아래에서'라고 번역하면 '첫 언약 아래에서'라고 되고, 어떤 근거를 나타내는 전치사로 번역하면 '하나님의 법을 범한 죄,' '율법을 범한 죄'라고 해석된다. 이 두 번역 중 어느 번역이 옳으냐 하는 것은 전적으로 문맥에 의존한다. 만약 첫 언약 때에 범한 죄를 속한다고 하면 신약 시대, 다시 말해 히브리서 저자 당시에 사람들이 범한 죄를 제외시킨다는 말이 성립된다. 그런고로 전치사를 번역할 때 어떤 근거를 나타내는 전치사로 번역해야 할 것이다(James Moffatt).

66) "유언"(Will, Testament)이라고 번역한 번역판들: 한글 개역판, 개역개정판, 표준새번역,

은 유언한 자가 죽어야 되나니"라는 의미 때문이다. 유언한 자가 죽어야
하기 때문에 유언이라고 번역하게 만든 것이다. 그럼에도 불구하고 "언약"이
라고 번역해야 한다고 주장하는 학자들이 있다. 이유는 "첫째, 신약 성경에서
디아데케(διαθήκη)라는 낱말을 줄곧 언약으로 사용했다는 것. 둘째, 본문에
서 유언이라고 번역해 보아야 별로 도움이 되지 않는다는 것. 셋째, 16절과
17절의 디아데케(διαθήκη)라는 낱말을 유언이라고 번역하면 18절과의 형평
성이 깨진다. 이유는 18절에서는 첫 언약을 말하고 있기 때문이라"는 것
등을 들고 있다.67) 그러나 히브리서 저자는 그리스도의 죽음을 설명하기
위하여 16절과 17절에서 이 낱말(διαθήκη)을 사용했으니 "언약"을 염두에
두고 서신을 썼다기보다는 "유언"의 개념을 염두에 두고 쓴 것으로 보아야
한다(Calvin, Bengel, Alford, Bruce, Kistemaker, Hewitt, Lane, 이상근,
이순한, 박형용). 아무튼 히브리서 저자는 유언은 유언한 자가 죽어야 한다고
강조한다. 유언한 자가 살아 있는 동안에는 그 유언장은 하나의 서류에
불과한 것이다.

**히 9:17. 유언은 그 사람이 죽은 후에야 유효한즉 유언한 자가 살아 있는
동안에는 효력이 없느니라**(διαθήκη γὰρ ἐπὶ νεκροῖς βεβαία, ἐπεὶ μήποτε
ἰσχύει ὅτε ζῇ ὁ διαθέμενος).

본 절 초두에는 이유를 말하는 접속사(γὰρ)가 있어 저자가 앞(16절)에서
말한바 유언은 유언한 자가 죽어야 하는 이유를 본 절이 설명하고 있다.
왜냐하면 유언의 효력에 있어서는 유언한 자가 죽어야 하는 이유가 유언의
성격과 관련되기 때문이다. 즉 "유언은 그 사람이 죽은 후에야 유효한즉
유언한 자가 살아 있는 동안에는 효력이 없기" 때문이다(갈 3:15). 유언한
사람이 죽어야 유언이 효력을 발휘하는 것이고 죽지 않고 살아 있는 동안에

현대인의 성경, 공동번역, KJV, KJVS, NKJV, ASV, RSV, NRSV, NLT, "언약"(Covenant)라고
번역한 번역판들: NASB, YLT.
67) B. F. Westcott, *The Epistle to the Hebrews*, p. 265.

는 그 유언장이 효력이 없기 때문에 유언한 자가 반드시 죽어야 하는 것이다. 이처럼 예수님의 죽으심으로 말미암아 그의 유언인 신약도 유효하게 되었다. 저자가 다음 절에서 다시 언약의 개념으로 돌아가는 것을 보면 이 부분 (16-17절)의 유언의 개념은 수신자들로 하여금 예수님께서 죽으셨기에 그가 말씀하신 신약의 내용이 유효하게 된 것을 알리는 것으로 보인다.

히 9:18. 이러므로 첫 언약도 피 없이 세운 것이 아니니(ὅθεν οὐδὲ ἡ πρώτη χωρὶς αἵματος ἐγκεκαίνισται).

저자는 "이러므로"(ὅθεν) 즉 '유언은 유언한 자가 죽어야 함으로' "첫 언약도 피 없이 세운 것이 아니라"고 말한다(출 24:6). "첫 언약" 곧 '모세가 하나님으로부터 받은 언약'도 피를 흘려 세웠다고 말한다(다음 절 이하로부터 22절까지 설명). 유언자의 죽음의 개념이 본 절에서는 언약의 피로 바뀌었다. 죽음과 피를 동일한 것으로 본 것이다.

히 9:19. 모세가 율법대로 모든 계명을 온 백성에게 말한 후에 송아지와 염소의 피 및 물과 붉은 양털과 우슬초를 취하여 그 두루마리와 온 백성에게 뿌리며(λαληθείσης γὰρ πάσης ἐντολῆς κατὰ τὸν νόμον ὑπὸ Μωϋσέως παντὶ τῷ λαῷ, λαβὼν τὸ αἷμα τῶν μόσχων ((καὶ τῶν τράγων)) μετὰ ὕδατος καὶ ἐρίου κοκκίνου καὶ ὑσσώπου αὐτό τε τὸ βιβλίον καὶ πάντα τὸν λαὸν ἐράντισεν, For when Moses had spoken every precept to all the people according to the law, he took the blood of calves and of goats, with water, and scarlet wool, and hyssop, and sprinkled both the book, and all the people-KJV, For when every commandment of the law had been declared by Moses to all the people, he took the blood of calves and goats, with water and scarlet wool and hyssop, and sprinkled both the book itself and all the people-RSV).

저자는 본 절에서 앞(18절)에서 말한 바와 같이 첫 언약이 피로써 체결된 사실을 말한다. 첫 언약이 체결된 것을 보면 먼저 모세가 하나님의 율법을 백성에게 읽어 주었을 때 백성들은 모세가 읽어주는 율법을 듣고 "한 소리로 응답하여 이르되 여호와께서 말씀하신 모든 것을 우리가 준행 하리이다"라고 대답했다(출 24:3). 그런 다음 "모세가 여호와의 모든 말씀을 기록하고 이른 아침에 일어나 산 아래에 제단을 쌓고 이스라엘 열두 지파대로 열두 기둥을 세우고 이스라엘 자손의 청년들을 보내어 여호와께 소로 번제와 화목제를 드리게 하고 모세가 피를 가지고 반은 여러 양푼에 담고 반은 제단에 뿌리고 언약서를 가져다가 백성에게 낭독하여 듣게 하니 그들이 이르되 여호와의 모든 말씀을 우리가 준행 하리이다"라고 말했다(출 24:4-7). 그런 다음 "모세가 그 피를 가지고 백성에게 뿌리며"(출 24:8) 20절과 같이 말했다.

그러니까 히브리서 저자는 출애굽기 24:3-8에 없는 몇 가지를 본 절(19절)에 첨부했다. 이렇게 히브리서 저자가 몇 가지를 본 절에 첨부한 것은 아마도 구전(口傳)으로 내려오던 것을 넣었든지 아니면 모세 오경 전체(레 16:3-28 참조)에 의존했을 가능성이 큰 것으로 보인다.

히브리서 저자는 본 절(19절)에서 언약 체결을 위한 첫 번째 과정을 기록해 놓았다. 즉 "모세가 율법대로 모든 계명을 온 백성에게 말해 주었다." 언약에 동의하는지를 알기 위해 모든 계명을 온 백성에게 말해 준 것이다. 그런 후에 두 번째 과정으로 백성들이 수락하면 그 내용을 두루마리 책에 기록했다(이 과정은 구약을 체결하는데 필요한 두 번째 과정인데 본 절에는 생략되어 있다). 그런 다음 마지막 세 번째 단계로 그 두루마리와 언약체결의 당사자인 백성들에게 피를 뿌려 언약이 체결되었음을 확정한다(이 과정은 언약 체결의 세 번째 과정이다. 이 과정은 본 절에 기록되어 있다). 이렇게 피를 뿌리는 것은 누구든지 하나님과 맺은 언약을 어기는 자는 피 흘림을 당하리라는 것을 알게 하려는 것이었다. 본문의 "송아지와 염소의 피"(출 24:5, 6, 8; 레 16:14-15, 18)는 이스라엘 백성과 대제사장 자신의 죄를 속하게 하는데 사용된 것과 같은 제물이었다(12절). 그런데 본문에 기록된

"물(레 14:4, 6-7, 49, 51-52)과 붉은 양털과 우슬초"[68]란 말은 시내 산 언약체결 기사에는 없다. 다시 말해 "물과 붉은 양털과 우슬초"를 사용했다는 기사가 없는데 본 절에 나타난 것이다. 따라서 이런 물질들이 무슨 용도로 사용되었는지 정확하게 알 수는 없으나 성결을 위하여 사용된 것으로 보인다(레 14:4-7 참조). 그리고 또 본 절에 시내 산 언약체결 기사와 차이가 있는 한 가지가 더 나타난다. 즉 출 24:7-8에는 언약의 두루마리는 낭독되었고, 피는 백성에게만 뿌려졌다고 기록되었는데 본 절에서는 두루마리에도 피가 뿌려졌다고 기록되었다. 결국 구약 역시 철저하게 피 뿌림으로 언약을 체결했음을 알 수 있다. 예수님은 그의 피로 신약을 체결하셨다.

히 9:20. 이르되 이는 하나님이 너희에게 명하신 언약의 피라 하고(λέγων, Τοῦτο τὸ αἷμα τῆς διαθήκης ἧς ἐνετείλατο πρὸς ὑμᾶς ὁ θεός, saying, "This is the blood of the covenant which God commanded you"-RSV).

모세가 피를 장막과 섬기는 일에 쓰는 모든 그릇에 뿌리며 "이르되 이는 여호와께서 이 모든 말씀에 대하여 너희와 세우신 언약의 피라"고 말하여 구약을 체결했다(출 24:5-6, 8; 레 16:14-15, 18; 마 26:28). 본 절은 출 24:8에서 인용된 것이다.

첫 언약을 체결할 때에 모세가 피를 취하여 반은 제단에 뿌리고 반은 백성에게 뿌렸는데 이를 두고 혹자는 주장하기를 하나님과 백성의 연합을 의미한다고 했는데 우리는 그 의견을 받을 수 없고 오히려 게할더스 보스가 말한바 죄를 제거하는 예식이라는 의견에 더 무게를 두어야 한다(Geerhardus Vos in 박윤선). 즉 게할더스 보스의 의견이 옳다고 본다. 그것은 다음 절이 밝히고 있다.

히 9:21. 또한 이와 같이 피를 장막과 섬기는 일에 쓰는 모든 그릇에 뿌렸느니

---

68) "우슬초": "우슬초"란 피를 뿌리는 도구로 사용되었을 수 있다(출 12:22; 레 14:4f, 49f; 민 19:18).

라(καὶ τὴν σκηνὴν δὲ καὶ πάντα τὰ σκεύη τῆς λειτουργίας τῷ αἵματι ὁμοίως ἐράντισεν, Moreover he sprinkled with blood both the tabernacle, and all the vessels of the ministry-KJV).

히브리서 저자는 "또한 이와 같이 피를 장막과 섬기는 일에 쓰는 모든 그릇에 뿌렸다"(출 19:12, 36; 레 8:15, 19; 16:1, 15-16, 18-19)고 기록하고 있으나 시내 산 언약 체결 당시의 기사에는 이런 기록이 없다. 다만 장막과 장막의 모든 그릇에 관유69)를 발랐다는 기록은 있다(출 40:9; 레 8:10). 구약 성경에는 장막과 모든 기구에 기름만 바른 것으로 나타나나 본 절에서는 피를 뿌렸다고 되어 있는데 이는 아론 집안의 제사장으로 위임된 자들을 거룩하게 구별하기 위하여 기름을 바르고 피를 뿌렸던 것처럼 장막과 기구에도 피를 뿌린 것으로 볼 수 있다(Bruce, Morris).

히 9:22. 율법을 따라 거의 모든 물건이 피로써 정결하게 되나니 피 흘림이 없은즉 사함이 없느니라(καὶ σχεδὸν ἐν αἵματι πάντα καθαρίζεται κατὰ τὸν νόμον καὶ χωρὶς αἱματεκχυσίας οὐ γίνεται ἄφεσις).

저자는 19절부터 21절까지 모세가 첫 언약을 체결한 것을 근거하고 "율법을 따라 거의 모든 물건이 피로써 정결하게 된다"고 말한다. 여기서 저자가 "거의"(σχεδὸν)란 말을 쓴 이유는 "다"는 아니라는 것을 의미한다. 즉 어떤 것들은 물이나 불로도 정결하게 된다는 것을 함축한다(레 15:10; 민 31:22-24 참조).

저자는 상반 절에서는 예외를 두고 말한 반면 하반 절에서는 전혀 예외를 허용하지 않고 말하기를 "피 흘림이 없은즉 사함이 없느니라"고 말한다(레 17:11). 그런데 이 피는 첫 언약 때뿐만 아니라 새 언약에 대해서도 해당되는

---

69) "관유": 'Anointing oil' 머리위에 부어 바르거나 뿌리는 향료를 섞은 기름.
올리브유에 향료를 넣어 만든 것으로, 주로 제사장의 성별 위해 사용되었다(출 25:6; 29:7, 21; 30:25; 31:11; 35:8, 15, 28; 37:29; 39:38; 40:9; 레 8:2, 10, 12, 30; 10:7; 21:10, 12; 민 4:16). 이 거룩한 관유는 제사장 이외의 누구에게도 붓는 일이 허용되지 않았다(출 30:31-33참조). 그리고 이것은 또한 제사장의 직접 관리 하에 있었다(민 4:16).

말이다. 구약 시대에는 사람들의 죄를 위해 반드시 짐승이 죽어야 했고
신약 시대에는 예수님께서 사람들의 죄를 속하시기 위해 죽어주셨다. 예수님
께서 새 언약을 체결하시던 저녁에 말씀하시기를 "이것은 죄 사함을 얻게
하려고 많은 사람을 위하여 흘리는바 나의 피 곧 언약의 피니라"이라 하셨다
(마 26:28). 그러므로 우리는 예수님께서 피를 흘려주셨기에 우리는 죄 사함
을 받은 것이다. 할렐루야!

G. 그리스도는 완전한 제사를 드리셨다 9:23-28

히브리서 저자는 앞(15-22절)에서는 그리스도께서 피를 흘리신 결과로
새 언약의 중보자가 되셨다는 것을 언급한 다음, 이제 이 부분(23-28절)에서
는 그리스도께서 단번에 완전한 제사를 드리셨다고 말한다. 저자는 먼저
그리스도께서 하늘의 성소에서 제사를 드리신 것을 말하고(23-24절), 그리
스도는 단번에 완전한 제사를 드리셨다고 말한다(25-28절).

히 9:23. 그러므로 하늘에 있는 것들의 모형은 이런 것들로써 정결하게
할 필요가 있었으나 하늘에 있는 그것들은 이런 것들보다 더 좋은 제물로
할지니라('Ανάγκη οὖν τὰ μὲν ὑποδείγματα τῶν ἐν τοῖς οὐρανοῖς τού-
τοις καθαρίζεσθαι, αὐτὰ δὲ τὰ ἐπουράνια κρείττοσιν θυσίαις παρὰ
ταύτας-[It was] therefore necessary that the patterns of things in the
heavens should be purified with these; but the heavenly things themselves
with better sacrifices than these-KJV).

저자는 "그러므로" 즉 '피 흘림이 없은즉 사함이 없으므로' "하늘에
있는 것들의 모형은 이런 것들로써 정결하게 할 필요가 있었으나 하늘에
있는 그것들은 이런 것들보다 더 좋은 제물로 할지니라"고 말한다(8:5 주해
참조). 여기 "하늘에 있는 것들의 모형은 이런 것들로써 정결하게 할 필요가
있었다"는 말은 '구약 시대의 성막과 제단과 그리고 기물들과 두루마리들은
송아지와 염소의 피 같은 것으로 정결하게 할 필요가 있었다'는 말이다.

피 흘림이 없이는 아무 것도 사함이 없음으로 반드시 짐승의 피로써 정결하
게 해야 한다는 뜻이다.

그리고 "하늘에 있는 그것들은 이런 것들보다 더 좋은 제물로 할지니라"
는 말은 '하늘에 가기로 되어 있는 성도들(Bruce, Morris, Hewitt, 박윤선)은
이런 짐승의 피보다 더 좋은 제물 즉 예수님의 피로써 정결하게 해야 한다'는
것이다.

**히 9:24. 그리스도께서는 참 것의 그림자인 손으로 만든 성소에 들어가지
아니하시고 바로 그 하늘에 들어가사 이제 우리를 위하여 하나님 앞에 나타
나시고**(οὐ γὰρ εἰς χειροποίητα εἰσῆλθεν ἅγια Χριστός, ἀντίτυπα τῶν
ἀληθινῶν, ἀλλ' εἰς αὐτὸν τὸν οὐρανόν, νῦν ἐμφανισθῆναι τῷ προσώπῳ
τοῦ θεοῦ ὑπὲρ ἡμῶν-For Christ is not entered into the holy places made
with hands, [which are] the figures of the true; but into heaven itself,
now to appear in the presence of God for us-KJV).

저자는 앞(23절)에서 그리스도께서 자신의 피로써 하늘에 갈 성도들의
죄를 사해주신 것을 말하고, 이제 본 절에서는 하늘에 들어가셔서 사역하시
고 계시다고 말한다. 저자는 "그리스도께서는 참 것의 그림자인, 손으로
만든 성소에 들어가지 아니하시고 바로 그 하늘에 들어가셨다"고 말한다
(8:2). 저자는 먼저 "그리스도께서는 참 것의 그림자인, 손으로 만든 성소에
들어가지 아니하셨다"(6:20)고 말함으로써 예수님께서 지상의 대제사장들
과는 전혀 다른 분임을 말한다. 땅 위의 대제사장들은 일 년에 한 번씩
짐승의 피를 가지고 지성소에 들어가 자신과 백성들의 죄를 사했는데, 예수
님은 단 한 번도 땅위의 지성소에 들어가신 일이 없고 "바로 그 하늘에
들어가셨다"고 말한다. 예수님께서 감람산에서 승천하신 후에는 하나님
우편에 계신다.

그리고 저자는 예수 그리스도께서 "이제 우리를 위하여 하나님 앞에
나타나셨다"고 말한다(7:25; 롬 8:34; 요일 2:1). 여기 "하나님 앞에 나타나

셨다"는 말은 '하나님의 면전에 나타나셨다'는 뜻으로 우리를 위하여 기도
하시려고 나타나신 것이다. 그는 지금도 우리를 위해 계속해서 기도하고
계신다(7:25; 롬 8:34; 요일 2:1). 그는 그가 드린 단번 제사를 근거하여
하나님께 우리의 구원을 위하여 기도하신다. 우리를 위해 중보자께서 기도
하신다는 사실이야 말로 우리에게는 말할 수 없이 감사할 일이고 찬양할
일이다.

히 9:25. 대제사장이 해마다 다른 것의 피로써 성소에 들어가는 것 같이
자주 자기를 드리려고 아니하실지니(οὐδ' ἵνα πολλάκις προσφέρῃ ἑαυτόν,
ὥσπερ ὁ ἀρχιερεὺς εἰσέρχεται εἰς τὰ ἅγια κατ' ἐνιαυτὸν ἐν αἵματι
ἀλλοτρίῳ-Nor yet that he should offer himself often, as the high priest
entereth into the holy place every year with blood of others-KJV).

저자는 본 절과 다음 절 상반 절(26a)에서 그리스도는 구약의 대제사장과
는 완전히 다르시다는 것을 말한다. 저자는 본 절에서 구약의 대제사장은
"해마다 다른 것의 피로써 성소에 들어간다"고 말한다(7절 주해 참조). 구약
의 대제사장은 해마다 자기 피가 아닌 다른 짐승들의 피를 가지고 성소에
들어 가곤했다는 것이다. 본문의 "들어가다"(εἰσέρχεται)란 말이 현재시제
로 표기되어 있는 것은 해마다 계속해서 들어간 것을 뜻한다. 저자는 대제사
장들은 매년 지성소에 들어갔으나 그리스도는 "자주 자기를 드리려고 아니
하셨다"고 말한다. 저자의 이 말은 예수님께서는 매번 드려야 효력을 발생케
하는 불완전한 제사를 드리신 것이 아니라 완전히 그것도 단번에 죄인들인
우리들을 위하여 영원한 제사를 드리셨다는 것을 뜻한다.

히 9:26. 그리하면 그가 세상을 창조한 때부터 자주 고난을 받았어야 할
것이로되 이제 자기를 단번에 제물로 드려 죄를 없이 하시려고 세상 끝에
나타나셨느니라(ἐπεὶ ἔδει αὐτὸν πολλάκις παθεῖν ἀπὸ καταβολῆς κόσ-
μου· νυνὶ δὲ ἅπαξ ἐπὶ συντελείᾳ τῶν αἰώνων εἰς ἀθέτησιν ((τῆς))

ἁμαρτίας διὰ τῆς θυσίας αὐτοῦ πεφανέρωται).

저자는 "그리하면"(ἐπεὶ) 즉 '그리스도께서 자주 자기를 드리려고 하셨다면'(앞 절) "그가 세상을 창조한 때부터 자주 고난을 받았어야 할 것이라"고 말한다. '예수님께서 세상을 창조하신(요 1:3; 골 1:16, 예수님께서 세상을 창조하셨음) 때부터 자주 피를 흘리셨어야 할 것이라'는 뜻이다. 그러나 예수님은 두 번 고난을 받으시지도 않고 단 한 번 고난을 받으셔서 영원한 제사를 드리셨다.

저자는 바로 앞에 말한 것(26a)을 완전히 뒤집는 말을 한다. 즉 "이제 자기를 단번에 제물로 드려 죄를 없이 하시려고 세상 끝에 나타나셨느니라"고 말한다(12절; 7:27; 10:10; 고전 10:11; 갈 4:4; 엡 1:10; 벧전 3:18). 문장 앞에는 "그러나"(δὲ)라는 말을 사용하여 이 문장이 바로 앞 문장(26a)과는 완전히 다른 내용임을 드러낸다. 저자는 예수님께서 자기를 단번에(12절; 6:4; 7:27) 제물로 드려 그리스도를 믿는 사람들의 죄를 속량하시려고(15절) 세상 끝에 성육신하셨다고 말한다(딤전 3:16; 벧전 1:20). 단번 사역이 영원한 효과를 나타내는 일은 참으로 이 세상에 다시없는 일이다.

히 9:27. 한 번 죽는 것은 사람에게 정해진 것이요 그 후에는 심판이 있으리니 (καὶ καθ' ὅσον ἀπόκειται τοῖς ἀνθρώποις ἅπαξ ἀποθανεῖν, μετὰ δὲ τοῦτο κρίσις).

저자는 앞(26절)에서 예수님께서 단번에 제물로 드려 죄를 없이 하시려고 세상 끝에 나타나신 것을 강조하기 위하여 "한 번 죽는 것은 사람에게 정해진 것이요 그 후에는 심판이 있으리라"고 말한다. 한번 죽는 것은 사람에게 정해진 것이다(창 3:19; 전 3:20). 이렇게 된 것은 하나님께서 정하신 것으로 아무도 변경시킬 수는 없다(창 3:19). 마찬가지로 예수님께서도 한번 죽으셔서 우리의 영원한 속죄를 이루신다는 것이다. 히브리서 저자는 한번이란 말을 그의 서신에 8번 사용하고 있다(6:4; 9:7, 26, 27, 28; 10:2; 12:26, 27).

저자는 "그 후에는 심판이 있다"(and after that comes judgment-RSV)고 말한다(고후 5:10; 계 20:12-13). 사람이 한번 죽는 것도 하나님의 정하심이고 심판도 하나님의 정하심이라는 것이다(계 20:11-15). 전도서 12:14은 "하나님은 모든 행위와 모든 은밀한 일을 선악 간에 심판하시리라"고 증언한다. 예수님의 한번 제물 되심도 하나님의 정하심이고 두 번째 나타나심(첫 번째 나타나심은 예수님의 성육신이었다)도 하나님의 정하심이라는 것이다 (다음 절).

히 9:28. 이와 같이 그리스도도 많은 사람의 죄를 담당하시려고 단번에 드리신 바 되셨고 구원에 이르게 하기 위하여 죄와 상관없이 자기를 바라는 자들에게 두 번째 나타나시리라(οὕτως καὶ ὁ Χριστὸς ἅπαξ προσενεχθεὶς εἰς τὸ πολλῶν ἀνενεγκεῖν ἁμαρτίας, ἐκ δευτέρου χωρὶς ἁμαρτίας ὀφθή-σεται τοῖς αὐτὸν ἀπεκδεχομένοις εἰς σωτηρίαν).

저자는 "이와 같이" 즉 '사람에게 한번 죽는 것과 그 후에 심판이 있는 것같이' "그리스도도 많은 사람의 죄를 담당하시려고 단번에 드리신바 되셨고 구원에 이르게 하기 위하여 죄와 상관없이 자기를 바라는 자들에게 두 번째 나타나시리라"고 말한다. 그리스도에게 있어서도 하나님의 정하심은 두 가지라는 것이다. 하나는 "많은 사람의 죄를 담당하시려고 단번에 드리신 바 되신 것"(마 26:28; 롬 5:15; 6:10; 벧전 2:24; 3:18; 요일 3:5)이고 또 하나는 "구원에 이르게 하기 위하여 죄와 상관없이 자기를 바라는 자들에게 두 번째 나타나시는 것"이라고 한다(딛 2:13; 벧후 5:12). 예수님은 많은 사람들의 죄를 해결하시려고 한번 죽으셨다. 이사야 53:11은 "나의 의로운 종이 자기 지식으로 많은 사람을 의롭게 하며 또 그들의 죄악을 친히 담당하리로다"고 증언한다.

예수님은 대제사장으로서 구원사역을 감당하셨을 뿐 아니라 또한 예수님은 재림하실 것이라고 약속하셨다. 그리스도의 재림은 성경에 대략 1500여 번이라고 한다(헤르만 바빙크). 예수님께서 다시 오시면 "죄와 상관없이 자기를 바라는" 자들을 구원하는 일을 하신다. 예수님께서 다시 오시리라고 하는 이 교훈이야말로 우리 기독교인들에게 한없는 기쁨을 주는 말씀이다. 그날을 바라보고 성도들은 지금이라 일컫는 오늘도 힘을 얻어 주님께서 맡기신 사명을 잘 감당해야 할 것이다. 우리 그리스도인들은 그날을 바라보고 지금 어려워도 견디고 있다.

제 10 장

제1장 영원한 제사를 드리신 그리스도에 대한 성도의 의무

H. 참 형상의 그림자에 불과한 옛 제사   10:1-4
    히브리서 저자는 앞(9:24-28)에서 그리스도께서 하늘의 성소에서 완전한 제사를 드리신 것을 말한 다음 이 부분(10:1-4)에서는 지상의 대제사장들의 제사는 제사 드리는 자들의 양심을 온전하게 할 수 없다고 말하며, 땅위의 제사는 해마다 죄를 기억하게 하는 것뿐이라고 말한다.

히 10:1. 율법은 장차 올 좋은 일의 그림자일 뿐이요 참 형상이 아니므로 해마다 늘 드리는 같은 제사로는 나아오는 자들을 언제나 온전하게 할 수 없느니라(Σκιὰν γὰρ ἔχων ὁ νόμος τῶν μελλόντων ἀγαθῶν, οὐκ αὐτὴν τὴν εἰκόνα τῶν πραγμάτων, κατ᾽ ἐνιαυτὸν ταῖς αὐταῖς θυσίαις ἃς προσφέρουσιν εἰς τὸ διηνεκὲς οὐδέποτε δύναται τοὺς προσερχομένους τελειῶσαι).
    저자는 앞부분(9:24-28)과는 완전히 달리 땅위에서 진행되는 대제사장들의 제사는 나아오는 사람들의 양심을 온전하게 할 수 없다고 말한다. 저자는 "율법은 장차 올 좋은 일의 그림자일 뿐이요 참 형상이 아니므로 해마다 늘 드리는 같은 제사로는 나아오는 자들을 언제나 온전하게 할 수 없다"고 말한다. 즉 율법은 장차 올 "좋은 일"(μελλόντων[70] ἀγαθῶν) 즉 '좋은 일들'의 그림자일 뿐이고 참 형상이 아니라는 것이다(8:5; 9:11, 23;

---

70) 현재 분사 복수 동사로 '앞으로 일어나다'(to be about to, be on the point of)라는 뜻이다. 이 동사는 과거와 현재와는 판이하게 다른 미래에 관련된 일을 말할 때 사용되는 단어이다.

골 2:17). 장차 일어날 좋은 일들이란 신약 시대에 일어날 좋은 일들이라는 뜻으로 '하나님께 자유롭게 나아갈 수 있는 것, 이미 이루어진 더 좋은 언약, 하나님과의 인격적 교제, 양심의 자유와 평화 등'을 지칭한다(9:11 주해 참조). 그림자와 참 형상은 전혀 반대되는 개념으로 구약의 제사와 신약의 제사를 지칭하는데 구약의 제사는 아무리 드려도 여전히 그림자일 뿐이며 참 형상이 아니라는 것이다.

저자는 율법은 그림자이고 참 형상이 아니기 때문에 "해마다 늘 드리는 같은 제사로는 나아오는 자들을 언제나 온전하게 할 수 없다"고 단언한다(14절; 9:9). '해마다 끊임없이 드리는 똑같은 제사로는 제사 드리는 사람들을 언제나 온전하게 할 수 없다'는 것이다. 여기 "온전하게 할 수 없다"는 말은 '정결하게 할 수 없다'는 뜻이다(다음 절). 다시 말해 아무리 제사를 매년 드려보아도 사람을 정결하게 하지 못했다는 뜻이다(7:19 참조). 이에 반해 그리스도의 제사는 한번으로 온전했다. 그러므로 그리스도께서는 두 번 다시 죽으실 필요가 없으셨다.

히 10:2. 그렇지 아니하면 섬기는 자들이 단번에 정결하게 되어 다시 죄를 깨닫는 일이 없으리니 어찌 제사 드리는 일을 그치지 아니하였으리요(ἐπεὶ οὐκ ἂν ἐπαύσαντο προσφερόμεναι διὰ τὸ μηδεμίαν ἔχειν ἔτι συνείδησιν ἁμαρτιῶν τοὺς λατρεύοντας ἅπαξ κεκαθαρισμένους).

저자는 "그렇지 아니하면"(ἐπεὶ) 즉 '만약 구약의 제사가 나아오는 자들을 언제나 온전하게 할 수 있었다면'이란 뜻이다. 저자는 본 절에서 앞 절(1절)과는 전혀 반대되는 것을 가정한다. 구약의 제사가 제사 드리는 사람들을 언제나 온전하게 할 수 없는 것인데 혹시 구약의 제사가 제사를 드리는 사람들을 정결하게 만들 수 있다면 어떻게 되었겠는가를 상상해 보는 것이다.

저자는 만약 구약의 제사가 제사 드리는 사람을 정결하게 하여 온전하게 만들어 준다면 "섬기는 자들이 단번에 정결하게 되어 다시 죄를 깨닫는

일이 없을 것이라"고 말한다. 즉 '제사를 드리는 자들이 단번에 죄로부터
깨끗하게 되어 다시는 죄의식을 가지지 않았을 것이라'는 뜻이다(9:9 주해
참조). 따라서 "제사 드리는 일을 그쳤을 것이라"고 한다. 제사 드리는 자들
이 단번에 죄로부터 정결해지고 또 죄의식도 가지지 않게 된다면 제사 드리
는 일을 중단했을 것이라는 뜻이다. 제사 드리는 일을 계속한다는 것 자체는
구약의 제사가 사람을 온전하게 하지 못함을 증명하는 것이다.

히 10:3. 그러나 이 제사들에는 해마다 죄를 기억하게 하는 것이 있나니(ἀλλ'
ἐν αὐταῖς ἀνάμνησις ἁμαρτιῶν κατ' ἐνιαυτόν).

저자는 앞(2절)의 내용을 온전히 뒤집기 위해 문장 초두에 "그러
나"(ἀλλ')라는 접속사를 사용한다. 즉 저자는 앞 절(2절)과는 정 반대로
"이 제사들에는 해마다 죄를 기억하게 하는 것이 있다"고 말한다(9:7; 레
16:21). 구약 시대 사람들은 해마다 제사를 반복해서 드릴 때 그들의 죄를
기억하게 하는 것이 있었다고 말한다. 그러나 예수님은 한번 죽으셔서 택함
받은 사람들은 그 수가 얼마든지 그 모든 죄를 다 해결하셨고 또 우리의
계속되는 죄 때문에 다시 십자가에서 죽으실 필요도 없으셨다(9:14 주해
참조).

히 10:4. 이는 황소와 염소의 피가 능히 죄를 없이 하지 못함이라(ἀδύνατον
γὰρ αἷμα ταύρων καὶ τράγων ἀφαιρεῖν ἁμαρτίας).

본 절 초두에는 이유를 말하는 접속사(γάρ)가 있다. 저자가 앞(3절)에서
말한바 구약 시대 제사들은 해마다 죄를 기억하게 하는 것이 있다고 했는데
그 이유는 바로 "황소와 염소의 피가 능히 죄를 없이 하지 못하기" 때문이라
고 한다(11절; 9:12-13, 19; 미 6:6-7). 황소와 염소의 피는 그리스도의 보혈
의 그림자이고 예표였지(Bruce, Hewitt) 참 형상이 아니므로 사람들의 죄를
속하지 못했다. 그리스도의 피만이 온전히 죄를 씻는다. 롬 10:4은 "그리스도
는 모든 믿는 자에게 의를 이루기 위하여 율법의 마침이 되시니라"고 증언한

다(시 51편 참조).

I. 그리스도는 몸으로 영원한 제사를 드리셨다   10:5-18

히브리서 저자는 앞(1-4절)에서 구약의 제사장들이 짐승의 피를 가지고 제사를 드린 것을 말했는데 짐승의 피는 사람의 죄를 온전히 씻지 못한 것을 말한 다음, 이 부분(5-18절)에서는 그리스도의 제사가 완전함을 역설한다. 저자는 본서의 본론 부분(4:14-10:18) 끝에 도달하여 그리스도 제사의 완전성을 최종적으로 결론짓는다. 저자는 먼저 그리스도의 제사는 하나님의 뜻을 성취한 것임을 말하고(5-10절), 다음으로 그리스도의 제사는 한번 드림으로 영원한 효력이 있음을 말하며(11-14절), 마지막으로 그리스도의 제사를 통해 예수님께서 신약의 중보가 되신 것을 다시 강조한다(15-18절). 이세 번째 논증(15-18절)은 이미 8장에서 논한 바 있다.

히 10:5. 그러므로 주께서 세상에 임하실 때에 이르시되 하나님이 제사와 예물을 원하지 아니하시고 오직 나를 위하여 한 몸을 예비하셨도다(Διὸ εἰσερχόμενος εἰς τὸν κόσμον λέγει, Θυσίαν καὶ προσφορὰν οὐκ ἠθέλη- σας, σῶμα δὲ κατηρτίσω μοι-Consequently, when Christ came into the world, he said, "Sacrifices and offerings thou hast not desired, but a body hast thou prepared for me-RSV, 그러므로 그리스도께서 세상에 오셨을 때에, 하나님께 이렇게 말씀하셨습니다. "주님은 제사와 예물을 원하지 않으셨습니다. 그래서 나에게 입히실 몸을 마련하셨습니다-표준 새 번역). (표준 새 번역의 마침표(")는 7절 끝에 찍혀 있음).

저자는 "그러므로"(διο) 즉 '구약의 제사가 사람을 온전하게 하지 못함으로'(1-4절) "주께서 세상에 임하실 때에 이르시되 하나님이 제사와 예물을 원하지 아니하시고 오직 나를 위하여 한 몸을 예비하셨다"고 말한다(시편 40:6a; 50:8; 사 1:11; 렘 6:20; 암 5:21-22). 본문 중 "주께서 세상에 임하실 때에"(εἰσερχόμενος εἰς τὸν κόσμον)란 말은 '예수님께서 세상에 임하셨을 때에'란 뜻인데, 1) '예수님께서 성육신 하실 때에'란 뜻으로 보는 견해(Alford, Clarke, Hewitt, Lane, Kistemaker). 2) '예수님께서 공생애를 시작하실 때에'란 뜻으로 보는 견해. 3) 예수님께서 성육신 하실 때로부터 예수님께서 세상에 계시는 때 전반을 가리킨다는 견해로 나누인다. 세 견해 중에 1번이 제일 타당하다. 이유는 5절부터 7절에 그리스도께서 하신 말씀("나를 위하여 한 몸을 예비하셨도다"-5절, "하나님의 뜻을 행하러 왔나이다"라는 말씀-7절)을 볼 때 성육신 하신 때를 지칭하는 것으로 봄이 가장 타당하다(요 1:9; 6:14; 12:46; 16:28; 18:37 참조).

저자는 예수님께서 성육신 하실 때에 이르신 말씀 즉 "하나님이여 제사와 예물을 원하지 아니하시고 오직 나를 위하여 한 몸을 예비하셨다"라는 말씀을 인용한다. 이 말씀은 다윗이 예수님을 두고 예언한 시편 40:6의 말씀인데 히브리서 저자는 이 말씀을 아예 예수님께서 말씀하신 것으로 기록했다(10:7, 8, 9 참조).

예수님은 "하나님이여 제사와 예물을 원하지 아니하시고"라 말씀하신다. 하나님께서는 동물의 희생제사와 그 어떤 예물(레위기에서는 곡물제사를 뜻했다)도 원하지 아니하신다는 것이다. 하나님께서 이런 짐승의 제사나 곡물의 제사를 원하지 않으시게 된 것은 제물 자체에 문제가 있어서가 아니고 제사하는 사람들이 하나님의 뜻에는 순종하지 않으면서 단순히 의식적인 행위만을 반복했기 때문이었다.

그리고 예수님은 이어 "오직 나를 위하여 한 몸을 예비하셨다"고 말씀하셨는데 히브리 원전 시편 40:6에는 "그러나 당신께서 내 귀들을 뚫으셨나이다"라고 기록되어 있어 의미상 차이가 있는 듯이 보인다. 이런 차이를 두고 1) 혹자들은 70인이 히브리 원전을 헬라어로 번역할 때(즉 70인 역을 만들 때) 헬라어 단어 "귀"(ωτια)를 "몸"(σῶμα)으로 잘못 보고 번역했다는 견해. 이 견해는 성경에 오류가 있다는 주장이니 당연히 배격해야 하는 견해이다. 2) 히브리 원전을 헬라어로 번역할 때 의역한 것이니 뜻은 같다는 견해. 히브리 원전의 "귀를 뚫는 것"은 종노릇하겠다는 뜻으로 귀를 뚫는 것이고

(출 21:6; 신 15:17), 70인 역의 "나를 위하여 한 몸을 예비하셨다"는 말도 예수님께서 하나님의 뜻을 순종하러 왔다는 뜻으로 하신 말씀이니 뜻에 있어서는 히브리 원전성경이나 70인 역이나 같은 것으로 보는 것이다(Dods, Bengel, Bruce, Morris, Kistemaker). 우리는 이 둘째 견해가 타당한 것으로 본다.

예수님의 말씀 "오직 나를 위하여 한 몸을 예비하셨다"는 말씀은 '예수님을 위하여 하나님께서 한 육신을 예비해주셨다'는 뜻이다. 그 한 육신을 십자가에서 바쳐서 대속의 죽음을 죽으시도록 한 육신을 준비해 주셨다는 것이다. 우리는 하나님께서 예수님을 위하여 예비해주신 한 몸의 희생으로 말미암아 구원을 받게 되었다.

히 10:6. 번제와 속죄제는 기뻐하지 아니하시나니(ὁλοκαυτώματα καὶ περὶ ἁμαρτίας οὐκ εὐδόκησας).

본 절 역시 다윗이 그리스도를 염두에 두고 예언한 말씀이지만 히브리서 저자는 아예 예수님께서 하신 말씀으로 여기 기록했다. 예수님은 하나님께서 "번제와 속죄제는 기뻐하지 아니하신다"고 말씀하신다(시 40:6b의 70인 역 인용). 하나님께서 번제와 속죄제를 기뻐하지 아니하시는 이유는 앞 절(5절)에서 말씀한바와 같이 제물 자체에 문제가 있는 것이 아니라 드리는 자들의 형식적인 행위 때문이었다. "번제"[71]란 구약 성경에 나타나는 5가지 제사(번제, 속죄제, 속건제, 화목제, 소제) 중 하나로 제물을 완전히 태워 하나님께 제사로 드렸는데 헌신자의 전체를 하나님께 드린다는 뜻으로 드렸다. "속죄제"[72] 역시 구약 성경에 나타나는 다섯 가지 제사 중 하나로 여러

---

71) "번제": Burnt offering. 희생제물로서의 동물을 제단 위에서 제단의 거룩한 불로 태워, 희생제물 전부가 연기로서 하늘에 올라감으로써, 예배자의 심령이 하나님께 바쳐짐을 상징하는 가장 중요한 제사방법의 하나. 레 1장 참조.
72) "속죄제": Sin offering, '죄제' (罪祭)로도 번역된다. 죄를 속하기 위해 하나님께 드린 동물 희생의 제사(레 4-6장 참조). 여러 가지 희생제사 중, 가장 중요하고, 기본적인 것인데, 드리는 자의 입장이라든가, 신분에 따라 희생동물을 달리했다. 대제사장은 수송아지, 온 회중도 수송아지, 족장은 수염소, 평민은 암염소 또는 어린 암양이었다(레 4:3-35). 이들 가축에 힘이

가지 희생제사 중 가장 중요하고 기본적인 것으로 그리스도께서 이루신 속죄의 직접적 그림자였다.

히 10:7. **이에 내가 말하기를 하나님이여 보시옵소서 두루마리 책에 나를 가리켜 기록된 것과 같이 하나님의 뜻을 행하러 왔나이다 하셨느니라**(τότε εἶπον, Ἰδοὺ ἥκω, ἐν κεφαλίδι βιβλίου γέγραπται περὶ ἐμοῦ, τοῦ ποιῆσαι ὁ θεὸς τὸ θέλημά σου-Then I said, 'Lo, I have come to do thy will, O God,' as it is written of me in the roll of the book"-RSV, 그래서 내가 말하였습니다. 보십시오. 하나님! 두루마리에 나를 두고 기록되어 있는 대로 나는 주님의 뜻을 행하러 왔습니다"-표준 새 번역).

히브리서 저자는 예수님께서 말씀하신 것을 인용한다. 즉 "이에 내가 말하기를 하나님이여 보시옵소서 두루마리 책에 나를 가리켜 기록된 것과 같이 하나님의 뜻을 행하러 왔나이다'라고 하나님께 말씀하신 것을 인용한다. 여기 "이에 내가 말하기를"이란 말은 '하나님께서 예물과 제사를 기뻐하시지 않으시는 것을 예수님께서 아시고 하나님께 말씀하신다'는 뜻이다. 예수님은 하나님에게 "보시옵소서 두루마리 책에 나를 가리켜 기록된 것과 같이 하나님의 뜻을 행하러 왔나이다'라고 말씀드린다. 여기 "두루마리 책"이란 '두루마리 책을 감는 나무의 끄트머리'를 지칭하는데 본 문맥에서는 '구약 성경 전체'를 가리킨다. 구약 성경 전체는 예수님에 대해서 예언하고 있다. 예수님께서는 구약 성경이 예수님에 대해서 예언한 바와 같이 하나님의 뜻을 순종하시기 위해서 이 땅에 오셨다. 본문의 "하나님의 뜻을 행하러 왔나이다'란 말은 5절의 "오직 나를 위하여 한 몸을 예비하셨다"는 말씀과 똑같은 내용이다. 즉 예수님은 십자가에서 자신의 몸을 희생하시러 오셨다.

미치지 못하는 가난한 자는 산비둘기 둘이나 집비둘기 새끼 둘(레 5:7-13), 극빈자는 고운 가루 에바 10분의 1을 드리도록 되어 있었다(레 5:11-13)

234 히브리서 주해

히 10:8-9. 위에 말씀하시기를 주께서는 제사와 예물과 번제와 속죄제는 원하지도 아니하고 기뻐하지도 아니하신다 하셨고 (이는 다 율법을 따라 드리는 것이라) 그 후에 말씀하시기를 보시옵소서 내가 하나님의 뜻을 행하러 왔나이다 하셨으니 그 첫째 것을 폐하심은 둘째 것을 세우려 하심이라 (ἀνώτερον λέγων ὅτι Θυσίας καὶ προσφορὰς καὶ ὁλοκαυτώματα καὶ περὶ ἁμαρτίας οὐκ ἠθέλησας οὐδὲ εὐδόκησας, αἵτινες κατὰ νόμον προσφέρονται, τότε εἴρηκεν, Ἰδοὺ ἥκω τοῦ ποιῆσαι τὸ θέλημά σου. ἀναιρεῖ τὸ πρῶτον ἵνα τὸ δεύτερον στήσῃ).

히브리서 저자는 다윗이 예수님에 관하여 예언한 시 40:6-7의 말씀(위의 5-7절에 인용했음)을 이 부분(8-9절)에서 해설한다. 저자는 예수님께서 먼저 말씀하신 내용과 후에 말씀하신 내용을 분명하게 구분한다. 예수님께서 먼저 말씀하신 내용은 "주께서는 제사와 예물과 번제와 속죄제는 원하지도 아니하고 기뻐하지도 아니하신다"는 것이다. 즉 '하나님께서는 제사와 예물과 번제와 속죄제를 원하지도 아니하시고 기뻐하지도 아니하신다'는 것이다. 이 네 가지는 구약에서 드려지는 모든 제사를 총칭하는데 이것들은 다 율법이 드리라고 해서 드린 것이다.

그리고 예수님께서 다음으로 말씀하신 내용은 "보시옵소서 내가 하나님의 뜻을 행하러 왔나이다"라는 내용이다. 즉 '보시옵소서 내가 하나님의 뜻을 행하러 이 땅에 왔나이다'라는 내용이다. 예수님은 하나님의 뜻을 순종하여 자기의 몸을 희생하시러 이 땅에 오셨다고 말씀하신다.

저자는 "그 첫째 것을 폐하심은 둘째 것을 세우려 하심이라"고 말한다. 저자는 그리스도께서 첫째 것 즉 제사와 예물과 번제와 속죄제를 폐하셨다고 했는데 폐하신 이유는 하나님께서 제사와 예물과 번제와 속죄제를 원하지도 아니하시고 기뻐하지도 아니하셨기 때문이었다. 그리고 저자는 그리스도께서 둘째 것 즉 "하나님의 뜻을 행하러 왔다"고 하셨는데, 그것은 예수님께서 십자가에서 희생 제사를 드리러 오셨다는 뜻이다. 예수님께서 십자가에서 대속의 죽음을 죽으셨으므로 구약의 모든 희생 제사를 이루셔서 의식적인 모든 제사를 폐하셨다. 저자는 히브리서 수신자들에게 이 부분을 통하여 첫 것은 폐해졌고 둘째 것이 세워진 것을 알림으로써 첫째 것에로 돌아가지 말고 예수님을 따르도록 권하고 있다.

히 10:10. 이 뜻을 따라 예수 그리스도의 몸을 단번에 드리심으로 말미암아 우리가 거룩함을 얻었노라(ἐν ᾧ θελήματι ἡγιασμένοι ἐσμὲν διὰ τῆς προσφορᾶς τοῦ σώματος Ἰησοῦ Χριστοῦ ἐφάπαξ).

저자는 "이 뜻을 따라" 즉 '하나님의 뜻을 따라' 다시 말해 '하나님께서 그리스도에게 한 몸을 예비해 주셔서'(5절) "예수 그리스도의 몸을 단번에 드리심으로 말미암아 우리가 거룩함을 얻었다"고 말한다(9:12). 예수님은 하나님의 뜻을 따라 자신의 몸을 자원하셔서 단번에 드리셨다. 구약의 제사에는 많은 짐승들이 반복적으로 드려졌으나 예수님은 자신의 몸을 한번 드리셨는데 그 효과는 영원하게 나타나게 되었다. 그리고 저자는 그리스도의 몸을 단번 드리심으로 우리가 "거룩함을 얻었다"고 말한다(13:12; 요 17:19). 여기 우리가 "거룩함을 얻었다"(ἡγιασμένοι)는 말은 현재완료 분사 수동태로 이것이 나타내는 의미는 '이미 과거에 거룩함을 얻어 지금까지 유지되고 있다'는 뜻이다. 그런데 이 말은 우리에게서 아주 죄가 없어졌다는 뜻이 아니라 우리가 하나님께로 성별되었다는 뜻이다. 우리가 하나님께로 성별됨도 단번에 영원히 되었다(14절 참조). 우리는 그리스도께서 십자가에서 단번에 드리심으로 영원히 드리신 줄 믿어야 하고(두 번 다시 드리실 필요가 없다) 또 동시에 우리도 영원히 하나님을 위하여 구별된 줄 믿어야 한다.

히 10:11. 제사장마다 매일 서서 섬기며 자주 같은 제사를 드리되 이 제사는 언제나 죄를 없게 하지 못하거니와(Καὶ πᾶς μὲν ἱερεὺς ἕστηκεν καθ᾽ ἡμέραν λειτουργῶν καὶ τὰς αὐτὰς πολλάκις προσφέρων θυσίας, αἵτινες οὐδέποτε δύνανται περιελεῖν ἁμαρτίας).

저자는 구약의 "제사장마다 매일 서서 섬기며 자주 같은 제사를 드리되 이 제사는 언제나 죄를 없게 하지 못한다"고 말한다(4절; 7:27; 민 28:3). "매일 서서 섬긴다"는 말은 섬기는 자의 자세를 표현하며 또 제사가 끝나지 않고 계속됨을 뜻한다. 그리고 "같은 제사를 드린다"는 말은 똑같은 제사를 반복해서 드리는 것을 뜻한다.

저자는 제사장들의 "제사는 언제나 죄를 없게 하지 못한다"고 말한다. 여기 "없게 하지 못한다"(οὐδέποτε δύνανται περιελεῖν)는 말은 '통째로 뿌리 뽑지 못한다,' '뿌리째 뽑지 못한다,' '실제로 없이하지 못한다'는 뜻이다. 이 말은 구약의 짐승의 피로는 죄를 아주 없애지 못한다는 것이다(4절).

히 10:12. 오직 그리스도는 죄를 위하여 한 영원한 제사를 드리시고 하나님 우편에 앉으사(οὗτος δὲ μίαν ὑπὲρ ἁμαρτιῶν προσενέγκας θυσίαν εἰς τὸ διηνεκὲς ἐκάθισεν ἐν δεξιᾷ τοῦ θεοῦ).

저자는 앞(11절)에서 말한바 구약 제사장들의 제사와는 달리 예수님께서 드리신 제사에 대해 언급하고 또 예수님께서 하나님 우편에 앉으신 사실을 언급한다. 저자는 "오직 그리스도는 죄를 위하여 한 영원한 제사를 드리셨다"고 말한다(1:3; 골 3:1). '그리스도께서는 죄를 속하기 위하여 한번으로 영원한 효과를 내는 제사를 드리셨다'는 것이다. 그리스도는 한번 십자가에서 피를 흘리셔서 다시 죽으실 필요 없이 영원한 효과를 내는 제사를 드리셨다.

저자는 예수님은 두 번 다시 죽으실 필요가 없으셔서 하나님 우편에 앉아 단번 제사를 근거하시고 성도들의 구원을 위하여 기도하신다. 즉 "하나님 우편에 앉으사"(he sat down at the right hand of God-RSV) 성도들의 온전한 구원을 위하여 기도하고 계신다(롬 8:34). 예수님은 지금도 우리를 위하여 하나님 우편에서 기도하고 계시니 우리가 예수님을 믿게 되었고 또 점점 성화되어 가고 있다.

히 10:13. 그 후에 자기 원수들을 자기 발등상이 되게 하실 때까지 기다리시
나니(Τὸ λοιπὸν ἐκδεχόμενος ἕως τεθῶσιν οἱ ἐχθροὶ αὐτοῦ ὑποπόδιον
τῶν ποδῶν αὐτοῦ-then to wait until his enemies should be made a stool
for his feet-RSV).

저자는 예수님께서 하나님 우편에 앉으신(앞 절) 후에 "자기 원수들을
자기 발등상이 되게 하실 때까지 기다리신다"고 말한다(1:13; 시 110:1;
행 2:35; 고전 15:25). 1:13주해 참조. 예수님께서 하나님 우편에서 재림
때까지 기다리심은 마치 농부가 곡식이 다 익을 때까지 기다리시는 것과
같다(약 5:7). 그리스도의 원수란 그리스도의 통치와 권위와 능력을 대적하
는 자들이다. 그리고 마지막으로 멸망 받아야 할 원수는 사망이다(고전
15:26). 그리스도는 그의 원수들이 멸망할 때까지 기다리신다. 그리스도는
그 동안 중보사역을 감당하신다. 그는 그리스도인의 중보자로서(8:6) 모든
원수가 멸망할 때까지 중보 사역을 하신다.

사실 그리스도께서 그의 원수를 멸망시키시는 것은 그리 어려운 일이
아니다. 쉽게 멸망시키실 수 있으시다. 그런데도 그가 기다리시는 이유는
단지 그가 능력이 없어서가 아니라 그가 훗날 태어나는 사람들의 구원을
위해 기다리시는 것이다. "그의 기다리심은 은혜 베푸시는 날의 연장으로
보아야 한다. 그러므로 하나님의 자비와 오래 참으심의 표시로 보아야 한
다"(Hughes).[73]

히 10:14. 그가 거룩하게 된 자들을 한 번의 제사로 영원히 온전하게 하셨느
니라(μιᾷ γὰρ προσφορᾷ τετελείωκεν εἰς τὸ διηνεκὲς τοὺς
ἁγιαζομένους-For by one offering he hath perfected for ever them that

---

73) Philip Edgcumbe Hughes, *A Commentary of the Epistle to the Hebrews,* p. 402.

are sanctified-KJV).

본 절 초두에는 이유를 말하는 접속사(γὰρ)가 있어 앞(13절)에서 말한바 예수님께서 하나님 우편에서 기다리시는 이유를 말한다. 기다리시는 이유는 한 번의 제사로 영원히 온전하게 구속하셨기 때문이다. 본문의 "거룩하게 된 자들"(τοὺς ἁγιαζομένους)이란 말은 현재 분사 수동태로 '계속해서 거룩하게 되는 자들'이란 뜻으로 우리의 거룩은 아직 완성되지는 않았고 앞으로도 계속해서 진행되어야 하는 것임을 시사한다(10절 주해 참조). 그리고 이 동사가 수동태인 것은 우리의 거룩은 그리스도의 피와 말씀 그리고 성령의 역사에 의해서 진행되어야 하는 것임을 알 수 있다. 그리고 본문의 "한 번의 제사로"(by one offering)란 말은 '단 한 번의 피의 제사로 말미암아'란 뜻으로 구약시대의 제사장들의 반복 제사와 대조되는 말이다. 그리고 "온전하게 하셨느니라"(τετελείωκεν)는 말은 현재완료시제로 '벌써 온전하게 만드셔서 지금까지 온전하게 보존하셨다'는 뜻이다(1절). 다시 말해 이미 과거에 주님께서 우리들을 온전히 구원하셔서 지금까지 온전한 상태로 보존해주셨다는 것이다. 그리스도의 피는 우리를 죄로부터 그리고 사탄으로부터 영원히 구원하셨으나 구원 받은 우리는 우리의 거룩한 삶은 계속해서 진행되는 것임을 알고 계속해서 성결생활에 힘써야 한다. 왜냐하면 우리가 죄로부터 완전히 구별되는 것은 그리스도께서 재림하실 때까지 진행되어야 하기 때문이다.

히 10:15. 또한 성령이 우리에게 증언하시되(Μαρτυρεῖ δὲ ἡμῖν καὶ τὸ πνεῦμα τὸ ἅγιον· μετὰ γὰρ τὸ εἰρηκέναι-그리고 성령도 우리에게 증언하여 주십니다. 먼저 이렇게 말씀하셨습니다-표준 새 번역).

히브리서 저자는 앞(11-14절)에서 그리스도의 제사는 한번 드림으로 영원한 효력이 있음을 말한 다음 이제 이 부분(15-18절)에서는 그리스도의 제사를 통해 예수님께서 신약의 중보가 되신 것을 다시 강조한다.

저자는 이하의 구절들(16-17절)에서 예레미야 31:33-34을 인용하여 기록하면서 "성령이 우리에게 증언하시되"라는 언사를 사용한다. 저자는 구약 성경을 인용하면서 때로는 하나님의 말씀이라 하고(8:8), 또 때로는 예수님 의 말씀이라 하며(10:5), 또 때로는 성령의 말씀이라 한다(본 절). 이는 비록 구약 성경이 인간 저자들에 의해 기록된 것이기는 하지만 구약 성경은 성 삼위 하나님의 말씀이라는 것이다(3:7; 9:8 참조).

히 10:16. 주께서 이르시되 그 날 후로는 그들과 맺을 언약이 이것이라 하시고 내 법을 그들의 마음에 두고 그들의 생각에 기록하리라 하신 후에 (Αὕτη ἡ διαθήκη ἣν διαθήσομαι πρὸς αὐτοὺς μετὰ τὰς ἡμέρας ἐκείνας, λέγει κύριος· διδοὺς νόμους μου ἐπὶ καρδίας αὐτῶν καὶ ἐπὶ τὴν δια- ΄νοιαν αὐτῶν ἐπιγράψω αὐτούς).

본 절 주해를 위하여 8:10의 주해를 참조할 것. "마음"과 "생각"이란 낱말의 자리가 서로 바뀐 것뿐이다.

히 10:17. 또 그들의 죄와 그들의 불법을 내가 다시 기억하지 아니하리라 하셨으니(καὶ τῶν ἁμαρτιῶν αὐτῶν καὶ τῶν ἀνομιῶν αὐτῶν οὐ μὴ μνησθήσομαι ἔτι).

본 절 주해를 위하여 8:12 주해를 참조할 것. "불의"란 낱말이 "불법"이란 낱말로 바뀌었고, "죄"란 낱말과 "불의"(="불법")란 낱말이 바뀌었다. 미 7:18-19 참조.

히 10:18. 이것들을 사하셨은즉 다시 죄를 위하여 제사 드릴 것이 없느니라 (ὅπου δὲ ἄφεσις τούτων, οὐκέτι προσφορὰ περὶ ἁμαρτίας-죄와 불법이 용서되었으니, 죄를 사하는 제사는 더 이상 필요 없습니다-표준 새 번역).

히브리서 저자는 그리스도께서 "이것들" 즉 '그들의 죄와 그들의 불법' (앞 절)을 "사하셨은즉 다시 죄를 위하여 제사 드릴 것이 없다"고 말한다. 여기 "사하셨은즉"(ἄφεσις)이란 말은 '용서,' '사면'이란 뜻으로 그리스도

께서 완전히 용서해 주신 것을 뜻한다. 그리스도께서 우리의 죄와 불법을
완전히 용서하셨으니 더 이상 제사할 필요가 없다는 것이다. 저자는 본
절을 통하여 구약 식 제사제도는 영원히 필요 없게 되었다고 말한다. 저자는
본서의 수신자들을 향하여 유대교로 돌아갈 필요가 전혀 없음을 극명하게
선언한다.

VI. 예배하고 믿고 인내하라   10:19-12:29

히브리서 저자는 처음부터 그리스도의 탁월하신 인격(1:1-4:13)과 대제
사장 되심(4:14-7:28), 그리고 두 성소, 두 언약, 두 제사(8:1-10:18)에 대하여
논한 후 이제는 지금까지 논한 교리를 근거하여 수신자들에게 어떻게 예배하
고 또 어떻게 믿어야 하며 또 어떻게 인내해야 하는지에 대해 권면하고
있다(10:19-12:29).

저자는 교회가 개척된 지 대략 30년, 믿음을 얻은 지 30년 쯤 지난
수신자들에게(총론 참조) 먼저 구원받은 자들의 특권과 의무가 무엇인지를
말해주며(10:19-25), 배교하지 말 것을 권하고(10:26-31), 과거의 경험에
근거하여 인내하라고 부탁한다(10:32-39). 그리고 다음으로 저자는 수신자
들에게 선진들의 믿음을 본받으라고 권하고(11:1-40), 인내로 경주할 것
(12:1-3), 징계는 참 아들을 위한 것(12:4-13), 화평함과 거룩함을 좇을 것
(12:14-17), 땅위의 시내산과 하늘의 시온산(12:18-24), 하늘의 복음을 기억
하라고 권면한다(12:25-29). 히브리서 저자가 이처럼 교리를 먼저 말하고
뒤따라 실천을 권하는 형식은 비단 히브리서 저자만의 특색은 아니고, 바울
서신에서도 볼 수 있는 특징이다(로마서, 갈라디아서, 옥중서신 등). 이런
배려는 오늘날 설교에서도 있어야 하는 배열이다.

A. 구원받은 자들의 특권과 의무   10:19-25

히브리서 저자는 그리스도의 보혈로 구원받은 신약의 성도들에게는 구
약의 성도들에게 비해 특별한 특권과 의무가 지워져 있음을 주지시키고

있다. 구원받은 자들의 특권이란 그리스도의 보혈을 힘입어 하나님 앞에 담대히 나아가는 것이고(19-22절), 의무란 성도들 상호간에 사랑과 선행을 격려하는 것이고, 모이는 일에 서로 권하는 것이라고 말한다(23-25절).

1. 구원받은 자들의 특권   10:19-22

히 10:19. 그러므로 형제들아 우리가 예수의 피를 힘입어 성소에 들어갈 담력을 얻었나니("Εχοντες οὖν, ἀδελφοί, παρρησίαν εἰς τὴν εἴσοδον τῶν ἁγίων ἐν τῷ αἵματι Ἰησοῦ).

저자는 "그러므로" 즉 '그리스도께서 한 번 피를 흘리셔서 영원한 속죄를 이루셨으므로'(14-18절) "형제들아 우리가 예수의 피를 힘입어 성소에 들어갈 담력을 얻었다"고 말한다(9:8, 12; 롬 5:2; 엡 2:18; 3:12). 본문의 "형제들아"라는 애칭은 저자가 수신자들에게 중대한 권면을 주려고 할 때 사용하는 애칭이다. 저자가 지금부터 말하려는 권면은 아주 중요한 권면이란 뜻이다. 저자는 자신뿐 아니라 수신자들이 예수님의 피를 힘입어 지성소(하나님 보좌)에 담대하게 나아갈 담력을 얻었다고 말한다. 우리는 예수님의 피 공로로 하나님의 보좌 앞에 담대히 나아가 대화하고 간구할 수 있게 되었다. 구약의 대제사장은 짐승의 피를 가지고 땅 위의 지성소에 들어가 하나님을 부를 수 있었으나 우리는 그리스도께서 흘리신 보혈의 공로로 하나님 보좌 앞에 담대히 나아가 모든 것을 아뢸 수 있게 된 것이다. 이 얼마나 다행스러운 일이고 감사한 일인가. 그러므로 우리는 영원히 그리스도의 공로를 찬양해야 한다.

히 10:20. 그 길은 우리를 위하여 휘장 가운데로 열어 놓으신 새로운 살 길이요 휘장은 곧 그의 육체니라(ἣν ἐνεκαίνισεν ἡμῖν ὁδὸν πρόσφατον καὶ ζῶσαν διὰ τοῦ καταπετάσματος, τοῦτ' ἔστιν τῆς σαρκὸς αὐτοῦ-by the new and living way which he opened for us through the curtain, that is, through his flesh-RSV).

히브리서 저자는 본 절에 성도들로 하여금 담대하게 하나님 앞에 나아가 기도할 수 있는 하나의 근거를 제시한다(둘째 근거는 21절에 있고, 셋째 근거는 22절에 있다). 저자는 "그 길" 즉 '지성소에 접근하는 길'(하나님 보좌 앞으로 나아가는 길 상징)은 "우리를 위하여 휘장 가운데로 열어 놓으신 새로운 살 길이라"고 말한다(9:8; 요 10:9; 14:6). 즉 '우리를 위하여 성소와 지성소를 가로 막아놓은 휘장을 하나님께서 위로부터 아래까지 찢어 열어놓으신 새로운 살 길이라'고 말한다.

저자는 1) "그 길"(하나님 보좌 앞으로 나아가는 길 상징)은 "휘장 가운데로 열어 놓으신" 길이라고 한다. 즉 '성소와 지성소를 가로 막아놓은 휘장을 하나님께서 위로부터 아래까지 찢어 열어놓으신' 길이라는 것이다. 예수님께서 십자가에 죽으셨을 때 하나님께서 그 휘장을 찢으셨기에(마 27:51; 막 15:38; 눅 23:45) 지성소로 들어가는 길이 열렸다. 하나님께서 그 휘장을 찢으신 것은 일반 사람들도 지성소(하나님 보좌 앞)에 들어갈 수 있게 하신 것이다.

2) "그 길"은 "새로운" 길이다. 구약 시대에는 없었던, 새로 열린 길이다. 우리는 누구든지 예수님의 십자가 공로를 의지하고 하나님 보좌 앞으로 담대히 나아갈 수 있게 되었다.

3) "그 길"은 "살 길"이다. 즉 '생명으로 인도하는 길이기에 살 길'이다. 우리는 매일 그 길을 통하여 하나님의 보좌 앞으로 나아가 생명을 더 풍성하게 얻어야 한다.

저자는 구약의 성소와 지성소를 가로막아 놓은 휘장은 "곧 그의 육체니라"고 말한다(9:3). 휘장은 성소와 지성소를 가로막아 놓은 휘장이었는데 이것이 그리스도의 육체와 같다고 말한다. 휘장이 성소와 지성소를 가로막아 놓은 것인 것처럼 예수님의 육체 또한 하나님을 보여주시는 것임과 동시에 하나님을 가려주는 역할도 했었다. 누구든지 하나님을 직접 보면 죽는 고로(출 19:21) 하나님께서 그리스도를 보내어 하나님을 보여 주시면서도 또 하나님을 직접 못 보도록 막아 주셨다. 이제 예수님께서 십자가에서 죽으셨을 때 하나님께서 그 휘장을 위로부터 아래까지 찢으셨다. 그래서 누구든지 지성소(하나님 보좌 앞)에 담대히 나아갈 수 있게 되었다.

히 10:21. 또 하나님의 집 다스리는 큰 제사장이 계시매(καὶ ἱερέα μέγαν ἐπὶ τὸν οἶκον τοῦ θεοῦ).

저자는 앞(20절)에서 우리 성도들이 그리스도께서 흘리신 보혈의 제사 때문에 하나님 앞에 나아갈 수 있다고 말했는데, 본 절에서 또 하나의 근거를 제시한다. 즉 우리에게 "하나님의 집 다스리는 큰 제사장이 계시기에" 우리가 하나님의 보좌 앞으로 담대히 나아갈 수 있게 되었다고 말한다(4:14; 딤전 3:15).

본문의 "하나님의 집"이란 우리의 눈에 보이지 않는 '우주적인 교회'를 지칭한다(3:6; 딤전 3:15). 저자는 예수님께서 우주적인 교회를 "다스리는 큰 제사장이라"고 말한다. 예수님께서 하나님 우편에 계시면서 우주 안에 있는 모든 성도들을 다스리신다(엡 1:22). 이렇게 예수님께서 하나님 우편에 계시면서 온 우주의 교회를 다스리시니 우리는 주님을 바라보면서 담대히 하나님 앞에 나아갈 수 있게 되었다. 우리는 매일 기도하는 중에 하나님 앞에 담대히 나아가 하나님과 교제하며 간구할 것을 간구해야 한다. 예수님께서는 지금도 우리를 다스리시고 돌보시니 담대히 나아가야 한다.

저자는 예수님은 "큰 제사장"(ἱερέα μέγαν)이라고 표현한다. 여기 "큰"이란 말은 구약의 레위 계통의 대제사장직에 비하여 예수님은 비교할 수 없이 큰 대제사장이라는 것이다(4:14주해 참조). 예수님은 위대하신 큰 대제사장이시다. 그는 일 년 일차 지성소에 들어가서 피를 뿌리는 인간 대제사장이 아니시다. 우리는 위대하신 대제사장을 가지고 있다. 우리의 대제사장은 우리를 돌보시는 데 있어서 절대로 실수 하지 않으신다.

히 10:22. 우리가 마음에 뿌림을 받아 악한 양심으로부터 벗어나고 몸은 맑은 물로 씻음을 받았으니 참 마음과 온전한 믿음으로 하나님께 나아가자

(προσερχώμεθα μετὰ ἀληθινῆς καρδίας ἐν πληροφορίᾳ πίστεως ῥεραντισμένοι τὰς καρδίας ἀπὸ συνειδήσεως πονηρᾶς καὶ λελουσμένοι τὸ σῶμα ὕδατι καθαρῷ-Let us draw near with a true heart in full assurance of faith, with our hearts sprinkled clean from an evil conscience and our bodies washed with pure water-RSV).

저자는 본 절에서 우리 성도들이 하나님 앞에 담대히 나아가 기도할 수 있는 세 번째의 근거를 제시한다(첫째 근거는 20절에, 둘째 근거는 21절에 있다). 그것은 바로 저자는 "우리가 마음에 뿌림을 받아 악한 양심으로부터 벗어나고 몸은 맑은 물로 씻음을 받았으니" 담대히 하나님 앞에 나아가 기도할 수 있게 되었다고 말한다(9:14; 겔 36:25; 고후 7:1). 박윤선 박사는 이 구절을 주석하면서 본 절은 "하늘 성소(하나님이 계신 곳)에 가는 자의 개인적인 준비에 대하여 말한다"고 했다(박윤선).[74]

히브리서 저자는 "우리가 마음에 뿌림을 받아 악한 양심으로부터 벗어났다"고 말한다. 즉 '우리가 마음에 그리스도의 피로 뿌림을 받아 악한 양심을 깨끗이 씻음 받았다'는 뜻이다. 히브리서 저자는 그리스도의 피를 믿어 악한 양심이 깨끗해졌다는 표현을 할 때 구약적 표현을 사용한다. 아마도 그 이유는 수신자들이 구약에 능한 성도들이었기 때문일 듯하다. 구약 시대 에는 제사장들이 피를 뿌림으로 모든 것이 깨끗해졌다(출 29:21; 레 8:30). 바울 사도는 그리스도의 피를 믿어 범사에 양심대로 하나님을 섬겼다고 말한다(행 23:1).

그리고 저자는 "몸은 맑은 물로 씻음을 받았다"(our bodies washed with pure water)고 말한다. "몸을 맑은 물로 씻음을 받았다"는 말은 70인 역에서 정결예식에 사용되는 물을 가지고 깨끗이 씻는다는 것을 표현하는 말이다(민 5:17; 겔 36:25). 그러나 신약에 와서는 외부적인 몸을 씻는 것을 의미하지 않고 심령이 말씀과 성령에 의해 씻음 받는 것을 지칭한다(겔

---

74) 박윤선, 『히브리서, 공동서신』, p. 147.

36:25-27; 엡 5:25; 딛 3:5; 벧전 3:21). 여기서 문제는 "물로 씻는 것"이
무엇이냐는 것이다(요 3:5; 딛 3:5; 히 10:22; 요일 5:6). 혹자는 물세례를
지칭한다고 주장하나 물세례 자체가 사람을 깨끗하게 해서 거룩하게 할
수는 없는 것이다. 예수님께서 니고데모에게 "사람이 물과 성령으로 나지
아니하면 하나님 나라에 들어갈 수 없느니라"고 하셨을 때, 그 물은 물세례를
의미하기보다는 정결을 의미한다고 보아야 할 것이다. 요한복음 3:5의 "물"
을 머레이(John Murray)는 '정결'로 보았고75), 해리슨(Everett Harrison)은
'회개와 죄로부터의 씻음'으로 보았으며76), 블럼(Edwin Blum)은 '세례 요
한의 회개 사역'으로 보았다.77) 그러므로 우리는 여기서 "물로 씻는 것"을
성령의 정결사역을 상징하는 것으로 보아야 할 것이다. 예수님께서 말씀을
전파하실 때 성령님께서 역사하셔서 사람을 중생시키시는데, 우리 본문의
"물로 씻는 것"은 바로 그 성령의 중생사역의 상징인 셈이다. 물세례는
성령세례에 참여한 신자를 위한 외적 표지일 뿐이다. 그러므로 "물로 씻는
것"은 예수님의 말씀을 전파할 때에 발생되는 성령님의 중생사역을 상징하
는 것으로 보아야 한다. 예수님은 말씀으로 성도들을 중생시키셔서 거룩하게
하시는 놀라운 일을 하신다.78)

저자는 "참 마음과 온전한 믿음으로 하나님께 나아가자"(Let us draw
near with a true heart in full assurance of faith)고 권한다(4:16; 엡 3:12;
약 1:6; 요일 3:21). '온전한 믿음 안에 있는 참 마음으로 하나님께 나아가자'
는 것이다. 그리스도의 피로 씻음을 받고 또 성령님의 정결 사역으로 온전한
믿음을 얻은 다음에 참 마음이 되어 하나님께 나아가자는 뜻이다. 사람이
참 마음이 되지 않으면 하나님께 나아갈 수 없다. 우리는 참 마음이 되어

75) John Murray, *Redemption Accomplished and Applied* (Grand Rapids: Wm. B. Eermans Publishing Co., 1984), p.98.
76) Everett Harrison, "The Gospel according to John," in *The Wycliffe Bible Commentary* (Chicago: Moody Press, 1962), p.1078.
77) Blum, Edwin A. Blum, "John," in *The Bible Knowledge Commentary*, New Testament ed., ed. John F. Walvoord and Roy B. Zuck (Wheaton, Ill.: Victor Books, 1983), p.281.
78) 김수흥, *옥중서신주해*, pp. 130-131.

하나님께 기도 가운데 나아가기를 힘써야 한다.

2. 구원받은 자들의 의무 10:23-25

특권이 주어진 그리스도인에게는 주어지는 의무가 있다. 첫째, 우리의 소망을 고백한 대로 움직이지 말고 그 희망고백을 분명히 잡아야 하고, 둘째, 서로 돌아보아야 하고, 셋째, 열심히 모여 예배하고 성도의 교제를 나누어야 한다.

히 10:23. 또 약속하신 이는 미쁘시니 우리가 믿는 도리의 소망을 움직이지 말며 굳게 잡고(κατέχωμεν τὴν ὁμολογίαν τῆς ἐλπίδος ἀκλινῆ, πιστὸς γὰρ ὁ ἐπαγγειλάμενος-또 우리에게 약속하신 분은 신실하시니, 우리는 흔들리지 말고, 우리가 고백하는 그 신앙을 굳게 잡읍시다-표준 새 번역, Let us hold fast the confession of our hope without wavering, for he who promised is faithful-RSV).

저자는 '우리에게 약속하신 하나님은 미쁘시기 때문에, 우리가 소망하는 바 그 고백을 흔들리지 말고 굳게 잡자'고 권한다(4:14; 11:11; 고전 1:9; 10:13; 살전 5:24; 살후 3:3). 우리 각자에게는 소망하는 바가 있다. 앞으로 천국에 가리라는 소망, 천국에 가서 유업을 얻으리라는 소망이 있는데 그 소망을 흔들림 없이 우리는 고백해야 한다. 현대인들은 소망하는 바를 굳게 고백하지 못하고 각종 현대사조에 의해 흔들리고 있다. 심지어 내세에 대한 소망까지도 유지하지 못하고 쉽게 통째로 빼앗기고 만다. 우리는 하나님으로부터 얻은 우리의 소망을 굳게 고백하고 흔들림 없이 살아야 한다. 일단 한번 약속하신 하나님은 신실하시니 하나님께서 주신 소망을 굳게 입으로 고백해야 한다.

히 10:24. 서로 돌아보아 사랑과 선행을 격려하며(καὶ κατανοῶμεν ἀλλή-λους εἰς παροξυσμὸν ἀγάπης καὶ καλῶν ἔργων-and let us consider how to stir up one another to love and good works-RSV, 그리고 서로 마음을 써서 사랑과 선한 일을 하도록 격려합시다-표준 새 번역).

저자는 성도가 "서로 돌아보아 사랑과 선행을 격려하자"고 말한다. "돌아보자"(κατανοῶμεν)는 말은 현재 가정법으로 '계속해서 주의 깊게 돌아보자'는 뜻이다(3:1 주해 참조). 성도는 나만 잘되는 것으로 만족하지 말고 이웃도 잘되어야 하므로 "사랑과 선행을 격려해야" 한다. 또한 우리는 나 자신이 이웃을 섬기는 자로서의 삶을 사는 것뿐만 아니라 나를 넘어서 이웃이 다른 이웃을 사랑하고 그리고 결국에는 선행을 할 수 있도록 격려까지 해야 한다. 저자는 사랑이 제일 크다는 것을 드러내고 있다. 왜냐하면 사랑이란 다른 사람들에게까지 영향을 주기 때문이다. 로마서 5:8은 "우리가 아직 죄인 되었을 때에 그리스도께서 우리를 위하여 죽으심으로 하나님께서 우리에 대한 자기의 사랑을 확증하셨느니라"고 증언한다. 그만큼 사랑은 중요한 것이다. 우리가 이웃을 사랑하면 이웃도 다른 이웃을 사랑하게 된다.

히 10:25. 모이기를 폐하는 어떤 사람들의 습관과 같이 하지 말고 오직 권하여 그 날이 가까움을 볼수록 더욱 그리하자(μὴ ἐγκαταλείποντες τὴν ἐπισυναγωγὴν ἑαυτῶν, καθὼς ἔθος τισίν, ἀλλὰ παρακαλοῦντες, καὶ τοσούτῳ μᾶλλον ὅσῳ βλέπετε ἐγγίζουσαν τὴν ἡμέραν-not neglecting to meet together, as is the habit of some, but encouraging one another, and all the more as you see the Day drawing near-RSV).

히브리서 저자는 벌써 당시에 "모이기를 폐하는 어떤 사람들"이 있었던 것을 말한다(행 2:42; 유 1:19). 그런데 그것이 벌써 습관화되었다는 것을 말한다. 저자는 수신자들도 그런 습관에 물들을 가능성이 있는 고로 그런 사람들처럼 하지 말라고 권한다. 저자는 "오직 권하여 그 날이 가까움을 볼수록 더욱 그리하자"고 권한다(롬 13:11; 빌 4:5; 벧후 3:9, 11, 14). "오직 권하여"란 말은 '서로 권하자'는 말이다. "그 날이 가까움을 볼수록 더욱 그리하자"는 말은 예수님의 재림의 날(롬 13:12; 살전 5:4; 살후 1:10)[79]이 가까움을 볼수록 더욱 잘 모이자고 권한다. 지금보다 더욱 모여서 사랑과 선행을 격려하자고 말하는 것이다. 저자 당시의 교인들이 무슨 이유로 모이기를 폐했는지는 확실히 알기가 어렵다. 다만 추측하기로는 1) 유대교로 돌아가려는 추세 때문에, 2) 기독교에 대한 박해가 심하여, 3) 신비주의자들이 기독교보다는 자기들의 신비주의를 더욱 중요시하여 신비주의에 심취했기에 모이기를 폐한 것이 아닌가 한다.

요즘도 세월이 갈수록 모이기를 폐하려 한다. 이유는 바쁘다는 이유이고 또 무슨 이유도 대지 않고 모이지 않는다. 신앙의 열의가 식어진 것이다. 유럽은 너무 심해졌고 미국도 상당히 심해졌으며 우리나라도 점점 모이기를 폐하고 있다. 그러나 우리는 박해의 시기든지 유혹 가득한 시대든지 간에 어느 시대 속에서도 이 세상의 시대정신에 합류하지 말고 변함없이 오직 주님만을 높이는 마음으로 모여 예배하고 또 사랑과 선행을 격려해야 할 것이다.

B. 고의적으로 배교하지 말라   10:26-31

히브리서 저자는 앞부분(19-25절)에서 구원받은 자들의 특권과 의무를 말했고 이 부분(26-31절)에서는 고의적으로 배교하지 말라고 권면한다. 저자는 이런 권고를 여러 번 주었다(2:1-3; 3:12-13; 6:4-8). 그리고 앞으로도 줄 것이다(12:25-29). 히브리서 저자는 당시의 특이한 성도들의 유대교 선호(選好) 사상 때문에 이런 진지한 권면을 주고 있다.

히 10:26. 우리가 진리를 아는 지식을 받은 후 짐짓 죄를 범한 즉 다시 속죄하는 제사가 없고(Ἐκουσίως γὰρ ἁμαρτανόντων ἡμῶν μετὰ τὸ λαβεῖν τὴν ἐπίγνωσιν τῆς ἀληθείας, οὐκέτι περὶ ἁμαρτιῶν ἀπολείπεται

---

79) 본문의 "그날"은 '주님 재림의 날'을 지칭한다. 성경에는 다른 말로 표현되기도 했다. "주의 날"(고전 5:5), "그리스도의 날"(빌 1:10; 2:16), "주 예수의 날"(고전 1:8; 고후 1:14), "인자의 날"(눅 17:26), "하나님의 날"(벧후 3:12), "큰 날"(유 1:6), "심판의 날"(마 10:15), "진노의 날"(롬 2:5), "구속의 날"(엡 4:30) 등.

θυσία-For if we sin wilfully after that we have received the knowledge of the truth, there remaineth no more sacrifice for sins-KJV).

본 절 초두에는 이유를 말하는 접속사(γὰρ)가 있어 저자는 앞(25절)에서 말한바 힘써 모여 피차 사랑을 권하여 선행을 하도록 권해야 하는 이유를 말한다. 힘써 모여 피차 사랑을 권하여 선행을 하도록 권해야 하는 이유는 죄를 범하면 다시 속죄하는 제사가 없기 때문이다.

저자는 "우리가 진리를 아는 지식을 받은 후" 즉 '기독교의 진리를 아는 지식을 받은 후' "짐짓 죄를 범한 즉 다시 속죄하는 제사가 없다"고 말한다 (6:4; 민 15:30; 벧전 2:20-21; 5:2). "짐짓 죄를 범한다"(if we sin wilfully)는 말은 문맥에 의하여 "하나님 아들을 짓밟고 자기를 거룩하게 한 언약의 피를 부정한 것으로 여기고 은혜의 성령을 욕되게 하는 것"(29절)을 지칭한 다. "하나님의 아들을 짓밟는" 것은 '하나님의 아들(메시아)이신 예수님을 떠날 뿐 아니라 심각하게 모욕하는 것'을 뜻한다. 그리고 "자기를 거룩하게 한 언약의 피를 부정한 것으로 여기는" 것은 '우리의 죄를 씻어 거룩하게 만들어준 십자가의 피(그리스도의 피는 하나님과 인간 사이의 새 언약의 중보 역할을 한 보혈이다)를 속된 인간의 피와 동등하게 취급한 것'을 지칭한 다. 그리고 "은혜의 성령을 욕되게 하는 것"은 '구원을 가져다가 주며 은혜를 입혀주는 성령(슥 12:10)의 감화를 소멸하며(살전 5:19 참조) 성령님을 모욕 하는 것'을 지칭한다.

저자는 이런 세 가지 죄를 짓는 사람에게는 "다시 속죄하는 제사가 없다"고 말한다. 우리의 죄를 속해주시는 분을 배척하고 모욕하는 사람들 에게 속죄의 제사가 있을 리 없다. 그런 사람들은 용서받을 길이 전혀 없다.

히 10:27. 오직 무서운 마음으로 심판을 기다리는 것과 대적하는 자를 태울 맹렬한 불만 있으리라(φοβερὰ δέ τις ἐκδοχὴ κρίσεως καὶ πυρὸς ζῆλος ἐσθίειν μέλλοντος τοὺς ὑπεναντίους).

저자는 짐짓 죄를 범한 자들(배교자들)에게는 "오직 무서운 마음으로 심판을 기다리는 것과 대적하는 자를 태울 맹렬한 불만 있으리라"고 말한다 (12:29; 겔 36:5; 습 1:18; 3:8; 살후 1:8). 예수님을 모욕하고 예수님의 십자가 사역을 모욕하며 은혜를 주시는 성령님을 욕되게 하는 사람들은 별수 없이 "무서운 마음으로 심판을 기다리는" 것 밖에 없다. 여기 "무서운 마음으로"란 말은 배교자들이 느끼는 무서움이 아니다. 그들은 자신들이 배교한 것을 잘했다고 생각하고 지내니 무서운 마음이 없다. 그런고로 여기 "무서운 마음으로"란 말은 저자나 또는 진리를 아는 사람들이 느끼는 무시무시함을 말하는 단어이다. 배교자들에게 있어서 기다릴 것은 오직 심판 외에는 없다. 그 심판에 대해서는 하반 절이 구체적으로 밝힌다. 즉 "대적하는 자를 태울 맹렬한 불만 있으리라"고 한다. "대적하는 자"는 '배교한 자'를 지칭한다. 배교한 자들에게는 그들을 태울 "맹렬한 불"만 있으리라는 것이다. 여기 "맹렬한 불"(πυρὸς ζῆλος)이란 말은 직역하면 '불의 열심'이란 뜻으로 하나님의 진노를 표현하는 말이다(12:29; 신 4:24; 시 79:5; 사 26:11; 겔 38:19). 하나님은 배교자들을 불로 심판하신다는 것이 성경의 증언이다 (막 9:48). 그리스도를 등지고 십자가 피를 소홀히 여기며 은혜를 전달해주는 성령을 가볍게 대하는 것 같이 망령된 일은 우리 일생에 단 한번이라도 있어서는 안 될 일이다.

히 10:28. 모세의 법을 폐한 자도 두세 증인으로 말미암아 불쌍히 여김을 받지 못하고 죽었거든(ἀθετήσας τις νόμον Μωϋσέως χωρὶς οἰκτιρμῶν ἐπὶ δυσὶν ἢ τρισὶν μάρτυσιν ἀποθνήσκει·).

저자는 본 절(28절)부터 31절까지 배교자들이 받을 무서운 심판에 대해 언급한다. 저자는 먼저 구약 시대의 "모세의 법을 폐한 자도 두세 증인으로 말미암아 불쌍히 여김을 받지 못하고 죽었다"고 말한다(2:2). "모세의 법을 폐한 자"란 역사적으로 '제1계명을 어긴 자 즉 우상숭배자'(신 17:2-7), 제3계명을 어긴 자 즉 하나님을 훼방한 자(레 24:13-17), 제7계명을 어긴 자 즉 간음한 자(신 22:22-30), 제9계명을 어긴 자 즉 거짓말한 자(신 19:15-21) 등'을 지칭한다.

저자는 십계명 중에 한 계명을 범한 자도 "두세 증인으로 말미암아 불쌍히 여김을 받지 못하고 죽었다면"(신 17:2-7; 19:15-21; 마 18:16; 요 8:17; 고후 13:1) 하물며 그리스도를 거역한 자는 어떻게 되겠느냐는 것이다. 그리스도를 거역한 자들은 말할 것도 없이 엄청난 형벌이 있다는 것을 다음 절에 말씀하고 있다.

히 10:29. 하물며 하나님 아들을 짓밟고 자기를 거룩하게 한 언약의 피를 부정한 것으로 여기고 은혜의 성령을 욕되게 하는 자가 당연히 받을 형벌은 얼마나 더 무겁겠느냐 너희는 생각하라(πόσῳ δοκεῖτε χείρονος ἀξιωθήσεται τιμωρίας ὁ τὸν υἱὸν τοῦ θεοῦ καταπατήσας καὶ τὸ αἷμα τῆς διαθήκης κοινὸν ἡγησάμενος, ἐν ᾧ ἡγιάσθη, καὶ τὸ πνεῦμα τῆς χάριτος ἐνυβρίσας).

저자는 앞(28절)에서 모세가 전해준 계명 중에 한 계명만 범한 것에 대하여 두 세 증인의 증거만 있어도 불쌍히 여김을 받지 못하고 죽었다면 "하물며 하나님 아들을 짓밟고 자기를 거룩하게 한 언약의 피를 부정한 것으로 여기고 은혜의 성령을 욕되게 하는 자가 당연히 받을 형벌은 얼마나 더 무겁겠느냐"고 수신자들에게 묻는다(13:20; 마 12:31-32; 고전 11:29; 엡 4:30). 수신자들 중에는 "하나님 아들을 짓밟고 자기를 거룩하게 한 언약의 피를 부정한 것으로 여기고 은혜의 성령을 욕되게 하는 자가" 있을 가능성이 있기에 이렇게 경고하는 것이다(6:4-6 주해 참조). 본 절의 주해를 위하여 26절 주해를 참조할 것. 히브리서 저자는 모세의 법을 거역한 자와 하나님의 아들과 성령님을 모욕한 자를 차별하고 있다.

저자는 "하나님 아들을 짓밟는" 죄가 얼마나 무서운 죄임을 설명한다. 저자는 지금까지 설명해온 대로 모든 것들 보다 탁월하신 그리스도: 즉 천사들보다 탁월하신 분, 모세보다 탁월하신 분, 아론보다 탁월하신 분,

멜기세덱보다 탁월하신 분을 발바닥으로 짓밟는다는 것은 감히 있을 수 없는 것임을 말하고 있다. 이는 마치 발바닥으로 곤충들을 짓밟고 담배꽁초를 마구 짓밟는 것이나 다를 바 없다는 것이다.

저자는 또 "자기(각자)를 거룩하게 한 언약의 피를 부정한 것으로 여기는" 죄가 얼마나 큰가를 설명한다. 예수님은 하나님 백성을 씻기 위하여 그리고 그들을 성화시키기 위하여 자신의 피로써 새 언약을 시작하셨는데(마 26:28; 막 14:24; 눅 22:19) 배교자들은 예수님의 피를 보통 사람의 피와 동일한 것으로 여기고 예수님의 십자가 죽음을 보통 사람의 죽음과 동일한 것으로 여겼으니 그 불경함이 얼마나 큰지를 말한다. 저자는 이 예상되는 배교자는 한 때 예수님의 피가 자기를 거룩하게 한 것으로 믿기도 했었음을 말한다. 예상되는 배교자는 과거 한 때 언약의 피로 성화되어 기독교 신앙이 무엇인지를 알고 있어서 그리스도를 고백하기도 했으며 하나님의 말씀을 듣기도 했는데 근본적인 변화가 되지 않아 이제 기독교회를 등지려는 찰나에 있었던 것이다. 그러하기에 저자는 히브리서를 보내어 배교의 무서움을 알리지 않을 수 없었다.

저자는 또 "은혜의 성령을 욕되게 하는" 죄가 얼마나 무서운 것인가를 설명한다. 예상되는 배교자는 은혜의 성령을 짐짓 모욕하고 있다(마 12:32; 막 3:29). 성령은 은혜를 주시는 근원이신데(슥 12:10) 은혜를 전달해 주시는 성령을 욕되게 한다는 것은 용서받을 수 없는 죄이다.

저자는 하나님의 아들을 짓밟는 자와 그리스도의 언약의 피를 부정한 것으로 여기는 자와 은혜의 성령을 욕되게 하는 자가 실제로 아주 배교로 나선다면 "당연히 받을 형벌은 얼마나 더 무겁겠느냐 너희는 생각하라"고 말한다(2:3; 12:25). 여기 "형벌은 얼마나 더 무겁겠느냐"고 말한 것은 '신약 시대에 짐짓 죄를 범한 자가 받을 벌이 구약시대 모세의 법을 어긴 자가 받는 형벌보다 더 무섭다'는 뜻이다. 예상되는 배교자는 아직도 수신자들 속에 있었는데 저자는 안타까운 마음으로 배교하는 일을 멈추라고 권한다. 형벌이 얼마나 무서운지에 대해서는 구체적으로 다음 두 절이 지적한다.

히 10:30. 원수 갚는 것이 내게 있으니 내가 갚으리라 하시고 또 다시 주께서 그의 백성을 심판하리라 말씀하신 것을 우리가 아노니(οἴδαμεν γὰρ τὸν εἰπόντα, Ἐμοὶ ἐκδίκησις, ἐγὼ ἀνταποδώσω. καὶ πάλιν, Κρινεῖ κύριος τὸν λαὸν αὐτοῦ-For we know him who said, "Vengeance is mine, I will repay." And again, "The Lord will judge his people"-RSV).

본 절 초두에는 이유를 말하는 접속사(γὰρ)가 있어 저자가 앞(29절)에서 말한바, 앞으로 예상되는 배교자들이 실제로 배교하는 경우 그들이 받을 벌이 왜 무서운 것인가를 본 절이 제공하고 있다. 저자는 하나님께서 말씀하신 두 말씀을 기억하고 수신자들에게 말해준다. 하나는 "원수 갚는 것이 내게 있으니 내가 갚으리라"(신 32:35; 롬 12:19) 하신 말씀을 우리가 안다고 말한다. 또 하나는 "주께서 그의 백성을 심판하리라"(신 32:36; 시 50:4; 135:14) 말씀하신 것을 우리가 안다고 말한다.

저자는 그리스도를 등지고 은혜를 전달해 주시는 성령님을 모욕하는 사람들을 하나님의 원수의 반열에 놓는다. 오늘날에도 세상에는 하나님의 원수들이 얼마나 많은가. 그리고 저자는 하나님께서 그의 백성 즉 교인이라고 하는 사람들 중에도 역시 원수들이 있어서 심판을 받을 것이라고 말해준다. 이는 지상 교회 안에 가라지들이 많이 있을 수가 있다는 사실을 알려 준다. 배교자들 중 누가 감히 하나님의 심판을 피할 수 있단 말인가.

히 10:31. 살아 계신 하나님의 손에 빠져 들어가는 것이 무서울진저(φοβερὸν τὸ ἐμπεσεῖν εἰς χεῖρας θεοῦ ζῶντος-[It is] a fearful thing to fall into the hands of the living God-KJV, 살아 계신 하나님의 징벌하시는 손에 떨어지는 것은 무서운 일입니다-표준 새 번역).

저자는 예상되는 배교자들이 실제로 배교하는 경우 그 심판이 심히 무섭다는 것을 눈에 보이는 듯 묘사한다. 즉 "살아 계신 하나님의 손에 빠져 들어가는 것이 무서울진저"라고 말한다(3:12; 눅 12:5). 참으로 심판 받으러 하나님의 손에 빠져 들어가는 것이야 말로 참으로 아찔한 일이고 무서운 일이 아닐 수 없다. 우리는 하나님의 아들이 우리를 위해 십자가에서 대속의 죽음을 죽어주셔서 영원한 생명을 얻었고 또 영원한 기업을 받게 되었으니 하나님의 영광을 드러내면서 살아야 할 것이다. 박윤선 박사는 본 절을 주석하면서 "사람이 하나님을 신앙하는 의미로 그의 손에 빠짐은(삼하 24:14) 무궁한 행복이지만 영원히 사함 받을 수 없는 죄로 인하여 그의 손 안에 빠짐은 무한한 불행이다"라고 말했다.

C. 과거의 경험에 근거하여 인내하라   10:32-39

저자는 앞부분(26-31절)에서 짐짓 배교하는 사람들에게 무서운 심판이 있을 것을 말하다가 이제 이 부분(32-39절)에서는 부드러운 어조로 위로와 권면을 준다. 저자는 수신자들이 과거에 가졌던 확고한 믿음을 칭찬하면서 현재와 미래에도 그렇게 믿으라고 권한다. 오늘 우리에게도 인내가 필요하다.

히 10:32. 전날에 너희가 빛을 받은 후에 고난의 큰 싸움을 견디어 낸 것을 생각하라('Αναμιμνήσκεσθε δὲ τὰς πρότερον ἡμέρας, ἐν αἷς φωτισθέντες πολλὴν ἄθλησιν ὑπεμείνατε παθημάτων-But call to remembrance the former days, in which, after ye were illuminated, ye endured a great fight of afflictions-KJV).

저자는 본서 수신자들을 아주 잘 알고 있었다. 본 절부터 34절까지를 보면 저자가 수신자들이 과거 즉 "전날에 빛을 받은 것"도 알고 있었다(6:4). 다시 말해 생명의 빛을 받은 사실, 진리의 빛, 성령의 비췸을 받은 사실을 알고 있었다. 그리고 그 빛을 받은 후에 "고난의 큰 싸움을 견디어 낸 것"도 알고 있었다(갈 3:4; 빌 1:29-30; 골 2:1; 요이 1:8). "고난의 큰 싸움을 견디어 냈다"(ye endured a great fight of afflictions)는 말은 '여러 고난들이
라고 하는 큰 싸움을 견디어 냈다'는 뜻이다. 본문에서 "고난들"이란 말과
"큰 싸움"이란 말은 동격이다. 고난들이 따로 있었고 또 큰 싸움이 따로
있었던 것은 아니다. 수신자들은 여러 가지 박해에 시달리고 있었다. 그들은
예수님을 믿기 시작한 이후 큰 박해에 직면하고 있었다. 초대 교회 신자들은
여러 가지 박해를 받고 있었는데 스데반은 순교했고(행 7:54-60), 야고보
사도도 순교했으며(행 12:1-2), 베드로와 다른 사도들도 옥에 갇히는 박해를
받았다(행 5:17-21; 12:3-12). 그러나 12:4은 "너희가 죄와 싸우되 아직
피 흘리기까지는 대항하지 아니했다"고 증언하고 있는 것을 보면 히브리서
수신자들은 아직 피를 흘리는 데까지는 박해를 받지 아니한 것으로 보인다.
다시 말해 아직 히브리서 수신자들은 A.D. 64년 네로의 대 박해를 직면하지
않은 것으로 보인다.[80] 저자는 수신자들을 향하여 과거에 큰 박해를 잘
"견디어 낸 것을 생각하라"고 도전한다. 과거에 큰 박해 중에도 잘 견디어
낸 것을 생각하면 앞으로도 잘 견딜 수 있는 것이다. 따라서 우리 또한
과거를 생각하면서 현재를 견디고 미래를 견디어야 하는데 특히 우리는
삶의 매 순간 주님으로부터 힘을 구하여 넉넉히 견딜 수 있게 해주십사고
기도해야 한다.

히 10:33. **혹 비방과 환난으로써 사람에게 구경거리가 되고 혹은 이런 형편에
있는 자들과 사귀는 자가 되었으니**(τοῦτο μὲν ὀνειδισμοῖς τε καὶ θλίψεσιν
θεατριζόμενοι, τοῦτο δὲ κοινωνοὶ τῶν οὕτως ἀναστρεφομένων γεν-
ηθέντες-Partly, whilst ye were made a gazingstock both by reproaches
and afflictions; and partly, whilst ye became companions of them that
were so used-KJV).

히브리서 저자는 앞(32절)에서 수신자들이 "고난의 큰 싸움을 견디어

---

80) Hughes, *Hebrews*, p. 428.

냈다"고 칭찬을 했는데 본 절에서 그 구체적인 고난을 들고 있다. 즉 "혹 비방과 환난으로써 사람에게 구경거리가 되고 혹은 이런 형편에 있는 자들과 사귀는 자가 되었다"고 말한다(고전 4:9; 빌 1:7; 4:14; 살전 2:14). 수신자들은 사람들의 비방을 받았고 또 육체적으로 환난을 받는 중에 사람들에게 구경거리가 되었다. 초대 교회 당시에는 로마 원형극장에서 기독교인들을 맹수와 격투시켜 죽였으니 아마도 그런 비슷한 환난을 받게 한 것으로 보인다. 그러나 수신자들이 아직 피를 흘리는 데까지 간 것은 아니라고 했으니 (12:4) 죽음에까지 이른 것은 아닌 것으로 보인다. 아무튼 수신자들은 과거에 이런 환난, 저런 환난을 받아 사람들에게 구경거리가 되었으나 잘 견디었다. 고전 4:9 주해 참조.

그리고 수신자들은 간접 환난에도 참여했다. 즉 "이런 형편에 있는 자들과 사귀는 자가 되었다"는 것이다. 환난을 당하는 사람들과 사귀는 자가 되었으니 그런 환난을 당할 각오가 있기에 그런 환난을 당하는 자들과 사귀는 자가 된 것이다. 사람들은 보통 그런 환난이 자기에게도 돌아올까 하여 피하는 법인데 수신자들은 환난 당하는 자들과 사귀는 자가 되었고 동정하는 사람들이 되었다. 오늘 우리는 13:3의 말씀, "너희도 함께 갇힌 것 같이 갇힌 자를 생각하고 너희도 몸을 가졌은즉 학대 받는 자를 생각하라"는 말씀을 실천하는 크리스천이 되어야 할 것이다.

히 10:34. 너희가 갇힌 자를 동정하고 너희 소유를 빼앗기는 것도 기쁘게 당한 것은 더 낫고 영구한 소유가 있는 줄 앎이라(καὶ γὰρ τοῖς δεσμίοις συνεπαθήσατε καὶ τὴν ἁρπαγὴν τῶν ὑπαρχόντων ὑμῶν μετὰ χαρᾶς προσεδέξασθε γινώσκοντες ἔχειν ἑαυτοὺς κρείττονα ὕπαρξιν καὶ μένουσαν).

저자는 앞(33절)에서 수신자들이 "박해를 받은 자들과 사귀는 자가 되었다"고 칭찬했는데 본 절에서는 구체적으로 예를 든다. 즉 "너희가 갇힌 자를 동정하고 너희 소유를 빼앗기는 것도 기쁘게 당했다"고 말한다(마

5:12; 행 5:41; 빌 1:7; 딤후 1:16; 약 1:2). '너희가 감옥에 갇힌 자들을 동정하여 찾아가고 돌보아주며 또 너희 가진 소유(행 2:45; 4:32)를 빼앗기는 것도 기쁘게 당했다'는 것이다. 고대 로마법에는 재산을 몰수 하는 형벌이 있었다고 한다. 초대 교회 교인들은 박해를 받아 소유를 몰수당해도 기쁘게 생각했다. 이유는 "더 낫고 영구한 소유가 있는 줄 알았기" 때문이었다(마 6:20; 19:21; 눅 12:33; 딤전 6:19). 그들은 하늘에 더 좋은 소유, 더 영구적인 소유가 있는 것을 믿고(마 6:20; 눅 12:33) 소유를 빼앗기는 일을 기쁨으로 당했다. 우리가 이 세상에서 가지고 있는 소유는 임시적인 것이다. 우리의 영구한 소유는 하늘에 있음을 알아야 한다.

히 10:35. 그러므로 너희 담대함을 버리지 말라 이것이 큰 상을 얻게 하느니라 (μὴ ἀποβάλητε οὖν τὴν παρρησίαν ὑμῶν, ἥτις ἔχει μεγάλην μισθαποδοσίαν).

저자는 "그러므로"(οὖν) 즉 '하늘에 더 좋은 소유, 더 영구적인 소유가 있음으로' "너희 담대함을 버리지 말라"고 말한다. "너희 담대함을 버리지 말라"(μὴ ἀποβάλητε τὴν παρρησίαν ὑμῶν)는 말은 '너희 확신을 버리지 말라'는 말로 번역되어야 할 것이다. 우리 개역개정판 번역같이 "담대함을 버리지 말라"고 번역한 성경은 ASV(Cast not away therefore your boldness)뿐이고 다른 번역판들은 대부분 "확신을 버리지 말라"고 번역했다(3:6 주해 참조). 히브리서 저자는 수신자들에게 처음에 믿기 시작할 때에 가졌던 확신을 가지고 신앙 생활한 것(32-34절)을 기억하고 그 확신을 버리지 말라고 권한다. 이유는 "이것이 큰 상을 얻게 하기" 때문이라고 한다(마 5:12; 10:32). 즉 '확신이라는 것이 큰 상을 얻게 한다는 것이다.' 확신이 없으면 용기 있게 행하지 못하고 뒤로 물러가기 때문에 큰 상을 얻지 못한다. 오늘 우리도 성경에서 큰 확신을 얻어 신앙생활을 하여 큰 상급을 받아야 한다.

히 10:36. 너희에게 인내가 필요함은 너희가 하나님의 뜻을 행한 후에 약속하

신 것을 받기 위함이라(ὑπομονῆς γὰρ ἔχετε χρείαν ἵνα τὸ θέλημα τοῦ θεοῦ ποιήσαντες κομίσησθε τὴν ἐπαγγελίαν).

저자는 앞(35절)에서 확신을 가지고 생활하라고 권했고 이제 본 절에서는 인내하면서 하나님의 뜻을 행하라고 말한다. 확신을 가지고 생활할 때 오래 참지 못하면 도중에 낙마할 수도 있기 때문이다. 저자는 "너희에게 인내가 필요함은 너희가 하나님의 뜻을 행한 후에 약속하신 것을 받기 위함이라"고 말한다(9:15; 12:1; 눅 21:19; 갈 6:9; 골 3:24; 벧전 1:9). 성도에게 "인내"가 필요한 이유는 "하나님의 뜻을 행하기 위함이다." 성도는 인내 없이 하나님의 뜻을 행할 수 없다. 따라서 인내가 없는 자는 결국은 하나님께서 "약속하신 것을 받지" 못하게 된다(6:13-20 주해 참조). 이 말씀은 우리 구원이 우리 행위에 의한 것이라는 교훈은 아니다. 다만 믿음 있는 성도는 반드시 확신을 가지고 인내하면서 하나님의 뜻을 행한다는 것을 보여주는 말씀이다. 그러나 놀랍게도 주를 향해 살아있는 믿음을 가진 성도는 확신과 인내를 가질 수 있을 뿐만 아니라 또 행하게도 한다.

히 10:37. 잠시 잠깐 후면 오실 이가 오시리니 지체하지 아니하시리라(ἔτι γὰρ μικρὸν ὅσον ὅσον, ὁ ἐρχόμενος ἥξει καὶ οὐ χρονίσει).

저자는 앞(36절)에서 인내가 필요하다고 말했는데 이제 본 절에서는 인내해야 하는 기간에 대해 말하는데 기간이 그리 길지 않다고 말한다. 즉 "잠시 잠깐 후면 오실 이가 오시리니 지체하지 아니하시리라"고 말한다 (합 2:3-4; 눅 18:8; 벧후 3:9). 본 절과 다음 절(38절)은 하박국 2:3-4와 사 26:20을 자유롭게 인용한 내용이다. 사 26:20은 "내 백성아 갈지어다 네 밀실에 들어가서 네 문을 닫고 분노가 지나기까지 잠깐 숨을지어다"고 증언한다. 하나님은 이사야 선지자를 통하여 '내 백성 이스라엘아 갈지어다. 네 밀실에 들어가서 네 문을 닫고 바벨론 군대의 분노가 지나기까지 잠깐 숨어 있으라'고 하신다. 히브리서 저자는 이사야가 기록한 말씀이 그리스도의 재림에 대한 예언이라고 말한다. 예수님께서 잠깐 후에 오신다는 한 것은 초대 교회의 기대였다.

본문의 "오실 이"(ὁ ἐρχόμενος)란 말은 현재분사 시제로 '지금도 오시는 이'란 뜻으로 예수님은 각자에게 지금도 오시는 분이시다(마 11:3; 눅 7:19; 계 1:4, 8; 4:8). 유대인들은 장차 오실 이를 기다리며 살았으나(단 7:13; 암 9:9; 말 3:1) 결과적으로는 예수님을 거부하고 말았다. 히브리서 저자는 예수님에 대한 이 칭호를 재림하실 예수님으로 보았다. 우리는 재림하실 예수님께서 머지않아 오실 것으로 알고 인내하며 살아야 한다. 히브리서 수신자나 우리는 동일하게 여전히 아직 오시지 않으신 예수님을 기대하고 바라며 산다. 우리는 인내할 수 있는 힘을 예수님께 구함으로써 오늘이란 시간을 잘 살아야 할 것이다.

히 10:38. 나의 의인은 믿음으로 말미암아 살리라 또한 뒤로 물러가면 내 마음이 그를 기뻐하지 아니하리라 하셨느니라(ὁ δὲ δίκαιός μου ἐκ πίστεως ζήσεται, καὶ ἐὰν ὑποστείληται, οὐκ εὐδοκεῖ ἡ ψυχή μου ἐν αὐτῷ-but my righteous one shall live by faith, and if he shrinks back, my soul has no pleasure in him-RSV).

저자는 하박국 2:4을 자유롭게 인용하여 본 절에 기록한다. 바울 사도도 하박국 2:4을 자신의 글에 두 번 인용했다(롬 1:17[81]; 갈 3:11[82]). 바울은

---

81) 롬 1:17의 말씀에서 바울은 "의인"(The just)을 강조하고 있다. 롬 1:17의 뜻은 '오직 의인은 믿음으로 구원을 받는다'는 뜻이다(요 3:16; 5:24). 하박국 선지자가 이 말씀을 하나님으로부터 받게 된 동기는 그가 당대의 험한 사회를 보면서 마음에 갈등하고 하나님께 질문했을 때 하나님은 하박국에게 "오직 의인은 믿음으로 말미암아 살리라"는 계시를 주셨다. 세상이 아무리 험하고 복잡해도 의인은 믿음으로 살아야 한다는 것이다. 그런데 바울 사도시대는 율법주의에 대항하여 의인은 오직 믿음으로 살아야 한다고 주장했다. 그리고 마틴 루터(Martin Luther) 시대에는 캐돌릭(Catholic)의 교권과 전통에 맞서 "오직 믿음"을 주창했다. 오늘 우리는 이 사회의 혼돈과 종교다원주의에 맞서 "오직 믿음"으로 살 것을 주장해야 할 것이다(김수흥목사의 *로마서 주해*에서).

82) 바울은 갈 3:11의 말씀에서 행함을 강조하고 있다. 하박국은 이스라엘이 아무리 다급해도 갈대아 사람들에게 아부할 것이 아니라 여전히 하나님만 바라보아야 한다는 계시를 받은 것이다. 우리는 율법을 의지할 것이 아니라 하나님을 믿는 믿음으로 살아야 한다. 그리스도를 믿는 것 이상 더 중요한 것은 없다(김수흥목사의 *갈라디아서주해*에서).

그의 교리와 관련하여 그의 교리를 세우기 위해 인용했고, 히브리서 저자는 수신자들의 실천생활을 권고하기 위하여 인용한다.[83] 저자가 "나의 의인은 믿음으로 말미암아 살리라"(합 2:4; 롬 1:17; 갈 3:11)는 말씀을 인용하는 이유는 성도가 확신(35절)과 인내(36절)를 가지고 하나님의 뜻을 행해야 한다는 것을 주장하기 위함이다. 왜냐하면 믿음 생활이란 확신과 인내를 가지고 하나님 뜻을 행하는 것이기 때문이다. 그리스도를 믿어 의롭게 된 성도는 반드시 믿음 안에서 살며 또 믿음으로 전진해야 한다.

히브리서 저자는 상반 절의 내용을 뒤집어 말하여 믿음으로 살아야 할 것을 강조한다. 즉 "뒤로 물러가면 내 마음이 그를 기뻐하지 아니하리라"고 하셨다고 한다. '그리스도를 믿음으로 의인이 된 성도들은 믿음을 가지고 전진해야지 만일 그렇지 않고 뒤로 물러가면 하나님께서 그를 기뻐하지 아니하시리라'고 하신다. 하나님께서 기뻐하시지 않는다는 말은 하나님으로부터 버림을 당하고 엄중한 벌을 받는다는 뜻이다. 우리는 순간이라도 믿음을 저버리고 딴 짓을 하지 않아야 한다. 믿음을 저버리게 된다면 우리에게 돌아오는 것은 채찍이고 엄중한 심판뿐이다.

히 10:39. 우리는 뒤로 물러가 멸망할 자가 아니요 오직 영혼을 구원함에 이르는 믿음을 가진 자니라(ἡμεῖς δὲ οὐκ ἐσμὲν ὑποστολῆς εἰς ἀπώλειαν ἀλλὰ πίστεως εἰς περιποίησιν ψυχῆς).

저자는 앞(32-38절)에서 수신자들에게 위로와 권면을 주다가 이제 본절에서 결론을 준다. 저자는 "우리는 뒤로 물러가 멸망할 자가 아니요 오직 영혼을 구원함에 이르는 믿음을 가진 자"라고 말한다(벧후 2:20-21). 저자는 자신과 수신자들을 동일선상에 놓고 두 가지를 말한다. 하나는 "우리는 뒤로 물러가 멸망할 자가 아니라"고 말하고 또 하나는 "오직 영혼을 구원함에 이르는 믿음을 가진 자"라고 격려의 말을 한다. "우리는

---

83) 히브리서 저자가 합 2:4을 인용하는 이유는 의인의 신실함을 강조하기 위함이다. 다시 말해 합 2:4은 히브리서 저자에게는 의인의 신실함을 강조하는 구절이다.

뒤로 물러가 멸망할 자가 아니라"는 말은 '저자와 수신자 모두는 믿음 생활을 하다가 말고 뒤로 물러가 멸망에 이를 자가 아니라'는 것이다. 만일 우리가 뒤로 물러간다면 반드시 멸망에 빠진다. 가룟 유다(마 26:14) 나 데마(딤후 4:10)는 뒤로 물러간 사람들이다. 그리고 "오직 영혼을 구원함에 이르는 믿음을 가진 자"(행 16:30-31; 살전 5:9; 살후 2:14)란 말은 '저자와 수신자 모두는 영혼 구원에 이르는 믿음을 가진 자'라는 것이다(눅 17:33 주해 참조). 믿음을 가진 자는 모두 영혼을 구원하게 된다. 여기 육체의 구원이 빠진 것은 육체의 구원은 영혼 구원에 자연스럽게 뒤따라오는 것이기 때문에 특별히 언급되지 않았다. 영혼이 구원 받으면 육체도 구원을 받는다(요삼 1:2).

제 11 장

D. 선진들의 믿음을 본받으라   11:1-40

저자는 앞(10:32-39)에서 수신자들이 과거에 가졌던 확고한 믿음을 칭찬하면서 현재와 미래에도 그렇게 믿으라고 권한 다음, 이제 이 부분(11:1-40)에서는 본 받을만한 선진들의 믿음을 나열하면서 그들의 믿음을 본받으라고 권한다. 저자는 먼저 믿음이란 무엇인가를 말하며(1-3절), 아벨, 에녹, 노아, 아브라함, 사라, 이삭, 야곱, 요셉, 모세의 믿음을 예를 들어 격려하고(4-28절), 출애굽 때와 가나안 진격 때의 믿음을 들어 격려한다(29-31절). 그리고 저자는 여러 선진들의 믿음(32-38절)과 구약 시대의 성도들과 신약시대의 성도들을 들어 수신자들로 하여금 믿음에 박차를 가하도록 격려한다(39-40절).

1. 믿음이란 무엇인가   11:1-3

저자는 수신자들로 하여금 믿고 인내하기를 바라면서 믿음이 무엇인가를 말하고(1절) 선진들은 믿음이 있었기에 하나님으로부터 인정을 받았다고 말한다(2절). 그리고 저자는 믿음의 선진들의 믿음을 거론하기 전 누구든지 믿어야 할 사항을 거론한다(3절).

히 11:1. 믿음은 바라는 것들의 실상이요 보지 못하는 것들의 증거니(Ἔστιν δὲ πίστις ἐλπιζομένων ὑπόστασις, πραγμάτων ἔλεγχος οὐ βλεπομένων, Now faith is the substance of things hoped for, the evidence of things not seen-KJV).

저자는 "믿음은 바라는 것들의 실상이라"고 말한다. 여기 "믿음"이란
말에 관사가 없는 것을 보면 특정의 믿음이 아닌 '넓은 의미의 믿음'을
뜻한다(Vincent). 저자는 넓은 의미에서 믿음을 정의하기를 "바라는 것들의
실상"이라고 말한다. "실상"(ὑπόστασις)이란 '실체'(KJV), '바탕'(표준
새 번역), '기초'(Morris), '실물'(NIV), '확증'(NIV, ASV, NASV, RSV),
'객관적 실체'(Lane) 등의 뜻이다. 그러니까 히브리서 저자가 말하는 믿음이
란 바라는 것들에 대한 확고한 신념 혹은 마음속에 자리 매김한 객관적
실체이다. 그런고로 믿음이 있는 사람들은 바라는 것을 벌써 잡은 것처럼
즐거워하고 기뻐한다. 믿음이 있는 사람은 아직 천국에 가지 않았어도 벌써
천국에 들어간 사람처럼 기뻐하고 믿음이 있는 사람들은 땅에 있으면서도
하늘의 것을 소유할 수가 있다. 우리는 믿기 위하여 하나님의 말씀을 읽고
연구해야 하고 또 무엇을 바래야 할는지 정확하게 짚어야 하며 또한 그것을
받은 것처럼 행동해야 한다.

히브리서 저자는 "보지 못하는 것들의 증거라"(πραγμάτων ἔλεγχος
οὐ βλεπομένων)고 말한다(롬 8:24-25; 고후 4:18; 5:7). 즉 "믿음은 보지
못하는 것들의 증거라"는 것이다. 본문의 "보지 못하는 것들"이란 말은
"바라는 것들"(상반 절)과 동의어로 사용되었다. 본문의 "증거"(ἔλεγχος)란
말은 '증거 물건'(the evidence), '확신'(the conviction)이란 뜻으로 믿음이
란 보지 못하는 것을 확신하는 것이다. 우리의 믿음은 우리가 보지 못하는
것들을 내 것으로 확신하는 것이다. 불신자들은 하나님의 말씀에 약속된바
보이지 않는 것들이나, 미래의 것들이나, 영적인 것들을 자기 것으로 확신하
지 못한다. 그러나 신자들은 믿음을 통해서 신령한 것들, 보이지 않는 것들을
자기 것으로 확신할 수가 있다. 우리는 부활할 것을 확신하며 천국의 것들이
내 것이 될 것으로 확신하게 된다.

히 11:2. 선진들이 이로써 증거를 얻었으니라(ἐν ταύτῃ γὰρ ἐμαρτυρήθη-
σαν οἱ πρεσβύτεροι-For by it the men of old received divine appro-

val-RSV).

저자는 앞(1절)에서 믿음이 무엇임을 말한 다음 본 절에서는 "선진들이 이로써 증거를 얻었으니라"고 말한다. 즉 "선진들" 곧 '이스라엘의 믿음의 조상들'이 믿음을 가지고 있었기 때문에 "증거를 얻었다"고 말한다(39절). 여기 "증거를 얻었다"(ἐμαρτυρήθησαν)는 말은 '하나님의 인정을 받았다'는 뜻이다. 누구든지 하나님을 믿으면 하나님으로부터 인정을 받는다. 예수님도 사람들에게 "네가 내가 이 일 할 줄을 믿느냐?"고 물으셨다(마 9:28; 요 9:35). 그리고 믿는 사람들을 향하여 예수님은 "네 믿음이 너를 구원하였느니라"고 하셨다(눅 17:19; 18:42). 오늘 우리는 우리 시대에서 예수님을 믿기 때문에 하나님으로부터 인정받게 되는 사람들이 너무 적어가는 현실을 만났다.

히 11:3. 믿음으로 모든 세계가 하나님의 말씀으로 지어진 줄을 우리가 아나니 보이는 것은 나타난 것으로 말미암아 된 것이 아니니라(Πίστει νοοῦμεν κατηρτίσθαι τοὺς αἰῶνας ῥήματι θεοῦ, εἰς τὸ μὴ ἐκ φαινομένων τὸ βλεπόμενον γεγονέναι).

저자는 4절 이하 선진들의 믿음을 하나하나 말하기에 앞서 본 절에서 저자와 수신자("우리가")의 전체적인 믿음을 말한다. 저자는 창세기 1장을 회상하면서 "믿음으로 모든 세계가 하나님의 말씀으로 지어진 줄을 우리가 안다"고 말한다(1:2; 창 1:1; 시 33:6; 요 1:3. 벧후 3:5). 즉 '창세기 1장의 천지 창조 기사를 "믿음으로"[84] "모든 세계"[85]가 하나님의 말씀으로 만들어진 줄 우리가 안다'는 것이다. 하나님의 말씀은 성도들에게 반드시 믿음을 일으켜 준다. 본문의 "하나님의 말씀으로"란 말은 '하나님의 명령으로'란 뜻으로 하나님께서 여섯 차례 명령하신 것을 지칭한다(창 1:3, 6, 9, 14,

---

84) 키스테메이커(Kistemaker)는 본 장에서 "믿음으로"라는 어구를 21번 발견한다. *Hebrews*, p. 312.
85) "모든 세계"란 말에 대한 주해를 위해 1:2 주해를 참조할 것.

20, 24). 하나님의 말씀으로 모든 세계가 지어진 줄을 믿는다면 우리가
세상에 못 믿을 것이 무엇이랴. 진화론이 어떻게 끼일 수 있을까. 어림도
없는 소리이다.

저자는 본 절에서 "보이는 것은 나타난 것으로 말미암아 된 것이 아니니
라"는 말을 첨가한다. 여기 "보이는 갓"이란 창조물 중에 보이는 것을 지칭하
는데 예를 들면 해, 달, 하늘, 별들, 지구 등을 말한다. 이 모든 보이는 것은
나타난 것으로 말미암아 창조된 것은 아니다. 다시 말해 원래 보였던 것으로
부터 만들어진 것들이 아니라 하나님께서 만드신 것들이다. 저자가 이렇게
말하는 것은 이 모든 것들도 하나님께서 만드신 것이라는 것을 드러내기
위함이다. 결코 하나님께서는 보이는 것들을 가지고 무엇을 지으신 것이
아니다. 아무 것도 없는 것 즉 무(無)에서 유(有)를 창조하신 것이다.

2. 아벨, 에녹, 노아의 믿음 11:4-7

히브리서 저자는 당시 수신자들로 하여금 잘 믿고 인내하도록 권면하기
위해 이스라엘 선진들의 훌륭한 신앙 이야기를 시작하면서 아벨의 믿음,
에녹의 믿음, 노아의 믿음을 말한다(4-7절). 아벨[86]은 믿음으로 가인보다
더 나은 제사를 드렸다는 이야기(4절), 에녹은 하나님을 기쁘시게 하는 믿음
으로 죽음을 보지 않고 승천했다는 이야기(5-6절), 노아는 아직 보이지 않는
일에 경고하심을 받아 경외하심으로 방주를 준비하여 그 집을 구원했다는
이야기를 한다(7절).

**히 11:4. 믿음으로 아벨은 가인보다 더 나은 제사를 하나님께 드림으로
의로운 자라 하시는 증거를 얻었으니 하나님이 그 예물에 대하여 증언하심이
라 그가 죽었으나 그 믿음으로써 지금도 말하느니라**(Πίστει νοοῦμεν

---

86) 히브리서 저자가 아담으로부터 시작하지 않고 아벨로부터 시작하는 이유는 아담에게는
별로 인정할만한 것이 없었기 때문이었을 것이다. 2절에 "선진들이 믿음으로써 증거(하나님의
인정)를 얻었다"고 기록된 것을 보면 알 수 있다.

κατηρτίσθαι τοὺς αἰῶνας ῥήματι θεοῦ, εἰς τὸ μὴ ἐκ φαινομένων τὸ βλεπόμενον γεγονέναι-By faith Abel offered to God a more acceptable sacrifice than Cain, through which he received approval as righteous, God bearing witness by accepting his gifts; he died, but through his faith he is still speaking-RSV).

"믿음으로"란 말이 문장 처음에 나와 뜻이 강조되었다. 히브리서 저자는 본 장에서 믿음을 강조하고 있다. "믿음으로"(Πίστει)란 말은 '믿음에 의하여,' '믿음을 통하여'란 뜻으로 아벨이 '하나님을 믿었기에' 혹은 '하나님의 계시를 믿었기에'란 뜻이다. 하나님을 믿는 사람들, 하나님의 계시를 받아드린 사람들은 믿음에 이르게 되고(롬 10:17), 훌륭한 신앙생활을 하게 된다. 그러나 저자는 가인이 하나님을 믿었다든지 혹은 하나님의 계시를 믿었다고는 말하지 않는다.

하지만 아벨에 대해서는 아벨이 하나님을 믿었기에 "가인보다 더 나은 제사를 하나님께 드렸다"고 말하여 아벨의 믿음을 언급한다(창 4:4; 요일 3:12). 즉 저자는 아벨이 하나님을 믿었기에 "가인보다 더 나은 제사를 하나님께 드렸다"고 말한다. 아벨이 가인보다 더 나은 제사를 드린 것은 그의 믿음 때문이었다. 결코 그의 제물 때문은 아니었다. 다시 말해 아벨이 피의 제사를 드려서 가인보다 더 나은 제사를 드린 것은 결코 아니었다.[87] 두 형제가 드릴만한 제물을 드린 점에서 똑같다. 창세기 4:3-4은 "세월이 지난 후에 가인은 땅의 소산으로 제물을 삼아 여호와께 드렸고 아벨은 자기도 양의 첫 새끼와 그 기름으로 드렸다"고 증언한다. 짐승을 드린 제사나 곡물을 드린 제사나 똑같이 모세의 법으로 볼 때 하자(瑕疵)가 없다(레 2:1-16). 그러니까 문제는 제물의 차이가 아니라 제물을 드리는 사람의 차이

---

87) 아벨이 가인보다 더 나은 제물을 드렸다는 기사를 두고 많은 견해가 제시되었다. 1) 아벨의 제물은 산 제물이었고 가인의 제물은 생명이 없는 제물이었다는 견해. 2) 아벨의 제물은 시대가 더 앞서고 가치가 더 월등하지만 가인의 제물은 시대상으로 뒤떨어지며 가치도 더 열등했다는 견해. 3) 아벨은 가장 좋은 첫 새끼를 드렸는데 가인은 단지 최초로 손에 들어온 것을 드렸다는 견해. 이런 견해들은 성경의 내용과 거리가 있는 견해들이다.

이다. 즉 제사 드리는 사람의 차이를 낳는 것의 핵심에는 믿음이 있다. 우리는 본문의 말씀을 통해 아벨의 제물이 더 나아서 가인보다 더 나은 제사를 드린 것이 아니라 그가 믿음이 있었기에 더 나은 제사를 드릴 수 있었다는 것을 알 수 있다. 아벨은 믿음이 있었고 가인은 믿음이 없었다. 창세기 4:6-7을 보면 확실하다. 즉 "여호와께서 가인에게 이르시되 네가 분하여 함은 어찌 됨이며 안색이 변함은 어찌 됨이냐 네가 선을 행하면 어찌 낯을 들지 못하겠느냐 선을 행하지 아니하면 죄가 문에 엎드려 있느니라"고 말한다. 하나님께 대한 가인의 태도는 죄로 충만해 있었다.

히브리서 저자는 아벨이 믿음으로 제물을 드렸기에 "의로운 자라 하시는 증거를 얻었으니 하나님이 그 예물에 대하여 증언하셨다"고 말한다. 즉 '의로운 자라 하시는 칭찬을 들었으니 하나님께서 그 예물에 대하여 증언하셨다'고 말한다(12:24; 마 23:35; 눅 11:51; 요일 3:12; 유 1:11). 다시 말해 아벨이 믿음을 가지고 예물을 드린 것은 잘 한 일이라는 칭찬을 하나님으로부터 들었는데 그것은 하나님께서 그 예물에 대하여 증언하셨기 때문이라는 것이다. 하나님께서 그 예물에 대하여 증언하신 방법은 아마도 아벨이 드린 제물 위에 불로 응답하셨을 수도 있고 혹은 다른 방법으로 하나님께서 응답하셨을 수도 있다. 구약 성경에 보면 불이 하늘에서 내려와 제물을 사른 것은 일반적인 통례였다. 솔로몬의 성전 헌납식(대하 7:1), 엘리야와 바알 제사장들의 갈멜산 위의 대결전(왕상 18:38)에서 볼 수 있다(크리소스톰, Hervius, 아퀴나스, 루터, Owen, 델리취, 스피크 등). 믿음을 가지고 예물을 드리면 하나님께서 반드시 응답하신다(2절). 오늘도 역시 믿음을 가지고 하나님께 예배하면 하나님은 반드시 기뻐하시고 응답하신다.

저자는 "그(아벨)가 죽었으나 그 믿음으로써 지금도 말하느니라"고 말한다(12:24; 창 4:10; 마 23:35). 즉 '아벨이 죽었으나 여전히 그 믿음으로써 지금도 말하고 있다'는 뜻이다. 본문의 뜻이 무엇이냐를 두고 여러 가지 견해88)가 있으나 히브리서 11장이 믿음을 강조하고 중요시한다는 것을 감안할 때 아벨의 믿음은 지금도 세상 사람들에게 믿음으로 사는 것이 하나

님을 기쁘시게 하고 영화롭게 한다는 것을 보여주고 있다는 뜻이다. 휴즈
(Hughes)는 "폭력 앞에서도 신실한 고결성을 지녔던 아벨의 모습을 바라보
며 우리는 바로 그와 같은 신앙을 통해 환경을 인내하고 극복할 수 있는
힘을 얻어야 한다. 아벨의 믿음은 신앙적으로 흔들리고 있던 본 서신의
수신자들이 본받아야 할 표본이었다. 나아가 우리는 본문에서 아벨이 비록
잔인하게 살해당했으나 하나님을 통해 지금도 살아있다는, 한 가지 중요한
의미를 간과해서는 안 된다. 그의 눈동자는 더 나은 본향에 확고히 고정되어
있었다(16절). 사실이 그렇지 않다면 아벨의 믿음은 결국 좌절로 종말을
고하였을 것이며 이기심을 보여준 가인의 본보기는 후세가 따라야 할 천고의
모범이 되었을 것이다"고 말한다.[89] "'아벨이 죽었으나 오히려 말한다'는
히브리서 저자의 선언은 살아생전에는 자신의 믿음과 모범에 의해 단 하나뿐
인 형님조차도 가르칠 수 없었던 그(아벨)가 이제 죽어서 온 세계를 가르치고
있는 것이다"(말틴 루터).

히 11:5. 믿음으로 에녹은 죽음을 보지 않고 옮겨졌으니 하나님이 그를
옮기심으로 다시 보이지 아니하였느니라 그는 옮겨지기 전에 하나님을 기쁘
시게 하는 자라 하는 증거를 받았느니라(Πίστει Ἐνὼχ μετετέθη τοῦ μὴ
ἰδεῖν θάνατον, καὶ οὐχ ηὑρίσκετο διότι μετέθηκεν αὐτὸν ὁ θεός. πρὸ
γὰρ τῆς μεταθέσεως μεμαρτύρηται εὐαρεστηκέναι τῷ θεῷ·, By faith
Enoch was taken up so that he should not see death; and he was not

---

88) "그가 죽었으나 그 믿음으로써 지금도 말하느니라"는 말이 무엇을 뜻하느냐를 두고
여러 견해가 발표되었다. 1) 아벨이 성경을 통해 즉 성경 속에서 지금도 말하고 있다는 뜻이라는
견해(Westcott, Delitzsch, Moffat). 문맥을 정확히 짚은 견해는 아닌 듯싶다. 2) 아벨의 피가
지금도 하나님께 복수를 부르짖는다는 의미로 보는 견해(Aquinas, Grotius, Owen, Alford, Bruce).
이 견해는 창세기 4:10로부터 영향을 받은 것이다("이르시되 네가 무엇을 하였느냐 네 아우의
핏 소리가 땅에서부터 내게 호소하느니라"). 그러나 이 견해도 본서의 문맥을 정확하게 파헤치지
는 못한 것으로 보인다. 이유는 본서가 믿음을 강조한다는 것을 감안할 때 아벨의 믿음이
지금도 지구상에 있는 사람들에게 말하고 있는 것으로 보아야 한다. 즉 믿음으로 사는 사람은
하나님을 영화롭게 할 수 있다는 것을 보여준다는 것이다.
89) 휴즈(Philip Edgcumbe Hughes), *A Commentary on the Epistle to the Hebrews*, p. 457.

found, because God had taken him. Now before he was taken he was
attested as having pleased God-KJV).

저자는 본 절에서 세 가지를 말한다. 저자는 첫째, "믿음으로 에녹은
죽음을 보지 않고 옮겨졌다"고 말한다(창 5:21-24).[90] "믿음으로"란 말은
문맥에 의하여 '하나님을 기쁘시게 한 믿음에 의하여'란 뜻이다. 에녹은
6절에 의하면 하나님이 계신 것을 믿었으며 일상생활에서 항상 하나님을
찾는 삶을 살았다. 에녹은 아담의 7세손이었는데 그는 조상들로부터 하나님
의 말씀을 들어 하나님께서 살아계심을 믿었고 또 하나님을 찾는 삶을 살았
다. 그러기에 그는 영과 육이 분리되지 않은 채 하늘로 옮겨졌다. 본문의
"옮겨졌으니"(μετετέθη)란 말은 부정(단순)과거 수동형으로 '바뀌었다,'
'변화되었다'는 뜻으로 그가 스스로 옮긴 것이 아니라 하나님에 의하여
옮겨진 것을 뜻한다.

저자는 둘째, "하나님이 그를 옮기심으로 다시 보이지 아니하였다"고
말한다. 즉 '하나님이 에녹을 하늘로 옮기심으로 다시 그가 땅위에서 보이지
않았다'는 뜻이다. 본문의 "옮기셨다"(μετέθηκεν)는 말은 현재완료형으로
하나님께서 과거에 옮기셨으므로 현재 보이지 않는 상태라는 것이다. 하나님
께서 옮기시니 다시는 볼 수 없었다. 우리가 아는 바 하나님께서 그렇게
하시면 그렇게 되는 것이다.

저자는 셋째, "그는 옮겨지기 전에 하나님을 기쁘시게 하는 자라 하는
증거를 받았다"고 말한다. 저자는 에녹이 하늘로 옮겨지기 전에 어떤 신앙생
활을 했느냐 하는 것을 보여주고 있다. 그는 하나님을 기쁘시게 하는 삶을
살았다. 여기 에녹이 "하나님을 기쁘시게 했다"는 표현은 70인 역에 있는
표현인데, 맛소라 사본(MT, 히브리 원전)에는 "에녹이 하나님과 동행했다"
고 기록하고 있는데(창 5:22, 24) 70인 역이 번역될 때 "하나님을 기쁘시게

---

90) 창 5:21-24은 "에녹은 육십오 세에 므두셀라를 낳고 므두셀라를 낳은 후 삼백 년을
하나님과 동행하며 자녀들을 낳았으며 그는 삼백육십오 세를 살았더라 에녹이 하나님과 동행하
더니 하나님이 그를 데려가시므로 세상에 있지 아니하였더라"고 증언한다.

했다"고 번역되고 있다. 하나님과 동행하는 것은 곧 그를 기쁘시게 하는
것이다. 에녹은 300년간 하나님과 동행했다. 다시 말해 하나님을 기쁘시게
하는 삶을 살았다. 오늘 우리의 삶은 어떠해야 하는가.

**히 11:6. 믿음이 없이는 하나님을 기쁘시게 하지 못하나니 하나님께 나아가
는 자는 반드시 그가 계신 것과 또한 그가 자기를 찾는 자들에게 상 주시는
이심을 믿어야 할지니라**(χωρὶς δὲ πίστεως ἀδύνατον εὐαρεστῆσαι· πισ-
τεῦσαι γὰρ δεῖ τὸν προσερχόμενον τῷ θεῷ ὅτι ἔστιν καὶ τοῖς ἐκζη-
τοῦσιν αὐτὸν μισθαποδότης γίνεται).

저자는 앞(5절)에서 에녹의 믿음을 말한 다음 본 절에서는 그의 믿음에
대해 두 가지로 정의한다. 저자는 앞(5절)에서 에녹이 하나님을 기쁘시게
했다(히브리 원전에서는 하나님과 동행했다고 함)고 했는데 그것은 그가
믿음이 있었기 때문이었다는 것이다. 에녹이 믿음이 있었기 때문에 하나님과
동행했다. 다시 말해 하나님을 기쁘시게 하는 삶을 살았다. 오늘날에도 여전
히 누구든지 믿음이 없이는 하나님과 동행하지 못한다. 즉 하나님을 기쁘시
게 하지 못한다.

저자는 에녹의 믿음에 대해 두 가지로 말한다. 첫째, "하나님께 나아가는
자는 반드시 그가 계신 것"을 믿어야 한다고 말한다. 하나님이 계신 것을
믿는다는 말은 하나님의 존재만을 믿는다는 뜻은 아니다. 이유는 사탄도
하나님의 존재를 믿기 때문이다(약 2:19). 하나님이 계신 것을 믿는다는
말은 하나님의 인격적 존재를 믿는 것을 뜻한다. 즉 하나님이 창조주이시고
통치주이시며 심판주이심을 믿는 것을 뜻한다(1:1-2). 우리는 성경에서 말씀
하고 있는 하나님의 존재하심을 믿고 또한 기도할 때에는 바로 그 분께
기도해야 한다.

둘째, "그가 자기를 찾는 자들에게 상주시는 이심을 믿어야 한다"고
한다. 즉 '하나님께서 하나님 자신을 찾는 사람들, 하나님께 기도하는 사람들
에게 보답하는 분이심을 믿어야 한다'는 것이다. 10:35은 "너희 담대함을

버리지 말라 이것이 큰 상을 얻게 하느니라"고 증언한다. 우리는 기도할 때 큰 담대함, 즉 큰 확신을 가지고 기도해야 한다. 그러면 큰 상을 얻게 된다. 하나님은 우리가 죄를 인정하고 용서를 구할 때 구원해 주시고 또 복을 구할 때 영적인 복과 육신에 필요한 복을 주신다. 특별히 하나님 자신을 더욱 알게 해주신다. 하나님을 아는 것이 최상의 상급이다(빌 3:8-14). 그러나 너무도 많은 사람들이 상주시는 하나님은 찾지 않고 하나님외의 다른 것들을 찾기 위하여 생을 허비하고 있다.

히 11:7. 믿음으로 노아는 아직 보이지 않는 일에 경고하심을 받아 경외함으로 방주를 준비하여 그 집을 구원하였으니 이로 말미암아 세상을 정죄하고 믿음을 따르는 의의 상속자가 되었느니라(Πίστει χρηματισθεὶς Νῶε περὶ τῶν μηδέπω βλεπομένων, εὐλαβηθεὶς κατεσκεύασεν κιβωτὸν εἰς σωτηρίαν τοῦ οἴκου αὐτοῦ δι' ἧς κατέκρινεν τὸν κόσμον, καὶ τῆς κατὰ πίστιν δικαιοσύνης ἐγένετο κληρονόμος, By faith Noah, being warned of God of things not seen as yet, moved with fear, prepared an ark to the saving of his house; by the which he condemned the world, and became heir of the righteousness which is by faith-KJV).

저자는 세 번째로 노아의 믿음에 대해 말한다. 저자는 "믿음으로 노아는 아직 보이지 않는 일에 경고하심을 받았다"고 말한다(창 6:13, 22). 노아의 "믿음"은 다름 아니라 "아직 보이지 않는 일에 하나님으로부터 경고하심을 받은 것을 믿는 믿음"이었다. 다른 사람들은 아무도 믿지 않았는데 노아는 하나님의 경고하심을 그대로 받아드렸다(창 6:10-7). 창 6:3-7은 "여호와께서 이르시되 나의 영이 영원히 사람과 함께 하지 아니하리니 이는 그들이 육신이 됨이라 그러나 그들의 날은 백이십 년이 되리라 하시니라...여호와께서 사람의 죄악이 세상에 가득함과 그의 마음으로 생각하는 모든 계획이 항상 악할 뿐임을 보시고 땅 위에 사람 지으셨음을 한탄하사 마음에 근심하시고 이르시되 내가 창조한 사람을 내가 지면에서 쓸어버리되 사람으로부터

가축과 기는 것과 공중의 새까지 그리하리니"라고 하신다. 그러나 노아는 하나님께 은혜를 입게 되었는데 이유는 "그가 하나님과 동행했기" 때문이었다(창 6:8-9). 노아는 그의 조상 아벨이나 에녹처럼 하나님을 전적으로 믿었다. 오늘이란 혼탁한 세상을 사는 우리는 변화 가득한 이 세상 속에서도 결코 변하지 않는 하나님의 말씀과 하나님을 전적으로 신뢰함이 최고의 삶임을 놓치지 말아야겠다.

저자는 노아가 "경외함으로 방주를 준비하여 그 집을 구원하였다"고 말한다(벧전 3:20). 노아는 세상 사람들의 조롱을 받으며 비도 오지 않는 맑은 하늘 밑에서 하루하루 방주를 지어갔다. 그는 주위 사람들의 별별 비웃음을 들으며 하나님을 믿는 믿음을 가지고 방주를 지어 결국 그의 일곱 식구를 구원했다.

저자는 "이로 말미암아 세상을 정죄하고 믿음을 따르는 의의 상속자가 되었다"고 말한다. 노아는 "이로 말미암아 세상을 정죄했다"(by the which he condemned the world). 즉 '믿음으로 말미암아 세상을 정죄했다'는 뜻이다. 노아는 그의 입으로 세상을 정죄한 것이 아니라 그가 믿음을 가지고 방주를 예비하여 자기의 가족을 구원했는데 그 믿음의 행위가 바로 세상을 정죄한 것이다. 노아는 믿음을 가지고 배를 짓는 동안에도 세상을 정죄했고 또 믿음으로 집을 구원했을 때 즉 세상이 모두 물속에 수장되었을 때도 세상을 정죄했다. 한 사람이 세상 모든 사람들을 정죄했다. 한 사람의 믿음이 세상 모든 사람들을 정죄했다. 즉 한 사람이 하나님의 명령에 순종함으로 인하여 하나님께 순종하지 않은 다른 모든 사람들의 삶이 죄임을 선언했다.

그리고 노아는 "믿음을 따르는 의의 상속자가 되었다"(롬 3:22; 4:13; 빌 3:9). "믿음을 따르는 의의 상속자가 되었다"(καὶ τῆς κατὰ πίστιν δι- καιοσύνης ἐγένετο κληρονόμος, became heir of the righteousness which is by faith-KJV)는 말은 '믿음에 의한 의의 상속자가 되었다'는 뜻이다. 다시 말해 '믿음을 따른 결과 의를 소유한 사람이 되었다'는 것이다. 노아는 삶의 방식에서 항상 그리고 아주 많이 의로운 삶의 귀감이 되었다. 그는 항상 하나님의 뜻에 순종하는 본보기가 된 것이다. 그는 믿음으로 하나님을 기쁘시게 했다. 모세의 증언은 노아가 의인이라고 말한다(창 6:9). 창 6:9은 "노아는 의인이요 당대에 완전한 자라 그는 하나님과 동행하였다"고 증언한다. 에스겔은 겔 14:14에서 "비록 노아, 다니엘, 욥, 이 세 사람이 거기에 있을지라도 그들은 자기의 공의로 자기의 생명만 건지리라 나 주 여호와의 말이니라"고 증언한다(겔 14:20 참조). 베드로는 벧후 2:5에서 하나님께서 "옛 세상을 용서하지 아니하시고 오직 의를 전파하는 노아와 그 일곱 식구를 보존하시고 경건하지 아니한 자들의 세상에 홍수를 내리셨다"고 증언한다. 노아는 120년의 긴긴 세월동안 하나님의 메시지를 전파했다. 노아는 120년 이란 긴 세월 동안 불신 세상에서도 부끄러움을 무릅쓰고 의를 전파했고 의롭게 살았으며 의를 소유한 사람이 되었다. 그는 하나님께 전적으로 순종하는 사람이 되었다. 그는 믿음을 통하여 하나님을 기쁘시게 하며 살았다. 우리는 어쩌다가 한번 의로운 일을 행하는 사람이 아니라 항상 하나님의 기뻐하시는 뜻을 행하는 사람이 되어야 한다.

3. 아브라함과 사라의 믿음　11:8-12

저자는 당시 수신자들로 하여금 잘 믿고 인내하도록 권면하기 위해 이스라엘 선진들의 훌륭한 신앙 이야기를 하는 중 앞(4-7절)에서는 아벨, 에녹, 노아의 믿음을 말한 다음 이제는 빼놓을 수 없는 중요 인물 아브라함과 부인 사라의 믿음을 거론한다. 저자는 아브라함이 고향을 떠나 가나안에 거한 사실과 그의 아내 사라의 이야기를 소개하고 있다(8-12절).

히 11:8. 믿음으로 아브라함은 부르심을 받았을 때에 순종하여 장래의 유업으로 받을 땅에 나아갈 새 갈 바를 알지 못하고 나아갔으며(Πίστει καλούμε-νος Ἀβραὰμ ὑπήκουσεν ἐξελθεῖν εἰς τόπον ὃν ἤμελλεν λαμβάνειν εἰς κληρονομίαν, καὶ ἐξῆλθεν μὴ ἐπιστάμενος ποῦ ἔρχεται, By faith Abraham obeyed when he was called to go out to a place which he

was to receive as an inheritance; and he went out, not knowing where
he was to go-RSV).

저자는 아브라함이 "믿음으로" 즉 '믿음이 있었기에' "부르심을 받았을
때에 순종하여 장래의 유업으로 받을 땅에 나아갈 새 갈 바를 알지 못하고
나아갔다"고 말한다(창 12:1, 4; 행 7:2-4). 즉 하나님을 믿는 믿음이 있었기
에 '하나님의 부르심을 받았을 때에 부르심에 순종하였다.' "부르심을 받았
을 때에"(καλούμενος)란 말은 현재 분사 수동형으로 '부르심을 받는 때에'
란 뜻이다. 아브라함은 부르심을 받고 오랜 세월이 지난 후에 순종한 것이
아니라 부르심을 받은 때에 곧바로 순종해서 나아갔다는 것이다. 그는 '장래
의 유업으로 받을 땅에 나아갈 때 갈 바를 알지 못하고 나아갔다.' 그는
자기가 기업으로 소유할 땅을 한번 답사한 것도 아니고 자기가 어디로
가야 하는지, 다시 말해 그곳이 어디인지 알지도 못했지만 발을 내디딘
것이다. 이것이 신앙이다. "믿음은 알지 못하는 곳을 향해 가는 것이고
과학은 알아야만 가는 것이다"(이상근). 선교지를 향해가는 젊은 선교사들
이 선교지의 호불호를 알지 못하고 떠난다. 하나님을 앞세우고 말이다.
그것이 신앙이다. 우리는 하나님께서 원하시는 때 우리의 호불호를 넘어서
서 나아가야 한다.

**히 11:9-10. 믿음으로 그가 이방의 땅에 있는 것 같이 약속의 땅에 거류하여
동일한 약속을 유업으로 함께 받은 이삭과 야곱과 더불어 장막에 거하였으니
이는 그가 하나님이 계획하시고 지으실 터가 있는 성을 바랐음이라**(Πίστει
παρῴκησεν εἰς γῆν τῆς ἐπαγγελίας ὡς ἀλλοτρίαν ἐν σκηναῖς κα-
τοικήσας μετὰ Ἰσαὰκ καὶ Ἰακὼβ τῶν συγκληρονόμων τῆς ἐπαγγελίας
τῆς αὐτῆς· ἐξεδέχετο γὰρ τὴν τοὺς θεμελίους ἔχουσαν πόλιν ἧς τεχ-
νίτης καὶ δημιουργὸς ὁ θεός).

저자는 아브라함이 믿음이 있었기에 약속의 땅에서 살면서도 마치 이방
의 땅에서 사는 것처럼 이삭과 야곱과 더불어 장막 집에 거했다고 말한다.

저자는 "믿음으로 그가 이방의 땅에 있는 것 같이 약속의 땅에 거류하였다"고 말한다. 즉 '믿음이 있었기 때문에 이방의 땅에 있는 것처럼 약속의 땅에 거류했다'고 말한다. 여기 "약속의 땅"(γῆν τῆς ἐπαγγελίας)이란 말에 관사가 있는 것은 '하나님께서 약속하신 그 땅'이란 뜻으로 가나안 땅을 지칭한다. 그리고 "거류하였다"(παρῴκησεν)는 말은 부정(단순)과거 시제로 '나그네처럼 기거(寄居)했다'는 뜻으로 아브라함은 약속의 땅 가나안에 살면서도 마치 외국 생활을 하는 것처럼 나그네로 살았다. 아브라함은 그의 아내 사라의 묘지를 돈 주고 산 것 이외에는 한 치의 땅도 소유하지 않았다(창 23:3-20; 행 7:5). 오직 믿음으로 산 것 뿐이었다. 우리의 지상(地上) 생활 역시 나그네의 삶임을 알아야 한다.

저자는 아브라함은 "동일한 약속을 유업으로 함께 받은 이삭과 야곱과 더불어 장막에 거하였다"고 말한다(6:17; 창 12:8; 13:3, 18; 18:1, 9). 이삭과 야곱도 역시 아브라함과 똑같은 약속을 하나님으로부터 받았는데 그 3세대가 모두 장막 생활을 했다고 말한다. 3대가 모두 천막에 거한 이유는 "하나님이 계획하시고 지으실 터가 있는 성을 바랐기"(For he looked for a city which hath foundations, whose builder and maker [is] God-KJV) 때문이었다(3:4; 12:22; 13:14; 계 21:2, 10). 3대가 함께 천막에 살았던 이유는 보다 좋은 하늘의 영원한 도성을 바라보았기 때문이었다. "하나님이 계획하시고 지으실"이란 말은 '하늘의 영원한 도성의 건축설계와 실제 건축하신 분이 하나님'이시라는 뜻이다. 그리고 "터가 있는 성"이란 말은 '튼튼한 기초가 있는 도성'이란 뜻이다. 튼튼한 기초가 되어 있는 성은 3대가 거했던 장막(9절)과는 완전 대조가 된다. 성경은 천성의 기초는 12사도의 이름이 기록되어 있고 또 튼튼하다고 말씀한다(계 21:14, 19-20). 아브라함은 천성을 바라보았기에 지상에서는 장막에서 거할 수가 있었다. 우리가 내세를 더욱 분명히 바라본다면 지상에서 좋은 것을 소유하려고 그렇게 야단하지는 않는다.

히 11:11. 믿음으로 사라 자신도 나이가 많아 단산하였으나 잉태할 수 있는 힘을 얻었으니 이는 약속하신 이를 미쁘신 줄 알았음이라(Πίστει καὶ αὐτὴ Σάρρα στεῖρα δύναμιν εἰς καταβολὴν σπέρματος ἔλαβεν καὶ παρὰ καιρὸν ἡλικίας, ἐπεὶ πιστὸν ἡγήσατο τὸν ἐπαγγειλάμενον, Through faith also Sara herself received strength to conceive seed, and was delivered of a child when she was past age, because she judged him faithful who had promised-KJV).

저자는 앞(8-10절)에서 아브라함의 믿음에 대해 언급했고 이제 본 절에서는 아브라함의 부인 사라의 믿음에 대해 언급한다. 저자는 "사라 자신도 나이가 많아 단산 하였으나 잉태할 수 있는 힘을 얻었다"고 말한다(창 17:15-19; 18:11-14; 21:2). 혹자들은 아브라함의 아내 사라가 나이가 많아 단산했을 때 믿음으로 잉태하는 힘을 얻었다는 저자의 말에 이의를 제기하며 본 절을 첨가한 구절로 본다. 그러나 아브라함이나 사라의 경우 처음에는 아들을 낳게 해주시겠다는 하나님의 약속에 대해 회의적이었으나(창 17:17; 18:12) 나중에 하나님의 책망을 받고 마음을 돌이킨 것으로 보아야 한다(창 18:13-15). 훗날 사라가 이삭을 낳고 하나님의 은혜에 감사하는 것(창 21:6- "사라가 이르되 하나님이 나를 웃게 하시니 듣는 자가 다 나와 함께 웃으리로다")을 보면 그가 마음을 돌이킨 것을 알 수 있다.

그리고 또 혹자는 본문의 "잉태할 수 있는 힘을 얻었으니"라는 말을 문제 삼는다. 즉 "잉태할 수 있는 힘을 얻었으니"(δύναμιν εἰς καταβολὴν σπέρματος ἔλαβεν)라는 말은 여자가 잉태할 수 있는 힘을 얻었다는 말이 아니라 남자가 잉태할 수 있는 힘을 얻었다는 말이라는 것이다. "잉태"(καταβολὴν σπέρματος)라는 말이 '씨의 기초,' '씨의 토대를 놓는 것'이라는 뜻이니 씨의 기초를 놓는 것은 남자가 할 일이지 여자가 할 일이 아니라는 주장이다. 그래서 본 절의 주어가 아브라함이 되어야 문장이 성립한다는 것이다. 즉 아브라함이 주어가 되고 사라가 여격이 되어 아브라함이 사라와 "잉태하는 힘을 얻었으니"라고 보아야 한다는 주장이나(Hort, Zahn, Lenski,

NIV91)) 사라가 주어가 되어야 한다는 주장이 옳다고 보아야 할 것이다 (Owen, John Brown, Donald Guthrie, Plummer, Hughes, 이순한, 박형용). 1) "사라"가 주어로 되어 있는 사본들이 월등히 많다.92) 2) "단산하였으나" 라는 표현은 주어를 사라로 해야지 아브라함으로 하면 이상하다.93) 이유는 아브라함은 사라가 127세를 살고 죽은(창 23:1) 후에도 후처 그두라를 취하여 여러 명의 자녀를 낳았기 때문이다(창 25:1-4). 사라가 죽은 후에도 아브라함은 단산하지 않고 계속 자녀를 생산했으니 본 절의 주어는 당연히 사라가 되어야 한다.

저자는 사라가 "나이가 많아 단산하였으나 잉태할 수 있는 힘을 얻었으니 이는 약속하신 이를 미쁘신 줄 알았음이라"고 언급한다(10:23; 롬 4:21). 사라는 하나님의 책망을 듣고 잉태하는 힘을 얻었는데 그것은 아들을 주시겠다고 약속하신 하나님이 약속에 신실하신 것을 믿었기 때문이었다. 우리는 약속하신 하나님이 신실하신 줄 믿고 성경에 약속하신 것이 모두 이루어질 줄 믿어야 할 것이다. 하나님은 자신이 약속하신 것에 대해 참으로 신실하시다.

히 11:12. 이러므로 죽은 자와 같은 한 사람으로 말미암아 하늘의 허다한 별과 또 해변의 무수한 모래와 같이 많은 후손이 생육하였느니라(διὸ καὶ ἀφ' ἑνὸς ἐγεννήθησαν, καὶ ταῦτα νενεκρωμένου, καθὼς τὰ ἄστρα τοῦ οὐρανοῦ τῷ πλήθει καὶ ὡς ἡ ἄμμος ἡ παρὰ τὸ χεῖλος τῆς θαλάσσης ἡ ἀναρίθμητος).

"이러므로" 즉 '사라94)가 약속하신 이를 미쁘신 줄 알았기 때문에' "죽은

---

91) NIV는 아브n라함을 주어로 하고 있다. "By faith Abraham, even though he was past age--and Sarah Huwas barren--was enabled to become a father because he considered him faithful who had made the promise."

92) *The Greek New Testament*, edited by Kurt Aland, Bruce M. Metzger, United Bible Societies, 1966, p. 776 mg.

93) P. E. Hughes, op.cit., p. 474.

94) NIV는 "아브라함"을 주어로 하고 있으나 대부분의 번역판들은 "사라"(개역개정판, 표준

자와 같은 한 사람"(ἑνὸς ἐγεννήθησαν) 곧 '아브라함'으로 말미암아 "하늘
의 허다한 별과 또 해변의 무수한 모래와 같이 많은 후손이 생육하였다"(창
22:17; 롬 4:18-19). "하늘의 허다한 별과 또 해변의 무수한 모래와 같다"는
표현은 셀 수 없이 많은 것을 가리키는 표현이다(창 13:16; 15:5; 22:17;
32:12; 36:4; 출 32:13; 신 1:10; 10:22; 겔 32:13). 약속하신 하나님을 믿을
때 놀라운 복을 받는다.

4. 족장들은 더 나은 본향을 사모하며 살았다   11:13-16

저자는 앞(8-12절)에서 아브라함과 부인 사라의 믿음을 거론한 다음
이제는 족장들이 더 나은 본향을 사모하며 생활한 생활상을 언급하여 당시
수신자들이 땅에 정붙이지 말고 하나님을 바라보고 살도록 권고하고 있다.

**히 11:13. 이 사람들은 다 믿음을 따라 죽었으며 약속을 받지 못하였으되
그것들을 멀리서 보고 환영하며 또 땅에서는 외국인과 나그네임을 증언하였
으니**(Κατὰ πίστιν ἀπέθανον οὗτοι πάντες, μὴ λαβόντες τὰς ἐπαγγελι-
΄ας ἀλλὰ πόρρωθεν αὐτὰς ἰδόντες καὶ ἀσπασάμενοι καὶ ὁμολογήσαντες
ὅτι ξένοι καὶ παρεπίδημοί εἰσιν ἐπὶ τῆς γῆς, These all died in faith,
not having received the promises, but having seen them afar off, and
were persuaded of [them], and embraced [them], and confessed that they
were strangers and pilgrims on the earth-KJV).

저자는 "이 사람들은 다 믿음을 따라 죽었다"고 말한다. 여기 "이 사람
들"(οὗτοι)이란 말은 남성 대명사 복수로 앞에 언급된 아브라함, 이삭, 야곱
을 지칭한다. 그들은 모두 믿음을 따라 죽었다. 그들은 다 믿음을 따라
살다가 믿음 중에 죽었다.

저자는 그들은 "약속을 받지 못하였으되 그것들을 멀리서 보고 환영했

새번역, 현대인의 성경, KJV, NKJV, NASB, ASV, RSV)를 주어로 가지고 있다.

다"고 말한다(27절; 39절; 요 8:56). 그들은 가나안 땅을 약속 받았고 또 하나님으로부터 후손을 주시겠다는 약속을 받았으나 그 성취는 보지 못하고 죽었다. 그러나 그들은 하나님께서 그 약속들을 분명히 실현해주실 것이라는 믿음을 가지고 살다가 죽었다. 예수님은 아브라함이 예수님의 때에 모든 것이 이루어질 것이라는 믿음을 가지고 살다가 죽었다고 말씀하신다(요 8:56-"너희 조상 아브라함은 나의 때 볼 것을 즐거워하다가 보고 기뻐하였느니라").95) 오늘 우리도 그리스도의 재림을 멀리서 보고 즐거워하는 사람들이 되어야 한다. 그리스도의 재림의 날을 계산할 것이 아니라 그저 분명히 그리스도께서 이 땅에 다시 오시리라는 기대 속에서 경건하게 살아야 한다.

저자는 "또 땅에서는 외국인과 나그네임을 증언하였다"고 말한다(창 23:4; 47:9; 대상 29:15; 시 39:12; 119:19; 벧전 1:17; 2:11). 아브라함은 헷 족속에게 "나는 당신들 중에 나그네요 거류하는 자"라고 고백했고(창 23:4), 이삭은 야곱에게 "아브라함에게 허락하신 복을 네게 주시되 너와 너와 함께 네 자손에게 주사 너로 하나님이 아브라함에게 주신 땅 곧 너의 우거하는 땅을 유업으로 받게 하시기를 원하노라"고 말하여 세상을 나그네의 삶으로 표현했으며(창 28:4), 야곱은 애굽 왕 바로에게 "내 나그네 길의 세월이 백삼십 년이니이다 내 나이가 얼마 못 되니 우리 조상의 나그네 길의 연조에 미치지 못하나 짧고 험악한 세월을 보내었나이다"라고 자신의 지상의 삶을 표현했다(창 47:9). 신약의 바울(빌 3:20)도, 베드로(벧전 2:11)

---

95) 요 8:56은 우리에게 귀한 것을 증언한다. 여기 "너희 조상(육체의 조상) 아브라함은 나의 때 볼 것을 즐거워하다가 보고 기뻐했다"(히 11:13)는 말은 '아브라함이 메시야의 시대를 볼 것을 즐거워하다가 멀리서 보았고 또 기뻐했다'는 뜻이다. 아브라함은 하나님으로부터 그에게 이삭이 탄생하리라는 약속을 받고 심히 기뻐했다(창 15:4-6; 17:1-8). 나이 많은 그들 부부에게 이 이상 기쁜 일은 없었다. 이삭이 탄생하기까지 도무지 기다릴 수 없을 정도로 기뻤다. 드디어 이삭이 탄생했을 때 이름을 이삭 곧 '웃음'이라고 이름 지었다. 아브라함은 이삭을 통하여 하나님께서 계획하신 것을 이루시리라고 기대하였다. 아브라함이 이삭을 모리아 제단에 바칠 때에도 아브라함은 하나님께서 이삭을 다시 살리시리라는 것을 분명하게 믿었다(창 22:8; 히 11:17-19). 아브라함은 이삭 계통에서 메시야께서 태어나실 것을 믿었고 또 하나님께서 그를 통하여 온 세계 민족에게 복을 주실 것을 믿었다. 아브라함은 이삭을 통하여 그 일이 실제로 성취되는 것을 보지 못했으나 "그것들을 멀리서 보고 환영하였다". 아브라함은 그리스도의 날을 멀리서 보았고 또 기뻐한 것이다.

도 역시 세상 생활은 나그네의 삶이라고 말했다. 우리도 지금 세상에서 나그네로 살고 있다. 영원히 살려는 생각을 우리 마음속에서 뽑아야 한다.

히 11:14. 그들이 이같이 말하는 것은 자기들이 본향 찾는 자임을 나타냄이라 (οἱ γὰρ τοιαῦτα λέγοντες ἐμφανίζουσιν ὅτι πατρίδα ἐπιζητοῦσιν).

저자는 "그들이 이같이 말하는 것" 즉 '아브라함, 이삭, 야곱은 땅에서는 외국인과 나그네임을 증언'한 말은 "자기들이 본향 찾는 자임을 나타내는 것이라"고 말한다(13:14). 본문의 "본향"(πατρίδα)이란 말은 '선조의 땅' 혹은 '하늘나라'를 지칭하고, "찾는"(ἐπιζητοῦσιν)이란 말은 현재 동사로 '계속해서 전력투구하여 찾는다'는 뜻이다. 그들이 땅에서는 외국인과 나그네라고 말한 것은 그들이 하늘나라를 사모하여 간절히 찾고 있다는 것을 드러내는 말이라는 것이다. 그들이 하늘나라를 간절히 찾고 살았기에 땅에서는 나그네의 삶을 살고 있다고 말한 것이다.

히 11:15. 그들이 나온바 본향을 생각하였더라면 돌아갈 기회가 있었으려니와(καὶ εἰ μὲν ἐκείνης ἐμνημόνευον ἀφ᾽ ἧς ἐξέβησαν, εἶχον ἂν καιρὸν ἀνακάμψαι).

저자는 앞(14절)에서 아브라함, 이삭, 야곱이 하늘나라를 찾으며 살았다고 말했는데 본 절에서는 그들이 땅위의 본향에 돌아갈 생각을 하지 않았다고 말한다. 저자는 그들이 나온바 본향을 생각했더라면 돌아갈 기회가 있었을 것이라고 말한다. 아브라함이 나온바 본향 갈대아 우르 지방을 생각했더라면 긴긴 세월동안 살면서 돌아갈 기회를 얼마든지 잡을 수 있었을 것이다. 사실 아브라함이 갈대아 지방에 돌아가려면 얼마든지 돌아갈 기회가 있었다. 그러나 그는 애굽을(창 12:10) 비롯해서 다른 곳으로 돌아가지 않았다(창 24:6). 이삭도 갈대아 우르에 돌아가지 않았고(창 35:27-29), 야곱도 역시 메소포타미아를 고향으로 생각하지 않았으며(창 30:25; 31:3) 가나안 땅에

장사되었다(창 49:29-33; 50:13).

히 11:16. 그들이 이제는 더 나은 본향을 사모하니 곧 하늘에 있는 것이라 이러므로 하나님이 그들의 하나님이라 일컬음 받으심을 부끄러워하지 아니하시고 그들을 위하여 한 성을 예비하셨느니라(νῦν δὲ κρείττονος ὀρέγον- ται, τοῦτ᾽ ἔστιν ἐπουρανίου. διὸ οὐκ ἐπαισχύνεται αὐτοὺς ὁ θεὸς θεὸς ἐπικαλεῖσθαι αὐτῶν· ἡτοίμασεν γὰρ αὐτοῖς πόλιν, But now they desire a better [country], that is, an heavenly: wherefore God is not ashamed to be called their God: for he hath prepared for them a city-KJV).

저자는 아브라함, 이삭, 야곱이 "이제는 더 나은 본향을 사모하니 곧 하늘에 있는 것이라"고 말한다. 그들은 땅위의 고향을 사모하지 않았고 더 나은 곳(7:19, 22; 8:6; 9:23; 10:34; 11:35), 즉 하늘나라를 사모하며 살았다고 말한다. "사모하니"(ὀρέγονται)라는 말은 '간절히 갈망하다,' '열렬히 사모하다'라는 뜻으로 그들은 하늘나라를 간절히 사모했다. 그들이 그렇게 하나님 나라를 사모하게 된 이유는 첫째, 땅위의 삶이 고달파서였고, 둘째, 더 큰 이유는 성령님께서 그들의 마음속에서 내세를 사모하게 하신 까닭이었다.

저자는 "이러므로 하나님이 그들의 하나님이라 일으심을 부끄러워하지 아니하시고 그들을 위하여 한 성을 예비하셨느니라"고 말한다 (13:14; 출 3:6, 15; 마 22:32; 행 7:32; 빌 3:20). "이러므로" 즉 '더 나은 본향을 사모하였으므로' "하나님이 그들의 하나님이라 일컬음 받으심을 부끄러워하지 아니하셨다." 하나님은 아브라함의 하나님, 이삭의 하나님, 야곱의 하나님이라고 일컬음 받으심을 부끄러워하지 않으셨다(창 28:13; 출 3:6, 15-16; 마 22:32). 이 칭호는 하나님의 영원한 칭호가 되었다. 그리고 하나님은 그들을 위하여 "한 성을 예비해 주셨다." 하나님은 그들에게 하늘에 영원한 거주지를 예비해주셨다(마 25:34; 계 21:2). 신실하신 하나님은 지금도 여전히 그를 믿으며 사모하는 자들에게 영원한 거주지를 준비해주신다.

5. 아브라함, 이삭, 야곱, 요셉의 믿음   11:17-22

저자는 앞(13-16절)에서 족장들이 더 나은 본향을 사모하며 생활한 생활상을 언급한 다음, 이제 이 부분(17-22절)에서는 아브라함이 이삭을 제물로 바친, 절대 순종의 믿음을 보여준 것을 말하고(17-19절), 이삭, 야곱, 요셉의 믿음을 차례로 말한다. 이 세 사람의 믿음은 주로 죽을 때에 보여준 믿음으로, 이삭은 장차 있을 일에 대하여 야곱과 에서에게 축복한 것(20절), 야곱은 죽을 때에 요셉의 각 아들에게 축복한 것(21절), 요셉은 죽을 때에 이스라엘 자손들이 떠날 것을 말하고 또 자기 뼈를 위하여 명령한 사실을 기록한다(22절).

히 11:17. 아브라함은 시험을 받을 때에 믿음으로 이삭을 드렸으니 그는 약속들을 받은 자로되 그 외아들을 드렸느니라(Πίστει προσενήνοχεν Ἀβραὰμ τὸν Ἰσαὰκ πειραζόμενος καὶ τὸν μονογενῆ προσέφερεν, ὁ τὰς ἐπαγγελίας ἀναδεξάμενος, By faith Abraham, when he was tested, offered up Isaac, and he who had received the promises was ready to offer up his only son-RSV).

저자는 앞(13-16절)에서 아브라함이 땅에서 나그네라고 말하며 하나님 나라를 사모하며 살았다고 말했는데 이제 본 절에서는 "시험을 받을 때"가 있었다고 말한다. 그 시험이란 독자 이삭을 드리라는 하나님의 시험이었다 (창 22:1-8). 창세기 22:2은 "여호와께서 이르시되 네 아들 네 사랑하는 독자 이삭을 데리고 모리아 땅으로 가서 내가 네게 일러 준 한 산 거기서 그를 번제로 드리라"고 말씀한다. 아브라함은 하나님으로부터 독자 이삭을 번제로 드리라는 시험을 받았다. 성도는 누구나 하나님께 대한 순종여부를 알 수 있는 시험을 받는다. 그래서 우리는 하나님의 시험을 통과할 때에 큰 은혜와 복을 받고 그 순종의 시험을 통과하지 못할 때에는 우리 신앙의 장성함을 맛 볼 수 없다.

저자는 아브라함이 하나님으로부터 이삭을 드리라는 시험을 받을 때에 "믿음으로 이삭을 드렸다"고 말한다(창 22:1, 9; 약 2:21). 아브라함은 하나님께서 이삭을 다시 살리실 것이라는 믿음이 있었기에(19절) 이삭을 드렸다. 다시 말해 아브라함은 부활신앙을 가지고 있었기에 이삭을 드릴 수 있었다. 아브라함에게 부활신앙이 없었다면 그 아들을 드릴 수가 없었을 것이다.

사실 아브라함은 이삭을 드릴만한 형편이 아니었다. 그 첫 번째 상황으로, 아브라함은 이삭을 낳을 때 "약속들을 받아서" 낳았다. 하나님께서는 말씀하시기를 "네 자손이라 칭할 자는 이삭으로 말미암음이라"(다음 절; 창 15:4-5)고 하셨다. 다시 말해 이삭을 통해 낳는 자손이 바로 아브라함의 후손이 될 것이라는 약속을 받았다. 그런데 그런 약속의 이삭을 번제로 드리라고 하셨으니 이는 여간 힘든 일이 아니었다. 또 두 번째 상황으로는, 이삭이 아브라함의 "외아들"이었다는 사실이다. 사라를 통한 단 하나의 아들인 이삭을 드린다는 것은 여간 힘든 일이 아니었다. 물론 하갈을 통해 이미 이스마엘이란 아들이 있기는 하였으나 하갈이 아브라함에게 낳아준 이스마엘은 약속으로 얻은 아들이 아니었다. 이스마엘은 아브라함이 사랑하지 않았다는 것은 이 본문에서의 강조하고자 하는 사실이 아니다. 즉 본 절을 통해 저자가 드러내고자 하는 부분은 단지 어느 아들은 소중하고 또 어느 아들은 소중하지 않느냐에 해당되는 문제가 아니었다. 도리어 본 절에서는 이삭을 제물로 드리는 것의 쉽지 않음을 우리에게 알게 해 주며 또한 그 쉽지 않음의 이유를 이삭이 하나님께서 약속하신 것을 이룰 단 하나의 아들이었다는 대목에서 찾아야 한다. 하나님께서 약속해주셔서 얻은 외아들을 드린다는 것은 실제로 믿음에 있어서도 큰 혼란과 갈등을 유발하기에 충분한 것이었다. 왜냐하면 이삭은 아브라함의 하나님께 대한 믿음과 관련된 열매였고, 바로 그 믿음의 중심에 해당되는 아들이었는데 그 증거를 없애야 하는 상황이기 때문이다. 그러나 아브라함은 신앙적으로도 매우 큰 갈등을 가졌을 것인데, 그럼에도 불구하고 하나님의 뜻에 순종하였다. 그리고 놀랍

게도 기꺼이 이삭을 하나님께 드렸다. 바로 아브라함에게는 부활신앙이
있었기에 이삭을 기쁨으로 드릴 수가 있었다. 우리 또한 부활신앙을 가질
때 모든 시험을 넉넉히 통과할 수 있게 된다.

**히 11:18. 그에게 이미 말씀하시기를 네 자손이라 칭할 자는 이삭으로
말미암으리라 하셨으니**(πρὸς ὃν ἐλαλήθη ὅτι Ἐν Ἰσαὰκ κληθήσεταί
σοι σπέρμα).

저자는 앞(17절)에서 아브라함이 이삭을 낳을 때 "약속들을 받아서
낳았다"고 말했는데, 본 절에서도 아브라함이 이삭을 낳을 때 하나님께서
아브라함에게 이미 말씀하시기를 "네 자손이라 칭할 자는 이삭으로 말미암
으리라"고 하셨다는 것이다. 저자는 이 말씀을 창세기 21:12에서 인용한다.
"하나님이 아브라함에게 이르시되...이삭에게서 나는 자라야 네 씨라 부를
것임이니라"고 하셨다(창 21:12; 롬 9:7). 그러니까 아브라함은 하갈이 낳아
준 이스마엘도 있었고 또 후처 그두라에게서 얻은 자녀들도 있었는데(창
25:1-2) 그들이 아브라함의 자손이 아니라 이삭을 통해서 얻는 후손들이
하나님께서 아브라함에게 약속하신 상속을 받을 후손이 될 것이라고 하셨
다. 그런데 바로 이런 독자를 번제로 드린다는 것은 부활신앙이 아니면
도무지 불가능했다. 오늘 우리도 부활신앙으로라야 모든 시험을 통과할
수 있는 것이다.

**히 11:19. 그가 하나님이 능히 이삭을 죽은 자 가운데서 다시 살리실 줄로
생각한지라 비유컨대 그를 죽은 자 가운데서 도로 받은 것이니라**(λογισάμε-
νος ὅτι καὶ ἐκ νεκρῶν ἐγείρειν δυνατὸς ὁ θεός, ὅθεν αὐτὸν καὶ ἐν
παραβολῇ ἐκομίσατο, **He considered that God was able to raise men
even from the dead; hence, figuratively speaking, he did receive him
back-RSV).**

저자는 시험을 통과한 아브라함의 믿음을 설명한다. 저자는 이 말씀을

구약에서 인용한 것이 아니라 성령의 감동으로 아브라함의 믿음에 대해
해설한 것이다. 저자는 아브라함이 "하나님이 능히 이삭을 죽은 자 가운데서
다시 살리실 줄로 생각했다"고 말한다(롬 4:17, 19, 21). 여기 "생각한지
라"(λογισάμενος)는 말은 부정(단순)과거 시제로 '확신했다,' '믿었다'는
뜻이다. 헬라어 원문에는 "이삭"이란 말은 없고 그저 "죽은 자 가운데서
다시 살리실 줄로 생각했다"는 말씀만 있다. 히브리서 저자는 아브라함이
하나님께서 능히 죽은 자 가운데서 다시 살리실 줄로 생각했을 때 이삭을
염두에 둔 것으로 알고 여기 기록했을 것이다. 우리는 죽음이후 부활할
것에 대한 믿음을 갖는 것뿐만 아니라 그 믿음을 바탕으로 지금 살고 있는
이 땅에서의 당면한 모든 삶의 상황과 해결하기 어려운 문제 속에서도 이
부활신앙을 소유하여 살아야 한다.

　　그리고 저자는 "비유컨대 그를 죽은 자 가운데서 도로 받은 것이니라"고
말한다(ὅθεν αὐτὸν καὶ ἐν παραβολῇ ἐκομίσατο). 본문의 첫 낱말 헬라어
(ὅθεν)는 '그렇기 때문에,' '그러므로'라는 뜻으로 본문의 내용이 바로 앞의
본문("그가 하나님이 능히 이삭을 죽은 자 가운데서 다시 살리실 줄로 생각한
지라")과 밀접한 관계가 있음을 보여주고 있다. 즉 아브라함의 부활 신앙과
이삭을 도로 받은 것과는 떼려야 뗄 수 없는 관계가 있다는 것을 보여주고
있다. 본문을 다시 번역하면 "그러므로 비유컨대 그를 죽은 자 가운데서
도로 받은 것이니라"고 번역된다.

　　본문의 "비유컨대"(ἐν παραβολῇ)란 말을 해석하면서 학자들은 본문의
뜻을 여러 가지로 제시한다. 중요한 것 몇 가지만 기록해보면, 1) 아브라함이
아이를 낳을 수 없는 죽은 것 같은 상황에서(12절) 이삭을 낳은 것을 의미한
다고 한다. 그러나 이 견해는 "도로 받은 것이라"라는 말과 조화가 되지
않는다. "도로 받았다"(ἐκομίσατο)는 말은 출생과 관계된 말이 아니라 죽음
과 관계된 말이다. 2) 많은 해석가들은 본문의 "비유컨대"(ἐν παραβολῇ,
figuratively speaking)란 말의 뜻을 '예표로,' '모형으로'라고 해석하고, 이삭
은 그리스도 부활의 예표 혹은 그림자이고 예수님은 부활의 원형이라고

주장한다(바나바 서신, 알렉산드리아의 클레멘트, Origen, 아다나시우스, 어거스틴, Chrysostom, 아퀴나스, 말틴 루터, Hughes, Bruce, Morris). 그러나 이 해석은 본문의 뜻을 넘어 너무 비약하고 있다. 3) 이삭이 실제로 죽음에는 이르지 않았으나 아브라함이 하나님께서 능히 이삭을 죽은 자 가운데서 다시 살리실 줄로 확신한 고로 비유적으로 말하자면 이삭을 죽은 자 가운데서 도로 받은 것이나 다름없다고 해석하는 견해(Alford, Ellicott, Kistemaker). 위의 세 해석 중 3번의 해석이 바른 해석이다. 이유는 두 가지로 볼 수 있다. 첫째, 히브리서 저자가 히브리서 안의 어느 곳에서도 아브라함이 이삭을 부활로 받은 것을 두고 그리스도의 부활의 예표 혹은 그림자라고 언급하는 말이 없기 때문이다. 키스테메이커(Simon Kistemaker)는 "히브리서 저자는 아무 곳에서도 이삭의 희생과 구원이 그리스도의 죽음과 부활의 예표라는 말을 하지 않고 있으며 또 그 사상은 신약에서 발견되지 않는다"고 말한다.96) 둘째, "그러므로"(ὅθεν)란 낱말 때문이다. 이 낱말은 반드시 앞의 문장에서 결론을 끌어내야 하기 때문이다. 즉 아브라함이 "하나님께서 능히 이삭을 죽은 자 가운데서 다시 살리실 줄로 생각했기에" 비유적으로 말해서 이삭을 죽은 자 가운데서 도로 받은 것이라고 말할 수 있다. 우리는 히브리서 저자가 말하고자 하는 의미 이상을 넘어서는 안 될 것이다. 히브리서 저자는 분명히 "그러므로"(ὅθεν)라는 단어를 사용하여 바로 앞의 문장("그가 하나님이 능히 이삭을 죽은 자 가운데서 다시 살리실 줄로 생각한지라")에서 결론을 끌어내고 있을 뿐이다. 우리는 더 이상의 다른 뜻을 말해서는 안 될 것이다.

히 11:20. 믿음으로 이삭은 장차 있을 일에 대하여 야곱과 에서에게 축복하였으며(Πίστει καὶ περὶ μελλόντων εὐλόγησεν Ἰσαὰκ τὸν Ἰακὼβ καὶ τὸν Ἠσαῦ, Bψ φαιτη Ισααχ ιν́οκεδ φυτυρε βλεσσινγσ ον ῾αχοβ ανδ

---

96) Simon Kistemaker, *Exposition of the Epistle to the Hebrews,* pp. 328-329.

Εσαυ-RSV).

저자는 이삭의 믿음을 짧게 언급한다. 저자는 "믿음으로 이삭은 장차 있을 일에 대하여 야곱과 에서에게 축복하였다"고 말한다(창 27:27-29, 39-40). 즉 '믿음으로 이삭은 야곱과 에서가 장차 받을 복을 빌어주었다'는 것이다. 이삭은 믿음으로 그들이 장차 무슨 복을 받을지를 알았고 그 복이 임하도록 기도해 주었다. 이삭은 자기 아내 리브가가 잉태했을 때 뱃속에 쌍둥이가 있는 줄을 알게 되었고 큰 자가 어린 자를 섬길 것을 하나님의 계시로 알게 되었다. 창 25:23에 여호와께서 이삭과 리브가(이삭의 아내)에게 이르시기를 "두 국민이 네 태중에 있구나 두 민족이 네 복중에서부터 나누이리라 이 족속이 저 족속보다 강하겠고 큰 자가 어린 자를 섬기리라"고 하셨으므로 이삭은 큰 자 에서가 어린 자 야곱을 섬길 것을 믿었기에 야곱과 에서가 받을, 미래의 복을 위해 기도해 주었다. 비록 이삭의 노년에 눈이 흐려져서 잘 보지 못해 큰 아들에게 빌어주어야 할 복을 작은 아들 야곱에게 빌어주기는 했으나 히브리서 저자는 이삭이 믿음이 있었기에 하나님의 뜻대로(창 25:23) 바르게 기도해 주었다고 말한다.

이삭은 자신이 하나님의 은총을 받은 줄 알았다. 하나님은 이삭에게 나타나 아브라함에게 말씀하신 복을 반복해서 말씀해 주셨다. 창 26:4에 보면 하나님께서 이삭에게 나타나셔서 "네 자손을 하늘의 별과 같이 번성하게 하며 이 모든 땅을 네 자손에게 주리니 네 자손으로 말미암아 천하 만민이 복을 받으리라"고 하셨다. 이삭은 야곱을 밧단 아람으로 보낼 때 야곱에게 똑같은 복을 빌어주었다. 창 28:3-4에 "전능하신 하나님이 네게 복을 주시어 네가 생육하고 번성하게 하여 네가 여러 족속을 이루게 하시고 아브라함에게 허락하신 복을 네게 주시되 너와 함께 네 자손에게도 주사 하나님이 아브라함에게 주신 땅 곧 네가 거류하는 땅을 네가 차지하게 하시기를 원하노라"고 기도했다. 이삭은 아브라함이 받았던 복을 야곱에게 빌어 준 것이다. 이 때문에 히브리서 저자는 이삭을 믿음이 있는 사람들의 반열에 놓았다. 이삭은 야곱과 에서에게 믿음으로 복을 빌어주었다(창 27:27-28,

39-40). 이삭은 하나님으로부터 들은 말씀(창 25:23; 26:4)을 믿었기에 두 아들이 미래에 받을 복을 빌어준 것이다. 우리는 하나님의 말씀을 믿을 때 남을 위해 기도해 줄 수 있게 된다. 우리에게 믿음이 없으면 남을 위해 기도해 주지 못한다.

오늘의 본문에서 한 가지 눈에 띄는 것은 히브리서 저자는 이삭의 둘째 아들(야곱)을 먼저 언급했고 맏아들(에서)을 후에 언급했다는 점이다. 보통 으로는 인간사에서 최고의 축복과 유산의 주요 몫은 장자 권에 따라 큰 아들에게로 돌아가는 법인데 야곱과 에서 형제의 경우 뒤바뀐 것을 볼 수 있다. 이를 두고 브루스(F. F. Bruce)는 "히브리서 저자가 야곱을 먼저 언급 하고 에서를 다음에 기록한 것은 그들이 아버지의 축복을 받은 순서가 그러 했기 때문이라"고 주장한다.97) 휴즈(Hughes)는 "하나님의 약속과 그 약속의 축복은 인간의 표준과 관습에 좌우되지 않는다. 하나님의 길은 우리의 길과 다르며(사 55:8-9) 하나님의 성령은 자유롭게 임의로 주권적으로 행하신다 (요 3:8)는 사실을 우리는 끊임없이 상기할 필요가 있다. 하나님의 뜻은 어떤 경우에도 인간의 형식과 선입관에 순응될 수 없다. 인간이 연약할 때 바로 그 가운데서 하나님의 능력이 나타난다(고후 12:9). 이와 관련된 예로써 하나님께 은총을 얻은 자는 연상의 강자 가인이 아닌 연하의 약자 아벨이었으며 약속의 아들은 이스마엘이 아닌 이삭이었다. 그리고 본문에서 보더라도 이삭이 자식들을 축복해야 할 시간이 왔을 때에 장자로서의 축복을 획득한 이는 나이 어린 약한 아들 야곱이었으며 에서는 그 보다 적은 유산을 받았던 것이다"라고 말한다.98)

히 11:21. 믿음으로 야곱은 죽을 때에 요셉의 각 아들에게 축복하고 그 지팡이 머리에 의지하여 경배하였으며(Πίστει Ἰακὼβ ἀποθνῄσκων ἔκασ-τον τῶν υἱῶν Ἰωσὴφ εὐλόγησεν καὶ προσεκύνησεν ἐπὶ τὸ ἄκρον τῆς

97) F. F. Bruce, *The Epistle to the Hebrews*(NICNT), p. 313.
98) Philip Edgcumbe Hughes, *A Commentary on the Epistle to the Hebrews*, p. 487.

ῥάβδου αὐτοῦ).

저자는 본 절에서 야곱이 믿음으로 행한 두 가지 일을 말한다. 하나는 "믿음으로 야곱은 죽을 때에 요셉의 각 아들에게 축복했다"는 말이다(창 48:5, 16, 20). 즉 '믿음이 있었기에 야곱은 죽을 때에 요셉의 두 아들에게 축복했다.'(창 48:12-16). 야곱이 죽을 때에 눈이 어두웠는데 오른 손을 둘째 손자 에브라임 위에 얹고 왼손을 장 손자 므낫세 위에 얹어 축복했다. 이 때 요셉은 야곱에게 시정하기를 원하여 오른 손을 므낫세 위에 얹고 왼손을 차자 에브라임 위에 얹고 축복하기를 구했으나 야곱은 하나님의 뜻을 따라 그냥 자기가 하려던 대로 축복했다(창 48:14, 19-20). 그것은 세상의 순서대로 하지 않고 믿음으로 하나님의 뜻을 따라 행한 행위였다. 야곱의 이 축복대로 요셉의 두 아들은 훗날 가나안 땅을 나누어가질 때 에브라임이 땅을 더 많이 분배받았다(창 48:12-20). 야곱은 젊었을 때 교활한 사람이었었지만 늙은 후 참으로 경건하여져서 죽는 시간에 손자들에게 축복한 것이다. 오늘 우리도 겉 사람이 후패할 때인 늙은 후에도 오히려 속사람은 매일 새로울 수 있는, 즉 우리의 믿음이 약해지지 아니하여 믿음으로 모든 일을 처리하는 자들이 되어야 한다.

그리고 또 하나는 야곱은 "그 지팡이 머리에 의지하여 경배하였다"(창 47:31). "그 지팡이 머리에 의지하여 경배하였다"는 말은 히브리 원전을 헬라어로 번역한 70인 역에서 발췌한 것이다. 히브리 원전(맛소라 사본)에는 "침상머리에서 경배 하니라"로 되어 있다(창 47:31). "침상"과 "지팡이"는 같은 철자(綴字)로서 모음의 차이가 있을 뿐이다(모음이 붙어있지 않은 히브리어 철자에 모음을 어떻게 붙이느냐에 따라 "지팡이"도 되고 "침상"도 된다). "침상머리에서 경배 하니라"는 말은 '침상 위에 앉아 침상 머리를 향해 꿇어 엎드려 경배한 것'을 뜻하고, "그 지팡이 머리에 의지하여 경배하였다"는 말은 '지팡이에 의지하여 일어서서 경배한 것'을 뜻한다. 어느 말씀을 취하든지 야곱은 심히 노쇠하였다는 것을 가리키고 또 그가 죽는 순간까지 경건하여 하나님께 경배했다는 것을 말하고 있다. 이런 모습 즉 늙음도

우리가 하나님을 경배하는 일에 걸림돌 되지 않는 것이 바로 우리의 삶이
되어야 할 것이다.

히 11:22. 믿음으로 요셉은 임종 시에 이스라엘 자손들이 떠날 것을 말하고
또 자기 뼈를 위하여 명하였으며(Πίστει Ἰωσὴφ τελευτῶν περὶ τῆς ἐξό-
δου τῶν υἱῶν Ἰσραὴλ ἐμνημόνευσεν καὶ περὶ τῶν ὀστέων αὐτοῦ ἐνε-
τείλατο).

저자는 본 절에서 요셉이 믿음으로 행한 두 가지 일을 진술한다. 하나는
"믿음으로 요셉은 임종 시에 이스라엘 자손들이 떠날 것을 말했다"고 진술한
다(창 50:24-25; 출 18:19). 창세기 50:24에 요셉은 우리가 영원히 잊을
수 없는 말씀을 한다. "요셉이 그의 형제들에게 이르되 나는 죽을 것이나
하나님이 당신들을 돌보시고 당신들을 이 땅에서 인도하여 내사 아브라함과
이삭과 야곱에게 맹세하신 땅에 이르게 하시리라"고 말한다. 요셉은 자기의
조상들로부터 전해들은 하나님의 말씀을 믿었으므로 임종 시에 이스라엘
자손들이 장차 출애굽 할 것을 말했다(눅 9:31; 벧후 1:15). 본문의 "말하
고"(ἐμνημόνευσεν)란 말은 '기억시켰다'는 뜻으로 요셉이 조상 아브라함이
전해준 출애굽 사건을 말해준 것을 뜻한다. 그의 예언은 훗날 적중되어
결국 이스라엘이 출애굽 했다.

또 하나는 "자기 뼈를 위하여 명하였다"(창 50:25). 창세기 50:25은
"요셉이 또 이스라엘 자손에게 맹세시켜 이르기를 하나님이 반드시 당신들
을 돌보시리니 당신들은 여기서 내 해골을 메고 올라가겠다 하라"고 증언한
다. 요셉은 이스라엘 자손들이 애굽 땅에서 영원히 살 것이 아니라 조상들에
게 하나님께서 미리 말씀하신바와 같이 반드시 가나안에 들어가리라는 믿음
을 가지고 있었기에 자기 해골도 가지고 가나안에 들어가라고 부탁했다.
요셉의 이 부탁은 훗날 모세와 여호수아에 의하여 성취되었다(출 13:19;
수 24:32). 요셉이 조상들에게 전해진 하나님의 예언의 말씀을 끝까지 믿은
점에서 놀랍다. 10대 후반의 소년(약 17세의 소년)으로 애굽에 노예로 팔려

가서 노예의 삶을 살고, 더 나아가 감옥 생활까지 하고 또 국무총리가 되어 애굽에서 호화생활을 했던 그가 죽을 때 조상들을 통해 주신 하나님의 약속을 잊지 않고 그 형제들에게 출애굽 할 것을 상기시켜주고 또 자신의 해골을 가지고 떠나서 가나안에 묻어달라고 부탁한 것은 실로 놀라운 믿음이 아닐 수 없다. 이런 요셉의 말과 행동을 통해 우리는 그가 어떤 환경 속에서도 하나님의 약속을 믿음에서 조금도 이탈되지 않은 믿음을 분명하게 소유하고 있음을 알게 된다. 그 믿음을 동일하게 전수 받은 우리 역시 우리에게 주어진 삶의 모든 시간과 환경 속에서도 성경말씀을 그대로 믿음으로 살 것을 마음 가운데 강하게 새기도록 하자.

요셉은 조상들에게 전해진 하나님의 예언의 말씀을 끝까지 믿은 점에서 놀랍다. 17세의 소년으로 애굽에 팔려서 감옥 생활을 하고 또 국무총리가 되어 애굽에서 호화생활을 했던 그가 죽을 때 조상들을 통해 주신 하나님의 약속을 잊지 않고 그 형제들에게 출애굽할 것을 상기시켜주고 또 자신의 해골을 가지고 떠나서 가나안에 묻어달라고 부탁한 것은 놀라운 믿음이 아닐 수 없다. 우리는 성경말씀을 그대로 믿어야 한다.

6. 모세의 믿음   11:23-28

저자는 앞(17-22절)에서 아브라함, 이삭, 야곱, 요셉의 믿음을 차례로 말한 다음 이제 이 부분(23-28절)에서는 모세 한 사람의 믿음과 그 믿음에서 나온 행위를 진술하고 있다. 첫째, 저자는 모세의 믿음을 말하기 전에 부모의 믿음을 말하고(23절), 둘째, 모세가 장성한 다음 이집트 왕의 공주의 아들이라 칭함 받기를 거절하고 하나님의 백성과 함께 고난 받기를 더 좋아한 것을 말하며(24-25절), 셋째, 그리스도를 위하여 고난 받는 것을 큰 재물로 여긴 것을 말하고(26절), 넷째, 출애굽한 후 이집트 왕의 노함을 무서워하지 않았다는 것을 말하며(27절), 다섯째, 믿음으로 모세가 유월절과 피 뿌리는 예식을 정했다는 것을 말한다(28절).

히 11:23. 믿음으로 모세가 났을 때에 그 부모가 아름다운 아이임을 보고 석 달 동안 숨겨 왕의 명령을 무서워 아니하였으며(Πίστει Μωϋσῆς γεν-νηθεὶς ἐκρύβη τρίμηνον ὑπὸ τῶν πατέρων αὐτοῦ, διότι εἶδον ἀστεῖον τὸ παιδίον καὶ οὐκ ἐφοβήθησαν τὸ διάταγμα τοῦ βασιλέως).

히브리서 저자는 모세의 부모의 믿음을 진술한다. "믿음으로 모세가 났을 때에 그 부모가 아름다운 아이임을 보고 석 달 동안 숨겨 왕의 명령을 무서워 아니하였다"고 말한다(출 2:2; 행 7:20). 부모의 믿음은 모세가 났을 때에 아름다운 아이임을 보고 모세를 숨겨 석 달 동안 왕의 명령(출 1:9-10, 15, 22, 남자 아이가 출생하면 죽이라는 명령)을 무서워하지 아니했다는 것이다. 출 2:2은 "그 여자(모세의 어머니)가 임신하여 아들을 낳으니 그(모세)가 잘생긴 것을 보고 석 달 동안 그를 숨겼다"고 증언한다. 히브리 원전에는 모세 어머니만 나타나나 70인 역에는 부모가 함께 나타난다. 무서웠던 당시의 환경으로 보아 부모가 함께 나타나는 것이 자연스런 것일 것이다. 어린 아이를 숨기는 것을 아버지 모르게 할 수는 없는 일이다(Leon Morris).

그런데 그 부모가 "모세의 아름다움"을 본 것이 '육체적으로 아름다운 것'을 본 것을 의미하는 것인지 아니면 '영적으로 아름다운 것인지'에 있다. 즉 '훗날 모세가 훌륭한 사람이 될 것을 예견한 것인지' 어느 것을 지칭하는 것인지 의문이 있다. 그런데 신약의 스데반은 모세가 하나님 보시기에 아름다웠다고 말한다(행 7:20). 행 7:20에서 스데반은 "그 때에 모세가 났는데 하나님 보시기에 아름다운지라 그의 아버지의 집에서 석 달 동안 길리더니"라고 증언한다. 스데반은 분명히 성령의 감동으로 말하고 있었던 고로 모세의 아름다움은 하나님 보시기에 아름다웠던 것으로 보아야 할 것이다.

모세의 부모는 모세가 장차 훌륭한 사람이 되리라는 것을 알고 "석 달 동안 숨겨 왕의 명령을 무서워 아니하였다"(출 1:16, 22). 부모는 남자 아이가 출생하면 죽이라는 왕의 명령이 났음에도 왕을 비롯한 왕의 신하들을 무서워하지 않았다. 그리고 부모는 나일 강가의 갈대숲에 아이를 숨기기로 했다. 하나님께서는 모세를 아주 잘 지켜주셔서 결국은 왕의 딸이 요게벳(출

6:20)으로 하여금 아이를 기르도록 명령했고 수고비까지 모세의 어머니 요게벳에게 주도록 하셨다. 모세는 모세 같은 남자 아이를 죽이라는 명령을 내린 왕의 궁궐로 들어가서 최고의 교육까지 받게 되었다. 하나님께서는 모세 부모의 믿음을 높이 평가하셔서 모세를 애굽 궁궐에서 양육 받게 하신 것이다. 하나님은 모세 부모의 믿음을 보시고 좋은 결말을 주셨다.

히 11:24. 믿음으로 모세는 장성하여 바로의 공주의 아들이라 칭함 받기를 거절하고(Πίστει Μωϋσῆς μέγας γενόμενος ἠρνήσατο λέγεσθαι υἱὸς θυγατρὸς Φαραώ).

히브리서 저자는 모세가 장성한 후의 신앙을 언급한다. 모세가 장성한 곳은 애굽의 왕실에서였다. 행 7:21-22에서 스데반은 "(모세가) 버려진 후에 바로의 딸이 그를 데려다가 자기 아들로 기르매 모세가 애굽 사람의 모든 지혜를 배워 그의 말과 하는 일들이 능했다"고 말한다. 모세는 애굽 왕실에서 장성한 후 40세가 되어 믿음이 있었기에(25-26절) 애굽 왕의 공주의 아들이라고 일컬음 받는 것을 거절했다(출 2:10-11).

저자는 아마도 출애굽기 2:11-15에서 모세의 믿음을 인용했을 것으로 보인다. 모세는 장성한 후 한번은 히브리 사람들의 형편을 보러 나갔는데 그들이 심히 고난을 받고 있는 것을 보았고 또 애굽 사람과 히브리 동족 한 사람이 시비가 붙었을 때 모세가 애굽 사람을 죽여 땅에 묻었고 다음 날에도 다시 나가 보니 히브리 사람들끼리 시비가 붙은 것을 보고 모세가 그 시비를 말리려고 할 때 잘못한 히브리 사람이 모세를 향하여 "누가 너를 우리를 다스리는 자와 재판관으로 삼았느냐 네가 애굽 사람을 죽인 것처럼 나도 죽이려느냐"(출 2:14)고 외쳐서 모세는 자기가 행한 일이 애굽 왕한테 탄로된 줄 알고 바로의 낯을 피하여 미디안 땅에 머물렀다(출 2:15). 일이 이렇게 된 것은 하나님의 섭리였다. 그래서 그는 애굽 왕의 공주의 아들로서 더 이상 살 수 없었고 결국은 미디안 땅에 가서 머물 수밖에 없었다.

히 11:25. 도리어 하나님의 백성과 함께 고난 받기를 잠시 죄악의 낙을 누리는 것보다 더 좋아하고(μᾶλλον ἑλόμενος συγκακουχεῖσθαι τῷ λαῷ τοῦ θεοῦ ἢ πρόσκαιρον ἔχειν ἁμαρτίας ἀπόλαυσιν).

모세는 거절할 것은 거절하고(앞 절) "도리어 하나님의 백성과 함께 고난 받기를 잠시 죄악의 낙을 누리는 것보다 더 좋아했다"(시 84:10). 이것도 역시 모세의 믿음 때문이었다. 믿음이 없었다면 하나님 백성과 함께 고난 받기 어려웠을 것이다. 그러나 믿음이 있는 사람은 물론 고난을 언제나 즐겨할 수 없을 수도 있지만 궁극적으로는 잠시 죄악의 낙을 누리는 것보다 하나님 백성과 함께 고난 받는 것을 더 좋아한다. 왜냐하면 하나님의 백성과 함께 고난 받는 것은 곧 하나님과 함께 고난 받는 것이기 때문이다. 하나님의 섭리 속에서 모세는 미디안 광야에서 미래 이스라엘의 지도자가 되기 위해 광야에서 훈련을 받았다.

저자는 모세가 애굽의 왕궁에서 살고 또 애굽 왕의 대를 이어 왕이 된다고 해도 그것은 모두 "잠시 죄악의 낙을 누리는 것"이라고 묘사한다. 그것은 잠시 향락을 누리는 것이라는 것이다. 하나님의 백성과 함께 고난 받는 것은 영원한 기쁨을 얻는 것이다. 오늘 우리가 하나님의 백성과 함께 고난 받는 것은 세상의 향락을 누리는 것과 비교도 되지 않는, 굉장히 귀한 것이다.

히 11:26. 그리스도를 위하여 받는 수모를 애굽의 모든 보화보다 더 큰 재물로 여겼으니 이는 상 주심을 바라봄이라 (μείζονα πλοῦτον ἡγησάμενος τῶν Αἰγύπτου θησαυρῶν τὸν ὀνειδισμὸν τοῦ Χριστοῦ· ἀπέβλεπεν γὰρ εἰς τὴν μισθαποδοσίαν, He considered abuse suffered for the Christ greater wealth than the treasures of Egypt, for he looked to the re-ward-RSV).

저자는 앞(25절)에서 모세가 하나님의 백성과 함께 고난 받는 것을 잠시 죄악의 낙을 누리는 것보다 더 좋아한다고 말했는데 이제 본 절에서도 똑같은 내용을 진술한다. "그리스도를 위하여 받는 수모를 애굽의 모든 보화보다 더 큰 재물로 여겼다"고 말한다(13:13). 저자는 모세가 구약 시대에 "하나님의 백성과 함께 고난 받는 것"(앞 절)은 "그리스도를 위하여 받는 수모(능욕 모욕)"를 당하는 것과 똑같은 것으로 말한다. "그리스도를 위하여 받는 수모"나 "하나님의 백성과 함께 고난 받는 것"이나 동일한 것이다.

그러면 구약시대의 모세가 "그리스도를 위하여 수모를 받았다"는 말은 무엇을 의미하는가? 학자들은 이에 대하여 여러 견해를 제시한다. 1) 혹자는 시편 89:50("주는 주의 종들이 받은 비방을 기억하소서 많은 민족의 비방이 내 품에 있사오니 여호와여 이 비방은 주의 원수들이 주의 기름 부음 받은 자의 행동을 비방한 것이로소이다")에서 이스라엘 백성들도 기름 부음 받은 자로 표현되어 있으니 모세는 "기름 부음 받은 자" 곧 '이스라엘 백성'을 위하여 수모를 받았다고 할 수 있다고 한다. 그러나 이 견해는 저자가 본문에서 말하려는 것과 거리가 멀다. 2) 혹자는 모세가 그리스도를 위하여 수모를 받은 것은 예수님께서 장차 받으실 능욕의 그림자가 된 것이라는 견해를 제시한다. 이 견해도 저자가 말하려는 뜻과 거리가 멀다. 3) 혹자는 모세가 그리스도를 믿으며 또 그리스도와의 신비로운 결합을 한 것이기에 모세가 그리스도를 위한 수모를 받았다고 말할 수 있다고 한다. 그러나 히브리서 저자가 말하려는 것은 다른 것이다. 4) 혹자는 히브리서 저자 당시 박해 아래 놓여 그리스도의 수모에 동참했던 독자들(고후 1:5; 골 1:24)과 모세를 동일시 한 것이라고 한다. 다시 말해 모세나 히브리서 저자 당시의 독자들은 똑같이 그리스도를 위하여 수모를 받았다는 것이다. 그러나 이 견해도 저자가 말하려는 뜻과는 거리가 멀다. 5) 혹자는 모세가 그리스도를 위하여 수모를 받았다는 말을 두고 그리스도께서 성육신하시기 전 구약 교회를 설립하셨으니 모세가 그리스도를 위하여 수모를 받았다는 것이라고 한다. 그러나 이 견해도 저자가 말하려는 의도와는 꽤 거리가 있는 듯이 보인다. 6) 혹자들은 호세아 11:1("이스라엘이 어렸을 때에 내가 사랑하여 내 아들을 애굽에서 불러냈거늘")에서 이스라엘 백성들과 예수님을 동일시하였으니 모세가 예수님을 위하여 수모를 받았다고 말할 수 있다는 견해를 제시한다. 그들은 이스라엘 백성과 예수님께서 애굽에서 나온 점은 동일하다고 본다. 그러나 이 견해 역시 저자가 말하려는 뜻을 충족시키지 못할 것으로 보인다. 7) 예수님은 어제나 오늘이나 영원토록 수세기를 통하여 동일하시니(13:8) 모세가 예수님을 위하여 수모를 받았다고 할 수 있다고 한다. 5번, 6번, 7번의 견해는 일부분의 진리를 말하는 것으로 본다. 그러나 히브리서 저자가 본문에서 말하려는 것을 온전히 드러내지는 못하고 있다. 우리는 이 문제를 다음과 같이 풀어야 할 것이다.

히브리서 저자는 앞(25절)에서 말씀한 것을 본문에서 다시 말씀하고 있다. 즉 저자는 앞 절에서 "하나님의 백성과 함께 고난 받기를 잠시 죄악의 낙을 누리는 것보다 더 좋아했다"고 말하고, 본 절에서는 "그리스도를 위하여 받는 수모를 애굽의 모든 보화보다 더 큰 재물로 여겼다"고 말한다. 저자는 "하나님의 백성과 함께 고난 받는 것"과 "그리스도를 위하여 받는 수모"를 동일시하고 있다. 좀 더 줄여서 "하나님의 백성"과 "그리스도"를 동일시하고 있다. 저자가 이렇게 구약의 하나님 백성과 그리스도를 동일시하고 있는 이유는 다름 아니라 구약의 하나님의 백성들이 그리스도를 바라보고 구원을 얻었기 때문이다. 다시 말해 구약 시대의 하나님의 백성들은 앞으로 오실 메시아와 그의 고난을 내다보고 믿음으로 구원을 얻었고, 신약 시대의 성도들은 이미 오셔서 십자가에서 고난을 받으신 그리스도를 믿음으로 구원을 얻었다. 구약 성도들과 신약 성도들은 그리스도를 바라본 점에서 하나이지 둘이 아니다. 그런 점에서 교회는 하나이지 둘이 아니다. 그런고로 모세가 구약 교회(행 7:38)와 함께 고난 받은 것이나 바울이 신약 교회를 위해서 고난 받은 것이나(골 1:24) 둘 다 한 가지이다.99) 그런고로 모세가 하나님의

---

99) 바울은 이스라엘 민족의 조상들이 광야에서 똑같은 음료를 마신 물의 출처에 대하여 말할 때 "뒤따르는 신령한 반석으로부터 마셨으니 그 반석은 곧 그리스도시라"고 말한다. 바울은 뒤따르는 신령한 반석을 "그리스도"라고 규명한다. 바울은 그리스도께서 구약 시대 이스라엘 민족이 광야를 걸을 때 예수님께서 동행하시면서 신령한 물을 공급해 주셨다고 말한다. 예수님은 구약 시대에도 여러 모로 이스라엘 사람들에게 나타나셔서 도우셨다(김수흥의

백성을 위해 고난을 받은 것은 그리스도를 위해 수모를 받은 것이라고 할 수 있다.

저자는 모세가 그리스도를 위하여 받는 수모를 "애굽의 모든 보화보다 더 큰 재물로 여겼다"고 말한다. 여기 "애굽의 모든 보화"란 말은 애굽 전체나 세계 전체에서 얻을 수 있는 지상의 모든 보화를 총칭한다고 할 수 있다. 모세는 그런 지상의 모든 보화보다 더 그리스도를 위하여 받는 수모를 더 큰 재물로 여겼다. 모세는 육적인 복보다는 영적인 복을 더욱 귀한 것으로 여겼다. 예수님은 말씀하시기를 "나로 말미암아 너희를 욕하고 박해하고 거짓으로 너희를 거슬러 모든 악한 말을 할 때에는 너희에게 복이 있나니 기뻐하고 즐거워하라 하늘에서 너희의 상이 큼이라 너희 전에 있던 선지자들도 이같이 박해하였느니라"고 말씀하신다(마 5:11-12). 모세는 이스라엘 백성들과 함께 고난 받는 것을 세상의 재물보다 더 귀한 것으로 여겼다.

모세가 이처럼 하나님의 백성들과 함께 고난을 받는 것을 애굽의 모든 보화보다 더 큰 재물로 여긴 이유에 대하여는 "상 주심을 바라보았기" 때문이다(10:35). 그러나 그가 세상의 상을 바라본 것은 아니었다. 또한 그가 이스라엘 백성들의 칭찬이나 이스라엘 사람들의 격려를 기대한 것은 더 더욱 아니었다. 그는 오직 하나님께서 주실 상만을 바라보았다. 바울 사도는 3차 전도 여행을 다니면서 엄청난 고난을 받았는데 그 때 그는 3층 하늘에 올라가서 하나님으로부터 큰 상을 받았다. 거기에서 바울은 사람이 가히 이르지 못할 말을 듣고, 또 하나님의 영광을 보게 되었다(고후 12장).

히 11:27. 믿음으로 애굽을 떠나 왕의 노함을 무서워하지 아니하고 곧 보이지 아니하는 자를 보는 것같이 하여 참았으며(Πίστει κατέλιπεν Αἴγυπτον

*고린도전후서주해*에서).

μὴ φοβηθεὶς τὸν θυμὸν τοῦ βασιλέως· τὸν γὰρ ἀόρατον ὡς ὁρῶν ἐκαρτέρησεν).

저자는 모세가 믿음이 있었기에 출애굽한 후 이집트 왕의 노함을 무서워 하지 않았다는 것을 말한다(출 10:28-29; 12:37; 13:17-18). 저자는 본 절에 서 "믿음으로"(Πίστει)란 말을 제일 앞에 두어 믿음을 강조한다. 그렇다면 본 절에서 모세가 애굽을 떠난 사건이 어떤 떠남을 지칭하는가? 모세는 애굽을 40년의 간격을 두고 두 번 떠났는데 모세가 애굽 사람을 때려죽이고 미디안으로 첫 번 떠났고(출 2장) 또 40년 후 하나님의 명령을 받고 장정 60만 명(일반 사람들까지 합치면 200-300만 명)을 이끌고 두 번째로 떠났다. 본 절의 해석을 두고 학자들의 견해는 갈린다. 1) 모세가 40세에 애굽 사람을 때려죽이고 미디안으로 도주한 사건으로 보는 견해(Alford, Bengel, Moffatt, Lane, Bruce, Morris, 이상근). 2) 40년 후 60만 장정을 데리고 출애굽 한 것을 지칭한다는 견해(Calvin, Zahn, Bleek, Westcott, Kistemaker, 박윤선, 이순한). 두 견해 중 한 견해를 택한다는 것은 쉽지 않으나 두 번 째 견해를 택하는 것이 더 타당할 것이다. 이유는 1) 히브리서 저자가 본 장에서 줄곧 믿음을 역설한 점을 감안할 때 모세가 80세에 애굽을 떠난 사실을 지칭하는 것으로 보아야 할 것이고, 2) 모세가 애굽 사람을 살해하고 애굽을 떠날 때는 무서워서 떠난 것이니 본 절의 기사는 모세가 80세에 애굽을 떠난 것을 지칭하는 것으로 봄이 타당하다(출 2:14). 3) 본 절을 모세 80세에 출애굽한 사건을 지칭하는 것을 반대하는 측에서는 저자가 본 절을 진술할 때 이스라엘 백성들에 대해서 일체 언급을 하지 않았다는 것을 들어 본 절의 사건은 모세가 40세에 미디안으로 도주한 기사라고 말하나 저자가 본 장에서 모세의 믿음을 강조하는 고로 일반 백성들의 활동 에 대해서는 침묵한 것으로 보아도 되는 것이다. 4) 첫째 번 학설을 주장하는 학자들은 연대순으로 보아 모세가 40세에 애굽 사람을 살해하고 미디안으로 갔다가 돌아온 후 다음 절의 행사를 가졌다고 주장해야 옳다고 말한다. 그러나 저자는 앞 절의 모세의 믿음을 말하는 중에 다음 절을 기록한 것으로 보는 것이 타당할 것이다.

히브리서 저자는 모세가 "왕의 노함을 무서워하지 아니하고 곧 보이지 아니하는 자를 보는 것같이 하여 참았다"고 말한다. 모세가 "왕의 노함을 무서워하지 아니하게"되기 까지는 여러 단계가 있었다. 먼저는 모세가 미디안 생활 40년이 끝나갈 때 하나님께서 가시나무 떨기 불꽃 가운데서 모세를 부르셔서 예수님을 계시하셨다. 그리고 하나님은 모세에게 지시하여 애굽의 바로에게 가서 이스라엘 백성을 애굽에서 구원하라고 명령하신다(출 3:10). 모세가 그 일을 하기 위해서는 믿음이 요구되어 모세는 거절했다. 하나님은 모세에게 이스라엘 백성들이 모세의 말을 들을 것이라고 반복해서 말씀해 주신다(출 3:18). 하나님은 모세에게 그 일을 할 때 애굽 사람들이 이스라엘 사람들에게 친절을 베풀 것이라고 말씀해주시고(출 3:21), 모세가 이적을 베풀게 될 것이라고 말씀하며(출 4:1-9) 또 모세의 형 아론이 모세를 수종할 것이라고 하신다(출 4:14-16). 이런 계시들을 받은 후 모세는 바로를 무서워하지 않는 믿음의 사람이 되었다. 모세는 왕의 노함을 무서워하지 않고 열 가지 재앙을 수행했고 이스라엘 백성들을 이끌고 출애굽 했다(출 14:5-28). 모세는 이스라엘의 지도자로서 백성들에게 무서워하지 말라고 권고하게 되었다(출 14:13-14).

모세는 "보이지 아니하는 자를 보는 것같이 하여 참았다"(13절). 하나님은 광야에서 모세에게 친구에게 말하듯 말씀해 주셨다(출 33:11; 민 12:7-8). 모세는 하나님의 얼굴을 뵙지는 못했지만 하나님의 등을 보았기에 하나님을 보는 것 같이하여 참을 수 있었다. 오늘의 우리는 성경에서 하나님의 음성과 하나님의 이적적인 일들을 보고 세상에서 그 어떤 것도 두려워하지 않는 사람들이 되어야 할 것이다.

히 11:28. 믿음으로 유월절과 피 뿌리는 예를 정하였으니 이는 장자를 멸하는 자로 그들을 건드리지 않게 하려 한 것이며(Πίστει πεποίηκεν τὸ πάσχα καὶ τὴν πρόσχυσιν τοῦ αἵματος, ἵνα μὴ ὁ ὀλοθρεύων τὰ πρωτότοκα θίγη αὐτῶν).

저자는 본 절 초두에 "믿음으로"(Πίστει)라는 말을 기록하여 모세가 믿음을 가지고 있었기에 "유월절과 피 뿌리는 예를 정하였다"고 말한다(출 12:21). 믿음이 없었더라면 유월절과 피 뿌리는 예식을 정하지 못했을 것이라는 것을 암시한다. 모세는 애굽 왕에게 10가지 재앙을 예고하고 이적을 일으킬 때 "유월절과 피 뿌리는 예를 정했다." 여기 "정했다"(πεποίηκεν)는 말은 현재완료시제로 유월절과 피 뿌리는 예식이 과거에 정해졌는데 히브리서 저자가 이 서신을 쓰고 있던 당시에는 아직도 이 예식이 거행되고 있음을 시사한다.

유월절과 피 뿌리는 예식은 이스라엘 백성들이 애굽을 떠나기 직전 하나님에 의해서 정해졌다. 하나님은 모세에게 유월절을 지키고 어린양의 피를 뿌리도록 명령하셨다. "유월"(πάσχα, Passover)이라는 말은 '...의 목숨을 아껴 그냥 넘어감'이라는 뜻이다. 모세는 이스라엘의 장로들에게 어린양(출 12:21)을 죽이도록 명령했다. 장로들은 이스라엘 사람들이 거하던 집의 문 인방과 좌우 문설주에 피를 발랐다. 출 12:23에서 모세는 "여호와께서 애굽 사람들에게 재앙을 내리려고 지나가실 때에 문 인방과 좌우 문설주의 피를 보시면 여호와께서 그 문을 넘으시고 멸하는 자에게 너희 집에 들어가서 너희를 치지 못하게 하실 것임이니라"고 증언한다. 모세는 매년 이 예식을 거행하라고 했다. 니산월(우리 월력 3월-4월쯤에 해당함) 14일 저녁 해 질 때 각 가정은 일 년 된 흠 없는 어린 양을 선택해서 죽여야 했다(출 12:5; 레 23:5; 신 16:6). 어린 양의 피는 양 옆의 기둥과 상(上)인방에 발라야 했다. 양 고기는 구워서, 누룩 넣지 않는 빵과 쓴 나물과 함께 먹었다. 모든 음식은 그날 저녁에 먹어야 했고 만일 남으면 태워야 했다(출 12:10; 34:25). 그리고 이 모든 음식은 급하게 먹어야 했으며 이 예식은 영원히 지켜야 했다(출 12:14).

이스라엘 자손들은 애굽을 떠나기 전 어린 양을 죽여 그 피를 집의 문 인방과 좌우 설주에 발랐다. 하나님은 애굽 전국을 다녀서 사람과 짐승의 처음 난 것을 치셨다. 그러나 만일 그 집의 문 인방과 좌우 문설주에 피가 발려 있으면 하나님은 그 집사람들을 아끼셨다. 모세는 이런 사실을 주의 깊게 듣고 믿어 그 사실을 이스라엘 자손들에게 전달했다. 이스라엘 백성들은 자기들의 첫 태생을 아끼기 위해서 모세의 명령을 순종했다.

저자는 모세가 유월절과 피 뿌리는 예를 정한 목적을 말한다. 즉 "이는 장자를 멸하는 자로 그들을 건드리지 않게 하려 한 것이라"고 말한다. 장자를 멸하는 자 곧 하나님께서 피가 뿌려진 집의 장자들을 죽이지 않게 하려한 것이었다. 피가 뿌려지지 않은 애굽 사람들의 집의 장자들은 모두 죽임을 당했다. 이것은 이스라엘 사람들에게 무슨 공로가 있어서 그렇게 된 것은 아니었다. 머지않아 20세 이상 된 이스라엘 사람들은 여호수아와 갈렙 이외에는 모두 광야에서 죽임을 당할 것이라는 하나님의 말씀(민 14:29-30)을 듣게 될 것이었다. 하나님은 이스라엘 사람들이 하나님과 그의 말씀을 믿었기 때문에 첫 태생을 아껴주셨다. 첫 태생은 유월절 어린 양의 피가 뿌려졌기 때문에 구원을 받았다. 이스라엘 사람들은 영육간의 구원은 오직 하나님께로부터 온다는 것을 알게 되었다. 유월절 예식은 주님의 성찬예식의 성찬이 되었다. 신약시대의 유월절 어린양은 예수 그리스도이시다. 예수님은 세상 죄를 지고 가는 하나님의 어린 양으로 그의 생명을 주셨다(요 1:29, 36; 벧전 1:19). 그리스도는 모든 사람들을 위해서 자기 목숨을 대속 물로 주셨다(막 10:45). 모세는 하나님의 계시의 말씀을 믿어 유월절과 피 뿌리는 예식을 정했다. 언제나 우리의 믿음은 하나님의 계시로부터 온다.

7. 출애굽 때와 가나안 진격 때의 믿음   11:29-31

히브리서 저자는 앞(23-28절)에서 모세의 믿음을 조명하고 이제 이 부분(29-31절)에서는 출애굽 때 이스라엘 백성들의 믿음(29절)과 하나님의 계시를 따라 여리고 성을 무너뜨린 믿음을 말하고, 여리고 성 안에 있었던 기생 라합의 믿음에 대해 언급한다.

히 11:29. 믿음으로 그들은 홍해를 육지 같이 건넜으나 애굽 사람들은 이것을 시험하다가 빠져 죽었으며(Πίστει διέβησαν τὴν Ἐρυθρὰν Θάλασσαν ὡς διὰ ξηρᾶς γῆς, ἧς πεῖραν λαβόντες οἱ Αἰγύπτιοι κατεπόθησαν).

저자는 앞(23-28절)에서 모세 개인의 믿음을 말한 다음 본 절에서는 이스라엘 사람들 전체의 믿음을 언급한다. 즉 "믿음으로 그들은 홍해를 육지 같이 건넜다"고 말한다(출 14:22, 29). 그들의 "믿음"은 모세를 통해서 듣게 된 하나님의 말씀에서 생겼다. 믿음은 들음에서 난다(롬 10:17). 백성들은 홍해를 육지를 걷듯 걸어서 건넜다. 뒤에서는 애굽 군대가 따라오고 있었고 그들의 양편에는 산이 가로 막혀 있었으며 앞에는 홍해가 가로 막혀 있었는데 그들은 모세를 통해 듣게 된 하나님의 말씀을 믿어서 육지 된 홍해를 건넜다. 그러나 믿음이 없었던 애굽 사람들은 "이것을 시험하다가" 빠져 죽었다(출 14:26-29, 31). 홍해를 건너는 일을 시험 삼아 건너보려다가 빠져 죽은 것이다. 이를 통해서 우리는 인생에 있어서 믿음 없이 하나님과 하나님의 행하실 일에 대하여 시험 삼아 큰 일 하려는 것은 실패한다는 것을 보여준다.

히 11:30. 믿음으로 칠 일 동안 여리고를 도니 성이 무너졌으며(Πίστει τὰ τείχη Ἰεριχὼ ἔπεσαν κυκλωθέντα ἐπὶ ἑπτὰ ἡμέρας).

저자는 이스라엘 백성들이 요단강을 건넌 다음 여리고[100]를 정복한

---

100) "여리고 성": 요단 계곡의 남단에 있던 팔레스틴 최고(最古)의 성읍이다(민 22:1; 26:3). 요단 강 서쪽의 광활하고 비옥한 평원을 수호하는 열쇠라고 할 만한 위치이기 때문에 BC 7,000년에 이미 성읍이 건설되었다고 한다. 몇 번인가 흥망을 거듭한 이 성읍은 구약 시대의 여리고와 신약 시대의 여리고 및 비잔틴 시대의 여리고의 세 군데에 그 유적을 남기고 있다. 구약성경의 여리고: 신석기 시대로부터 구약 시대까지 번영한 여리고의 유적은 사해의 북단에서 북으로 8km 지점인데, 팔레스틴 최대의 샘물 중 하나인 아인 에스 술단('Ain es Sultan)의 수원(水源) 부근에 있는 텔 에스 술단이다. 이 유적의 최하층 부분 팔레스틴에서 발견된 것 중 최고(最古)라고 한다. 거기는 중석기 시대의 BC 7,800년 경 사냥군이 성소 같은 건물을 짓고 있으며, 이어 그들의 자손은 시냇가에 오두막을 짓고 생활을 시작, 다음

것이 무력에 의한 것이 아니라 믿음에 의한 것이라고 말한다. 즉 "믿음으로
칠 일 동안 여리고를 도니 성이 무너졌다"고 말한다. "믿음으로" 즉 '여호수
아 6:1-24에 기록된바와 같은 하나님의 말씀을 믿고서' "칠 일 동안 여리고를
도니 성이 무너졌다"는 것이다(수 6:20). 하나님께서 여호수아에게 지시하신
말씀은 믿기가 참으로 어려운 말씀이었다. 이유는 여리고 성은 튼튼한 성이
었기 때문이었다. 바깥 성의 두께가 180cm이었고 그 바깥벽으로부터 360cm
공간을 두고 다시 안벽이 쌓여 있었으니 그 안벽도 역시 360cm 두께였다.
그리고 높이는 540cm이었다. 상식적으로 본다면 도무지 믿을 수 없는 말씀
이었다. 여리고 성을 하루 한 번 씩 돌고 마지막 날에는 일곱 바퀴를 돌아야
하고 마지막 번에는 큰 소리를 질러야 한다는 전략은 믿을 수 없는, 어리석어
보이는 이야기였다. 그러나 그들이 하나님의 말씀대로 순종했을 때 성은
무너졌다. 오늘 우리도 믿기 어려운 일을 앞에 두고 성경 말씀을 믿어야
하고 혹은 하나님께서 개인들에게 주시는 뜻을 믿어야 한다. 그러면 일이
이루어진다. 성경은 우리에게 믿음은 산을 무너뜨린다고 말씀한다(마
17:20).

**히 11:31. 믿음으로 기생 라합은 정탐꾼을 평안히 영접하였으므로 순종하지
아니한 자와 함께 멸망하지 아니하였도다**(Πίστει 'Ραὰβ ἡ πόρνη οὐ συ-
ναπώλετο τοῖς ἀπειθήσασιν δεξαμένη τοὺς κατασκόπους μετ' εἰρήνης).

단계에서는 원형의 집을 짓고 정주하였다. 이 형의 집은 4ha 넓이를 잡고 있었으며, 관개
시설이 설비되어 상당히 진보된 농사를 하고 있던 것으로 상상된다. BC 7,000년 경의
초기 신석기 시대의 층에서는 거대한 돌의 방벽과 높이 9m의 석조탑이 견고한 암석을
끊어낸, 약 7m의 도랑이 발견되어 당시 여리고는 이미 견고한 요새 성읍이었던 것을 보였다.
   여호수아가 거느린 이스라엘 백성이 요단 강을 건너 약속의 땅 가나안에 들어가 이
성읍을 공격할 때 신중한 준비를 요했으리만큼 견고한 성읍이었다. 여호수아의 군사는
성읍 가까이에 숙영하면서 두 사람의 척후병을 보내 성읍 내정을 탐지해 오게 하였다(수
2:1-24). 그들은 성읍의 주위를 언약궤를 중심으로 나팔을 불면서 엿새 동안 매일 한 번씩
돌도록 하나님께서 여호와를 통하여 명하였다. 이레 되는 날 성읍을 일곱 번 돌고 나팔의
신호 소리와 동시에 성벽이 무너져 성읍은 이스라엘군에게 점령되었다. 다만 기생 라합과
그 가족만은 이스라엘 척후병을 숨겨준 것 때문에 구원 받았다.

히브리서 저자는 기생 라합의 믿음을 특필한다. 즉 "믿음으로 기생 라합은 정탐꾼을 평안히 영접하였으므로 순종하지 아니한 자와 함께 멸망하지 아니하였다"고 말한다(수 2:1; 2:1-24; 6:23; 약 2:25). 이방인이며 기생이었고 한 여인이었던 라합은 이스라엘의 하나님에 대해 들었을 때 큰 믿음을 얻어 믿음으로 행동하였다(수 2:8-11). 이제 이스라엘과 여리고 성의 전쟁이 일어날 것을 알고서도 기생 라합은 하나님의 위대하심에 대해 듣고 여리고 성에 정탐꾼으로 들어온 이스라엘 군인들을 "평안히 영접해 주었다." 라합은 이스라엘 사람들을 여리고 성에서 그냥 밀어내지 않았으며 그들이 여리고 성에 들어온 사실을 여리고 왕에게 밀고도 하지 않았고 그들의 마음이 평안하도록 영접해 주었다. 그녀는 하나님이 어떻게 위대하신지를 하나님의 위대하신 역사를 들어 알게 되었다. 그녀는 정탐들을 향하여 "너희의 하나님 여호와는 위로는 하늘에서도 아래로는 땅에서도 하나님이시니라"고 고백했다(수 2:11).

다른 여리고 사람들은 이스라엘 하나님에 대해서 들었지만 하나님께 순종하지 않아서 다 멸망했는데 기생 라합은 그 불순종하는 사람들과 함께 멸망하지 않았다. 하나님 앞에서 떠는 사람들, 그래서 하나님을 믿은 사람들은 다 구원에 이른다는 것을 보여준다. 야고보는 기생 라합을 아주 높여 말했다(약 2:25). 라합은 그의 믿음으로 가정을 구원했고(수 6:17), 또 그리스도의 육적 조상의 족보에까지 오르게 되었다(마 1:5).

8. 여러 선진들의 믿음　11:32-38

저자는 앞(29-31절)에서 이스라엘 백성들의 출애굽 때의 믿음과 여리고 성을 무너뜨릴 때의 믿음을 언급하고 또 여리고 성 사람인 기생 라합의 믿음에 대해 언급한 후 이 부분(32-38절)에서는 여러 선진들의 믿음에 대해 언급한다. 먼저 대표적인 믿음의 선진들의 이름을 나열하고(32절), 이들을 포함한 믿음의 선진들의 행위를 나열한다. 먼저 믿음으로 무슨 일을 했는가를 말하고(33-34절), 믿음을 위해 무슨 일을 했는가를 말한다(35-38절).

저자는 이런 믿음의 위인들과 그들의 행위들을 열거하여 수신자들의 믿음을 격려하고 있다.

히 11:32. 내가 무슨 말을 더 하리요 기드온, 바락, 삼손, 입다, 다윗 및 사무엘과 선지자들의 일을 말하려면 내게 시간이 부족하리로다(Καὶ τί ἔτι λέγω ἐπιλείψει με γὰρ διηγούμενον ὁ χρόνος περὶ Γεδεών, Βαράκ, Σαμψών, Ἰεφθάε, Δαυίδ τε καὶ Σαμουὴλ καὶ τῶν προφητῶν, And what shall I more say? for the time would fail me to tell of Gedeon, and [of] Barak, and [of] Samson, and [of] Jephthae; [of] David also, and Samuel, and [of] the prophets-KJV).

저자는 "내가 무슨 말을 더 하리요"(καὶ τί ἔτι λέγω)라고 말한다. 이 관용구는 시간 제약이나 지면 제약을 받게 될 때에 사용하던 문장이다(Lane, Robertson). 저자는 이 이상의 믿음의 선진들에 대하여 소개할 필요가 없다고 말한다. 저자가 이런 말을 사용하는 이유는 믿음의 영웅들에 대해서 더 많은 예를 들을 수 있다는 것을 암시하는 것이다. 그는 더 많은 실례를 들을 수는 있으나 그저 여섯 명만 말한다고 한다.

저자는 "기드온, 바락, 삼손, 입다, 다윗 및 사무엘과 선지자들의 일을 말하려면 내게 시간이 부족하다"고 말한다(삿 4:6; 6:11; 삿 11:1; 12:7; 13:24; 삼상 16:1, 13; 17:45; 삼상 1:20; 12:20). 저자가 이 여섯 사람들을 말할 때 연대순으로 말하지 않았다. 구약 성경에 보면 바락(삿 4장-5장), 기드온(삿 6장-8장), 입다(삿 11장-12장), 삼손(삿 13장-16장), 사무엘(삼상 1장-15장), 다윗(삼상 16장-삼하 24장)의 순서로 되어 있다.

저자가 말한 순서대로 보면 "기드온"은 이스라엘의 다섯 번째 사사였고 미디안 군대를 무찔렀다(삿 6:11-40; 7:2-23). "바락"은 가나안 족속으로부터 이스라엘을 구원했다(삿 4:1-24). "삼손"은 무서운 힘을 가졌던 사사로서 블레셋을 괴롭힌 사람이었다(삿 13장-16장). "입다"는 길르앗의 서자(庶子)로서 방랑 생활을 하다가 암몬 족속의 위협을 받던 이스라엘의 부름

을 받고 전쟁에 승리한 사사였다(삿 11장-12장). "다윗"은 이스라엘의
두 번째 왕으로 놀라운 믿음의 소유자였다(삼상 16:1-13). "사무엘"은 그
어머니 한나의 기도로 출생한 사사였는데 성장한 후 이스라엘의 사사이며
제사장의 역할을 감당한 사람으로 이스라엘 백성을 항상 신앙으로 인도한
선지자였다(삼상 1장-15장). 저자는 이들 6명의 이름을 거론한 다음 "선지
자들의 일을 말하려면 내게 시간이 부족하리로다"라고 말한다. 다시 말해
다른 선지자들의 믿음을 말하려면 얼마든지 더 말할 수 있다고 말한다.
여섯 명의 사람들과 그리고 다른 모든 사람들은 하나님의 말씀을 믿었기에
놀라운 일을 해냈다. 우리도 성경말씀을 받아 그대로 믿을 때 큰 역사를
이룰 수 있다.

**히 11:33. 그들은 믿음으로 나라들을 이기기도 하며 의를 행하기도 하며
약속을 받기도 하며 사자들의 입을 막기도 하며**(οἱ διὰ πίστεως κατηγωνί-
σαντο βασιλείας, εἰργάσαντο δικαιοσύνην, ἐπέτυχον ἐπαγγελιῶν,
ἔφραξαν στόματα λεόντων).

저자는 수많은 사람들에 대해서 더 말할 수 있었으나 시간이 부족하여
더 말하지 못하고(32b) 본 절부터 38절까지 믿음의 선진들이 행한 일과
삶을 서술한다. 브루스(Bruce)는 본문은 여호수아를 위시하여 32절에서
언급된 사사들과 다윗에 대한 설명으로 볼 수 있다고 말한다. 다시 말해
저자는 본 절에서 가나안을 정복한 여호수아 시대부터 시작하여 사사시대를
거쳐 다윗에게 이르기까지의 이스라엘 전성시대의 사람들의 행위에 대해
언급한 것으로 보인다.

저자는 "그들은 믿음으로"(οἱ διὰ πίστεως) 모든 일을 했다고 말한다.
이 "믿음으로"란 말은 38절에까지 연결된다. 저자는 그들은 "나라들을 이기
기도 했다"고 말한다. 본문의 "이겼다"(κατηγωνίσαντο)는 말은 부정(단순)
과거 시제로 '쳐부수었다,' '정복했다'는 뜻이다. 저자가 이 단어를 쓰면서
누구누구를 염두에 두었는지에 대해서는 확실히 알 수 없으나 아마도 여호수

아(수 7장-12장, 가나안을 쳐부수었다), 바락(삿 4:15, 시스라의 나라를 쳐부
수었음), 기드온(삿 7:22, 미디안을 쳐부수었음), 입다(삿 11:32-33, 암몬을
쳐부수었음), 사무엘(삼상 7:11f, 블레셋을 쳐부수었음), 다윗(삼하 5장; 8장,
블레셋 등 많은 나라를 쳐부수었음) 등을 염두에 두었을 것이다.

저자는 "의를 행하기도 했다"고 말한다. "의를 행했다"는 말은 '사회
정의를 실현했다'는 뜻이다. 저자는 아마도 사무엘(삼상 12:4), 다윗(삼하
8:15), 솔로몬(왕상 3:28), 여호사밧(대하 19:6-7)등을 염두에 두었을 것으로
보인다. 사람은 믿음이 있으면 교회와 사회를 위하여 옳은 일을 행하게
된다. 죠지 뮬러(1805-1898)는 고아 2,000명을 50년간 양육했다. 그것은
믿음이 있었기에 가능했다.

저자는 또 "약속을 받기도 했다"고 말한다(삼하 7:11). "약속을 받기도
했다"는 말은 '하나님으로부터 받은 약속을 현실에서 이룸 받았다'는 뜻이
다. 하나님으로부터 받은 약속이 그냥 약속으로 남아 있는 것이 아니라
그 약속을 이룸 받았다는 뜻이다. 저자는 아마도 아브라함(창 21:1-2; 6:15
주해 참조), 기드온(삿 7:7-8), 마노아(삿 13:5), 다윗(삼하 7:9-16), 솔로몬(왕
상 6:56)등을 염두에 두고 본문을 말했을 것이다. 이런 사람들은 하나님으로
부터 약속을 받고 그 약속이 이루어지는 것을 보았다. 여호수아는 "보라
나는 오늘 온 세상이 가는 길로 가려니와 너희의 하나님 여호와께서 너희에
게 대하여 말씀하신 모든 선한 말씀이 하나도 틀리지 아니하고 다 너희에게
응하여 그 중에 하나도 어김이 없음을 너희 모든 사람은 마음과 뜻으로
아는 바라"고 말했다(수 23:14). 약속은 반드시 이루어지는 법이다.

저자는 또 "사자들의 입을 막기도 했다"고 말한다(삿 14:5-6; 삼상
17:34-35; 단 6:22). 저자는 아마도 삼손(삿 14:5-6), 다윗(삼상 17:34-36),
다니엘(단 6:21-22)등을 염두에 두고 이 말을 했을 것이다. 단 6:21-22은
"다니엘이 왕에게 아뢰되 왕이여 원하건대 왕은 만수무강 하옵소서 나의
하나님이 이미 그의 천사를 보내어 사자들의 입을 봉하셨으므로 사자들이
나를 상해하지 못하였사오니 이는 나의 무죄함이 그 앞에 명백함이오며

또 왕이여 나는 왕에게도 해를 끼치지 아니하였나이다'라고 증언한다. 오늘 우리도 믿음으로 사자 같은 사람으로부터 구원을 받을 수 있음을 알 수 있다(딤후 5:17). 믿음은 놀라운 일들을 해 낸다.

히 11:34. 불의 세력을 멸하기도 하며 칼날을 피하기도 하며 연약한 가운데서 강하게 되기도 하며 전쟁에 용감하게 되어 이방 사람들의 진을 물리치기도 하며(ἔσβεσαν δύναμιν πυρός, ἔφυγον στόματα μαχαίρης, ἐδυναμώθησαν ἀπὸ ἀσθενείας, ἐγενήθησαν ἰσχυροὶ ἐν πολέμῳ, παρεμβολὰς ἔκλιναν ἀλλοτρίων, Quenched the violence of fire, escaped the edge of the sword, out of weakness were made strong, waxed valiant in fight, turned to flight the armies of the aliens-KJV).

저자는 "불의 세력을 멸하기도 했다"고 말한다(단 3:25). 다니엘의 세 친구는 불 속에서도 머리털 하나 그슬리지 않았다(단 3:19-26). 단 3:27은 "총독과 지사와 행정관과 왕의 모사들이 모여 이 사람들을 본 즉 불이 능히 그들의 몸을 해하지 못하였고 머리털도 그을리지 아니하였고 겉옷 빛도 변하지 아니하였고 불 탄 냄새도 없었더라"고 말한다.

저자는 "칼날을 피하기도 했다"고 말한다(삼상 20:1; 왕상 19:3; 왕하 6:66). 칼을 피한 사람에 해당되는 사람들 중 다윗은 사울의 칼날에서(삼상 18:10-11), 엘리야는 아합의 칼날에서(왕상 19:8-10), 엘리사는 아람왕의 칼날에서(왕하 6:10, 31-32) 피했다. 우리는 믿음으로 전쟁 중에 칼날을 피할 수도 있고 또 믿음으로 사회에서 날카로운 언론을 피할 수도 있다.

저자는 "연약한 가운데서 강하게 되기도 했다"고 말한다(왕하 20:7; 욥 42:10; 시 6:8). 아마도 저자는 삼손을 염두에 두고 이 말을 하였을 것이며 (삿 16:28-30), 히스기야가 죽게 되었을 때 그가 기도하여 15년의 생명을 더 연장받기도 했으니 히스기야를 염두에 두고 이 말을 했을 것이다(왕하 20:1-6; 대하 32:24; 사 38:1-8).

저자는 "전쟁에 용감하게 되어 이방 사람들의 진을 물리치기도 했다"고

말한다(삿 15:8, 15; 삼상 14:13; 17:51-52; 삼하 8:1). 믿음이 있으면 용감하
게 되고 이방 사람들의 진을 물리치기도 한다. 기드온(삿 7:16-25), 다윗(삼상
17:29-50), 여호사밧(대하 20:1-30), 히스기야(왕하 19:35; 대하 32:21)등의
경우는 좋은 예들이다.

히 11:35a. 여자들은 자기의 죽은 자들을 부활로 받아들이기도 하며(ἔλαβον
γυναῖκες ἐξ ἀναστάσεως τοὺς νεκροὺς αὐτῶν).

저자는 "여자들은 자기의 죽은 자들을 부활로 받아들이기도 했다"고
말한다(왕상 17:22; 왕하 4:35). 사렙다 과부의 죽은 아들이 엘리야를 통하여
다시 살아난 것(왕상 17:17-23), 수넴 여인의 죽은 아들이 엘리사를 통하여
다시 살아난 것(왕하 4:8-37)은 좋은 예들이다. 그리고 신약 시대의 나인
성 과부의 죽은 아들이 예수님의 명령으로 살아난 것(눅 7:11-15), 베다니
지방의 나사로가 예수님의 명령으로 다시 살아난 것(요 11:1-44), 욥바의
도르가가 베드로의 기도로 다시 살아난 것(행 9:36-41) 등도 좋은 예들이다.

**히 11:35b. 또 어떤 이들은 더 좋은 부활을 얻고자 하여 심한 고문을 받되
구차히 풀려나기를 원하지 아니하였으며**(ἄλλοι δὲ ἐτυμπανίσθησαν οὐ
προσδεξάμενοι τὴν ἀπολύτρωσιν, ἵνα κρείττονος ἀναστάσεως τύχω
sin, and others were tortured, not accepting deliverance; that they might
obtain a better resurrection-KJV).

저자는 33절부터 35절 상반 절까지 믿음으로 수난을 면한 내용을 말했으
나 본 절 하반 절부터 38절까지는 믿음이 있었기에 수난을 감수한 실례를
들고 있다. 다시 말해 믿음으로 심한 박해와 죽음을 맞이하게 되었다고
말한다. 저자는 믿음의 영웅들의 이름을 밝히지 않고 그저 그 영웅들이
육체적인 고난을 받은 것만을 이 하반 절부터 38절까지 말한다.

저자는 "어떤 이들은 더 좋은 부활을 얻고자 하여 심한 고문을 받되
구차히 풀려나기를 원하지 아니하였다"고 말한다(행 22:25). 저자는 본 절

전반 절(35a)에서는 어떤 여자들이 자기의 죽은 자들을 부활로 받아들이기도 했다고 했는데, 하반 절에서는 어떤 사람들은 더 좋은 부활을 얻고자 하여 심한 고문을 받되 구차히 풀려나기를 원하지 아니했다고 말한다. 즉 말일에 그리스도로 말미암은 영광의 부활을 얻고자하여 심한 고문을 받으면서도 풀려나기를 원하지 아니했다는 것이다. 구약 성경에도 부활에 관해 말하고 있다(시 16:10; 49:8-9, 15). 부활 사상은 구약 초기보다는 말기로 올수록 더 밝아졌다. 그래서 예수님 당시 베다니 지방의 마르다와 마리아도 나사로의 부활을 믿었으며 바리새인들도 부활을 믿었다(행 22:7-10). 히브리서 저자가 말한바 "어떤 이들은 더 좋은 부활을 얻고자 하여 심한 고문을 받되 구차히 풀려나기를 원하지 아니한" 경우가 구약 시대 어떤 사람들의 경우인지는 확실히 알기가 어렵다. 어떤 주경가들은 중간시대(구약 시대와 신약시대의 중간시대)의 마카비 독립 운동 때 90세의 노학자 엘르아살이 수리아 관원이 강요한 돼지고기를 먹기를 거부하고 심한 고문을 받았다고 말하나 본문에 보면 "어떤 이들"이라고 복수로 되어 있으니 여러 사람이 심한 고문을 받은 것을 알 수 있다. 옛 사람들을 고문한 기구는 "툼파노"(τύμπανυμ)라고 불리고 있다(이 낱말이 본 절에서는 동사로 바뀌어 나타난다). "툼파노"라는 형구는 일종의 톱니바퀴나 바퀴형태를 가진 것으로 그 위에 희생자들을 길게 뻗혀놓고 죽을 때까지 타격을 가하는 형틀이었다고 한다(Hughes). 당시 엘르아살의 7형제와 어머니가 받은 악형은 혀 자르기, 머리 가죽 벗기기, 수족 절단하기, 불꽃 위에서 튀기기 등이 있었다(Hughes). 그런데도 어떤 이들은 악형을 받아도 구차히 면하려 하지 않았다. 그 이유는 더 좋은 부활을 받기 위해서였다. 이런 신앙은 성령으로 말미암은 것이다. 우리는 믿음을 가지고 더 좋은 부활을 얻기 위하여 예수님을 바라보아야 한다.

히 11:36. 또 어떤 이들은 조롱과 채찍질뿐 아니라 결박과 옥에 갇히는 시험도 받았으며(ἕτεροι δὲ ἐμπαιγμῶν καὶ μαστίγων πεῖραν ἔλαβον, ἔτι δὲ δεσμῶν καὶ φυλακῆς).

히브리서 저자는 앞 절 하반 절의 특수한 툼바노 형(型)으로부터 이제
본 절에 와서는 일반적인 형에 대해 말한다. 즉 "어떤 이들은 조롱과 채찍질
뿐 아니라 결박과 옥에 갇히는 시험도 받았다"고 말한다(창 39:20; 렘 20:2;
37:15). 구약 선지자 미가야도 뺨을 맞았고 또 옥에 갇히기도 했다(왕상
22:24-28). 예레미야도 매를 맞고 오래 감옥에 갇힌바 있었다(렘 37:14-21).
예수님도 조롱과 채찍질을 당하셨다. 사도들은 옥에 갇히기도 많이 했다.
바울은 고후 11:23에서 "내가 수고를 넘치도록 하고 옥에 갇히기도 더 많이
하고 매도 수없이 맞고 여러 번 죽을 뻔하였다"고 말한다. 우리는 믿음을
가지고 이런 어려움을 당할 수 있어야 한다.

히 11:37a. 돌로 치는 것과 톱으로 켜는 것과 시험과 칼로 죽임을 당하고
(ἐλιθάσθησαν, ἐπρίσθησαν, ἐν φόνῳ μαχαίρης ἀπέθανον).

구약 시대에 **"돌로 침"**을 받아 죽은 사람들이 있었다(왕상 21:13; 대하
24:21; 행 7:58; 14:19). 이스라엘에는 돌이 많아 돌로 치는 형벌은 아주
많았다고 한다. 모세의 법은 참람한 자는 그 지역 사람들에 의해 돌에 맞아죽
어야 했다(레 24:14-23). 이스르엘 사람 나봇은 죄가 없으면서도 이세벨의
명령에 의하여 돌에 맞아죽었다(왕상 21:1-15). 그리고 여호야다의 아들
스가랴는 우상을 경계하다가 여호와의 성전에서 돌에 맞아 죽었다(대하
24:20-21; 마 23:35; 눅 11:51). 예수님은 예루살렘에 일곱 가지 화를 선언하
실 때 예루살렘은 하나님으로부터 파송 받은 자들을 돌로 치는 자라고 말씀
하셨다(마 23:37). 신약 시대의 스데반도 돌에 맞아 죽었다(행 7:58).

성경에는 기록이 없으나 히브리서 저자는 톱으로 켬을 당해 두 동강나서
죽은 사람이 있었다고 말한다. 전설에 의하면 이사야가 톱으로 켬을 당해
순교하였다고 한다. 이사야는 유다 왕 므낫세에 의해 나무로 만든 톱으로
켜져서 두 동강 나서 죽었다고 한다(Justin Martyr, *Dial.* 120; Tertullian,
Of Patience 14).

히브리서 저자는 "시험을 당했다"고 말한다. "시험 당했다"(ἐπειρασθησαν)는 말은 부정(단순)과거 수동태로 '시험되었다,' '시도되었다'는 뜻으로 사본 상 문제가 있는 낱말이다. 이 낱말은 UBS판에는 없고 TBS판에는 나타난다. 번역판마다 제 각각이다. 현대인의 성경에는 나와 있고 표준새 번역과 공동번역에는 번역이 나타나지 않는다. 영국 흠정역(KJV)은 번역했고 개역 표준번역(RSV)은 생략했다. 그런고로 어떤 주석가는 주해했고 어떤 주석가는 아예 생략했다. "시험을 당했다"는 말은 수난당하는 자로 하여금 변심하도록 유혹한 것을 뜻한다. 이것도 역시 큰 고난이다. 믿음을 가지고 있는 사람들이 믿음을 버리도록 강요당하는 것은 얼마나 큰 시험인지 모른다. 다니엘의 세 친구들에게 믿음을 버리면 불 속에 들어가지 않게 해주겠다는 말은 그들에게 큰 시험이었다. 오늘도 성도들에게는 많은 시험들이 매일 닥치고 있다. 그럴 때 반드시 성도들은 그리스도를 버리고 일시적인 편안함을 택하기 보다는 예수님을 믿는 믿음을 택해야 한다.

저자는 또 "칼로 죽임을 당한" 자들이 있었다고 말한다. 엘리야 시대 사람들이 칼로 죽임을 당했다고 성경은 말씀한다(왕상 19:10). 엘리야는 왕상 19:10에서 "내가 만군의 하나님 여호와께 열심이 유별하오니 이는 이스라엘 자손이 주의 언약을 버리고 주의 제단을 헐며 칼로 주의 선지자들을 죽였음이오며 오직 나만 남았거늘 그들이 내 생명을 찾아 빼앗으려 하나이다'라고 호소한다. 예레미야 시대에 여호야김 왕은 칼로 우리아를 죽였다. 우리아는 여호와의 이름으로 예언했으며 예루살렘의 멸망을 예언했다(렘 26:20-23). 그리고 세례 요한은 헤롯 왕이 행한 일에 대하여 잘못했다고 지적했기에 죽임을 당했다(막 6:14-29).

히 11:37b-38. 양과 염소의 가죽을 입고 유리하여 궁핍과 환난과 학대를 받았으니 (이런 사람은 세상이 감당하지 못하느니라) 그들이 광야와 산과 동굴과 토굴에 유리하였느니라(περιῆλθον ἐν μηλωταῖς, ἐν αἰγείοις δέρμασιν, ὑστερούμενοι, θλιβόμενοι, κακουχούμενοι, ὧν οὐκ ἦν ἄξιος ὁ κόσμος, ἐπὶ ἐρημίαις πλανώμενοι καὶ ὄρεσιν καὶ σπηλαίοις καὶ ταῖς ὁπαῖς τῆς γῆς).

저자는 "양과 염소의 가죽을 입고 유리하여 궁핍과 환난과 학대를 받았다"고 말한다(왕하 1:8; 슥 13:4; 마 3:4). 양과 염소의 가죽을 입고 유리방황하는 삶을 사는 중에 결과적으로 궁핍과 환난과 학대를 당한 사람들이 있었다는 것이다. 엘리야는 이스라엘에게 심판이 임한다는 하나님의 메시지를 전했는데 그는 참으로 외모로도 비참한 삶을 살고 있었다. 열왕기하 1:8에 아하시야 왕의 보냄을 받은 사자들이 엘리야를 본 다음 왕에게 보고하는 말이 "그는 털이 많은 사람인데 허리에 가죽 띠를 띠었더이다 하니 왕이 이르되 그는 디셉 사람 엘리야로다"고 말한다. 엘리야 선지자는 거의 걸인의 모습으로 살았다. 엘리야의 계승자 엘리사도 역시 엘리야의 겉옷을 입고 살았다(슥 13:4). 세례 요한도 가죽옷을 입고 회개를 외치며 살았다(막 1:6). 이런 사람들은 회개를 외치며 살았기에 박해를 받았고 학대를 받았다. 그래서 이들은 세상의 난민(refugees)으로 살았다. 엘리야는 먹을 것이 없어서 까마귀가 날라다 주는 것을 먹고 살았고 물은 그릿 시냇물을 마셨다(왕상 17:2-6).

그런데 히브리서 저자는 이런 사람들은 세상 사람들이 감당하지 못할 사람들이라고 말한다. 즉 "이런 사람은 세상이 감당하지 못하느니라"(of whom the world was not worthy-KJV)고 한다. "이런 방랑자들이 살고 있던 세상은 이 따위 방랑자들이야 말로 자기들이 살고 있던 세상의 일부도 감당하지 못할 것이라고 생각했으나 사실은 그 반대였다. 이 방랑자들이 살았던 세상이 방랑자들을 감당하지 못했다...그 때나 지금이나 세상 사람들은 성도들을 이해할 수 없었다"(E. W. Bullinger).[101] 저자는 하나님의 원수들 곧 세상은 이런 주의 종들과 비교가 되지 않는다고 말한다. 아합 왕은 엘리야 하고 비교도 되지 않는다는 것이며 헤롯 왕은 세례 요한에게 비하면 아무 것도 아니라고 말한다. 오늘도 참된 주의 종들과 세상의 박해자들과는

101) E. W. Bullinger, *Great Cloud of Witnesses in Hebrews Eleven*, Grand Rapids: Kregel Publications, 1979, p. 442.

비교도 되지 않는 것을 알아야 한다. 저자는 이 말로 수신자들에게 고난을
받아야 한다고 말한다.

저자는 "그들이 광야와 산과 동굴과 토굴에 유리하였느니라"(they wan-
dered in deserts, and [in] mountains, and [in] dens and caves of the
earth-KJV)고 말한다(왕상 18:4; 19:9). 앞 절의 말씀(...입고 유리하여)을
좀 더 자세히 설명한다. 즉 어디에서 유리했는가를 밝힌다. 그들은 "광야와
산과 동굴과 토굴"에서 유리했다는 것이다. 오늘날 우리는 살만한 집 한
채만 있으면 족한 줄 알아야 한다. 그들은 집에서 살지도 못하고 광야에서
유리했고 산에서 유리했으며 동굴에서 그리고 토굴에서 유리했다. 아합
왕궁에서 일하던 오바댜는 두 개의 굴에서 생활하던 선지자들을 대접했다.
왕상 18:4는 "이세벨이 여호와의 선지자들을 멸할 때에 오바댜가 선지자
백 명을 가지고 오십 명씩 굴에 숨기고 떡과 물을 먹였더라"고 증언한다.
엘리야는 남방 광야로 들어갔다(왕상 19:4). 이스라엘에는 많은 굴이 있어
사람들이 굴에 숨어 살았다(삼상 13:6). 성도들은 항상 불신 세상에 둘러싸여
살고 있다. 성도들은 산과 광야와 동굴과 토굴에서 숨어 살 각오도 해야
한다.

9. 구약 시대의 성도들과 신약시대의 성도들   11:39-40

여러 선진들의 믿음(32-38절)에 대해 언급한 저자는 이제 이 부분(39-40
절)에서 구약 시대의 성도들과 신약 시대의 성도들의 관계를 말한다. 저자는
11장에서 믿음에 대해 말했는데 이제 이 부분에서 결론을 말한다. 구약
시대의 성도들은 약속을 받았지만 그 실현을 보지 못했고 신약 시대 성도들
은 그 실현을 보게 되었다는 것이다. 신약 시대 성도들이 실현을 보았기에
구약 시대 성도들도 온전하게 되었다고 말한다. 저자는 39절에서는 적극적
인 방면을 말하고 40절에서는 소극적인 방면을 말한다.

히 11:39. 이 사람들은 다 믿음으로 말미암아 증거를 받았으나 약속된 것을

받지 못하였으니(Καὶ οὗτοι πάντες μαρτυρηθέντες διὰ τῆς πίστεως οὐκ ἐκομίσαντο τὴν ἐπαγγελίαν).

저자는 "이 사람들" 즉 '지금까지 저자가 말한 믿음의 사람들'은 "다 믿음으로 말미암아 증거를 받았다"고 말한다(2절, 13절 주해 참조). 다 믿음으로 말미암아 하나님의 인정을 받았다는 것이다. 하나님은 믿음의 사람들을 결코 잊지 않으시고 무시하지 않으신다. 하나님께서는 믿음으로 행하는 사람들을 알아주신다. 그리하여 하나님은 그들을 위해 이적도 행해주시고 큰 은총을 주기도 하신다. 우리는 반드시 하나님을 철저히 믿어야 한다. 우리가 인정을 받기 위해서다.

그러나 저자는 믿음의 사람들이 "약속된 것을 받지 못하였다"고 말한다. 비록 구약시대의 성도들이 믿음이 있었기에 하나님으로부터 인정은 받았고 또 하나님께서 그들에게 주신 많은 약속들이 그들의 생애동안 이루어지기는 했으나(아브라함이 이삭을 얻은 것 같은 것) 그들에게 약속된 것, 곧 그리스도를 받지는 못했다. 구약시대의 성도들은 메시아가 오신다는 약속은 많이 받았으나(창 3:15; 49:10; 민 24:17; 삼하 7:13; 시 2:6-12; 16:10; 22:1; 45:6-8; 110:1) 예수님이 성육신하시기 전에 그들은 죽었다. 벧전 1:10-11은 "이 구원에 대하여는 너희에게 임할 은혜를 예언하던 선지자들이 연구하고 부지런히 살펴서 자기 속에 계신 그리스도의 영이 그 받으실 고난과 후에 받으실 영광을 미리 증언하여 누구를 또는 어떠한 때를 지시하시는지 상고하니라 이 섬긴 바가 자기를 위한 것이 아니요 너희를 위한 것임이 계시로 알게 되었으니 이것은 하늘로부터 보내신 성령을 힘입어 복음을 전하는 자들로 이제 너희에게 알린 것이요 천사들도 살펴보기를 원하는 것이니라"고 말한다. 그들은 그리스도를 직접 영접하지 못하고 따르지는 못했으나 그 그리스도를 바라보는 믿음으로 하나님으로부터 인정을 받았다.

히 11:40. 이는 하나님이 우리를 위하여 더 좋은 것을 예비 하셨은즉 우리가 아니면 그들로 온전함을 이루지 못하게 하려 하심이라(τοῦ θεοῦ περὶ ἡμῶν κρεῖττόν τι προβλεψαμένου, ἵνα μὴ χωρὶς ἡμῶν τελειωθῶσιν, since God had foreseen something better for us, that apart from us they should not be made perfect-RSV).

본 절 초두에는 이유를 말하는 접속사는 없으나 바로 앞 절(39절)과의 문맥을 살필 때 앞 절의 이유를 제시하고 있다. 즉 저자는 앞 절에서 구약시대 사람들이 "약속된 것을 받지 못한" 이유가 본 절에 나온다. 구약시대 성도들이 약속된 것, 곧 그리스도로 말미암은 구속(구원)을 받지 못한 이유는 "이는 하나님이 우리를 위하여 더 좋은 것을 예비 하셨기" 때문이라고 한다(7:22; 8:6). 다시 말해 '하나님께서 우리 즉 저자 자신과 당시의 수신자들과 오늘 신약 시대의 우리를 위하여 더 좋은 것(예수 그리스도 혹은 예수 그리스도로 말미암은 구원)을 예비하셨기 때문이다. 그러니까 구약시대 성도들이 그리스도로 말미암은 구원을 받지 못한 이유는 신약시대의 성도들이 받아야 했기 때문이다.

일이 바로 위와 같이 된 것은 "우리가 아니면 그들로 온전함을 이루지 못하게 하려 하심이라"는 것이다(5:9; 12:23; 계 6:11). '신약 시대가 오지 않았다면 구약시대 성도들은 온전함을 이루지 못하게 되었을 것이라'는 뜻이다. 다시 말해 신약 시대의 그리스도가 십자가의 피를 통하여 구원을 이루지 아니했더라면 구약 시대 성도들은 구원에 동참하지 못했을 것이다. 구약 시대 동안에는(8:6-7) 성도들은 온전함을 이룰 수가 없었다. 예수님은 이 땅에 오셔서 많은 아들을 이끌어 영광에 이르게 하셨고(2:10), 온전하게 만드셨다(10:14). 예수님은 그의 십자가의 구속으로 말미암아 구약성도들과 신약성도들을 그의 온전함에 동참시키셨다(12:23).

예수님께서는 성도들로 하여금 온전하게 만드신다. 이유는 그는 성도들의 믿음을 온전케 하시는 분이시기 때문이다(12:2). "어느 성도도 스스로 완전해질 수 없다. 왜냐하면 성도들을 완전하게 하시는 사역이 그리스도에게 속해 있기 때문이다. 그러나 이 말은 사람이 게을러도 된다는 의미는 아니다. 결코 그럴 수 없다"(Kistemaker).[102] 구약 성도나 신약 성도나 완전히 구원

에 동참하는 것은 그리스도 안에서 뿐이다. 그리스도 없이는 구약시대 성도
나 신약시대 성도나 완전해지지 못한다. 우리는 그리스도만 바라보아야
한다. 그래서 구원에 동참해야 하고 또 윤리적으로도 온전함에 이르러야
한다.

102) Simon Kistemaker, p. 359.

제 12 장

제12장 그리스도인의 삶

E. 인내로 경주하자   12:1-3

저자는 앞에서 여러 선진들의 믿음(32-38절)에 대해 언급하고 또 구약 시대의 성도들은 약속을 받았지만 그 실현을 보지 못했고 신약 시대의 성도들은 그 실현을 보게 되었다는 것을 말한(39-40절) 다음 이 부분(12:1-3)에서는 약속 성취를 받은 신약시대의 성도들은 인내로 경주해야 한다고 권고한다. 본문의 주해를 위해서는 구조를 잘 분석하지 않으면 혼선을 빚기 쉽다. 이 부분은 하나의 동사 구문("우리 앞에 당한 경주를 하며"-τρέχωμεν τὸν προκείμενον ἡμῖν ἀγῶνα)과 세 개의 분사 구문(첫째 분사 구문-"우리에게 구름같이 둘러싼 허다한 증인들이 있으니," 둘째 분사 구문-"모든 무거운 것과 얽매이기 쉬운 죄를 벗어버리고," 셋째 분사 구문-"믿음의 주요 또 온전하게 하시는 이인 예수를 바라보며")으로 구성되어 있으며 분사 구문은 모두 우리의 경주에 필요한 내용들을 제시한다.

히 12:1. 이러므로 우리에게 구름같이 둘러싼 허다한 증인들이 있으니 모든 무거운 것과 얽매이기 쉬운 죄를 벗어 버리고 인내로써 우리 앞에 당한 경주를 하며(Τοιγαροῦν καὶ ἡμεῖς τοσοῦτον ἔχοντες περικείμενον ἡμῖν νέφος μαρτύρων. ὄγκον ἀποθέμενοι πάντα καὶ τὴν εὐπερίστατον ἁμαρτίαν, δι᾽ ὑπομονῆς τρέχωμεν τὸν προκείμενον ἡμῖν ἀγῶνα, Wherefore seeing we also are compassed about with so great a cloud of witnesses-KJV).

히브리서 저자는 "이러므로 우리에게 구름 같이 둘러싼 허다한 증인들이 있다"고 말한다. 저자는 "이러므로"(τοιγαροῦν)란 강세형 접속사를 사용하여 하나님께서 우리를 위하여 더 좋은 것(앞 절) 즉 예수 그리스도의 구원을 예비하셨으므로 우리도 우리 앞에 당한 경주를 하자고 권면한다. 예수 그리스도께서 행하신 일은 우리를 자극하시기에 아주 충분하다. 예수님의 십자가 구원은 우리가 한 생애를 통하여 경주하기에 큰 자극제가 되는 고로 우리는 열심히 뛰어야 한다고 말한다.

그러나 혹자는 여기 "이러므로"란 접속사가 11장 전체를 받아서 믿음의 선진들이 믿음의 경주를 잘 했으므로 우리도 잘 경주해야 한다고 말한다. 그러나 "이러므로"란 말이 11장에 나온 믿음의 선진들의 경주를 받는다면 "이러므로"라는 말 다음에 연결되는 "우리에게 구름같이 둘러싼 허다한 증인들이 있으니"란 말과 중복되는 셈이다. 11장의 믿음의 선진들과 본 절의 "구름같이 둘러싼 허다한 증인들"103)은 같은 내용이다. 그런고로 "이러

---

103) "증인": 일반적으로는 재판석에서 증언하는 자를 말하는데, 구약성경에 있어서의 증인은 거의 일반적인 증인과 같이, 재판에 출두하여 증언하는 사람을 말하고, 신약성경에 있어서는, 복음의 진리를 증거하는 사람이 증인으로 불리고 있다(히 12:1). 특히 신약에서는 사도들이 예수의 부활의 증인이 된 일이 중요시되고 있다(눅 24:48; 행 1:8; 2:32등). 뿐만 아니라, 헬라어의 "마르투스"(martus)에서는 '순교자'(martyr)의 의미가 발생하고, 행 22:20; 계 2:13; 17:6의 "증인"은 '순교자'의 의미를 가지고 있다(딤전 6:13 비교). 히브리 원어는 주로 명사 "에드," "에다"가 쓰어져 있는데, '거듭한다,' '반복한다'를 뜻하고, 여기에 '강하게 증명한다,' '재주장한다'를 의미하게 되어 '증거,' '증인'으로 역되어 있다. 그리고 무생물에 대해서는 주로 '증거'로 역되어, 물기둥의 증거(창 31:44), 모세의 노래 (신 31:26, 증거), 세겜에 여호수아가 세운 돌(수 24:27 증거)등에 쓰어져 있는데 사람에 대해서도 증거로 역하여 쓴 데가 있고 (삼상 12:5; 20:12; 욥 10:17; 잠 25:18; 미 1:2기타), 증인으로도 역하고 있다(출 23:1; 레 5:1; 민 5:13; 35:30; 신 17:7; 19:15, 18; 수 24:22 등). 헬라어 원어는 "마르투스"인데, 명사로서 '증거,' '증언한다,' '증인,' '증명,' '증언자,' '입회한 사람'들을 뜻하고, "증거"(행 1:22; 고후 1:23; 살전 2:5)로 역된 것도 있으나 주로 [증언]으로 역되어 있다(마 18:16; 26:65; 막 14:63; 눅 11:48; 24:48; 행 1:8; 2:32; 3:15; 5:32; 6:13; 7:58; 10:39, 41; 22:15, 20; 롬 1:9 등). 신약성경에 있어서는 먼저 세례 요한이 그 선교에 의해 그리스도의 증인으로서 증거하는 것을 비롯하여(요 1:1, 15, 32), 예수님께서 그 생애를 통해, 또는 십자가의 피로써 하나님의 진실을 증거한 참된 증인으로서 보여진다(계 1:5; 3:14). 예수님은 "충성된 증인"(계 1:5), "충성되고 참된 증인"(계 3:14)으로 불리고 있다(딤전 6:13비교). 다시 중요한 것은 증인으로서의 예수님의 제자들, 사도들, 예언자들이다. 즉 어떤 인간적 가치에도 의하지 않고, 하나님께서 친히 "모태로부터" 책정해 두셨다가 은혜로 불러 복음을 맡겨 전케 하신 증인으로서의 선교자들이다(눅 6:13; 24:48; 행 1:8; 2:32;

므로"란 말은 11장 전체의 믿음의 선진들이 경주를 잘 한 사실을 받는
것이 아니라 바로 앞 절 즉 40절의 "하나님이 우리를 위하여 더 좋은 것을
예비 하셨으므로"라는 말을 받는 것으로 보아야 한다. 하나님께서 우리를
위하여 예수님의 십자가 구원을 준비하셨으니 우리는 예수 그리스도를 바라
보고 힘차게 달려야 한다.

　"우리에게 구름같이 둘러싼 허다한 증인들이 있다"는 사실은 우리에게
큰 위안이 된다. 여기 "있으니"(ἔχοντες)란 말은 현재 분사형으로 지금도
함께 있다는 뜻이다. 신비롭게도 그 증인들은 사라져 없어져버린 사람들이
아니라 지금도 우리 주위에 살아 있어서 우리의 경주를 격려하고 있다.
구약의 믿음의 선진들은 구경꾼들 혹은 옆에서 지켜보는 방관자들이 아니라
자기들도 믿음의 경주를 한 증인들로서 우리의 경주를 격려하는 사람들이니
우리에게 얼마나 큰 안위가 되는지 모른다. 우리는 우리 혼자만 경주하는
것이 아니라 그들의 격려를 받고 있다. 그들은 여러 가지로 우리를 돕고
있다. 이렇게 믿어야 하고 혹은 저렇게 믿어야 한다고 말하고 혹은 이렇게
행동해야 한다고 말하고 저렇게 행동해야 한다고 지금도 성경을 통하여
우리에게 말하고 있다.

　저자는 "모든 무거운 것과 얽매이기 쉬운 죄를 벗어 버리고"(ὄγκον
ἀποθέμενοι πάντα καὶ τὴν εὐπερίστατον ἁμαρτίαν) 경주하라고 말한다
(골 3:8; 벧전 2:1). "모든 무거운 것"이란 '모든 무게, 짐, 방해물' 등의
뜻이다. 경주하는 사람은 무거운 것을 가지고 경주하거나 혹은 무거운 것을
지거나 혹은 무거운 것을 이고 경주하지 못하는 것과 같이 신앙의 경주자도
모든 무거운 것들을 내려놓아야 한다. 모든 무거운 것은 우리가 하루하루
신앙생활을 하는데 있어 우리의 마음을 누르고 무겁게 하고 둔하게 하는
모든 것을 지칭한다. 예수님은 눅 21:34에서 "너희는 스스로 조심하라 그렇

5:32; 고전 15:15; 갈 1:15; 벧전 5:1). 그것은 그리스도에 의해, 혹은 바울처럼 그리스도를 뵙고,
부르심을 입어 증인으로 된 이들이다(눅 24:48; 행 1:8, 22; 10:39; 26:16). 뿐만 아니라, 예수
그리스도를 믿는 신앙으로 말미암아 죽임 당한 스데반도 증인이라 불리고 있다(행 7장).

지 않으면 방탕함과 술 취함과 생활의 염려로 마음이 둔하여진다”고 말씀하
신다. 우리의 마음을 둔하게 하고 강팍하게 하는 모든 것들은 우리의 신앙의
경주에 방해 요소들이다. 바울 사도는 골 3:8에서 “너희가 이 모든 것을
벗어 버리라 곧 분함과 노여움과 악의와 비방과 너희 입의 부끄러운 말이라”
고 말한다. 베드로 사도는 벧전 2:1에서 “모든 악독과 모든 기만과 외식과
시기와 모든 비방하는 말을 버리라”고 증언한다. 본문에 “모든”이라 했으니
한두 가지가 아닌 것은 명백하다.

다음으로 또 “얽매이기 쉬운 죄”를 벗어버리라고 말한다. 이는 우리를
얽어매어 신앙의 경주를 못하게 하는 죄들을 지칭한다. 성경에 대략 50가지
의 죄가 기록되어 있는데 그 모든 죄들을 지칭한다(출 20:17; 신 5:21; 엡
4:22 등). 죄는 한 가지라도 우리로 하여금 주님을 따라가지 못하게 만든다.
그런고로 우리의 이기심을 비롯하여 모든 죄들을 벗어버려야 한다. 이 모든
죄를 벗어버리고 또 우리의 경주를 방해하는 모든 것들을 벗어버리는 방법은
첫째, 모든 죄들을 고백해야 한다(요일 1:9). 고백하면 하나님께서 모든
죄를 용서하신다. 그리고 둘째, 그리스도로부터 힘을 얻어 죄를 짓던 환경을
벗어나야 한다. 본문의 “벗어버리고”(ἀποθέμενοι)라는 말은 부정(단순)과
거 분사로 ‘철저히 벗어버리라,’ ‘참으로 벗어버리라’는 뜻이다. 우리는 경주
에 방해되는 모든 무거운 것들을 철저히 벗어버리고 주님께 맡겨야 하며
또 모든 죄들을 하나도 빠짐없이 주님께 고백하여 깨끗이 벗어버려야 한다.

저자는 “인내로써 우리 앞에 당한 경주를 하자”(δι’ ὑπομονῆς τρέχωμεν
τὸν προκείμενον ἡμῖν ἀγῶνα)고 권면한다(10:36; 롬 12:12; 고전 9:24;
빌 3:13-14). 경기자는 경주에 있어 끝까지 참고 뛰어야 하듯 저자는 우리도
인내심을 가지고 우리 앞에 당한 경주를 경주하자고 권면한다.

“경주하며”(τρέχωμεν)란 말은 “경주하자”라고 번역해야 할 것이다. 이
유는 이 단어가 권면 형이기 때문이다. 우리는 주님으로부터 지혜를 얻고
또 능력을 얻어 끝까지 달려야 한다. 우리는 신앙생활을 시작하면서부터
경주를 시작한 것이니(고전 9:24; 갈 2:2; 빌 2:16; 3:12) 계속해서 주님을

향하여 경주해야 한다(빌 3:14). 이 경주란 다름 아니라 주님을 얻기까지(빌 3:8), 그리스도 안에서 내 자신을 발견하기까지(빌 3:9), 부활의 능력을 얻기까지(빌 3:10-11) 계속해서 달려야 하는 경주이다.

히 12:2. 믿음의 주요 또 온전하게 하시는 이인 예수를 바라보자 그는 그 앞에 있는 기쁨을 위하여 십자가를 참으사 부끄러움을 개의치 아니하시더니 하나님 보좌 우편에 앉으셨느니라(ἀφορῶντες εἰς τὸν τῆς πίστεως ἀρχηγὸν καὶ τελειωτὴν Ἰησοῦν, ὃς ἀντὶ τῆς προκειμένης αὐτῷ χαρᾶς ὑπέμεινεν σταυρὸν αἰσχύνης καταφρονήσας ἐν δεξιᾷ τε τοῦ θρόνου τοῦ θεοῦ κεκάθικεν, Looking unto Jesus the author and finisher of [our] faith; who for the joy that was set before him endured the cross, despising the shame, and is set down at the right hand of the throne of God-KJV).

우리의 경주에 있어 또 필요한 것은 "믿음의 주요 또 온전하게 하시는 이인 예수를 바라보는" 것이다. 우리의 경주에 있어서 목표는 반드시 필요하다. 아무런 향방 없이 뛰어서는 안 될 것이다. 우리는 예수님을 믿음의 선진들 중의 하나로 보아서는 안 된다. 예수님은 우리의 목표이시다.

"믿음의 주"란 말은 '믿음의 창시자'란 뜻으로(2:10) 예수님은 '우리의 신앙을 일으켜 주시는 분'이란 뜻이다. 예수님께서 말씀하신 것을 들으면 우리는 신앙을 얻게 되고 예수님께서 행하신 것을 보면 우리는 믿음을 얻게 된다. 그런 의미에서 예수님은 우리의 믿음의 창시자이시다.

그리고 예수님은 또 우리의 믿음을 "온전하게 하시는 이"이시다. 예수님을 바라볼 때 우리의 믿음이 온전하게 된다. 예수님을 바라볼 때 우리는 예수님처럼 믿게 되고 예수님처럼 살게 되며 예수님처럼 온전하게 되며 예수님을 닮게 된다. 이 말은 우리가 이 땅에 사는 동안 예수님처럼 능력에 있어서나 혹은 지혜에 있어서나 완전에 이른다는 말이 아니라 예수님을 바라볼 때 우리의 믿음이 온전하게 된다는 뜻이다. 우리도 전적으로 예수님

처럼 하나님을 믿어야 한다. 우리는 오직 주님을 바라보아야 한다. 다른
것을 바라보아서는 안 된다. 베드로는 바다를 걸으면서 예수님을 계속해서
바라보았어야 했는데 풍랑을 바라보다가 빠지고 말았다. 우리 역시 세상에서
다른 것을 바라보아서는 안 되고 반드시 그리스도에게 우리의 시선을 고정시
켜야 한다.

　　저자는 예수님이 어떤 분임을 말한다. 즉 "그는 그 앞에 있는 기쁨을
위하여 십자가를 참으사 부끄러움을 개의치 아니하시더니 하나님 보좌
우편에 앉으셨느니라"고 말한다(눅 24:26; 빌 2:8; 벧전 1:11). "그 앞에
있는 기쁨을 위하여"란 말은 문맥에 의하여 "하나님 보좌 우편에 앉으실"
것을 지칭한다. 하나님 우편에 앉으시는 것 이외에 더 기쁨이 없다. 예수님
은 하나님 우편에 앉으실 것을 바라보며 "십자가를 참으셨고 부끄러움을
개의치 아니하셨다"(1:3, 13; 8:1; 시 110:1; 벧전 3:22). 여기 "십자가를
참으셨다"는 말은 하나님 우편에 앉으셔서 기쁨을 가지시기 전에 땅 위에
서 당한 모든 고통을 참으셨다는 뜻이다. 예수님께서는 땅 위에서 택한
백성들의 대속을 위해 십자가 고통을 당하셔야 했다. 부끄러움을 개의치
아니하셨다는 말은 십자가를 지실 때의 부끄러움을 돌아보지 않으셨다는
뜻이다. 십자가 위에서 공개적으로 처형을 당하는 것 이상 더 큰 부끄러움
은 없었는데 예수님은 그런 부끄러움을 돌아보지 않으셨다. 그는 앞에
있는 기쁨을 얻기 위하여 십자가도 참으셨고 부끄러움도 개의치 않으셨다.
결국 그는 하나님 우편에 앉으셨다(1:3; 2:9; 4:14; 5:5, 8-9; 6:19-20; 7:26;
8:1; 9:12, 24, 28; 10:12; 13:20). 저자는 우리로 하여금 이렇게 고통을
참으시고 또 부끄러움을 개의치 않으신 그리스도를 바라보면서 세상에서
의 고통을 참고 부끄러움도 개의치 말라고 권면하고 있다. 그래서 드디어
기쁨을 가지라고 권하는 것이다. 우리는 끊임없이 그리스도를 바라보면서
고통을 참고 부끄러움을 참아야 하겠다. 성도들을 향한 세상의 멸시와
천대를 참아야 할 것이다.

히 12:3. 너희가 피곤하여 낙심하지 않기 위하여 죄인들이 이같이 자기에게 거역한 일을 참으신 이를 생각하라(ἀναλογίσασθε γὰρ τὸν τοιαύτην ὑπομεμενηκότα ὑπὸ τῶν ἁμαρτωλῶν εἰς ἑαυτὸν ἀντιλογίαν, ἵνα μὴ κάμητε ταῖς ψυχαῖς ὑμῶν ἐκλυόμενοι, For consider him that endured such contradiction of sinners against himself, lest ye be wearied and faint in your minds-KJV).

히브리서 저자는 믿음의 경주를 하는 성도들이 당시 반(反) 그리스도 운동에 영향을 입어 피곤하고 낙심하여 더 이상 맞서 싸우기 힘들어 다시 유대교로 돌아가고 싶은 충동을 감지하고 있었다. 그래서 그런 충동을 받아 그리스도를 배반하지 않도록 하기 위해 "너희가 피곤하여 낙심하지 않기 위하여 죄인들이 이같이 자기에게 거역한 일을 참으신 이를 생각하라"고 권면한다(마 10:24-25; 요 15:20; 갈 6:9). 초대 교회 당시 성도들은 기독교인들에 대한 항거 때문에 많이 피곤했고 낙심할 지경에 이르렀다. 그래서 그들은 유대교로 돌아가고 싶었다. 저자는 그런 사람들을 향하여 예수님을 깊이 생각하라고 말한다. 저자는 예수님은 "죄인들이 이같이 자기에게 거역한 일을 참으신 이"라고 묘사한다. 예수님은 십자가를 지실 때 심한 거역을 체험하셨다. 그런고로 그를 따르는 성도들도 그런 거역을 경험하게 된다(요 17:14). 요 17:14에서 예수님은 "내가 아버지의 말씀을 그들에게 주었사오매 세상이 그들을 미워하였사오니 이는 내가 세상에 속하지 아니함 같이 그들도 세상에 속하지 아니함으로 인함이니이다"라고 증언한다. 그리스도를 믿는 우리들은 어떤 상황에서도 즉 미움을 받고도 그리스도를 따라야 하며 거역을 받고도 그리스도를 따라야 한다.

F. 징계는 참 아들을 위한 것이다 12:4-13

신앙의 경주를 잘해야 한다는 것을 말한(1-3절) 저자는 이제 이 부분(4-13절)에서는 신앙의 경주를 충실하게 하지 못한 성도들이 하나님으로부터 징계를 받는 것을 보고 하나님의 징계를 잘 받아서 온전하게 되라고 권고한다.

히 12:4. 너희가 죄와 싸우되 아직 피 흘리기까지는 대항하지 아니하고

(Οὔπω μέχρις αἵματος ἀντικατέστητε πρὸς τὴν ἁμαρτίαν ἀνταγωνι-ζόμενοι).

히브리서 저자는 "너희가 죄와 싸우되 아직 피 흘리기까지는 대항하지 아니했다"고 말한다(10:32-34; 고전 10:13). 저자는 본서의 수신자들이 지금까지 죄(박해자들)와 싸운 것을 인정했으나 아직 피 흘리기까지는 싸우지 아니했다고 말한다. 수신자들은 박해자들과 싸우기는 했으나 순교의 경지에까지는 이르지 못하고 뒤로 물러가고 말았다. 그러나 저자는 신앙의 경주에서 우리가 박해자들과 싸우되 피 흘리기까지 싸워야 한다는 것을 암시하고 있다. 우리는 박해자들에게 박해를 받아 신앙을 포기하는 일이 있어서는 안 된다는 것을 암시한다.

여기 피 흘리기까지 싸워야 한다는 말을 두고 혹자는 우리의 신앙생활은 권투시합과 같은 것이라고 주장하나 그 주장이 꼭 옳다고 말하기는 어려운 것 같다. 왜냐하면 권투 시합을 할 때 마다 꼭 피를 흘리는 것은 아니기 때문이다. 어떤 때는 피를 흘리나 또 어떤 때는 피를 흘리지 않고 끝나기 때문이다. 그러나 박해자들의 박해에 정면으로 도전하는 일은 때로 죽음을 각오해야 하기 때문에 권투시합과 비유 될 만도 하다. 여러 학자들은 벵겔(Bengel)의 주장(본 절의 말씀이 권투시합에 비유된다는 주장)에 동조하고 있다.104) 아무튼 우리는 순교의 정신으로 박해자들의 박해에 맞서 싸워야 한다. 돌에 맞아 죽을 각오, 불에 타 죽을 각오, 칼에 찔려 죽을 각오를 해야 한다. 그리스도를 믿는 우리들은 어떤 상황에서도 즉 박해자들의 박해를 받으면서 물러서지 말고 끝까지 주님을 따라야 한다.

---

104) Simon Kistemaker, *Exposition of the Epistle to the Hebrews*, p. 372 mg.

히 12:5. 또 아들들에게 권하는 것 같이 너희에게 권면하신 말씀도 잊었도다 일렀으되 내 아들아 주의 징계하심을 경히 여기지 말며 그에게 꾸지람을 받을 때에 낙심하지 말라(καὶ ἐκλέλησθε τῆς παρακλήσεως, ἥτις ὑμῖν ὡς υἱοῖς διαλέγεται, Υἱέ μου, μὴ ὀλιγώρει παιδείας κυρίου μηδὲ ἐκλύου ὑπ᾽ αὐτοῦ ἐλεγχόμενος).

저자는 앞(4절)에서 수신자들이 박해자들과 싸우되 아직 피 흘리기까지는 싸우지 아니했다고 지적하고, 본 절에서는 수신자들이 박해자들과 싸울 때 아직 순교하기까지 저항하지 아니했으므로, 다시 말해 영적으로 나태했으므로, 징계를 받고 있었는데 하나님의 징계를 받고 있으면서 하나님의 징계에 대해 가볍게 여기고 혹은 하나님의 징계를 받으면서 낙심했기에 "또 아들들에게 권하는 것 같이 너희에게 권면하신 말씀도 잊었다"고 질책한다. 하나님께서는 항상 성도들에게는 아들들에게 권면하듯 하신다는 것이다. 그런데도 수신자들은 하나님께서 아들들에게 권면하신 말씀을 잊고 산다고 저자는 질책한다. 수신자들은 하나님께서 그들을 징계하실 때 징계를 경하게 여겼고 혹은 낙심하기도 했다. 그래서 저자는 구약 잠언 3:11(내 아들아 여호와의 징계를 경히 여기지 말라 그 꾸지람을 싫어하지 말라)을 인용하여 훈계한다. 즉 "내 아들아 주의 징계하심을 경히 여기지 말며 그에게 꾸지람을 받을 때에 낙심하지 말라"고 말한다(욥 5:17; 잠 3:11). 여기 "징계하심"이란 "꾸지람"이란 말과 동의어로 사용되었다. 그런고로 징계하심이란 말은 망하게 하심이 아니고 아들들이 잘되도록 하시기 위해서 내리시는 훈계이다(신 8:5). 하나님의 징계 즉 꾸지람은 여러 방면으로 온다. 혹은 질병으로, 혹은 의외의 사고로, 혹은 인간관계의 어려움으로도 온다. 성도들은 그런 모든 징계를 만날 때 가볍게 여기지 말아야 한다. 성도들은 하나님의 징계를 받으면서 그 징계가 아무 것도 아닌 것처럼 여기거나 혹은 자기를 돌아볼 생각도 하지 않은 채 그 시간들, 또는 그 과정들을 그냥 지나보내지 말아야 한다. 오히려 성도들은 그 모든 징계를 하나님의 중요한 훈계로 받고 자신을 고치는 기회로 삼아야 한다(12-13

절). 오늘날의 성도들 또한 하나님께로부터 징계를 받으면서도 하나님께로부터 징계 받는 줄도 모르고 그 징계의 중요성을 알지 못하는 사람들이 많이 있다. 그러나 성도들은 세상에 우연이란 한 가지도 없는 줄 알고 우리가 당하는 어려움들을 중요한 것으로 받고 우리를 고치는 기회로 알아야 한다.

이와 또 다른 반응의 하나로 하나님의 징계를 받은 수신자들이 낙심한다는 것이었다. 그래서 저자는 "낙심하지 말라"고 권한다. 저자는 하나님께서 수신자들을 죽이시고 망하게 하시는 것이 아니니 수신자들은 실망하지 말라고 권면한다. 오늘날 예수님을 믿는 사람들은 하나님의 아들들이니 어떤 어려운 징계를 받아도 낙심해서는 안 될 것이다.

히 12:6. 주께서 그 사랑하시는 자를 징계하시고 그가 받아들이시는 아들마다 채찍질하심이라 하였으니(ὃν γὰρ ἀγαπᾷ κύριος παιδεύει, μαστιγοῖ δὲ πάντα υἱὸν ὃν παραδέχεται).

본 절 초두에는 이유를 말하는 접속사(γὰρ)가 있어 수신자들이 징계를 받을 때 낙심하지 말아야 할(앞 절) 이유를 제공하고 있다. 저자는 히브리서를 통하여 낙심하지 말아야 할 이유를 "주께서 그 사랑하시는 자를 징계하시고 그가 받아들이시는 아들마다 채찍질하시기" 때문이라 한다(시 94:12; 119:75; 잠 3:12; 약 1:12; 계 3:19). 저자는 본 절을 잠 3:12(대저 여호와께서 그 사랑하시는 자를 징계하시기를 마치 아비가 그 기뻐하는 아들을 징계함 같이 하시느니라)에서 인용한다. 주님은 성도들을 사랑하시는 아들, 받아들이시는 아들이라고 하신다. 하나님과 우리 사이는 아버지와 아들 사이라고 묘사한다. 주님은 그 사랑하시는 아들들, 그가 받으시는 아들들마다 반드시 징계하시고 채찍질하신다. 주님께서는 그 사랑하는 자녀들을 잘되게 하기 위해 반드시 징계하신다.

앞 절에서는 징계를 꾸지람으로 묘사했는데 본 절에서는 징계를 "채찍질"이란 말로 묘사한다. 징계는 채찍질처럼 아프다. 빨리 돌아서면 덜 맞고

늦게 돌아서면 더 맞을 수밖에 없다. 예외가 없다.

히 12:7. 너희가 참음은 징계를 받기 위함이라 하나님이 아들과 같이 너희를 대우하시나니 어찌 아버지가 징계하지 않는 아들이 있으리요(εἰς παιδείαν ὑπομένετε, ὡς υἱοῖς ὑμῖν προσφέρεται ὁ θεός. τίς γὰρ υἱὸς ὃν οὐ παιδεύει πατήρ, It is for discipline that you have to endure. God is treating you as sons; for what son is there whom his father does not discipline?-RSV).

히브리서 저자는 징계를 받을 때에 낙심하지 말고 "참으라"고 말한다(신 8:5; 삼하 7:14; 잠 13:24; 19:18; 23:13). 참아야 하는 이유는 징계를 끝까지 받기 위해서다. 하나님이 우리를 아들과 같이 대우하셔서 징계하시는 것이니 참아야 한다는 것이다. 그리고 저자는 세상에서도 아버지가 징계하지 않는 아들이 있느냐고 질문한다. 아버지가 아들에게 채찍질해서 잘되게 하는 것처럼 하나님께서 아들들을 채찍질하는 것이니 잘 참아야 한다는 것이다.

히 12:8. 징계는 다 받는 것이거늘 너희에게 없으면 사생자요 친아들이 아니니라(εἰ δὲ χωρίς ἐστε παιδείας ἧς μέτοχοι γεγόνασιν πάντες, ἄρα νόθοι καὶ οὐχ υἱοί ἐστε, If you are left without discipline, in which all have participated, then you are illegitimate children and not sons-RSV).

히브리서 저자는 징계는 누구나 다 받는 것이라고 못 박는다(시 73:1; 벧전 5:9). 만약에 징계를 받지 않는 사람이 있다면 그는 "사생자"라고 말한다. "사생자"(νόθοι)란 정상적인 결혼관계에서 낳은 아들이 아니고 비정상적인 남녀 관계에서 출생한 자녀를 지칭한다(노예나 첩의 아들). 아버지는 자기 아들이 아닌 사생자에게는 사생자 취급하고 그냥 방치해 둔다. 잘되든 말든 크게 마음을 쓰지 않고 징계도 하지 않는다. 이런 사실과 연관하여 저자는 징계가 없는 사람은 친 아들이 아니라고 못 박는다. 만약 우리에게 징계가 없다면 우리는 하나님의 참 아들이 아니다. 일종의 버린 자식이다.

세상 사람들은 고난 없이 살기를 기대한다. 또한 세상 사람들은 하나님과 관계된 삶, 즉 하나님의 간섭하심 없이 자기 마음대로 사는 삶 살기를 소원한다. 그러나 그런 사람들은 하나님의 친 아들이 아니다. 즉 그리스도의 피 값이 지불되지 않은 버린 자식이다.

히 12:9. 또 우리 육신의 아버지가 우리를 징계하여도 공경하였거든 하물며 모든 영의 아버지께 더욱 복종하여 살려 하지 않겠느냐(εἶτα τοὺς μὲν τῆς σαρκὸς ἡμῶν πατέρας εἴχομεν παιδευτὰς καὶ ἐνετρεπόμεθα· οὐ πολὺ ((δὲ)) μᾶλλον ὑποταγησόμεθα τῷ πατρὶ τῶν πνευμάτων καὶ ζήσομεν, Besides this, we have had earthly fathers to discipline us and we respected them. Shall we not much more be subject to the Father of spirits and live?-RSV).

저자는 그리스도인인 우리 모두가 하나님의 징계 받는 것이 매우 당연하다고 역설한다. 저자는 "우리 육신의 아버지가 우리를 징계하여도 공경하였거든"이라고 말한다. 친 아들은 자기를 낳아준 육신의 아버지가 자신을 채찍질하고 꾸지람하는 경우 육신의 아버지를 공경한다는 것이다. 그러니 "하물며 모든 영의 아버지께 더욱 복종하여 살려 하지 않겠느냐?"고 반문한다. 여기 "하물며"(οὐ πολὺ μᾶλλον)란 말은 비교의 정도를 강조하는 말로 저자는 그의 서신에서 이 표현을 자주 사용한다(2:2-3; 9:14; 10:29; 12:25). 그리고 "모든 영의 아버지"(τῷ πατρὶ τῶν πνευμάτων)란 말은 '영들의 아버지'란 말로 지상의 아버지와 대조되는 영적인, 하늘의 아버지를 지칭하고 있는 것으로 보아야 한다(Philip Hughes). 존 브라운(John Brown)도 "영들의 아버지"(민 16:22; 27:16; 욥 12:10; 전 12:7; 사 42:5; 57:16; 슥 12:1)란 말을 "우리의 자연적 아버지와 대립되는 영적인 아버지" 즉 "우리의 영적인 영원한 생명의 근원이 되시는 이"를 의미한다고 보았고, 모팻 (Moffatt)도 "이 표현은 실천적 종교의 표현으로서 꽤 쉽게 이해할 수 있는 것이다. 영혼 유전설 또는 영혼 창조설 같은 후대의 사상을 여기에 집어넣으면 의미가 모호해질 수밖에 없다. 이런 개념들은 히브리서 저자의 염두에 없었다"고 말한다. 브루스(Bruce)는 "이 문구에서 어떤 형이상학적 의미를 캐내고자 하는 것은 바른 해석으로 인정할 수 없다"고 주장한다.

그리고 히브리서 저자는 영의 아버지께 "더욱 복종하여 살려 하지 않겠느냐"고 말한다. 저자는 육신의 아버지 이상 영의 아버지께 더욱 복종하여 영육이 구원을 받아야 한다고 강하게 말한다(요 6:57; 롬 14:8; 요일 5:11). 우리는 하나님께 복종하는 길만이 우리의 살 길임을 알아야 한다. 하나님을 등지는 일은 믿지 않는 자들이 생각하는 것처럼 살 길이 아니라 도리어 죽음의 길이 된다. 따라서 우리는 진실로 영의 아버지께 복종해야 한다. 어떤 징계가 임한다고 해도, 어떤 어려움이 닥친다고 해도 우리는 하나님께 복종하여 영육이 구원을 받아야 한다.

히 12:10. **그들은 잠시 자기의 뜻대로 우리를 징계하였거니와 오직 하나님은 우리의 유익을 위하여 그의 거룩하심에 참여하게 하시느니라**(οἱ μὲν γὰρ πρὸς ὀλίγας ἡμέρας κατὰ τὸ δοκοῦν αὐτοῖς ἐπαίδευον, ὁ δὲ ἐπὶ τὸ συμφέρον εἰς τὸ μεταλαβεῖν τῆς ἁγιότητος αὐτοῦ).

저자는 본 절에서도 역시 하나님의 징계에 더욱 복종해야 할 것을 강조한다. 저자는 지상의 육신의 아버지와 하나님 아버지의 징계를 대조하면서 하나님 아버지의 징계를 받을 때 더욱 복종하라고 말한다. 저자는 먼저 "그들(육신의 아버지들)은 잠시 자기 뜻대로 우리를 징계하였거니와"라고 말한다. 육신의 아버지들은 잠시 동안 즉 한시적으로 우리를 징계하고 그것도 우리가 어렸을 때에만 우리를 징계한다. 육신의 아버지는 한시적으로 우리를 징계할 뿐 아니라 자기의 뜻대로 우리를 징계한다. 육신의 아버지들이 아무리 바로 징계한다고 해도 100% 옳은 징계를 하지 못한다. 자기들의 감정에 치우치기도 하고 또 당시 사회의 풍조에 따라 우리를 징계한다. 그래서 그 징계에는 자기의 뜻이 많이 들어갈 수밖에 없다.

저자는 "오직 하나님은 우리의 유익을 위하여 그의 거룩하심에 참여하게 하신다"고 말한다(레 11:44; 19:2; 벧전 1:15-16). 즉 '하나님은 우리의 유익 즉 하나님의 거룩하심에 참여하게 하신다'는 것이다. 우리의 유익은 다름 아니라 하나님의 거룩하심에 참여하는 것이다. 사람들은 자신들의 유익이 자신들의 보기에 좋은 것을 취하는 것이라고 생각하나 하나님 보시기에는 우리의 유익이란 하나님의 거룩하심에 참여하는 것이다. 하나님은 우리의 유익 즉 우리의 거룩을 위해 우리를 징계하신다. 그러하기에 우리는 하나님의 징계 속에서 매일 점점 거룩해져야 한다. 점점 성화되는 것이야말로 우리의 유익이다. 우리는 하루 빨리 죄를 떠나 그리스도에게 더 가까워져야 한다.

히 12:11. 무릇 징계가 당시에는 즐거워 보이지 않고 슬퍼 보이나 후에 그로 말미암아 연단 받은 자들은 의와 평강의 열매를 맺느니라(πᾶσα δὲ παιδεία πρὸς μὲν τὸ παρὸν οὐ δοκεῖ χαρᾶς εἶναι ἀλλὰ λύπης, ὕστερον δὲ καρπὸν εἰρηνικὸν τοῖς δι' αὐτῆς γεγυμνασμένοις ἀποδίδωσιν δικαιο-σύνης, No discipline seems pleasant at the time, but painful. Later on, however, it produces a harvest of righteousness and peace for those who have been trained by it-NIV**).**

히브리서 저자는 성도들이 하나님의 징계(꾸지람, 채찍질)를 달게 받아야 할 또 하나의 이유를 제시한다. 징계를 받는 당시의 고통과 징계를 다 받고난 후의 결과가 전혀 다르다는 것이다. 저자는 "무릇 징계가 당시에는 즐거워 보이지 않고 슬퍼 보인다"고 말한다. 사람은 누구든지 고통을 당하는 순간 그 고통 자체가 즐거워 보이지 않고 슬퍼 보인다는 것이다. 실제로 징계를 당하는 순간은 누구든지 괴롭고 근심스럽다.

그러나 저자는 "후에 그로 말미암아 연단 받은 자들은 의와 평강의 열매를 맺는다"고 말한다(약 3:18). 하나님의 꾸지람, 하나님의 채찍을 하나님의 사랑스러운 훈련으로 알고 받으며 하나님의 채찍을 받으면서 하나님의 뜻을 찾아 자신을 하나님의 뜻에 복종시키는 사람은 의와 평강의 열매를 맺는다는 것이다. "의와 평강의 열매를 맺는다"는 말은 직역하면 "의의 평강한 열매를 산출한다"라고 번역된다(yieldeth the peaceable fruit of righteousness). 이런 번역을 한 성경은 여럿이다(KJV, NKJV, NASB, RSV, NRSV, YLT, DBY). 그러나 개역판, 개역개정판, 현대인의 성경, 신 국제 번역(NIV)은 "의와 평강의 열매를 산출한다"(produces a harvest of righteousness and peace)고 의역한다. 문맥에 의해 후자의 번역을 택하는 것이 옳을 것 같다. 그러나 어느 번역을 택하든지 뜻은 성도가 징계를 하나님의 사랑의 채찍으로 알고 순히 받으면 결국에는 의와 평강의 열매를 맺게 된다는 것이다. "의와 평강의 열매를 맺는다"는 말은 징계를 달게 받는 경우 성도는 하나님과의 의로운 관계, 또 사람과의 의로운 관계를 맺게 되고 또 하나님과의 바른 관계나 또 사람과의 바른 관계가 성립될 때 온전히 평강의 관계가 성립된다는 뜻이다. 하나님과의 바른 관계가 성립되었다고 하면서 화목의 관계가 성립되지 않는다면 그것은 아직 잘못된 관계이고 또 사람과의 바른 관계가 성립되었는데 아직 평화의 관계가 성립되지 않았다면 그것 역시 아직 잘못된 관계이다. 의와 평강의 열매가 동시에 맺혀져야 한다. 누구든지 하나님과의 관계나 혹은 사람과의 관계가 바르게 되었다고 장담하면서도 아직 화목의 관계가 성립되지 않았다면 아직도 하나님의 징계를 덜 받은 것이다. 이렇게 두 가지 열매가 맺히는 것이 바로 "하나님의 거룩하심에 참여하는 것"(10절)이다. 하나님의 거룩하심이라는 것이 따로 있는 것이 아니라 하나님과의 바른 관계, 사람과의 바른 관계, 그리고 그 관계들이 온전히 평안의 관계가 되는 것이 바로 하나님의 거룩하심에 참여하는 것이다. 우리는 하나님의 징계를 바로 받아 의와 평안의 열매를 맺어야 한다(약 3:18 주해 참조).

히 12:12. **그러므로 피곤한 손과 연약한 무릎을 일으켜 세우고**(Διὸ τὰς παρειμένας χεῖρας καὶ τὰ παραλελυμένα γόνατα ἀνορθώσατε, Wherefore lift up the hands which hang down, and the feeble knees-KJV).

저자는 "그러므로" 즉 '하나님의 징계를 잘 받은 자들은 의와 평강의 열매를 맺기 때문에'(앞 절) "피곤한 손과 연약한 무릎을 일으켜 세우라"고 권한다(욥 4:3-4; 사 35:3). 저자는 사 35:3("너희는 약한 손을 강하게 하며 떨리는 무릎을 굳게 하며")에서 본 절을 끌어낸다. 저자는 누구든지 하나님의 징계를 하나님의 사랑의 훈련으로 알고 순복하면 하나님과의 관계와 인간과의 관계가 의롭게 되고 또 화평하게 되는 고로 하나님의 징계를 받으면서 낙심하지 말고(5절) "피곤한 손과 연약한 무릎을 일으켜 세우라"고 말한다. "피곤한 손과 연약한 무릎을 일으켜 세우라"는 말은 '낙심하여 늘어진 손과 공포에 질려 연약해진 무릎을 일으켜 세우라'는 뜻이다. 여기 "일으켜 세우라"(ἀνορθώσατε)는 말은 부정(단순)과거 명령형으로 '철저히 일으켜 세우라,' '참으로 일으켜 세우라'105)는 뜻으로 저자는 하나님의 징계를 받으면서 낙심해진 성도들의 마음을 추스르라고 이런 표현을 쓴 것이다. 사실 마음이 문제이지 손과 무릎이 문제는 아니다. 예수님은 성도들에게 "항상 기도하고 낙망하지 말라"고 권면하신다(눅 18:1). 우리가 항상 기도하면 어떤 징계가 와도 낙심하지 않게 되고 징계를 끝까지 잘 견디게 된다.

히 12:13. 너희 발을 위하여 곧은 길을 만들어 저는 다리로 하여금 어그러지지 않고 고침을 받게 하라(καὶ τροχιὰς ὀρθὰς ποιεῖτε τοῖς ποσὶν ὑμῶν, ἵνα μὴ τὸ χωλὸν ἐκτραπῇ, ἰαθῇ δὲ μᾶλλον, And make straight paths for your feet, lest that which is lame be turned out of the way; but let it rather be healed).

저자는 잠 4:26("네 발이 행할 길을 평탄하게 하며 네 모든 길을 든든히 하라")에서 이끌어내어 본 절에 기록한다. 저자는 "너희 발을 위하여 곧은 길을 만들라"고 말한다(잠 4:26-27). "너희 발을 위하여 곧은 길을 만들라"는

---

105) NIV와 NASB는 "강하게 하라"(strengthen)는 뜻으로 번역하고 있다.

말은 '너희들의 발이 뛰어야 할 경주 코스를 곧게, 평평하게 만들라'는 것이다. 경주 장의 달리는 코스가 평평하지 않으면 넘어질 수도 있는 고로 먼저 잘 살펴야 한다. 경주자들은 한 사람이 아니라 여러 사람이니("너희 발") 경주자들은 모두 협력해서 곧은길을 만들라는 것이다.

저자는 경주자들은 곧은길을 만들어 "저는 다리로 하여금 어그러지지 않고 고침을 받게 하라"고 권면한다(갈 6:1). 경주자들은 한 사람도 탈락하지 않도록 곧은길을 만들어 장애인의 다리도 어그러지지 않고 고침을 받게 해야 한다. 어그러지지 않게 하라는 말은 믿음이 흔들리지 않게 하라는 뜻이다. 교인들 중에는 이미 믿음의 장애인이 된 교인들이 있었는데 그들도 끝까지 흔들리지 않고 잘 달려서 결국은 장애가 고쳐지게 해야 한다는 것이다. 하나님의 징계를 받아 너무 낙심하여 믿음의 장애인이 된 사람도 다른 협력자들의 도움을 받아 곧은 길, 신앙의 길을 잘 걷도록 해서 결국은 고침을 받아 정상적인 신앙인이 되게 해야 한다. 신앙생활에 있어 협력은 아주 필요하다(3:13; 4:1, 11; 6:11). 믿음이 온전하지 못한 장애인도 끝까지 잘 달릴 수 있도록 보살펴 주어야 한다.

G. 화평함과 거룩함을 좇으라 12:14-17

저자는 앞(4-13절)에서 징계를 받는 중에 의와 평강의 열매를 맺으라고 권고하고 또 피차 협력해서 끝까지 믿음의 길을 잘 달리라고 권고한 다음, 이 부분(14-17절)에서는 성도 사이에 화평함과 거룩함을 좇으라고 권한다. 먼저 저자는 화평함과 거룩함을 좇으라고 말하고(14a), 거룩함이 없이는 아무도 주님을 볼 수 없다고 말한다(14b). 특별히 교인들 중에 거룩하지 못한 네 종류의 사람(은혜를 못 받는 사람들, 쓴 뿌리, 음행하는 자, 망령된 자)이 없도록 하라고 부탁한다(15-17절).

히 12:14. 모든 사람과 더불어 화평함과 거룩함을 따르라 이것이 없이는 아무도 주를 보지 못하리라(Εἰρήνην διώκετε μετὰ πάντων καὶ τὸν ἁγιασμόν, οὗ χωρὶς οὐδεὶς ὄψεται τὸν κύριον, Make every effort to live in peace with all men and to be holy; without holiness no one will see the Lord-NIV).

저자는 "모든 사람과 더불어 화평함과 거룩함을 따르라"고 말한다(시 34:14; 롬 12:18; 14:9; 딤후 2:22). "모든 사람과 더불어 화평함을 따르라"는 말은 '모든 사람들과 더불어 화평함을 추구하라'는 말이다. "따르라"(διώ-κετε)는 말은 사냥개가 사냥물을 좇듯 '맹렬히 따르라,' '맹렬히 추구하라'는 뜻이다. 성도들은 같은 교인들뿐 아니라 세상 모든 사람과 더불어 화목하기를 추구해야 한다. 혹자는 여기 "모든 사람과 더불어"라는 말을 '교인들과 더불어'라는 뜻으로만 해석한다. 그러나 세상의 불신자들과도 화평 하라는 말씀으로 보아야 한다(Westcott, Morris, Bruce, Hewitt, Kistemaker). 왜냐하면 예수님께서 마 5:44-45에서 "너희 원수를 사랑하며 너희를 핍박하는 자를 위하여 기도하라. 이같이 한즉 하늘에 계신 너희 아버지의 아들이 될 것이라"고 하셨기 때문이다. 그리고 바울 사도도 롬 12:18에서 "할 수 있거든 너희로서는 모든 사람과 더불어 화목 하라"고 했기 때문이다(롬 14:19; 벧전 3:11). 구약의 다윗도 "악을 버리고 선을 행하며 화평을 찾아 따를지어다"라고 말한다(시 34:14). 우리는 다른 이들과 더불어 다툼이 일어날 때 차라리 내 자신이 손해를 본다는 심정으로 살면 누구와 더불어 다툴 일이 없어진다. 우리는 끝까지 화평을 힘써야 한다.

그러나 우리는 거룩함을 훼손하면서까지 화평을 좇을 수는 없다. 그래서 저자는 "거룩함을 따르라"고 권고한다. 우리는 불의와 타협하면서 화목할 수는 없다. 거룩함을 좇아야 한다. 거룩함을 좇되 철저히 좇아야 한다. 예수님은 마음이 청결한 자가 하나님을 볼 수 있다고 말씀하신다(마 5:8). 거룩하지 않은 사람은 하나님의 진노를 받게 되니 맹렬히 좇아야 한다(10:29). 성도의 거룩함이란 그리스도와 연합될 때, 중생할 때 시작된 것이다. 예수님은 우리를 거룩하게 하시는 분이시다(2:11). 그 거룩함은 평생 계속되어야 한다 (progressive sanctification). 그런고로 성도는 끊임없이 거룩함을 추구해야 한다. 끊임없이 죄를 자복하고 성령의 충만을 구해서 거룩하기를 힘써 무엇보다도 그 거룩함을 소유해야 한다.

저자는 결론으로 "이것이 없이는 아무도 주를 보지 못하리라"(οὗ χωρὶς οὐδεὶς ὄψεται τὸν κύριον)고 말한다(마 5:8; 고후 7:1; 엡 5:5). 여기 "이것" 이 무엇을 지칭하느냐를 두고 두 견해가 있다. 1) 화평함과 거룩함이라는 견해. 대부분의 주석가들은 이 견해에 동조한다. 2) "이것"이란 바로 앞에 나온 단어 "거룩함"이라고 번역한 성경들이 있다. 신국제번역(NIV)은 "거룩함"이라고 번역했고(without holiness no one will see the Lord), 많은 번역들(ASV, NASB, RSV, NRSV, WEB, 표준새번역, 공동번역, 현대인의 성경)이 "이것"이란 말을 "거룩함"이라고 번역했다. 두 번째 견해가 옳다. 이유는 만약 첫째 견해를 따른다면 모순이 생긴다. 이유는 성경이 그런 견해를 지지해주지 않기 때문이다. 우리가 불신자들과 화목해야 하지만 그들과 화목하지 않았다고 해서 주님을 못 볼 이유는 없다. 거룩함을 유지하는 성도는 주님을 볼 수 있을 것이다.

여기 "아무도 보지 못할 것이다"(οὐδεὶς ὄψεται)는 말은 미래시제로 '앞으로 아무도 보지 못하리라'는 뜻으로 예수님 재림하실 때 주님을 보지 못하리라는 뜻이다. 거룩하지 않은 사람들마다 천국에 들어가지 못하리라고 성경은 말씀한다(계 21:8; 22:15). 그러나 여기 미래시제는 반드시 미래에만 관련되는 말은 아닐 것이다. 현재에도 거룩하지 않으면 아무도 영안으로 주님을 볼 수 없는 것은 사실이다(마 5:8; 시 24:4-5 참조). 우리는 지금도 거룩함에 힘을 써 영안으로 주님을 보며 살아야 할 것이다.

히 12:15. 너희는 하나님의 은혜에 이르지 못하는 자가 없도록 하고 또 쓴 뿌리가 나서 괴롭게 하여 많은 사람이 이로 말미암아 더럽게 되지 않게 하며(ἐπισκοποῦντες μή τις ὑστερῶν ἀπὸ τῆς χάριτος τοῦ θεοῦ, μή τις ῥίζα πικρίας ἄνω φύουσα ἐνοχλῇ καὶ δι᾽ αὐτῆς μιανθῶσιν πολλοί).

본 절부터 17절까지 저자는 거룩하지 못한 네 종류의 사람을 열거하면서 그런 사람들이 없게 하라고 권한다. 문법적으로는 "…자가 없도록 하라"(μή τις)는 말이 세 번 반복되지만 내용으로는 네 종류의 사람이 나타나지 않게 하라고 권하고 있다.

저자는 먼저 "너희는 하나님의 은혜에 이르지 못하는 자가 없도록 하라"고 권한다(고후 6:1; 갈 5:4). 즉 '너희는 하나님의 구원의 은혜를 받지 못하는 자가 없도록 각별히 조심하라'는 말씀이다(3:12; 4:1, 11). 하나님의 구원의 은혜를 소홀히 하고 불신앙하여 구원받지 못하는 자가 없게 하라는 것이다. 혹자는 "하나님의 은혜에 이르지 못하는 자"라는 말씀을 해석할 때 일단 구원은 받았으나 '은혜가 결핍된 상태,' '은혜가 부족한 것'을 지칭하는 것이라 하고 '구원받은 것을 감사할 줄 모르고 다른 사람을 용서하고 관용할 줄 모르며 선을 행하는데 무관심하다면 그는 하나님의 은혜가 결핍된 상태로 사는 것이다'라고 말한다. 그러나 "하나님의 은혜에 이르지 못하는 자"는 문맥을 살필 때 구원의 은혜에 이르지 못하는 자를 지칭하는 것으로 보아야 한다(Morris, Bruce, Kistemaker). 성도들은 피차 후퇴하는 사람들이 없도록 서로 감독해야 한다(6:4-8; 10:26-31). 성도들은 상대방에 대해 무관심해서는 안 된다. 다른 사람들에 대해 무관심한 것이 현대인이 가지고 있는 질병이라고 할 수 있다. 우리는 이 질병에서 벗어나야 한다.

저자는 둘째로 "또 쓴 뿌리가 나서 괴롭게 하여 많은 사람이 이로 말미암아 더럽게 되지 않게 하라"고 권한다(3:12; 신 29:18). 여기 "쓴 뿌리"(ῥίζα πικρίας)는 신 29:18(70인 역)에서는 '우상숭배'를 지칭하지만 본서에서 저자는 '불 신앙자' 혹은 '배교자'를 지칭하는 것으로 보인다. 이런 사람이 한 사람만 나와도 다른 사람들이 "괴롭힘을 당하게" 마련이고 "많은 사람들이 더러움을 입게" 된다. 그런 한 사람이 한 사람만 생겨도 많은 사람들이 거룩함을 잃게 된다. 쓴 뿌리는 빨리 퍼지는 것이 특징이다. 우리는 이런 배교자, 불신자가 생기면 빨리 처리해야 한다.

히 12:16. 음행하는 자와 혹 한 그릇 음식을 위하여 장자의 명분을 판 에서와
같이 망령된 자가 없도록 살피라(μή τις πόρνος ἢ βέβηλος ὡς Ἡσαῦ,
ὃς ἀντὶ βρώσεως μιᾶς ἀπέδετο τὰ πρωτοτόκια ἑαυτοῦ).

저자는 셋째로, 수신자들의 공동체 안에 "음행하는 자"가 없도록 하라고
말한다(엡 5:3; 골 3:5; 살전 4:3). "음행하는 자"[106]라는 말은 '부부 이외
다른 사람과 성관계를 가지는 자'를 지칭하는 것으로 성적으로 아주 더러운
자를 뜻한다. 저자는 13:4에서 공동체 안에서 음행하는 자가 없게 하라고
말하고 있다. 즉 "모든 사람은 결혼을 귀히 여기고 침소를 더럽히지 않게
하라 음행하는 자들과 간음하는 자들을 하나님이 심판하시리라"고 말한다.

저자는 넷째로, 수신자들의 공동체 안에 "혹 한 그릇 음식을 위하여
장자의 명분을 판 에서와 같이 망령된 자가 없도록 살피라"고 권한다(창
25:33). 다시 말해 '한 그릇의 죽을 먹기 위하여 장자의 명분, 즉 장자가
가지는 복(하늘의 참 복)을 동생 야곱에게 팔아버리는 망령된 자가 없게
하라'는 것이다. 창 25:34은 "야곱이 떡과 죽을 에서에게 주매 에서가 먹으며
마시고 일어나 갔으니 에서가 장자의 명분을 가볍게 여김이었더라"고 증언
한다. 오늘도 세상 것을 위하여 하나님의 복을 쉽게 넘겨주는 사람들이
있다. 피곤하다고 교회에 출석하지 않는 사람들, 다른 것을 하느라 성경을
읽지 않고 기도하지 않는 사람들, 자기가 쓰겠다고 십일조를 도둑질하는
사람들이 있다. 이런 사람들은 망령된 사람들이다. 그러므로 우리들의 공동
체에는 그런 사람들이 없도록 감독해야 할 것이다.

그런데 혹자는 여기 "음행하는 자"(πόρνος)를 은유적으로 해석하여 하
나님과의 계약을 파기하는 자로 보고 "망령된 자"와 동일한 의미로 보아
"음행하는 자"와 "망령된 자"를 에서에게 동시에 해당하는 것으로 본다.
그러나 "음행하는 자"와 "망령된 자"를 서로 다른 부류의 사람으로 보아야

---

106) "음행": 정조를 깨뜨리는 행위. 실제상의 성교(性交, 호 1:2; 4:10)외의 부정행위, 때로는
종교적 불성실을 지칭하기도 한다(겔 23:29; 호 2:2). 이스라엘에서는 음행은 벌거벗겨 돌로
쳐 죽이는 죄였다(신 21:21; 22:21; 겔 16:38-40; 요 8:3-11). 모든 불법적인 성교의 매음, 음란,
부정 등을 뜻한다.

한다. 그 이유는 1) "음행하는 자"와 "망령된 자"(πόρνος ἢ βέβηλος) 사이에
는 "혹은"(ἢ)이란 접속사가 있어 앞 단어와 뒤 단어를 분리하고 있기 때문이
고(Ellicott, Bruce, Westcott, Morris, Kistemaker), 2) 성경에는 에서를 음행
하는 자로 정죄하지 않고 있기 때문이다. 비록 그가 40세가 되어 헷 족속
브에리의 딸 유딧과 헷 족속 엘론의 딸 바스맛을 아내로 취했고(창 26:34)
또 이 두 여인이 아버지 이삭을 기쁘게 하지 못하는 것을 보고 아브라함의
아들 이스마엘의 딸 마할랏을 아내로 취하여 살았지만(창 28:6-9) 성경은
에서를 정죄하지 않는다. 다시 말해 성경은 에서를 음행하는 자로 말하지
않는다. 오늘 우리 공동체에 또한 음행하는 자와 하나님의 복을 가볍게
취급하는 망령된 자가 없도록 잘 보살펴야 할 것이다.

**히 12:17. 너희가 아는 바와 같이 그가 그 후에 축복을 이어받으려고 눈물을
흘리며 구하되 버린 바가 되어 회개할 기회를 얻지 못하였느니라**(ἴστε γὰρ
ὅτι καὶ μετέπειτα θέλων κληρονομῆσαι τὴν εὐλογίαν ἀπεδοκιμάσθη,
μετανοίας γὰρ τόπον οὐχ εὗρεν καίπερ μετὰ δακρύων ἐκζητήσας
αὐτήν, For ye know how that afterward, when he would have inherited
the blessing, he was rejected: for he found no place of repentance, though
he sought it carefully with tears-KJV).

   본 절 초두에는 이유를 말하는 접속사(γὰρ)가 있어 본 절은 앞에 말한바
에서와 같이 망령된 자가 공동체에 없게 하라는 이유를 제공하고 있다.
왜냐하면 망령된 자는 하나님으로부터 버림을 당하여 복을 얻을 수가 없기
때문이다.

   저자는 "너희가 아는 바와 같다"고 말한다. 다시 말해 히브리서 수신자들
이 에서가 장자의 명분을 팔아 버린 "후에 축복을 이어받으려고 눈물을
흘리며 구하되 (하나님으로부터) 버린 바가 되어 회개할 기회를 얻지 못했
다"는 사실을 알고 있다고 말한다(6:6; 창 27:34, 36, 38). 하나님의 복을
소홀히 하고 가볍게 취급한 후에 축복을 받으려고 눈물을 흘리며 복을 구했

지만 하나님으로부터 버림을 받았기에 회개할 기회까지 얻지 못했다는 사실을 알고 있으니 수신자들은 하나님의 복을 소홀히 취급해서는 안 될 것이라고 경고한다. 히브리서 수신자들은 에서의 행동 이후 몇 세기가 지났지만 에서가 망령되게 행하여 하나님으로부터 버림을 당하여 회개할 수 없는 사람이 되었다(창 27:30-40)는 사실을 알고 있었다. 그들은 이 사건만 알고 있었던 것이 아니라 이스라엘의 조상들이 광야에서 하나님을 거역하여 죽은 사실도 알고 있었고(3:16-19), 또 구약의 사울 왕이나 신약의 가룟 유다, 그리고 세상을 사랑하여 세상으로 나아간 데마 같은 사람이 하나님의 은혜를 맛본 다음 불신앙을 고집하여 영원히 하나님의 은혜에서 떨어진 사건을 알고 있었다는 것이다(6:4-6). 수신자들은 그 누구든지 불신앙을 고집해서는 안 된다. 오늘 우리도 성경을 통하여 불신앙의 위험을 알고 있다. 아무도 불신앙으로 떨어져서는 안 될 것이다(3:12).

저자는 장자의 명분을 판 에서가 "후에 축복을 이어받으려고 눈물을 흘리며 구하되 버린 바가 되어 회개할 기회를 얻지 못하였다"고 말한다. 에서가 장자의 명분을 야곱에게 판 후에 축복을 기업으로 받으려고 눈물을 흘리며 구할 때는 몇 년이 지나서였다. 그의 아버지 이삭은 에서에게도 복을 주려고 했지만 할 수 없었다(창 27:30-40). 에서는 하나님께서 자기를 버린 줄 알았으나 그의 마음은 이미 너무 강퍅해져 돌이킬 수가 없었다. 회개할 기회는 지나가버리고 말았다. 창세기 저자 모세는 에서가 회개했다는 말씀을 쓰지 않았다. 에서에 대해서는 그가 다만 야곱을 향해 분노했음을 기록한다. 그런고로 에서는 회개는 할 수 없었고 다만 눈물을 흘리며 복을 구할 뿐이었다고 기록한다. 결국 그는 회개하지 못하여 복을 놓치고 말았다. 본문의 "버린 바가 되었다"($\dot{\alpha}\pi\epsilon\delta o\kappa\iota\mu\acute{\alpha}\sigma\theta\eta$)는 말은 부정(단순)과거 수동태로 '시험에 통과하지 못하고 버림을 당했다(was rejected upon trial)'는 뜻으로 에서가 하나님으로부터 버림을 당했다는 뜻이다. 하나님은 사람을 버리실 때 시험하신 후에 버리신다. 에서는 하나님의 시험 후에 여지없이 버림을 당하고 말았다. 그러기에 그는 "회개할 기회를 얻지 못했다." 사람이 일단 하나님으로부터 버림을 당하면 그 마음이 강퍅해져서 회개할 수 없게 된다. 불신앙은 일찍이 치료해야 한다. 일찍이 치료하지 않으면 하나님으로부터 버림을 당하여 도무지 회개할 수 없는 경지에 이른다.

H. 땅 위의 시내산과 하늘의 시온 산 12:18-24

저자는 앞(14-17절)에서 공동체 안에 거룩함을 좇지 않는 사람들이 있는가 살피라고 말한 다음 이 부분(18-24절)에서는 공동체가 땅위의 시내 산에 도착한 것이 아니라 하늘의 영광스러운 시온 산에 이르렀다는 것을 말하여 그의 계속적인 권면(25-29절)의 배경으로 삼는다. 저자는 이처럼 구약과 신약을 대조하면서 신약의 탁월성을 이미 말했기에(1:1-10:18) 이 실천 편(18-24절)에서도 시내 산과 시온 산을 대조하면서 신약의 성도들이 더욱 믿음으로 매진할 것을 권한다. 바울 사도의 다른 서신들에서도 본론과 실천 편의 내용은 밀접히 연결되어 있다. 본론에서 말한 것을 가지고 실천 편에서 성도들에게 권면한 것을 볼 수 있다(로마서, 갈라디아서 등).

히 12:18-19a. 너희는 만질 수 있고 불이 붙는 산과 침침함과 흑암과 폭풍과 나팔소리와 말하는 소리가 있는 곳에 이른 것이 아니라(Οὐ γὰρ προσεληλύθατε ψηλαφωμένῳ καὶ κεκαυμένῳ πυρὶ καὶ γνόφῳ καὶ ζόφῳ καὶ θυέλλῃ καὶ σάλπιγγος ἤχῳ καὶ φωνῇ ῥημάτων, For ye are not come unto the mount that might be touched, and that burned with fire, nor unto blackness, and darkness, and tempest-KJV).

저자는 18-19절 상반 절에서 수신자들의 공동체가 무서운 시내 산에 도착한 것이 아니라는 것을 말한다. 저자는 "너희" 즉 '수신자 공동체'가 "만질 수 있고 불이 붙는 산과 침침함과 흑암과 폭풍과 나팔소리와 말하는 소리가 있는 곳에 이른 것이 아니라"고 말한다(출 19:12, 16-19; 20:18-21; 신 4:11; 5:22; 롬 6:14; 8:15; 딤후 1:7). "만질 수 있다"는 말은 우리의 손으로 만질 수 있는, 현실의 시내 산이라는 것을 뜻한다. 이 산은 사람이

만질 수 없는 하늘의 시온산과 다르다는 것을 뜻한다. "불이 붙는 산"이란
말은 모세가 시내 산에 올라갔을 때 시내 산에 불이 붙어 있었음을 말한다.
이 표현 중에 "산"이란 말은 어떤 사본에는 있으나 어떤 사본에는 없기
때문에 한글 개역판과 개역개정판에는 작은 글씨로 쓰여 있다("산"이란
말이 없는 사본들이 더 권위 있는 사본들이다). 그러나 내용으로 보아 시내
산을 가리키고 있음은 사실이다(신 4:11; 5:22-23, Morris, Lane, Bruce,
Hewitt, Kistemaker).

　　"침침함과 흑암과 폭풍"은 불붙는 산의 형편을 묘사하는 낱말들로서
"침침함과 흑암"이란 아주 깜깜한 흑암을 말하는 것이 아니라 어둠침침한
것을 가리키는 낱말들이다. 그리고 "폭풍"은 우리 번역 그대로 갑자기 일어
나는 바람을 뜻한다. 이런 현상들은 하나님의 임재를 현시하는 말들이다.

　　다음 "나팔소리와 말하는 소리"(the sound of a trumpet, and the voice
of words)는 불붙은 시내 산에서 들려오는 두 가지 소리들을 지칭한다(신
4:11-12; 5:22-27). "나팔소리"는 단순한 소리를 뜻하며 하나님께서 현재
임하여 계심을 나타내 주는 소리이다(출 19:16; 20:18). "말하는 소리"는
하나님께서 말씀하시는 소리로서 십계명을 말씀하시는 소리였는데 곧 언약
을 말씀하는 소리였다(신 4:13). 위에 말한 일곱 가지 현상 중에 그 무엇보다
말하는 소리가 가장 중요한 것으로 하나님은 이 소리를 듣게 하기 위해
앞선 여섯 가지 현상을 보여주셨다. 저자는 수신자 공동체가 이른 곳은
위와 같이 무서운 광경이 연출되는 시내 산에 이른 것이 아니라고 말한다.

히 12:19b. 그 소리를 듣는 자들은 더 말씀하지 아니하시기를 구하였으니
(καὶ σάλπιγγος ἤχῳ καὶ φωνῇ ῥημάτων, ἧς οἱ ἀκούσαντες παρῃτήσαντο
μὴ προστεθῆναι αὐτοῖς λόγον).

　　앞(19절)에서 묘사된 "소리" 즉 '하나님의 소리'를 "듣는 자들은 더
말씀하지 아니하시기를 구하였다"(출 20:19; 신 5:5, 25-26; 18:16). 구약의
성도들은 시내 산의 무서운 광경과 또 하나님의 소리를 직접 듣기를 감당하

지 못하여 하나님께서 더 말씀하지 아니하시기를 간구했다. 사실은 그들이 직접 그 말씀을 듣고 회개하여 하나님을 더 잘 섬길 수 있었는데 그들은 하나님의 음성을 감당할 수 없었다. 그래서 하나님은 모세를 통해서만 말씀 하시기로 하셨다(출 19:16-19; 20:18-21; 신 5:27-28). 오늘의 신약 시대 성도들 역시 하나님의 음성을 직접 들을 수 없어 예수님께서 육신을 입고 이 땅에 오셔서 말씀하셨다. 우리는 그리스도의 말씀을 아주 귀 기울여 들어야 한다.

히 12:20. 이는 짐승이라도 산에 들어가면 돌로 침을 당하리라 하신 명령을 그들이 견디지 못함이라(οὐκ ἔφερον γὰρ τὸ διαστελλόμενον, Κἂν θηρίον θίγῃ τοῦ ὄρους, λιθοβοληθήσεται, For they could not endure that which was commanded, And if so much as a beast touch the mountain, it shall be stoned, or thrust through with a dart-KJV).

저자는 본 절과 다음 절에서 시내 산의 무서운 광경을 계속해서 묘사하고 있다. 저자는 본 절에서 "이는 짐승이라도 산에 들어가면 돌로 침을 당하리라 하신 명령을 그들이 견디지 못했다"고 말한다(출 19:13). 사람은 물론이거니 와 짐승까지도 산에 들어가면 돌로 침을 당하리라고 하셨다. 그런 명령을 사람들은 견딜 수 없었다. 어느 누구도 하나님의 거룩을 범할 수는 없었다. 아무도 하나님의 거룩함이 나타난 시내 산에 접근할 수 없었다(출 19:12-13). 만약에 짐승이 접근해도 돌로 쳐 죽여야 했다. 본 절의 요점은 하나님의 거룩함이다. 하나님은 그의 백성들로 하여금 그의 거룩하심을 범하지 못하게 하셨다. 하나님의 거룩함이란 하나님의 구별되심을 말한다. 하나님께서는 사람들이나 피조물과는 완전히 구별 되신다는 뜻이다.

히 12:21. 그 보이는 바가 이렇듯 무섭기로 모세도 이르되 내가 심히 두렵고 떨린다 하였느니라(καί, οὕτω φοβερὸν ἦν τὸ φανταζόμενον, Μωϋσῆς εἶπεν, Ἔκφοβός εἰμι καὶ ἔντρομος, And so terrible was the sight, [that]

344 히브리서 주해

Moses said, I exceedingly fear and quake-KJV).

저자는 시내 산의 광경(18-19절)이 심히 무서웠기 때문에 "모세도 이르되 내가 심히 두렵고 떨린다고 한 것"을 여기 기록했다(출 19:16). 그러나 실제로 구약 성경(출 19:16과 신 4:-5:)에 모세가 두렵고 떨린다고 말한 기록은 없다. 아마도 히브리서 저자는 1) 구전(口傳)에 의해서 이 사실을 기록했을 것으로 보인다. 행 7:32 참조. 키스테메이커(Kistemaker)는 바울이 얀네와 얌브레를 언급할 때(딤후 3:8) 전통(傳統)을 이용한 것처럼 저자도 전통을 이용해서 여기 기록했을 것이라고 말한다.107) 바울은 이단자들이 그리스도를 대적하는 데 있어서 애굽의 술객 얀네와 얌브레와 같다고 말했는데 얀네와 얌브레의 이름은 구약 성경에는 없으나 바울 사도가 유대인의 전통에서 이 두 사람의 이름을 발췌한 것이다. 이 두 사람은 모세를 대적한 사람들이다(출 7:11). 모세가 애굽 왕 바로에게 이스라엘을 보내라고 말했을 때 이 두 사람은 모세가 행하는 이적과 똑 같은 이적을 행하면서 모세를 대적했다(출 7:11, 22; 8:7, 18-19). 2) 성령으로 이 사실을 깨달아서 여기 기록했을 수도 있다. 신 9:19 참조. 그러나 구전에 의해서 기록했든지 아니면 성령으로 깨달아서 기록했든지 저자의 기록은 하나님의 말씀이다.

히 12:22. 그러나 너희가 이른 곳은 시온 산과 살아 계신 하나님의 도성인 하늘의 예루살렘과 천만 천사와(ἀλλὰ προσεληλύθατε Σιὼν ὄρει καὶ πόλει θεοῦ ζῶντος, Ἰερουσαλὴμ ἐπουρανίῳ, καὶ μυριάσιν ἀγγέλων, παν-ηγύρει, But you have come to Mount Zion and to the city of the living God, the heavenly Jerusalem, and to innumerable angels in festal gathering-RSV).

저자는 본 절부터 24절까지 수신자들이 이른 곳, 즉 예배를 통하여 이른 곳에 대해 언급한다. 저자는 "그러나 너희가 이른 곳은 시온 산과 살아

---

107) Simon Kistemaker, p. 309.

계신 하나님의 도성인 하늘의 예루살렘과 천만 천사"라고 말한다(갈 4:26; 빌 3:20; 계 3:12; 21:2, 10). 여기 "그러나"란 말은 19절의 말씀 "...아니라"에 연결된다. 다시 말해 구약 성도들은 무시무시한 시내 산에 이르렀으나 "그러나" 신약의 성도들은 대조적으로 "시온 산과 살아 계신 하나님의 도성인 하늘의 예루살렘과 천만 천사"에 이르렀다고 말한다. "너희가 이른 곳은"이란 말은 '너희가 예배를 통해 이른 곳'을 뜻한다. "이르렀다"(προ-σεληλύθατε)는 말은 2인칭 복수 현재완료 시제로 '나아갔다,' '접근했다,' '영적으로 나아갔다'는 뜻으로 수신자들이 예배를 통해 하나님께 나아간 것을 지칭한다(4:16; 7:25; 10:22; 11:6). 수신자들은 예배를 통하여 하나님께 나아갔을 뿐만 아니라 하늘의 시온 산에 나아갔고 살아계신 하나님의 도성인 하늘의 예루살렘과 천만천사에게로 나아갔다. "시온 산"이나 "하나님의 도성"이나 또 "하늘의 예루살렘"이란 말은 동의어로 하나님께서 계신 처소를 지칭한다(시 3:4; 15:1; 48:2; 50:2). 이는 땅위의 시내 산과 대조되는 말이다. 땅위의 시내 산은 "침침함과 흑암과 폭풍"의 장소였으나(18절) 하늘의 시온 산(하나님의 도성, 하늘의 예루살렘)은 생명과 기쁨의 장소이다. "살아 계신 하나님의 도성인 하늘의 예루살렘"이란 말은 하늘의 시온 산을 달리 표현한 말이다. 이는 지상의 시온산과 대조를 이루는 곳으로 "터가 있는 성"(11:10), "하늘에 있는 성"(11:16), "장차 올 도성"(13:14)과 같은 장소를 이름이다. 바울은 이곳을 "위에 있는 예루살렘"으로 표현했고(갈 4:26), 요한 사도는 이를 "새 예루살렘"이라 표현한다. 하늘의 예루살렘은 해나 달이 필요 없는 곳이다. 이유는 "그 성은 해나 달의 비침이 쓸 데 없으니 이는 하나님의 영광이 비치고 어린 양이 그 등불이 되심이라"고 했기 때문이다(계 21:23).

그리고 "천만 천사"란 말은 '무수하게 많은 천사'를 이름인데(신 33:2; 시 68:17; 단 7:10; 유 1:14), 예수님도 천사가 아주 많다고 하셨다(마 18:10). 무수한 천사들은 하나님을 찬양하며 섬기고 있다(단 7:10). 헬라어 본문에 보면 "천만천사"란 말 다음에 "즐거운 집회"라는 뜻의 헬라어(πανηγύρει)

가 나오는데 비록 "천만 천사"란 말과 "즐거운 집회(혹은 총회)"란 말 중간에
구두점(comma)이 있다고 해서 "즐거운 집회"(총회)라는 말을 23절과 관련
지을 것이 아니라 본 절과 관련시키는 것이 더 바람직하다(Morris, Bruce,
Kistemaker). 그 뜻은 즐거운 집회 중에 있는 천만 천사란 뜻이다. 그리스도
의 구속을 받은 성도들은 즐거운 집회 중에 있는 천만 천사에게 나아간다는
뜻이다. 그들은 결코 무서운 땅 위의 시내 산으로 나아가지 않고, 하늘의
시온 산에서 기쁨으로 모임을 가지고 있는 천사들의 무리에게로 나아간다는
것이다. 요한계시록 5:11-12은 "많은 천사의 음성이 있으니 그 수가 만만이
요 천천이라 큰 음성으로 이르되 죽임을 당하신 어린 양은 능력과 부와
지혜와 힘과 존귀와 영광과 찬송을 받으시기에 합당하도다"라고 증언한다.
이 천사들이 하는 일은 하늘에서 하나님을 찬양하며 섬기는 일을 하고 또
땅에서 사람이 구원을 받을 때 기뻐하는 일을 하며(눅 15:10), 또 지상에서
구원받은 자를 위해 봉사하기 위해 파송되기도 한다(1:14).

히 12:23. 하늘에 기록된 장자들의 모임과 교회와 만민의 심판자이신 하나님
과 및 온전하게 된 의인의 영들과(καὶ ἐκκλησίᾳ πρωτοτόκων ἀπογε-
γραμμένων ἐν οὐρανοῖς καὶ κριτῇ θεῷ πάντων καὶ πνεύμασι δικαίων
τετελειωμένων, and to the assembly of the first-born who are enrolled
in heaven, and to a judge who is God of all, and to the spirits of just
men made perfect-RSV).

저자는 성도들이 이른 곳은 "하늘에 기록된 장자들의 모임과 교회"라고
말한다(출 4:22; 약 1:18; 계 14:4). 본문의 "하늘에 기록된"(눅 10:20; 빌
4:3; 계 13:8)이란 말은 "장자들의 모임"과 "교회"란 말(두 말은 동의어로
보아야 한다)에 다 관련되어 있다. 다시 말해 장자들의 모임도 하늘에 기록되
어 있고 또 교회도 하늘에 기록되어 있다는 뜻이다(눅 10:20; 빌 4:3; 계
3:5; 13:8; 20:12).

그러면 "장자들의 모임"(교회)이란 무엇을 지칭하는가. 그리스도의 피로

구속받은, 땅에 있는 성도들을 총칭한다(Lane, Hewitt, Bruce, Marshall, Kistemaker). 이들은 땅에서 생활하지만 그 이름은 하늘에 기록되어 있다. 렌스키(Lenski)는 "장자들의 모임은 땅위에 있는 교회를 지칭한다. 이유는 장자들의 회원들이 하늘에 아직 가지는 않았으나 그 이름이 하늘에 기록되어 있기 때문이다"라고 말한다.108) 혹자는 여기 "장자들"이란 말을 "구약의 족장 및 성도들"이라고 정의하나 구약의 족장들은 벌써 천국에 간 자들이니 저자가 "하늘에 기록된"이란 말을 쓸 필요가 없을 것이다. 그리고 혹자는 "천사들"이라고 해석하나 이들도 역시 하늘에 있는 자들이니 "하늘에 기록된"이란 말을 붙일 필요가 없다. 그러므로 본문의 장자들은 분명히 신약의 성도들임에 틀림없다.

저자는 수신자들이 "만민의 심판자이신 하나님"(창 18:25; 시 94:2)에게 이르렀다고 말한다. "만민의 심판자이신 하나님"이란 '모든 사람들을 심판하실 하나님'이란 뜻으로 모든 사람들은 하나님의 심판대 앞에 나아가야 할 것을 시사한다. 하나님은 하늘의 예루살렘의 심판대로 사람들을 불러 심판하실 때 믿지 않는 사람들에 대해서는 정죄하시고(10:26-29) 성도들에 대해서는 의롭다고 판단하신다. 하나님은 성도들을 판단하시되 그의 아들 예수님이 성도들의 죄를 대속했기 때문에 의롭다고 선언하신다(딤후 4:8).

저자는 또 수신자들이 "온전하게 된 의인의 영들"에게 이르렀다고 말한다(11:40; 빌 3:12). "온전하게 된 의인의 영들"이란 '구약 시대와 신약 시대에 예수님을 믿다가 죽은 성도들의 영들'을 총칭한다. 구약 시대의 성도들은 앞으로 오실 예수님을 믿었고 신약 시대의 성도들은 이미 오신 예수님을 믿어 의롭다 하심을 받고 다 같이 온전하게 하심을 얻은 것이다. 본문의 "온전하게 된"(τετελειωμένων)이란 말은 현재완료시제로 이미 과거에 그리스도의 피로 말미암아 온전하게 되어 지금도 온전한 상태에 있음을

---

108) R. C. H. Lenski, *The Interpretation of the Epistle to the Hebrews and the Epistle of James.* p. 457.

말한다. 혹자는 여기 "의인의 영들"은 그리스도 이전에 믿음을 소유했다가
죽은 자들을 지칭한다고 말하고, 또 혹자는 그리스도 이후에 그리스도를
믿다가 죽은 사람들을 지칭한다고 말하나, 그리스도 이전이나 이후를 막론하
고 아무튼 그리스도를 믿다가 죽은 사람들을 지칭하는 것으로 보아야 한다
(Hewitt, Lane, Kistemaker). 이들은 모두 그리스도의 십자가 사역으로 말미
암아 온전하게 된 것이다. 예수님은 우리에게 믿음을 주시는 분이고 또
우리의 믿음을 온전하게 하시는 분이시다(12:2).

**히 12:24. 새 언약의 중보자이신 예수와 및 아벨의 피보다 더 나은 것을
말하는 뿌린 피니라**(καὶ διαθήκης νέας μεσίτῃ Ἰησοῦ καὶ αἵματι
ῥαντισμοῦ κρεῖττον λαλοῦντι παρὰ τὸν Ἄβελ).

저자는 또 수신자들이 "새 언약의 중보자이신 예수와 및 아벨의 피보다
더 나은 것을 말하는 뿌린 피"에게 이르렀다고 말한다. 저자는 예수님을
"새 언약의 중보자"(7:22; 8:6, 8-12; 9:4, 15-17, 20; 10:16, 29 주해 참조)라
고 다시 일깨워 준다. 저자는 그리스도의 고난과 죽음과 부활, 그리고 승천을
말하기 위해 일부러 "예수"라는 이름을 사용한다(Kistemaker). 모세는 구약
의 중보였으나 모세도 죽고 첫 언약도 결국 끝이 났기에 하나님께서 새
언약을 주셨으며(8:8-12; 렘 31:31-34) 예수님을 새 언약의 중보자가 되게
하셨다. 예수님께서는 갈보리 언덕에서 대속의 죽음을 죽으셔서 사람들은
예수님을 바라보게 되었다. 그래서 예수님께서는 새 언약의 중보로서 믿는
자로 하여금 예수님에게 기쁨의 순종을 하게 하시고 또 감사의 순종을 하게
하신다. 예수님은 십자가에서 모든 일을 이루어주셨다. 예수님은 죄 짐을
치워주셨고 양심을 맑게 해 주셨으며 영생을 주셨고 또 그의 백성들을 위해
중재자의 역할을 감당하신다. 수신자들은 바로 이 중재자에게 이르러 그분을
바라보며 살고 있다.

저자는 수신자들이 "아벨의 피보다 더 나은 것을 말하는 뿌린 피"에게
이르렀다고 말한다(10:22; 출 24:8; 벧전 1:2). 저자는 예수님의 피는 "아벨의

피보다 더 나은 것을 말하는 뿌린 피"라고 설명한다. 예수님의 피나 아벨의
피는 죄 없이 흘렀다는 점에서는 동일하다. 그러나 아벨의 피는 복수를
호소하여 하나님은 가인에게 저주를 선언하셨다(11:4; 창 4:10-11). 그러나
그리스도의 피는 죄를 지은 사람들에게 임한 모든 저주로부터 저주를 치워주
셨고 또 하나님과 사람 사이에 화해와 평화를 가져다 주셨다. 그리고 그
피(9:6-22 주해 참조)를 바라보는 성도들에게 은혜를 선사하며 또 모든
이로 하여금 영원한 구속을 받게 하였으며 모든 복을 내리 받도록 만들어
주었다(Bruce, Morris, Lane, Kistemaker). 예수님의 피가 아벨의 피보다
낫다고 표현한 것은 둘을 비교하니 그런 표현을 썼을 뿐, 비교도 할 수
없는 피로써 형언할 길 없이 나은 피라고 표현해야 마땅하다.

저자는 지금까지(18-24절) 수신자들이 시내 산에 이른 것이 아니라 예배
하는 중에 하늘에 이르렀다고 말하고 또 중보자이신 예수님과 그의 골고다
언덕에 이르렀다고 말하여 신약의 성도들이 구약의 성도들보다 훨씬 복된
처지에 이른 것을 일러주고 이 부분의 말씀을 근거하여 저자는 다음(25-29
절)의 권면을 주고 있다.

I. 하늘 진동(복음)을 기억하라 12:25-29

저자가 앞(18-24절)에서 신약의 성도들이 땅위의 시내 산에 이른 것이
아니라 하나님의 도성인 하늘의 예루살렘, 천만천사, 구원받은 사람들의
모임, 만민의 심판자이신 하나님, 온전하게 된 의인의 영들, 새 언약의
중보자이신 예수님, 아벨의 피보다 더 나은 것을 말하는 뿌린 피에 이르렀
다고 말했는데 이제 이를 근거하고 신약의 복음을 거역하지 말 것을 권고한
다. 그리스도의 피의 중보는 절대적이므로 그를 거역할 수 없음을 강하게
권면한다.

히 12:25. 너희는 삼가 말하신 이를 거역하지 말라 땅에서 경고하신 이를
거역한 그들이 피하지 못하였거든 하물며 하늘로부터 경고하신 이를 배반하

는 **우리일까보냐**(Βλέπετε μὴ παραιτήσησθε τὸν λαλοῦντα· εἰ γὰρ ἐ-
κεῖνοι οὐκ ἐξέφυγον ἐπὶ γῆς παραιτησάμενοι τὸν χρηματίζοντα, πολὺ
μᾶλλον ἡμεῖς οἱ τὸν ἀπ' οὐρανῶν ἀποστρεφόμενοι).

저자는 헬라어에서 "너희는 삼가라"(Βλέπετε)는 말을 제일 앞에 두어 문장 전체를 강조한다(3:12 주해 참조). 그리고 저자는 "삼가 말하신 이를 거역하지 말라"고 말한다. 여기 "말하신 자"란 말은 '하나님'을 지칭한다. 그러니까 '삼가 말씀하신 하나님을 거역하지 말라'는 뜻이다. "말하신 자"(τὸν λαλοῦντα)란 말은 본문 안에서 보면 "땅에서 경고하신 분"이시고, 또 "하늘로부터 경고하신 분"이시다.

저자가 "삼가 말하신 자를 거역하지 말라"고 말한 이유는 바로 뒤따라 나오는 문장이 말하고 있다. 뒤 따라 나오는 문장을 다시 써보면 "왜냐하면(γὰρ) 땅에서 경고하신 이를 거역한 그들이 피하지 못하였거든 하물며 하늘로부터 경고하신 이를 배반하는 우리일까 보냐'라고 된다(2:2-3; 3:17; 10:28-29). 구약의 이스라엘 사람들은 땅에서 모세를 통해 말씀하신 하나님의 음성을 듣지 않고 순종하지 않아 심판을 당했다(3:16-19)고 하면 "하물며 하늘로부터 경고하신 이를 배반하는 우리일까 보냐'고 저자는 말한다. 즉 반드시 심판 당한다는 것이다. 여기 "하늘로부터 경고하신 이"란 그리스도를 통해서 하늘에서 경고하신 하나님이란 뜻이다. 저자는 하나님께서 모세를 통해서 말씀하신 것과 그리스도를 통해서 말씀하신 것에 차이를 두고 있다. 모세를 통해서 말씀하신 율법을 거역해도 엄중한 심판을 면치 못했다면 그리스도를 통해서 말씀하신 하나님의 말씀을 거역하고는 심판을 피할 수 없다는 주장이다. 히브리서 수신자들이나 오늘 우리 신약 시대 사람들은 그리스도를 거역할 수 없다는 사실을 알아야 한다.

히 12:26. 그 때에는 그 소리가 땅을 진동하였거니와 이제는 약속하여 이르시되 내가 또 한 번 땅만 아니라 하늘도 진동하리라 하셨느니라(οὗ ἡ φωνὴ τὴν γῆν ἐσάλευσεν τότε, νῦν δὲ ἐπήγγελται λέγων, Ἔτι ἅπαξ ἐγὼ σείσω οὐ μόνον τὴν γῆν ἀλλὰ καὶ τὸν οὐρανόν).

저자는 "그 때에는 그 소리가 땅을 진동했다"고 말한다(출 19:18). 즉 '하나님께서 모세를 통해서 시내 산에서 말씀하실 때에는 그 소리가 땅을 진동했다'는 뜻이다(18-21절; 출 19:18; 삿 5:4-5; 시 68:7-8; 77:18; 114:4, 7). 그 때의 위엄이 너무 커서 이스라엘 백성들은 무서워서 떨었다.

저자는 "이제는 약속하여 이르시되 내가 또 한 번 땅만 아니라 하늘도 진동하리라 하셨다"고 말한다(학 2:6). 저자는 학개 2:6("만군의 여호와가 이같이 말하노라 조금 있으면 내가 하늘과 땅과 바다와 육지를 진동시킬 것이요")과 학 2:21("너는 유다 총독 스룹바벨에게 말하여 이르라 내가 하늘과 땅을 진동시킬 것이요")[109]에서 자유롭게 인용하여 본 절에 기록했다. 본문의 "약속하여"(ἐπήγγελται)란 말은 현재완료 시제로 하나님께서 과거에 약속하신 것인데 히브리서 저자가 본서를 쓰던 당시에도 그 약속이 여전히 유효함을 시사한다. 그 약속 내용은 "내가 또 한 번 땅만 아니라 하늘도 진동하리라"는 것이다. 여기 "또 한 번"(Ἔτι ἅπαξ)이란 말은 반복되는 또 한 번을 뜻하는 것이 아니라 종국적인 한번을 뜻한다. 다시 말해 '마지막으로 또 한 번'이란 뜻이다(6:4 주해 참조). 하나님은 마지막으로 또 한 번 땅만 아니라 하늘도 진동하리라고 하신다. 이는 이제 앞으로 주님께서 재림하시는 때에는 땅만 아니라 하늘도 진동하여 종국적인 파멸, 우주적인 대 변혁이 있을 것에 대한 말씀이다(마 24:29; 벧전 3:10 주해 참조, Lane).

히 12:27. 이 또 한 번이라 하심은 진동하지 아니하는 것을 영존하게 하기 위하여 진동할 것들 곧 만든 것들이 변동될 것을 나타내심이라(Τὸ δὲ Ἔτι

---

109) 26절 하반 절은 학개 2:6, 21에서 자유롭게 인용해서 본 절에 기록한 것인데 그 역사적인 배경을 살펴보면 유다가 바벨론에서 돌아와 성전을 다시 봉헌할 때 첫 성전에 비해 그 외양이 너무 초라하여 백성들이 오히려 슬퍼하고 있을 때 하나님께서 방백 스룹바벨과 대제사장 여호수아에게 주신 격려의 말씀이다. 하나님은 앞으로 학개 2:6, 21 말씀같이 성취될 날을 이르게 하실 것이라 하셨다. 이 말씀같이 성취될 때에는 출애굽 당시에 땅만 진동하던 것과는 달리 하늘도 진동하리라는 약속이다. 이 말씀은 그리스도의 재림으로 신천신지가 실현될 때다(사 34:3-4; 벧후 3:10-13).

ἅπαξ δηλοῖ ((τὴν)) τῶν σαλευομένων μετάθεσιν ὡς πεποιημένων, ἵνα μείνῃ τὰ μὴ σαλευόμενα, This phrase, "Yet once more," indicates the removal of what is shaken, as of what has been made, in order that what cannot be shaken may remain-RSV).

저자는 앞(26절)에서 하나님께서 말씀하신 "또 한 번이라 하심"이란 말씀이 무슨 뜻인지를 본 절에서 설명한다. 저자는 하나님께서 말씀하신 "또 한 번이라 하심"이란 말씀이 무슨 뜻인지 수신자들이 깨닫기 쉽게 설명을 단다. 저자는 하나님께서 말씀하신 최후의 진동은 "진동하지 아니하는 것을 영존하게 하기 위함이라"고 한다. 여기 "진동하지 아니하는 것"이란 '하늘의 교회' 즉 '시온 산과 살아 계신 하나님의 도성인 하늘의 예루살렘과 천만 천사와 하늘에 기록된 장자들의 모임과 교회와 만민의 심판자이신 하나님과 및 온전하게 된 의인의 영들과 새 언약의 중보자이신 예수와 및 아벨의 피보다 더 나은 것을 말하는 뿌린 피'를 지칭한다(22-24절 참조). 이사야는 사 66:22에서 "내(하나님)가 지을 새 하늘과 새 땅이 내 앞에 항상 있는 것 같이 너희 자손과 너희 이름이 항상 있으리라"고 하나님의 말씀을 인용한다. 다니엘도 일찍이 '진동하지 아니하는 나라'를 말했다(단 7:14, 27). 하나님께서 한 번 최후적으로 하늘과 땅을 진동하신 후에는 완성된 하나님의 영원한 나라가 우리의 것이 될 것이다.

그리고 저자는 하나님께서 말씀하신 최후의 진동은 "진동할 것들 곧 만든 것들이 변동될 것을 나타내심이라"고 말한다(시 102:26; 마 24:35; 벧후 3:10; 계 21:1). 여기 "진동할 것들"이란 바로 뒤따라 나오는 '만든 것들' 즉 피조물을 지칭한다. 이 "진동할 것들"은 '하나님의 통치를 거부하는 모든 것들'을 지칭한다. 하나님의 통치를 거부하는 것들은 모두 하나님의 최후적인 진동 시에 진동될 것이고 제거될 것이다(7:12 주해 참조). 그들은 새 언약의 복을 빼앗길 것이며 저주와 심판을 당하게 될 것이다(25절). 휴즈(P. E. Hughes)는 "진동되지 않을 불변적 세계에 속한 하나님의 백성들은 불안정하고 불완전한 모든 것이 제거되고 변동되기를 간절히 열망해야 할 것이다"라고 주장한다.

히 12:28. 그러므로 우리가 흔들리지 않는 나라를 받았은즉 은혜를 받자 이로 말미암아 경건함과 두려움으로 하나님을 기쁘시게 섬길지니(Διὸ βασι-λείαν ἀσάλευτον παραλαμβάνοντες ἔχωμεν χάριν, δι' ἧς λατρεύωμεν εὐαρέστως τῷ θεῷ μετὰ εὐλαβείας καὶ δέους, Wherefore we receiving a kingdom which cannot be moved, let us have grace, whereby we may serve God acceptably with reverence and godly fear-KJV).

저자는 "그러므로" 즉 '수신자들이 시온 산과 살아 계신 하나님의 도성인 하늘의 예루살렘(22절)에 들어왔으므로' "우리가 흔들리지 않는 나라에 들어가고 있으니 은혜를 받자"고 권고한다. 여기 "흔들리지 않는 나라를 받았은즉"(βασιλείαν ἀσάλευτον παραλαμβάνοντες)이란 말은 '진동하지 않는 나라에 들어가고 있으니'라는 뜻이다. "받았은즉"(παραλαμβάνοντες)이란 말은 현재 능동태 분사로 '지금 받고 있으니,' '현재 계속해서 받고 있으니,' '지금 들어가고 있으니'란 뜻이다. 그러니까 지금 우리가 흔들리지 않는 나라에 계속해서 들어가고 있다는 뜻이다(마 6:10; 눅 11:2). 하나님의 나라는 영적으로 지금 이 땅에 와 있다. 그러나 아직 그 나라는 온전히 온 것은 아니다. 예배와 기도를 통해 그리스도에게 나아감으로 더욱 흔들리지 않는 나라에 들어가고 있다는 뜻이다.

그런고로 저자는 수신자들에게 "은혜를 받자"(ἔχωμεν χάριν)고 권고한다. 흔들리지 않는 나라를 지금 당장 완전하게 모두 받은 것은 아니니 계속해서 은혜를 받아야 한다는 것이다. 계속해서 은혜를 받아야 흔들리지 않는 나라를 완전히 소유하게 된다는 것이다. 물론 우리가 그리스도인이 되었다는 것은 이미 흔들리지 않는 나라에 들어왔음을 나타내나 그럼에도 불구하고 우리는 아직 완전히 그 나라에 정착한 것은 아니니 더욱 은혜를 받아야 한다는 뜻이다.

그런데 혹자는 여기 "은혜를 받자"(ἔχωμεν χάριν)라는 말을 '감사하자'

라는 말로 해석한다(NIV, RSV, NLT, 표준새번역, 공동번역, 현대인의 성경, John Brown, Hewitt, Lane, Kistemaker). 그러나 '은혜를 받자'라는 말로 해석하는 것이 더 바람직하다(KJV, NKJV, ASV, YLT, DBY, BBE, WEBSTER, Morris, Montefiore).

이유는 1) "은혜"(χάριν)라는 헬라어가 감사라는 뜻보다는 은혜라는 뜻이기 때문이고, 2) 바로 뒤따르는 말 "이로 말미암아"(δι᾽ ἧς)라는 말이 "은혜"라는 뜻과 더 어울리기 때문이며, 3) '진동하지 않는 나라를 받고 있으니'라는 말이 계속해서 은혜를 받아야 한다는 말과 더 어울리기 때문이다. 저자는 수신자들이 진동하지 않는 하나님의 나라를 소유하고 있으니 배교하거나 은혜를 거부하는 행위를 범하지 말고 오직 은혜를 더욱 받아야 한다고 권한다.

저자는 수신자들에게 더욱 은혜를 받아 "경건함과 두려움으로 하나님을 기쁘시게 섬기자"(λατρεύωμεν εὐαρέστως τῷ θεῷ μετὰ εὐλαβείας καὶ δέους)고 권한다. "경건함"(εὐλαβείας)이란 '하나님께 대한 존경심'을 뜻하고, "두려움"(δέους)이란 '소심한 두려움'이라는 뜻으로 위험에 대한, 아주 소심한 경계를 뜻한다. 그러니까 경건함과 두려움으로 하나님을 기쁘시게 섬기자는 말은 하나님을 향한 존경심과 또 하나님 앞에서 큰 두려움을 가지고 하나님을 섬기자는 뜻이다. 그런데 여기 "섬기자"(λατρεύωμεν)는 말은 '하나님께 예배하자'(마 4:10)는 뜻도 있고 또 '하나님께 봉사하자'(행 27:23)는 뜻도 있다. 본 절의 "섬기자"는 뜻은 '하나님을 섬기자,' '하나님께 봉사하자'는 뜻으로 보는 것이 좋을 것이다. 이유는 13:1-3에 성도가 어떤 방식으로 하나님을 섬길 것인가를 말하고 있기 때문에 그 말씀에 앞서 저자가 섬기는 문제를 말하기 때문이다. 우리는 하나님을 향한 존경심과 두려운 마음을 가지고 하나님을 기쁘시게 하도록 봉사해야 할 것이다(롬 12:1 참조).

히 12:29. 우리 하나님은 소멸하는 불이심이라(καὶ γὰρ ὁ θεὸς ἡμῶν πῦρ

καταναλίσκον, For our God [is] a consuming fire-KJV, for our "God is a consuming fire."-NIV).

본 절 초두에는 이유를 말하는 접속사(γὰρ)가 있어 저자가 앞에 말한 바의 이유를 제공하고 있다. 즉 저자가 앞(28절)에서 은혜를 받아 경건함과 두려움으로 하나님을 기쁘시게 섬기자고 권고한 이유는 "우리 하나님은 소멸하는 불이시기" 때문이라고 한다(10:27; 출 24:17; 신 4:24; 9:3; 시 50:3; 97:3; 사 66:15; 살후 1:8). 우리 하나님은 불같으신 분으로 계속해서 벌하시는 분이시다. 하나님은 사랑이시지만 또 한편 벌하시는 분이시다. 만약 우리가 존경심과 두려움을 가지고 하나님께 예배하지 않고 경거망동하면 우리는 하나님의 벌을 받을 수밖에 없다. 시내 산의 하나님은 시온 산의 하나님과 동일한 분이시다. 하나님은 시내 산에서 무서운 하나님이시었다. 신 4:24에서 모세는 "네 하나님 여호와는 소멸하는 불이시요 질투하시는 하나님이시니라"고 증언한다. 출 24:17; 사 4:4; 33:14; 말 3:2; 4:1 참조. 저자는 배교하는 자들에게는 오직 다음과 같은 심판만이 있을 뿐임을 이미 경고했다. 즉 "오직 무서운 마음으로 심판을 기다리는 것과 대적하는 자를 태울 맹렬한 불만 있으리라"(10:27 주해 참조). 본 절에서는 아예 하나님 자신이 불이심을 말한다. 우리는 하나님의 두 가지 속성(사랑과 심판)을 알고 섬겨야 할 것이다.

제 13 장

VII. 마지막으로 권하는 말들   13:1-21

  대체적으로 서신 끝에는 그렇듯 본 서신 끝에서도 앞에서 말씀하다가 빠진 점들을 결론적으로 덧붙이고 있다. 먼저 성도의 사회생활에서와 그리고 교회 생활에서 어떻게 처신해야 할 것을 말하고(1-17절), 수신자들을 향하여 저자를 위해 기도해 줄 것을 부탁하며(18-19절), 그 자신이 친히 수신자들을 위해 기도를 드린다(20-21절).

  A. 성도들 모두가 실행해야 할 의무들   13:1-6

  저자는 먼저 성도들이 일반 사회생활에서 어떻게 처신해야 할지를 말해 준다(1-6절). 형제를 어떻게 사랑해야 할지를 교훈하고(1-3절), 부부관계를 어떻게 정결하게 해야 할지를 설명하며(4절), 돈에 대해 어떤 태도를 취해야 할지를 설명한다(5-6절).

  1. 사랑을 실천하라   13:1-3

히 13:1. 형제 사랑하기를 계속하고(Ἡ φιλαδελφία μενέτω).

  히브리서 저자는 첫째, "형제 사랑하기를 계속하라"고 권면한다(롬 12:10; 살전 4:9; 벧전 1:22; 2:17; 3:8; 4:8; 벧후 1:7; 요일 3:11; 4:7, 20-21). "형제 사랑"(Ἡ φιλαδελφία)은 '형제애(兄弟愛)'를 뜻하는 것으로 초대교회의 특색이었다. 수신자 공동체는 이미 그리스도의 사랑을 받았기에 형제 사랑을 할 수 있었다. 요 13:34에서 예수님은 "새 계명을 너희에게 주노니 서로 사랑하라 내가 너희를 사랑한 것 같이 너희도 서로 사랑하라"고 말씀하신다. 그리스도의 사랑을 받은 베드로도 형제 사랑을 강조했고(벧전 1:22; 벧후 1:7), 요한 사도도 역시 그리스도의 사랑을 받았기에 형제 사랑을 강조했으며(요일 3:14; 4:7-11, 19-21), 바울 사도도 역시 그리스도의 사랑을 받았기에 성도가 서로 사랑할 것을 강조했다(롬 12:10; 살전 4:9).

우리도 예수님처럼 다른 사람을 용서해야 한다(마 6:12). 예수님은 마 6:14-15에서 "너희가 사람의 잘못을 용서하면 너희 하늘 아버지께서도 너희 잘못을 용서하시려니와 너희가 사람의 잘못을 용서하지 아니하면 너희 아버지께서도 너희 잘못을 용서하지 아니하시리라"고 하신다. 예수님은 막 11:25에서 "서서 기도할 때에 아무에게나 혐의가 있거든 용서하라 그리하여야 하늘에 계신 너희 아버지께서도 너희 허물을 사하여 주시리라 하시니라"고 하신다. 우리가 형제를 사랑한다면 반드시 형제의 잘못을 용서해주어야 한다. 용서 없이는 형제 사랑이 계속될 수가 없다.

우리가 또 형제자매를 사랑하는 방법은 형제의 필요를 채워주어야 한다. 야고보는 약 2:15-16에서 "만일 형제나 자매가 헐벗고 일용할 양식이 없는데 너희 중에 누구든지 그에게 이르되 평안히 가라, 덥게 하라, 배부르게 하라 하며 그 몸에 쓸 것을 주지 아니하면 무슨 유익이 있으리요"라고 한다. 우리가 그리스도와 연합되었다면 우리 형제들과도 사랑으로 연합되었으니 그들을 돌보아 주어야 한다. 그들을 돌보는 것이 바로 그리스도에게 잘하는 것이다.

저자가 성도들 간에 사랑하라고 권하는 이유는 유대교도들의 유혹이 있었기 때문이고 또 이단사상의 침입이 있었기 때문이었다. 외부의 위협이 있을 때 형제 자매간에 서로 사랑하는 것은 공동체의 붕괴를 막는 것이다. 오늘날은 사랑 없는 것이 특징이다. 우리가 놀라운 사랑을 그리스도로부터 받았는지 모르기 때문이다.

그런데 저자는 형제 사랑을 권할 때 형제 사랑을 "계속하라"(μενέτω)고 권한다. "계속하라"고 말한 것을 보면 수신자 공동체가 이미 형제를 사랑하고 있었음을 알 수 있다. 그러나 한두 번 형제를 사랑하기는 쉬우나 계속하는 것은 어려운 일이다. 형제 사랑을 계속하기 위해서는 성령의 충만(성령의 지배와 인도)을 구해야 한다. 왜냐하면 이 모든 것은 오직 성령님께서 하시는 사역이니 말이다.

히 13:2. 손님 대접하기를 잊지 말라 이로써 부지중에 천사들을 대접한 이들이 있었느니라(τῆς φιλοξενίας μὴ ἐπιλανθάνεσθε, διὰ ταύτης γὰρ ἔλαθόν τινες ξενίσαντες ἀγγέλους, Be not forgetful to entertain strangers: for thereby some have entertained angels unawares-KJV).

히브리서 저자는 "손님 대접하기를 잊지 말라"고 권한다(마 25:35; 롬 12:13; 딤전 3:2; 벧전 4:9). 형제 사랑은 계속해야 하고(앞 절) 손님 대접하기는 잊지 말라고 말한다. 형제 사랑이 더 중요하다는 것을 암시하나 손님 대접하는 것도 중요한고로 잊지 말라고 권면한 것이다(롬 12:13 주해 참조). "손님 대접"에 대한 권면은 예수님의 교훈을 반영한 것이다(마 25:34-40). 여관 제도가 잘 안 된 고대사회에서는 순회 전도자들을 가정집으로 영접하여 대접하는 것이 공통적인 의무였다(딤전 3:2; 딛 1:8; 벧전 4:8-9, Bruce, Lane).

저자는 손님을 대접해야 할 이유를 말한다. 즉 "이로써 부지중에 천사들을 대접한 이들이 있었기" 때문이라고 말한다(창 18·3 19·2). '손님을 대접하다가 자기도 알지 못하는 중에 천사들을 대접한 사람들이 있었기' 때문에 손님들을 대접하라는 것이다. 저자는 부지중에 손님을 대접하다가 부지중에 천사들을 대접한 아브라함(창 18·3), 롯(창 19·1-22), 마노아(삿 13·2-25) 등을 생각했을 것이다. 아브라함은 마므레 상수리 수풀 근처에서 세 사람의 손님을 영접하여 대접했는데(창 18·1-21) 그들은 아브라함의 아내에게 아들이 잉태하리라고 예언했다(창 18·10). 그리고 놀랍게도 그 손님 세 분 중에 한 분이 그리스도였다(창 18·1, 17, 22-23). 아브라함은 손님을 대접해서 아내의 잉태에 대한 메시지를 들었으며 또 그리스도를 만나는 영광을 얻었다.

손님 대접은 형제 사랑을 더 확대한 것으로 볼 수 있다. 형제는 그리스도를 믿는 형제와 자매를 지칭하나 손님 중에는 그리스도를 믿는 사람도 있을 수 있고 혹은 그리스도를 믿지 않는 사람도 있을 수 있다. 당시 그리스도인들은 멀리서 온 손님이나 박해를 피해 다니며 복음을 전하는 사람들을 영접해야 할 의무가 있었다. 여관 시설이 발달한 요즘이지만 우리는 여전히 외인을 귀하게 여겨야 할 것이다.

히 13:3. 너희도 함께 갇힌 것 같이 갇힌 자를 생각하고 너희도 몸을 가졌은즉 학대 받는 자를 생각하라(μιμνήσκεσθε τῶν δεσμίων ὡς συνδεδεμένοι, τῶν κακουχουμένων ὡς καὶ αὐτοὶ ὄντες ἐν σώματι).

저자는 형제사랑(1절)과 손님 대접(2절)만 아니라 본 절에서는 두 종류의 사람을 생각하라고 권한다. 하나는 "너희도 함께 갇힌 것 같이 갇힌 자를 생각하라"고 권한다(마 25:36; 롬 12:15; 고전 12:26; 골 4:18; 벧전 3:8). 여기 "갇힌 자"란 '복음을 전하다가 옥에 갇힌 자'를 지칭한다. 교우 중 한 사람이 복음을 전하다가 옥에 갇히는 경우 옥에 갇히지 않은 성도들은 자기도 함께 옥에 갇힌 것같이 생각하고 기도해 주며(행 12:5) 음식이나 옷 그리고 일용품을 공급하라는 것이다. 혹자는 본 절의 "갇힌 자"가 성도들이 아니라 불신자라고 말하나 성도들로 보는 것이 합당하다(10:34; 고전 12:26). 고대사회에서는 옥에 갇힌 자를 찾아보는 것이 관례였다. 예수님은 이런 관례를 양과 염소의 비유에서 거론하신다. 마 25:39, 43에서 예수님은 "내가 옥에 갇혀 있을 때...너희가 와서 보았다"고 하신다. 성도들이 옥에 갇혔을 때 찾아와서 본 것이 예수님을 찾아 본 것이라고 말씀하신다. 바울은 그가 갇혔을 때 그의 친구들이 많이 찾아와서 돌보았다고 말한다(행 24:23; 27:3; 28:10, 16, 30; 딤후 1:16-17; 4:13, 21). 우리는 복음을 전하다가 옥고를 치르는 사람들을 돌보아야 한다. 우리가 옥에 갇힌 자를 돌아볼 때 우리도 갇힌 것같이 그들을 돌보아야 한다. 다시 말해 그들과 우리 자신을 동일시해야 한다.

그리고 또 하나는 "너희도 몸을 가졌은즉 학대 받는 자를 생각하라"고 권한다. 여기 "학대 받는 자"란 '기독교 신앙 때문에 학대 받는 자'를 지칭한다(11:36-37, Lane). 다시 말해 기독교 신앙 때문에 매를 맞고 여러 가지 불이익을 받는 자를 지칭한다. 저자는 수신자들이 과거에 학대받는 자들을 잘 대해준 것을 말한바 있다. 즉 10:33에서 "너희가 비방과 환난으로써 사람에게 구경거리가 되고 혹은 이런 형편에 있는 자들과 사귀는 자가 되었다"고 말한다.

저자는 우리 자신들도 몸을 가졌기 때문에 학대 받는 성도들을 생각하라고 말한다. 성도들은 자신들도 몸을 가졌은즉 연대감을 가지고 학대받는 자들과 교제를 나누어야 한다(10:32-34; 11:36-38). 손님 대접하는 것, 갇힌 자를 생각하는 것, 학대받는 자를 생각하는 것은 모두 네 이웃을 네 몸같이 사랑하라는 명령을 실천하는 것이다(레 19:18; 마 22:39; 막 12:33; 눅 10:27; 롬 13:9; 갈 5:14; 약 2:8).

2. 성적(性的) 순결을 지켜라 13:4

히 13:4. 모든 사람은 결혼을 귀히 여기고 침소를 더럽히지 않게 하라 음행하는 자들과 간음하는 자들을 하나님이 심판하시리라(Τίμιος ὁ γάμος ἐν πᾶσιν καὶ ἡ κοίτη ἀμίαντος, πόρνους γὰρ καὶ μοιχοὺς κρινεῖ ὁ θεός, Let marriage be held in honor among all, and let the marriage bed be undefiled; for God will judge the immoral and adulterous-RSV, 모두 혼인을 귀하게 여겨야 하고, 잠자리를 더럽히지 말아야 합니다. 음란한 자와 간음하는 자는 하나님의 심판을 받을 것입니다-표준 새 번역).

저자는 앞(1-3절)에서 사랑을 실천하라고 말한 다음 본 절에서는 성적(性的)으로 순결하라고 권한다. 저자는 "모든 사람은 결혼을 귀히 여기라"고 말한다. 여기 "모든 사람"(ἐν πᾶσιν)이란 헬라어를 1) 남성으로 취급하면 "모든 남자들"이란 뜻이고, 혹은 2) 중성으로 취급하면 "모든 일에"라는 뜻으로(Alford, Westcott, 이상근) 견해가 갈린다. 두 가지 뜻 모두 취할

수 있으나 전자를 취하는 경우 모든 남자들만 혼인을 귀하게 여기는 것이
되어 여성들이 빠진다. 여성들도 혼인을 귀하게 여겨야 하므로 후자를 취하
는 것이 바람직하다. 즉 결혼 전반에 걸쳐 결혼을 귀하에 여겨야 하는 것으로
말해야 한다. 즉 모든 사람은 모든 점에 있어서 결혼을 귀하게 여겨야 한다는
뜻이다.

"결혼을 귀하게 여기라"는 교훈은 '결혼을 신성하게 여기라,' '결혼을
귀한 것으로 여기라'는 뜻이다. 결혼을 신성하게 여기지 않으면 아주 문란한
결혼 생활을 하게 마련이다. 초대 교회 당시 이방 세계의 성 생활은 극히
문란했다(고전 5장). 오늘도 결혼 생활의 문란함은 도를 넘었다. 왜곡됨
속에서 개방되어도 너무 개방되어 더럽기가 한량없게 되었다. 그러나 그럴지
라도 기독교인의 가정은 결혼 생활을 신성한 것으로 여겨야 한다. 그 이유는
남녀의 혼인이란 하나님께서 주장하시는 것이기 때문이다(창 2:2-24; 마
19:5-6).

저자는 "침소를 더럽히지 않게 하라"고 부탁한다. 여기 "침소"(κοίτη)란
'기혼자의 잠자리,' '부부의 성생활'이란 뜻이다. 부부들은 잠자리를 더럽히
지 않아야 한다. 아무하고나 잠자리를 가져 부부의 성 생활을 더럽혀서는
안 된다. 다시 말해 음행(광범위한 방종한 성행위)하거나 간음(부부 윤리를
어긴 성행위, 마 19:9; 막 10:11; 눅 16:18)해서는 안 된다.

저자는 부부의 성 생활을 더럽히지 않아야 하는 이유로 "음행하는 자들과
간음하는 자들을 하나님이 심판하시기" 때문이라고 한다(고전 6:9; 갈 5:19,
21; 엡 5:5; 골 3:5-6; 계 22:15). "음행하는 자들" 곧 '아주 광범위한 방종한
성 행위를 즐기는 자들'과 "간음하는 자들" 곧 '부부의 정조를 어긴 성
행위를 즐기는 자들'은 하나님의 심판을 받기 때문이다. 하나님께서 이런
사람들을 심판하시는 시기는 성도들의 경우 별세하기 전이고(벧전 4:17),
불신자들의 경우 인류종말의 지옥 심판 때이다(계 21:8; 22:15). 성도들이
죄를 지었을 경우에는 별세하기 전에 반드시 징계를 받고 불신자들이 죄를
지었을 경우 그리스도의 심판대 앞에 나아가 정죄 심판을 받고 지옥으로

가야한다. 성도들의 경우 음행이나 간음은 생각도 못할 일이다. 철저히 회개하지 않으면 반드시 징계를 받는다.

3. 있는 바를 족한 줄로 알라   13:5-6

저자는 앞(4절)에서 부부의 성 윤리를 말한 다음 이 부분(5-6절)에서는 있는 바를 족한 줄로 알라고 부탁한다. 다시 말해 성욕 다음으로 물욕을 금한다. 십계명에도 같은 순서(7계명, 8계명)로 나열되어 있다.

히 13:5. 돈을 사랑하지 말고 있는 바를 족한 줄로 알라 그가 친히 말씀하시기를 내가 과연 너희를 버리지 아니하고 너희를 떠나지 아니하리라 하셨느니라 ('Αφιλάργυρος ὁ τρόπος, ἀρκούμενοι τοῖς παροῦσιν. αὐτὸς γὰρ εἴρηκεν, Οὐ μή σε ἀνῶ οὐδ᾽ οὐ μή σε ἐγκαταλίπω).

저자는 "돈을 사랑하지 말라"고 말한다. "돈을 사랑하지 말라"는 말은 딤전 3:3에도 나타난다. 즉 감독될 사람은 '돈을 사랑하지 아니하는' 사람이어야 한다고 말한다. 성도가 돈을 사랑하지 않아야 할 이유는 돈을 사랑하면 결국 하나님을 떠나게 되기 때문이다. 사람은 하나님과 물질을 겸하여 섬길 수 없는데 만일 하나님보다도 물질을 사랑한다면 결국에는 하나님을 떠나게 되기 마련이다. 물질을 사랑하면 결국 하나님을 떠나게 마련이다(마 6:24; 눅 16:13; 딤전 6:10). 그리고 딤전 6:10에는 돈을 사랑함이 만 가지 악의 근원이라고 말한다. 즉 "돈을 사랑함이 일만 악의 뿌리가 되나니 이것을 탐내는 자들은 미혹을 받아 믿음에서 떠나 많은 근심으로써 자기를 찔렀다"고 말한다. 돈 사랑은 우리로 하여금 하나님을 떠나게 하고 또 많은 근심을 가지고 살게 한다. 물질 사랑은 성도를 망치게 하는 것인 줄 알아야 한다.

그래서 저자는 "있는 바를 족한 줄로 알라"고 부탁한다(마 6:25, 34; 빌 4:11-12; 딤전 6:6, 8). 현재 가지고 있는 바를 족한 줄 알라는 것이다. 우리가 기억해야 할 바는 현재 가지고 있는 재물이 결코 성도에게 작은 소유가 아니라는 점이다. 왜냐하면 하나님께서는 성도에게 항상 필요한 양식과 생활필수품을 주시는 분으로서 현재 성도가 가지고 있는 바는 그가 지금 소유하고 있어야 할 만큼의 재물이기 때문이다. 그런고로 현재 가지고 있는 필수품을 족한 줄로 알아야 한다.

저자는 현재 성도가 가지고 있는 바를 족한 줄로 알아야 할 이유, 두 가지를 말한다. 첫째, "그가 친히 말씀하시기를 내가 과연 너희를 버리지 아니하고 너희를 떠나지 아니하리라 하셨기" 때문이다(둘째 이유는 6절에 있다). 본문의 "너희를 버리지 아니하고"와 "떠나지 아니하리라"는 말은 동의어이다. 하나님은 성도를 절대로 버리시지 않고 떠나지 아니하시기로 약속하셨기 때문에(창 28:15; 신 31:6, 8; 수 1:5; 대상 28:20; 시 37:25; 사 41:17) 성도는 항상 족한 줄로 알아야 한다. 우주 만물을 창조하셨으며 또 운행하시는 하나님께서 성도와 함께 하시니 무엇이 부족하랴(빌 4:11-13).

히 13:6. 그러므로 우리가 담대히 말하되 주는 나를 돕는 이시니 내가 무서워하지 아니하겠노라 사람이 내게 어찌하리요 하노라(ὥστε θαρροῦντας ἡμᾶς λέγειν, Κύριος ἐμοὶ βοηθός, ((καὶ)) οὐ φοβηθήσομαι, τί ποιήσει μοι ἄνθρωπος).

성도가 가지고 있는 바를 족한 줄로 알아야 할 두 번째 이유는 "주는 나를 돕는 이시니 내가 무서워하지 아니하겠기" 때문이다(첫 번째 이유는 5절에 있다). 저자는 본문을 시편 118:6("여호와는 내 편이시라 내가 두려워하지 아니하리니 사람이 내게 어찌할까")에서 인용한다.

본문의 "그러므로"란 말은 저자가 앞(5절)에서 '그가 친히 말씀하시기를 내가 과연 너희를 버리지 아니하고 너희를 떠나지 아니하리라 하셨음으로' "우리가 담대히 말한다"는 것이다. 저자가 담대히 말하는 내용은 "주는 나를 돕는 이시니 내가 무서워하지 아니하겠다"는 것이다(시 27:1; 56:4, 11-12; 118:6). 주님은 우리를 돕는 분이시니 우리가 무서워하지 않겠다는 것이다. 주님께서 우리를 돕는 분이시니 우리는 돈과 죽음의 위협으로부터 자유로워지며 담대해질 수 있다는 것이다. 본 절의 끝에 나오는 "사람이 내게 어찌하리요"란 말은 사람이 하나님을 신뢰하는 자를 대항할 수 없음을 드러내는 말이다. 롬 8:31은 "만일 하나님이 우리를 위하시면 누가 우리를 대적하리요"라고 말한다.

B. 교회의 지도자들을 본받으라   13:7-17

저자는 앞에서 수신자들에게 형제 사랑, 손님 대접, 고난에 처한 이웃을 돌보라고 말하고(1-3절) 또 결혼생활의 순결을 지킬 것을 권하며(4절), 있는 바를 족한 줄로 알라고 권면한(5-6절) 다음 이 부분(7-17절)에서는 교회의 지도자들을 본받으라고 권한다. 수신자 공동체가 유대교의 유혹을 받아 흔들릴 가능성이 있기에 지금까지 수신자들에게 말씀을 전해주고 인도했던 지도자들을 본받으며 순종하고 복종할 것을 권한다(7절, 17절). 그리고 저자는 그리스도에 대한 완전 순종을 강조한다(8-16절).

1. 지도자들의 믿음을 본받으라   13:7-8

히 13:7. 하나님의 말씀을 너희에게 일러주고 너희를 인도하던 자들을 생각하며 그들의 행실의 결말을 주의하여 보고 그들의 믿음을 본받으라 (Μνημονεύετε τῶν ἡγουμένων ὑμῶν, οἵτινες ἐλάλησαν ὑμῖν τὸν λόγον τοῦ θεοῦ, ὧν ἀναθεωροῦντες τὴν ἔκβασιν τῆς ἀναστροφῆς μιμεῖσθε τὴν πίστιν).

저자는 "하나님의 말씀을 너희에게 일러주고 너희를 인도하던 자들을 생각하라"고 권한다(17절). 여기 "하나님의 말씀"은 '그리스도의 복음'을 가리킨다(행 4:29; 빌 1:14; 벧전 4:11). "너희에게 일러주고 너희를 인도하던 자들"이란 말은 교회의 과거 지도자들을 지칭한다(17절, 24절).110) 당시

---

110) "기억하라"고 한 것을 보면 현재 지도자가 아니고 과거 지도자들이다. 그리고 "말씀을 너희에게 이르고"라는 말이 과거 시상임으로 과거 지도자를 지칭한다. 13:17과 비교해 보면

교회의 지도자들에 대한 정식 명칭은 아직 확정되지 못했기에 '그리스도의
복음을 너희에게 일러주고 너희를 그리스도의 복음으로 인도하던 자들'이라
고 칭했을 것이다. "생각하며"란 말은 "기억하라"(μνημονεύετε)라는 뜻의
명령형이다(딤후 2:8). 수신자들은 그들을 과거에 자신들을 인도했던 인도자
들을 그냥 심상하게 볼 것이 아니라 그들의 교훈과 행실을 깊이 생각하여
마음에 새기라는 뜻이다. 히브리서 11장에 나오는 믿음의 사람들만 중요한
것이 아니라 수신자들의 공동체를 인도했던 지도자들도 아주 중요한 믿음의
사람들이었다.

그리고 저자는 "그들의 행실의 결말을 주의하여 보고 그들의 믿음을
본받으라"(considering the result of their conduct, imitate their
faith-NASB)고 권한다(6:12). "행실의 결말"이란 '행실의 결과'란 뜻이다.
보통 때의 행실도 중요하지만 그 행실의 결과가 더 중요하니 그 결과를
"주의하여 보라"고 한다. 다시 말해 '주의 깊게 관찰해 보라'는 뜻이다.
행실의 결말을 주의하여 보라고 한 것을 보면 본 절에 기록된 교회의
지도자들은 이미 별세한 것을 암시하는데 특별히 순교한 것으로 보인다.
그러나 17절에서 말하고 있는 "인도하는 자들"은 아직 생존해 있는 지도자
들이다.

그리고 저자는 "그들의 믿음을 본받으라"고 말한다. 그들의 좋은 행실
의 결과를 낳게 만든 믿음을 본받으라는 것이다. 평소의 믿음이 어떠했느
냐가 중요하다. 믿음이 좋으면 좋은 열매를 맺는 법이고, 믿음이 좋지
않으면 좋은 행실을 맺지 못한다. 수신자들은 지도자들의 좋은 행실의
결과를 낳게 만든 지도자들의 좋은 믿음, 신실한 믿음, 큰 믿음을 본받아
야 했다.

히 13:8. 예수 그리스도는 어제나 오늘이나 영원토록 동일하시니라('Ιησοῦς

본 절의 지도자들은 과거 지도자들이다.

Χριστὸς ἐχθὲς καὶ σήμερον ὁ αὐτὸς καὶ εἰς τοὺς αἰῶνας).

저자는 앞(7절)에서 성도들이 과거의 지도자들을 기억하고 그들의 행실의 종말을 주의하여 보며 그들의 믿음을 본받으라고 말했는데 이제 본 절에서는 갑자기 "예수 그리스도는 어제나 오늘이나 영원토록 동일하시다"고 증언한다(1:12; 요 8:58; 계 1:4). 저자가 갑자기 여기서 예수 그리스도의 영원성을 거론한 이유는 과거의 지도자들이 믿은 예수는 그 때나 지금이나 변함이 없으니 그 지도자들을 기억하고 그들의 믿음을 본받으라는 것이다. 과거의 지도자들의 믿음을 본받아 그들의 방식대로 믿으면 수신자들의 믿음도 틀림없는, 훌륭한 믿음이 되는 것이다. 만약 예수님의 속성이 변하셨다면 과거 지도자들의 믿음을 본받아서는 안 될 것이다. 다시 말해 그들처럼 믿어서는 안 될 것이다. 왜냐하면 변화되신 예수님을 믿어야 하기 때문이다. 그러나 과거의 예수님이나 현재 예수님이나 똑같다는 것이다. 예수님은 여전히 하나님의 영광의 광채이시고(1:3), 그 본체의 형상이시며(1:3), 천사보다 훨씬 뛰어나신 분이시고(1:5-14), 구원의 창시자이시며(2:5-18), 모세보다 우월하시고(3:1-4:13), 지금도 여전히 대제사장이시며(4:14-6:20), 여전히 제사장이며 우주의 왕이시고(7:1-28), 새 언약의 중보자이시며(8:1-10:18), 그의 사랑과 권능과 지혜가 변함이 없으시니 그 그리스도를 믿은 과거 지도자들의 방식대로 믿으면 틀림없는 것이다. 그러므로 오늘날의 우리도 히브리서 11장에 등장하는 믿음의 선진들의 믿음을 본받고 히브리서 수신자 공동체의 지도자들의 믿음을 본받아야 할 것이다.

저자가 여기 예수 그리스도의 영원성을 말하는 또 하나의 이유는 과거의 지도자들이 믿은 예수님이나 현재의 수신자들이 믿는 예수님이나 똑같은데 유대교로 돌아가려는 것은 있을 수 없는 일임을 상기시키려는 것으로 보인다. 그리스도께서 동일하시니 옛 선진들이 그리스도를 위해서 순교했던 것처럼 오늘 우리도 순교의 자리에 나아가야 할 것이다.

2. 지도자들의 교훈을 본받으라 13:9-16

이미 순교한 과거의 지도자들의 교훈을 본받아 그리스도에게 완전히 순종할 것을 권한다. 예수로 말미암아 항상 찬미의 제사를 하나님께 드리며 오직 선을 행하고 나눠 주기를 잊지 아니하는 것이 온전한 순종이다.

히 13:9. 여러 가지 다른 교훈에 끌리지 말라 마음은 은혜로써 굳게 함이 아름답고 음식으로써 할 것이 아니니 음식으로 말미암아 행한 자는 유익을 얻지 못하였느니라(διδαχαῖς ποικίλαις καὶ ξέναις μὴ παραφέρεσθε· καλὸν γὰρ χάριτι βεβαιοῦσθαι τὴν καρδίαν, οὐ βρώμασιν ἐν οἷς οὐκ ὠφελήθησαν οἱ περιπατοῦντες).

저자는 수신자들에게 "여러 가지 다른 교훈에 끌리지 말라"고 부탁한다 (엡 4:14; 5:6; 골 2:4, 8; 요일 4:1). 저자는 수신자들이 여러 가지 다른 교훈에 끌리고 있는 것을 직감하고 다른 교훈에 끌리지 말라고 부탁한다. "다른 교훈"이란 과거의 지도자들이 말해준 교훈 이외의 교훈들을 뜻한다. 과거의 지도자들은 예수 그리스도의 교훈만 전해주었다. 그런데 이제 다른 교훈이 등장했다. 유대교의 교훈, 영지주의 교훈, 헬라 철학 등 이단 사상이 등장했다.

그리고 저자는 구체적으로 "마음은 은혜로써 굳게 함이 아름답고 음식으로써 할 것이 아니니라"고 말한다(롬 14:17; 골 2:16; 딤전 4:3). "마음은 은혜로써 굳게 함이 아름답다"는 말은 '우리의 마음은 그리스도께서 주시는 은혜로써 강하게 하고 기쁘게 함이 아름답다'는 뜻이다. 하나님의 "은혜"는 그리스도의 십자가 대속을 전하는 말씀을 받을 때 전해지고(2:9) 또 기도를 통해서 전해진다(4:16). 그리스도인들은 오직 하나님의 말씀에 의해서만, 그리고 기도에 의해서만 온전해질 수 있으므로 다른 식물이나 규례에 속아 넘어가서는 안 될 것이다.

"음식으로써 할 것이 아니니라"는 말은 '먹는 것(9:10 주해 참조)으로써 마음을 강하게 하고 기쁘게 하는 것이 아니라'는 뜻이다. 여기 "음식"이 구체적으로 무엇을 지칭하느냐 하는 데는 여러 견해가 있다. 1) 영지주의가 주장하는 금식이라는 견해(딤전 4:3). 2) 이교도들이 우상 앞에 드린 제물이라는 견해. 롬 14:15, 20; 고전 8:8 등. 3) 구약의 율법에 규정된 정결한 식물들이라는 견해(Bleek, Kistemaker, 박윤선, 박형용). 많은 해석자들이 2번을 선호하나 히브리서의 문맥으로 보아 3번이 더 바를 것으로 보인다. 구약의 희생 제사나, 정한 식물 또는 부정한 식물에 관한 규례 등은 그리스도 안에서 성취되었으니 히브리서 수신자들은 더 이상 구약의 규정을 따를 필요가 없게 되었다는 것을 드러낸 말씀이다.

저자는 "음식으로 말미암아 행한 자는 유익을 얻지 못하였다"고 말한다. '음식으로 말미암아 마음을 은혜로 강하게 하고 기쁘게 하려는 시도는 유익을 얻지 못한다'는 것이다. 저자는 구약 제사장들이 아무 은혜를 받지 못한다는 것을 드러내고 있다. 수신자들은 하나님께서 예수 그리스도를 통하여 주시는 은혜만을 사모해야 할 것이었다. 현재를 사는 우리 역시 하나님께서 그리스도를 통하여 주시는 은혜를 크게 받을 수 있음을 알고 그리스도만을 바라보아야 할 것이다. 예수 그리스도 외의 것인 다른 것으로 말미암아 구원을 받고 은혜를 받으려는 시도는 모두 이단에 속한 생각이다.

히 13:10. 우리에게 제단이 있는데 장막에서 섬기는 자들은 그 제단에서 먹을 권한이 없나니(ἔχομεν θυσιαστήριον ἐξ οὗ φαγεῖν οὐκ ἔχουσιν ἐξουσίαν οἱ τῇ σκηνῇ λατρεύοντες, We have an altar from which those who serve the tent have no right to eat-RSV).[111]

저자는 앞(9절)에서 "음식으로 말미암아 행한 자는 유익을 얻지 못하였다"는 말씀 즉 구약의 제사장들이나 레위기의 법을 따르는 유대인들은 아무 은혜도 받지 못하였다는 말씀을 본 절과 다음 절에서도 계속해서 말씀한다.

저자는 바로 이런 사실을 히브리서의 수신자들에 증거 하기 위하여

---

111) 공동번역은 본 절을 오역했다. "유대교의 천막 성소에서 제사를 드리는 사제들은 우리 제단의 제물을 먹을 권리가 없습니다"라고 번역했다. "우리에게 제단이 있다"고 했으니 이 제단은 우리의 제단이지 결코 유대교의 제단이 아니다. 즉 우리의 제단, 십자가를 가리키는 말이다.

"우리에게 제단"(ἔχομεν θυσιαστήριον)이 있다고 말한다(고전 9:13; 10:18). 그런데 여기서 그렇다면 이 "제단"은 과연 어떤 제단을 지칭하는 것이냐에 대한 여러 견해가 있다. 1) 혹자는 '유대교의 희생 제단'이라고 주장하나 저자가 "우리에게 있는 제단"이라고 했으니 유대교의 희생제단을 지칭하지 않은 것으로 보아야 한다. 2) 혹자는 '성만찬 식탁'이라고 주장하나 본 절과 주위 문맥에 성만찬에 대한 어떤 암시도 없다. "우리의 제단"을 성만찬 식탁이라고 해석하는 것은 무리이다. 3) 많은 학자들은 "우리에게 있는 제단"은 '그리스도의 대속의 십자가'를 지칭한다고 주장하는데 (Thomas Aquinas, Montefiore, Manson, Bengel, Bleek, Alford, Bruce) 바로 이 해석이 바른 해석이다.

저자는 우리에게 그리스도의 대속의 십자가가 있는데 "장막에서 섬기는 자들은 그 제단에서 먹을 권한이 없다"고 선언한다. 즉 "장막에서 섬기는 자들" 곧 '구약의 제사장들이나 레위기의 법을 따르는 유대인들'은 그리스도의 대속의 십자가에 참여할 수도 없으며 은혜를 체험할 수도 없다는 것이다. 이는 구약의 제사장들이나 유대교인들은 십자가를 전혀 믿지 않기 때문이다. 그러므로 그들에게는 신약의 십자가에 아무런 분깃이 없는 것이다. 저자가 이렇게 구약의 제사장들이나 구약을 따르는 유대인들이 그리스도의 십자가 죽음에서 아무런 은혜를 받을 수 없음을 말하는 이유는 수신자 공동체로 하여금 구약으로 돌아가려는 생각을 불식시키기 위함으로 보인다. 우리는 항상 예수 그리스도의 십자가 밑에서 살아야 한다.

히 13:11. 이는 죄를 위한 짐승의 피는 대제사장이 가지고 성소에 들어가고 그 육체는 영문 밖에서 불사름이라(ὧν γὰρ εἰσφέρεται ζῴων τὸ αἷμα περὶ ἁμαρτίας εἰς τὰ ἅγια διὰ τοῦ ἀρχιερέως, τούτων τὰ σώματα κατακαίεται ἔξω τῆς παρεμβολῆς, For the bodies of those beasts, whose blood is brought into the sanctuary by the high priest for sin, are burned without the camp-KJV).

본 절 초두에는 이유를 말하는 접속사(γὰρ)가 있어 저자가 앞(10절)에서 말한바 "장막에서 섬기는 자들은 그 제단에서 먹을 권한이 없다"는 말씀에 대한 이유를 말하고 있다. 즉 구약의 희생제단에서 섬기는 자들이 그리스도의 대속의 십자가에서 아무런 은혜를 받을 수 없는 이유를 설명한다. 구약의 희생제단에서 섬기는 자들이 그리스도의 대속의 십자가에서 아무런 은혜를 받을 수 없는 이유는 "죄를 위한 짐승의 피는 대제사장이 가지고 성소에 들어가고 그 육체는 영문 밖에서 불사르기" 때문이다(출 29:14; 레 4:11; 6:30; 9:11; 16:27; 22:21; 민 19:3). 이는 구약 식 설명이다. 제사장들이 구약 성전에서도 먹을 것이 없음과 같이 그리스도의 십자가에서도 아무 유익을 얻지 못한다는 것이다. 레 16:27("속죄제 수송아지와 속죄제 염소의 피를 성소로 들여다가 속죄하였은즉 그 가죽과 고기와 똥을 밖으로 내다가 불사를 것이요")에 보면 대제사장은 1년 1차 속죄일에는 수송아지와 염소를 잡아 그 피를 가지고 지성소에 들어가(레 16:14-15) 자신의 죄와 백성의 죄를 속하기 위해 뿌렸고 그 짐승들의 몸(가죽과 고기와 똥)은 영문[112] 밖(다음 절의 고난의 장소를 암시함)에서 불살랐다(레 16:27). 레 16:6, 10, 22, 26-28 참조. 보통 제사 때에는 제물은 제사장의 소유로 되었으나 속죄제의 경우 짐승들의 몸을 영문 밖에서 태웠다. 이와 같은 규례가 그 자체로서의 의미와 목적을 가진다고 보기는 어렵다. 오히려 이러한 모든 규례는 오로지 장차 오실 그리스도의 그림자가 된다. 저자는 이런 그림자를 본론에서 여러 차례 말했다(4:14-5:10; 8:1-10:18).

히 13:12. 그러므로 예수도 자기 피로써 백성을 거룩하게 하려고 성문 밖에서 고난을 받으셨느니라(διὸ καὶ Ἰησοῦς, ἵνα ἁγιάσῃ διὰ τοῦ ἰδίου αἵματος τὸν λαόν, ἔξω τῆς πύλης ἔπαθεν).

---

112) "영문": Camp, Garrison. 병영의 문을 가리키는 말인데, 특별히 광야에서의 이스라엘의 천막생활의 전체, 예루살렘에 있어서는 성문 밖 오물을 불사르던 골고다의 언덕을 가리키고 있다(레 16:27; 히 13:12-13).

저자는 앞(11절)의 "그(짐승의) 육체는 영문 밖에서 불사른 것"과 본
절의 예수님께서 "성문 밖에서 고난을 받으신 것"과 연결 짓고 있다. 그것을
말하기 위해 문장 초두에 "그러므로"(διὸ)라는 단어를 사용하고 있다. 다시
말해 "그 (짐승의) 육체가 영문 밖에서 불살라졌으므로" "예수도 자기 피로
써 백성을 거룩하게 하려고 성문 밖에서 고난을 받으셨다"는 것이다(요
19:17-18; 행 7:58). 구약의 속죄제 짐승이 영문 밖에서 불살라진 것은 그리
스도께서 성문 밖에서(마 27:33; 막 15:20; 눅 20:15; 요 19:20) 고난 받으신
것의 예표가 된 것이다.

저자는 본 절에서 예수님의 고난의 의미를 분명히 말하고 있다. "자기
피로써 백성을 거룩하게 하려고 성문 밖에서 고난을 받으셨다"는 것이다.
예수님께서 자기의 피를 흘리셔서 백성을 거룩하게 하려고 성문 밖에서
수치스러운 고난을 당하셨다. 여기 "백성을 거룩하게 한다"(ἁγιάσῃ)는 말은
'백성을 하나님 위해 구별하는 것'을 지칭한다. 예수님은 백성을 하나님
권속 삼기 위해 성문 밖에서 고난을 당하셨다.

예수님께서 "성문 밖에서 고난을 받으심"은 거룩한 영역으로부터 배제
당하심을 나타낸다. 그의 고난은 수치의 극치였다. 예수님은 산헤드린 공의
회에서 정죄되셨고 백성들에 의해 배척 받으셨으며 로마 병정들에 의해서
십자가형을 받으시는 수난을 겪으신 것이다.

히브리서 저자는 본서의 수신자들이 복음에 대해 상당히 알고 있는
것으로 전제하고 글을 써나가고 있다. 저자는 예수님의 지상 생애에 대해서
는 별로 말하지 않는다(5:7-8; 10:12; 12:2). 여기 저자는 예수님의 고난의
장소를 기술한다. 즉 "성문 밖"[113]이라고 말하고 그저 단순히 "예수님께서
고난 당하셨다"고 말한다. 저자는 수신자들이 복음을 상당히 알고 있는

---

113) 예수님께서 성문 밖에서 죽으심은 저주를 의미한다. 주님의 이름을 훼방한 이스라엘
여인의 아들은 영문 밖으로 끌려가 돌에 맞아죽었다(레 24:11-16, 23; 민 15:35). 아간도 영문
밖으로 끌려가 아골골짜기에서 돌에 맞아죽었다(수 7:24-26). 광야에서 이스라엘의 진영은 성막
을 중심하여 있었는데 영문을 떠나 밖으로 나가서 죽는 것은 큰 능욕이었다. 마찬가지로 예수님
께서 예루살렘 성문 밖에서 죽으신 것은 큰 수치의 죽음이었다.

것을 전제하고 그리스도의 고난에 대해 간단히 진술한다. 사실 예수님께서
당하신 고난에 대해서 우리는 한없이 말해야 한다. 예수님은 십자가에서
우리를 대신한 지옥의 고통을 당하실 때 "엘리 엘리 라마 사박다니 하시니
이는 곧 나의 하나님, 나의 하나님, 어찌하여 나를 버리셨나이까"라고 소리를
지르셨다(마 27:46; 막 15:34). 예수님께서 피를 흘리시므로 백성의 죄를
치우시고 거룩하게 하셨다(레 16:26-28 참조). 예수님은 백성을 깨끗하게
하셨고 성화시키셨다. 저자는 예수님의 고난의 목적을 간단히 "예수도 자기
피로써 백성을 거룩하게 하려고"라고 간단히 기록한다.

히 13:13. 그런즉 우리도 그의 치욕을 짊어지고 영문 밖으로 그에게 나아가자
(τοίνυν ἐξερχώμεθα πρὸς αὐτὸν ἔξω τῆς παρεμβολῆς τὸν ὀνειδισμὸν
αὐτοῦ φέροντες).

　　히브리서 저자는 "그런즉"(τοίνυν) 곧 '예수도 자기 피로써 백성을 거룩
하게 하려고 성문 밖에서 고난을 받으셨은즉'(앞 절) "우리도 그의 치욕을
짊어지고 영문 밖으로 그에게 나아가자"고 권면한다(11:26; 벧전 4:14).
여기 "우리도"라는 말은 저자를 포함하여 수신자들과 우리 모두를 포함하는
말이다. 그리고 "그의 치욕을 짊어지고"란 말은 '예수님의 치욕을 짊어지자'
는 뜻으로 예수님께서 당하신 수치를 부끄러워말고 짊어지자는 뜻이다.
예수님께 나아가려면 예수님이 지셨던 치욕(십자가)을 지고 그에게 나아가
야 한다는 것이다. 예수님은 자신을 따르려는 성도들에게 "누구든지 나를
따라오려거든...자기 십자가를 지고 나를 따를 것이라"고 하신다(마 16:24).
누구든지 십자가를 지고 예수님을 따라야 한다는 것이다.
　　그리고 "영문 밖으로 그(예수님)에게 나아가자"는 말은 '영문(진)을 버리
고 영문 밖에서 수치를 당하신 그리스도에게 나아가자'는 것이다. 다시
말해 "영문 앞에서 사람들에게 인정받기를 바라던 중생하지 못한 옛 생활로
부터 벗어나 거절과 경멸을 당하고 성문 앞에서 십자가에 못 박히신 그리스
도께로 나아가는 것이다"(휴즈). 유대인들은 '영문'(진)을 거룩한 것으로

여겼고, '영문 밖'을 더럽고 부정한 것으로 여겼다. 그러기에 그리스도께서
영문 밖에서 고난 당하셨다는 사실(12절)은 거룩한 영역에서 제외되셨으며
부정하고 부끄러운 것으로 취급되신 것을 뜻한다(레 13:46; 민 5:2-4; 신
23:11). 그런고로 "영문 밖으로 그에게 나아가자"는 말은 치욕을 당하신
그리스도에게로 나아가자는 뜻이다. 모리스(Leon Morris)는 이에 대하여
"유대인 진영(the camp of Judaism)안에 남아 있는 것은 그리스도와 분리되
어야 하는 것이었다. 여기에 '모세가 항상 장막을 취하여 진 밖에 쳐서
진과 멀리 떠나게 하고 회막이라 이름하니 여호와를 앙모하는 자는 다 진
바깥 회막으로 나아간' 점과 유사점이 있다"고 주장한다.114) 키스테메이커
(Simon Kistemaker)는 "예수님을 택함으로써 유대인들은 유대교를 버리고
출교를 당하고 따돌림을 당하며 때로는 큰 박해를 당한다"고 말한다.115)
"이 편지의 수신자들도 과거에는 "영문 밖으로 나가 그리스도 및 그의 십자
가와 일체가 되었었다. 그러나 지금은 그들의 결심이 약화되어 보다 쉽고
보다 세상이 알아주는 영문 안의 생활을 찾아 되돌아가고 싶은 유혹을 느끼
고 있었다"(휴즈).116) 오늘 우리는 치욕의 십자가를 지신 그리스도에게 매일
나아가야 한다.

전에는 부정하던 영문 밖은 이제 그리스도로 말미암아 거룩하여졌다.
왜냐하면 그리스도께서 영문에서 쫓겨나 영문 밖에서 고난을 당하셨기 때문
이다(Bruce). 이제 우리는 매일 그리스도가 계신 영문 밖으로 나아가야
할 것이다.

---

114) Leon Morris, *Hebrews, James.* p. 151.
115) Kistemaker, *Exposition of the Epistle to the Hebrews,* p. 422.
116) P. E. 휴즈는 영문 밖으로 나아가자는 말에 대해 약간 부차적인 뜻까지 말하고 있다.
즉 "확실히 이 원 독자들에게 있어 '영문 밖으로' 그리스도께 '나아간다'는 것은 오늘날의
우리처럼 중생하지 못한 사회의 타락한 가치체계에서 일탈한다는 의미였으나, 그들의 경우
특별히 그것은 자신들이 교육받은 옛 유대 체계로부터의 이탈, 레위 제사장 및 그 절기와
제사 의존 생활로부터의 독립을 의미하기도 했으며 나아가서는 사해 종파의 추종자들이 품었던
바와 같은 순결한 유대교 회복에 대한 희망을 멀리한다는 의미였을 것이라"고 말한다.

히 13:14. 우리가 여기에는 영구한 도성이 없으므로 장차 올 것을 찾나니(οὐ γὰρ ἔχομεν ὧδε μένουσαν πόλιν ἀλλὰ τὴν μέλλουσαν ἐπιζητοῦμεν).

본 절 초두에는 이유를 말하는 접속사(γὰρ)가 있어 본 절은 저자가 앞(13절)에서 말한바 우리 모두가 "영문 밖으로 그에게 나아가야" 할 이유를 말하고 있다. 우리가 그리스도의 치욕을 짊어지고 영문 밖으로 나아가야 할 이유는 "여기에는 영구한 도성이 없으므로 장차 올 것을 찾기" 때문이라는 것이다(11:10, 16; 12:22; 미 2:10; 빌 3:20). "여기에는"(ὧδε)이란 말은 '도성 안에는' 혹은 '세상에는'이란 뜻이다. 세상에는 우리가 영구하게 살 수 있는 도성이 없고 장차 올 것을 찾아야 하기 때문에 우리는 그리스도에게 나아가야 한다. 세상에는 영구한 도성이 없다. 단지 곧 망할 도시들만 있다. 그런고로 우리는 이 세상에 살면서 장차 올 영원한 도성을 찾아야 하는 것이다(11:10, 16; 12:22). 본문의 "찾나니"(ἐπιζητοῦμεν)란 말은 '간절히 찾는 것'을 지칭한다. "장차 올 것"이란 '천국'을 가리키는 말이다. 우리는 하나님 나라를 간절히 찾아야 한다(고후 5:2). 그러기 위해서 우리는 영문 밖에서 고난당하신 그리스도에게 나아가야 한다. 우리가 그리스도에게 나아가기 위해서는 매일 그리스도의 말씀을 사모하여 읽고 묵상하고 연구해야 하며 또 무시로 기도해야 한다.

히 13:15. 그러므로 우리는 예수로 말미암아 항상 찬송의 제사를 하나님께 드리자 이는 그 이름을 증언하는 입술의 열매니라(δι᾽ αὐτοῦ ((οὖν)) ἀναφέρωμεν θυσίαν αἰνέσεως διὰ παντὸς τῷ θεῷ, τοῦτ᾽ ἔστιν καρπὸν χειλέων ὁμολογούντων τῷ ὀνόματι αὐτοῦ, By him therefore let us offer the sacrifice of praise to God continually, that is, the fruit of [our] lips giving thanks to his name-KJV, Through Jesus, therefore, let us continually offer to God a sacrifice of praise-the fruit of lips that confess his name-NIV).

저자는 "그러므로"(οὖν) 즉 '여기에는 영구한 도성이 없어 장차 올 것을 찾고 있으므로' "우리는 예수로 말미암아 항상 찬송의 제사를 하나님께 드리자"고 권고한다(레 7:12; 시 50:14, 23; 69:30-31; 107:22; 116:17; 엡 5:20; 벧전 2:5). 저자는 천국을 사모하며 살아가야 하는 그리스도인들이 해야 할 두 가지를 말하고 있는데 그 중에 하나가 본 절에 기록되어 있고 또 다른 하나는 다음 절(16절)에 기록되어 있다. 그리스도인들이 해야 하는 일 하나는 "예수로 말미암아 항상 찬송의 제사를 하나님께 드리는" 것이라고 말한다.

여기 "예수로 말미암아"(δι' αὐτοῦ)란 말은 아주 중요하다. 예수님의 단번 희생으로 말미암아 예수님께 희생 제사를 드려야 할 필요는 이미 끝났다. 그렇다면 그리스도인들은 이제 아무 것도 할 필요가 없어졌는가? 아니다. 우리는 영문 밖의 예수님에게 나아가 항상 찬송의 제사를 하나님께 드려야 한다.117) 예수님께서 우리 위해 대속의 죽음을 죽으셨으니 우리는 그리스도의 공로를 힘입어 하나님께 감사하고 찬송해야 한다. 우리는 그리스도를 통하여 하나님께 나아가고 있으니(요 14:6) 우리가 찬송을 드릴 때에도 그리스도를 통하여 드려야 한다. 우리는 이제 물질적인 희생을 하나님께 드리지 않으나 감사 찬송의 제사는 항상 드려야 한다. 예수님께서 단번에 자신을 드리셨으니 우리는 우리의 찬송을 끊임없이 하나님께 드려야 한다. 우리는 말과 행위로 계속해서 하나님께 감사하고 찬양해야 한다(롬 12:1; 살전 5:18; 벧전 2:5). 불평하는 삶은 부끄러운 삶이다.

저자는 "이는 그 이름을 증언하는 입술의 열매니라"고 말한다(하반 절은 호 14:2의 인용이다). 즉 '감사와 찬송은 하나님을 증언하는 입술의 열매'라는 것이다(잠 10:31; 12:14; 13:2; 18:20 참조). 호세아 선지자는 호 14:2에서 "너(이스라엘 민족)는 말씀을 가지고 여호와께로 돌아와서 아뢰기를 모든 불의를 제거하시고 선한 바를 받으소서 우리가 수송아지를 대신하여 입술의 열매를 주께 드리리이다"라고 권한다. 호세아는 이스라엘 민족으로 하여금

---

117) Simon Kistemaker, *Exposition of the Epistle to the Hebrews*, p. 423.

하나님께로 돌아와서 기도하라고 권한다. 기도 내용은 "모든 불의를 제거하
시고 선한 바를 받으소서 우리가 수송아지를 대신하여 입술의 열매를 주께
드리리이다"이다. 하나님을 증언하는 사람이 맺어야 할 입술의 열매는 찬송
인 것이다. 왜냐하면 하나님을 증언하는 사람이라면 하나님의 엄청난 사랑과
권능을 알고 또 우리를 구원하시기 위해 독생자를 보내서서 우리 위해 대속
의 죽음을 죽게 하신 사실을 전하게 되니 그 입술에는 자연스럽게 하나님을
향한 감사와 찬송이 있기 때문이다. 만약 감사가 없고 찬송이 없다면 하나님
의 위대함과 사랑을 알지 못하는 사람인 것이고, 또 하나님을 전하지 않는
사람인 것이다. 그렇기에 성도야말로 이 세상에서 자기 삶 깊은 곳에서
전심으로 주를 향한 끝없는 감사와 찬양을 올려드릴 수 있는 비밀의 특권을
가진 자들이 된다.

**히 13:16. 오직 선을 행함과 서로 나누어 주기를 잊지 말라 하나님은 이같은
제사를 기뻐하시느니라**(τῆς δὲ εὐποιίας καὶ κοινωνίας μὴ ἐπι-
λανθάνεσθε· τοιαύταις γὰρ θυσίαις εὐαρεστεῖται ὁ θεός).

천국을 사모하며 살아가야 하는 그리스도인들이 해야 할 일 또 한 가지
(하나는 15절에 있다)는 "오직 선을 행함과 서로 나누어 주기를 잊지 말라"는
것이다(롬 12:13). "선을 행하는 것"과 "서로 나누어 주는 것"은 같은 것을
말하는 것으로 선을 행하는 것은 좀 더 넓은 의미에서 말한 것이고 서로
나누어주는 것은 구체적으로 지적해서 말한 것이다. 우리는 사람에게 모든
선을 행해야 하고 또 구제도 해야 한다(행 2:42; 롬 15:26; 고후 8:4; 9:13;
빌 4:15). 앞(15절)에서 말한 찬송은 하나님께 대한 것이고, 본 절에서 말한바
서로 나누어주는 것은 사람에 대한 것이다. 이 두 가지는 반드시 같이 실천되
어야 한다.

저자는 "하나님은 이 같은 제사를 기뻐하시느니라"고 말한다.118) 하나님

---

118) "제사": Sacrifice. 하나님을 예배하기 위한 구약시대의 종교의식, 또는 그 행사를 지칭한
다. 제사는 인류 역사와 함께 가장 오랜 인간 본질의 발로에서 온 종교의식의 하나로서, 이미

께서는 "이 같은 제사" 즉 '선을 행함과 서로 나누어 주는 것'을 기뻐하신다는 것이다(6:10; 고후 9:12; 빌 4:18). 앞 절에서는 찬송을 제사라 했고 본 절에서는 선을 행하는 것과 구제하는 것을 제사라 한다. 초대교회 성도들은 사도의 가르침을 받고 예배하고 교제하고 기도하는 일에 전념해서 하나님께 대한 사랑을 보였고(행 2:42), 또 자기들이 가진 것을 서로 나누어줌으로 형제에 대한 사랑을 보여주었다(행 4:32). 그래서 초대 교회 공동체 안에는 가난한 사람이 하나도 없었다(행 4:34). 초대 교회 성도들은 주님께 대한 사랑을 형제 사랑으로 실천했다. 이 두 가지, 즉 하나님 사랑, 형제 사랑은 함께 가야 한다(고후 8:3-4). 그러나 수신자 공동체는 가난한 자 구제를 게을리 했던 것으로 보인다(13:2). 누구보다도 하나님을 찬송하는 사람들은 가난한 자들에 대한 마음 담긴 실천을 등한히 해서는 안 된다.

3. 지도자들에게 순종하라 13:17

저자는 앞(7-8절)에서 지도자들의 믿음을 본받으라 권하고, 또 지도자들의 교훈을 본받으라(9-16절)고 권한 다음 이제 본 절(17절)에서는 지도자들에게 순종하라고 권한다. 본 절의 지도자는 지금 살아서 성도들을 지도하는 지도자들을 지칭하고, 7절에서 말한 지도자들은 이미 순교한 지도자들이었다. 이렇게 저자가 지도자들에게 순종하고 복종하라고 권하는 이유는 당시 수신자들 중에는 배교의 기운이 있었기 때문이었을 것으로 보인다(2:1-4; 3:7-12; 5:11-6:12; 10:23-29; 12:12-17, 25-29).

히 13:17. 너희를 인도하는 자들에게 순종하고 복종하라 그들은 너희 영혼을

모세 이전 아벨과 가인의 제사가 있었고(창 4:3-4), 이스라엘 이외의 바벨론과 애굽에도 있었다. 제사의 종류로는 구약의 율법에는, 그 목적과 의의에 따라, 번제(레 6:8f), 상번제(민 28:3; 스 3:5), 화제(민 28:1이하), 속죄제(레 4:1f), 화목제(레 3:1f), 속건제(레 5:14f; 7:1f), 요제 및 거제(레 7:30f) 등의 종류가 정해져있다. 이 밖에도 소제(곡물 등의 식물로서의 제사, 레 2:1f), 관제(포도주-출 29:40; 레23:13f)등도 있다. 본 절에는 신약의 제사로 하나님께 드리는 찬송, 사람에게 선을 행하는 구제를 제사로 규정하고 있다.

위하여 경성하기를 자신들이 청산할 자인 것 같이 하느니라 그들로 하여금 즐거움으로 이것을 하게 하고 근심으로 하게 하지 말라 그렇지 않으면 너희에게 유익이 없느니라(Πείθεσθε τοῖς ἡγουμένοις ὑμῶν καὶ ὑπείκετε, αὐτοὶ γὰρ ἀγρυπνοῦσιν ὑπὲρ τῶν ψυχῶν ὑμῶν ὡς λόγον ἀποδώσοντες, ἵνα μετὰ χαρᾶς τοῦτο ποιῶσιν καὶ μὴ στενάζοντες· ἀλυσιτελὲς γὰρ ὑμῖν τοῦτο, Obey them that have the rule over you, and submit yourselves: for they watch for your souls, as they that must give account, that they may do it with joy, and not with grief: for that [is] unprofitable for you-KJV).

저자는 "너희를 인도하는 자들에게 순종하고 복종하라"고 말한다(7절; 빌 2:29; 살전 5:12; 딤전 5:17). 여기 "순종하라"는 말과 "복종하라"는 말은 동의어인데 "순종하라"(Πείθεσθε)는 말은 '인도자의 가르침에 설득되어 순복하는' 것을 뜻하고 "복종하라"(ὑπείκετε)는 말은 '완전히 굴복하라'는 뜻으로 두 낱말을 겹쳐놓아 뜻을 강조하고 있다.

지도자들의 인도에 복종해야 할 이유는 "그들은 너희 영혼을 위하여 경성하기를 자신들이 청산할 자인 것 같이 하기" 때문이라고 한다(겔 3:17; 33:2, 7; 행 20:26, 28). 즉 '인도자들은 수신자들의 영혼119)을 위하여 경성하기를 자신들이 하나님 앞에서 회계할 자인 듯이 하기' 때문이라는 것이다. 여기 "경성 한다"(ἀγρυπνοῦσιν)는 말은 현재 동사로 '그리스도의 재림을 기다리는 태도로 계속해서 깨어 있음'을 뜻한다. 그들은 마치 자신들이 하나님 앞에서 청산할 것 같이 한다는 것이다. 다시 말해 일반 성도들이 죄에 대해 벌 받을 것을 마치 자신들이 대신 받을 것처럼 깨어서 성도들의 영혼을 돌보는 고로 성도들은 그들에게

---

119) 오늘날 전도자들 중에는 사람들의 영혼을 위하여 사역하지 않고 육신을 위하여 사역하는 사람들이 많이 있는 것 같다. 다시 말해 사람들의 번영을 위해 사역하는 종들이 많이 있는 것 같다. 그래서 번영 신학이라는 말도 생겼다. 우리는 사람들의 영혼구원을 위해 수고해야 할 것이다. 영혼을 위해 수고하다가 보면 하나님께서 사람들에게 번영을 주시기도 하지 않는다. 우리의 중심을 사람들의 영혼 구원에 두어야 할 것이다.

복종해야 한다는 것이다.

저자는 수신자들에게 "그들로 하여금 즐거움으로 이것을 하게하고 근심으로 하게 하지 말라"고 권한다. 즉 '인도자들에게 순종하고 복종하여 인도자들로 하여금 즐거움으로 성도들을 인도하게 하고 근심으로 하게 하지 말아야 한다'고 말한다. 인도자들의 인도에 즐거움으로 순종하면 인도자들도 즐거움으로 인도하게 되는데 만약 성도들이 불평하고 거역하면 지도자들은 근심하게 되어 지도자와 피지도자 간에 불협화음이 조성되어 공동체가 맥이 풀리게 마련이다.

저자는 "그렇지 않으면 너희에게 유익이 없느니라"고 말한다. 즉 '지도자들에게 즐거움으로 복종하지 않으면 성도들에게 유익이 없다'는 것이다. 말씀으로 인도하는 지도자들에게 복종하지 않으면 하나님 말씀에 복종하지 않는 것이니 성도들에게 은혜도 없고 하나님으로부터 징계가 있게 된다. 우리는 교회의 교역자들에게 참으로 순종하고 복종해야 한다.

C. 기도해 주기를 부탁한다   13:18-19

저자는 앞(17절)에서 교회의 지도자들에게 순종하고 복종하라고 권한 후 이 부분(18-19절)에서는 자신을 위해 기도해 주기를 부탁한다. 기도 내용은 더 빨리 수신자들에게 돌아가기 위함이라고 한다.

히 13:18. 우리를 위하여 기도하라 우리가 모든 일에 선하게 행하려 하므로 우리에게 선한 양심이 있는 줄을 확신하노니(Προσεύχεσθε περὶ ἡμῶν· πειθόμεθα γὰρ ὅτι καλὴν συνείδησιν ἔχομεν, ἐν πᾶσιν καλῶς θέλοντες ἀναστρέφεσθαι, Pray for us: for we trust we have a good conscience, in all things willing to live honestly-KJV, 우리를 위하여 기도해 주십시오. 우리는 양심에 거리끼는 것이 하나도 없다고 확신합니다. 우리는 모든 일에 바르게 처신하려고 합니다-표준 새 번역).

저자는 수신자들에게 "우리를 위하여 기도하라"고 부탁한다(롬 15:30;

엡 6:19; 골 4:3; 살전 5:25; 살후 3:1). 여기 "우리"란 말은 문법적으로는 복수이지만 의미상으로는 복수로 보기 보다는 저자 자신을 지칭하는 단수로 볼 것이다. 다음 절에 단수가 나오는 것을 보면 본 절의 "우리"는 저자 한 사람을 지칭하는 것으로 보인다. 기도해 주기를 부탁하고 또 기도해 주는 것은 초대 교회의 미풍이었다(롬 15:30; 빌 1:9; 골 1:3, 9; 살전 5:25; 살후 3:1). 오늘 우리 모두도 기도해 주기를 부탁하며 또 기도해 주어야 할 것이다.

저자는 수신자들에게 기도해 달라고 부탁하는 이유(γὰρ)를 말한다. 즉 "우리가 모든 일에 선하게 행하려 하므로 우리에게 선한 양심이 있는 줄을 확신한다"고 말한다(행 23:1; 24:16; 고후 1:12). '저자 자신이 모든 일에 선하게 행하려 하므로 저자 자신에게 선한 양심이 있는 줄 확신한다'는 것이다. 다른 성도들에게 기도해 달라고 부탁할 수 있는 이유는 선한 양심[120] 이 있어서 선하게 행하게 하려고 노력하기 때문이다. 사람은 실제로 선한 양심이 아니고 또 선한 일을 하려는 양심이 없다면 다른 이들에게 기도를 부탁할 수가 없다. "양심"이란 하나님께서 우리에게 보내신 행위의 심판자이다. 우리는 선한 양심을 가지고 선한 행위를 하여 다른 이들에게 거리낌이 없어야 한다.

히 13:19. 내가 더 속히 너희에게 돌아가기 위하여 너희가 기도하기를 더욱 원하노라(περισσοτέρως δὲ παρακαλῶ τοῦτο ποιῆσαι, ἵνα τάχιον ἀποκατασταθῶ ὑμῖν, But I beseech [you] the rather to do this, that I may be restored to you the sooner-KJV).

저자가 수신자들에게 기도해 주기를 원하는 내용을 제공한다. 막연히 기도해 달라는 것이 아니라 더 속히 수신자 공동체에 돌아가기 위해 수신자 들이 기도해주기를 더욱 원한다는 것이다(몬 1:22). 롬 15:32 주해 참조.

---

120) "선한 양심"이란 말은 본 절에만 나오나 동의어인 "착한 양심"(행 23:1; 딤전 1:19; 벧전 3:16), "맑은 양심"(딤전 3:9; 딤후 1:3)이란 말은 많이 나타난다.

저자가 수신자 공동체에 가는데 무엇인가 어려움이 있었기에 이렇게 더
속히 수신자들에게 돌아가기 위하여 기도를 부탁한 것이다. 오늘 우리는
모든 것을 기도로 해결해야 할 것이다.

D. 저자의 기도 13:20-21

수신자들에게 기도해 주기를 부탁한 저자는 자신이 친히 수신자들을
위해 기도한다. 저자는 먼저 기도의 대상을 말하고(20절), 기도의 내용을
말하며(21a), 송영으로 끝낸다(21b).

**히 13:20. 양들의 큰 목자이신 우리 주 예수를 영원한 언약의 피로 죽은
자 가운데서 이끌어 내신 평강의 하나님이**('O δὲ θεὸς τῆς εἰρήνης, ὁ
ἀναγαγὼν ἐκ νεκρῶν τὸν ποιμένα τῶν προβάτων τὸν μέγαν ἐν αἵματι
διαθήκης αἰωνίου, τὸν κύριον ἡμῶν Ἰησοῦν, Now may the God of peace
who brought again from the dead our Lord Jesus, the great shepherd
of the sheep, by the blood of the eternal covenant-RSV).

본 절을 해석함에 있어서는 부득이 헬라어 원어의 어순을 따른 것을
말해둔다. 저자는 본 절에서 기도의 대상으로 "평강의 하나님"(롬 15:33;
살전 5:23)을 언급한다. 저자는 기도하는 자신의 마음에 "평강"을 주신 하나
님에게 수신자들을 위해 기도한다. 평강은 언제나 하나님으로부터 온다.
하나님은 수신자 공동체로부터 불신과 의견 차이를 추방하실 수 있으신
평화의 조성자이시다. 하나님은 수신자들에게 평화를 주셔서 수신자들이
다른 이들에게 평화를 줄 수 있게 하시는 분이시다. 저자가 "평강의 하나님"
이라고 쓴 것은 수신자 공동체 안에 배교의 위험과 지도자들과의 불협화음이
있음을 암시한다(Bruce, Morris). 바울은 "평강의 하나님"이란 말을 그의
축도 속에 자주 넣었다(롬 15:33; 16:20; 고후 13:11; 빌 4:9; 살전 5:23;
살후 3:16). 우리는 평강의 하나님께 기도하여 우리도 평강의 삶을 살고
다른 이들에게도 평강이 임하도록 해야 할 것이다.

저자는 기도의 대상으로 하나님을 언급하면서 하나님을 "죽은 자 가운데서 (예수님을) 이끌어 내신" 분이라고 말한다(행 2:24, 32; 롬 4:24; 8:11; 고전 6:14; 15:15; 고후 4:14; 갈 1:1; 골 2:12; 살전 1:10; 벧전 1:21). 예수님의 부활에 대한 교훈은 우리의 신앙에 기본적인 것이다. 이 이상 중요한 교리는 없다고 보아야 한다. 사도들의 전도 내용에 있어서 핵심은 바로 그리스도의 십자가와 부활이다(행 1:22). 바울 사도는 다른 사도들처럼 예수님의 직접 제자는 아니었지만 다메섹 도상에서 부활하신 예수님을 만난 다음 제자가 되었다. 히브리서 저자는 그의 축도에서 그리스도의 부활을 한번 언급한다. 그리고 그는 1:3에서 그리스도께서 승천하셔서 하나님 우편에 계신 것을 말하여 간접적으로 그리스도의 부활을 언급한다. 그리고 그는 4:14("우리에게 큰 대제사장이 계시니 승천하신 이 곧 하나님의 아들 예수시라 우리가 믿는 도리를 굳게 잡을지어다")에서 간접적으로 그리스도의 부활을 언급한다. 그는 수신자 공동체 회원들이 예수님께서 부활 승천하신 줄 이해하고 있을 것이라고 믿고 히브리서를 쓴다. 그는 또 6:2("세례들과 안수와 죽은 자의 부활과 영원한 심판에 관한 교훈의 터를 다시 닦지 말고 완전한 데로 나아갈지니라")에서는 직접적으로 그리스도의 부활을 언급한다. 그러므로 저자는 하나님께서 그리스도를 부활시키신 것을 축도에서 말하게 된 것이다.

저자는 예수님을 언급함에 있어 "양들의 큰 목자"라고 말한다(사 40:11; 겔 34:23; 37:24; 요 10:11, 14; 벧전 2:25; 5:4). 예수님은 자신이 목자라고 말씀하신 적이 있었다(요 10:11). 베드로는 예수님을 목자장이라고 묘사하고 있다(벧전 5:4). 큰 목자께서 그의 양들을 위하여 피를 흘리셔서 그들을 구원해 주셨다. 여기 "큰"(τὸν μέγαν)이란 말은 예수 그리스도의 비교할 수 없을 정도의 우월성을 나타내기 위한 말이다(4:14; 10:21).

그리고 저자는 하나님께서 예수님을 부활시키심에 있어 "영원한 언약의 피로"(by the blood of the eternal covenant) 부활시키셨다고 말한다(10:22; 슥 9:11). "영원한 언약의 피"란 말은 아주 중요한 말이다. 하나님은 선지자

들, 곧 이사야, 예레미야, 에스겔 등을 통하여 그의 백성들과 영원한 언약을
세우시겠다고 선포하셨다(사 55:3; 61:8; 렘 32:40; 50:5; 겔 16:60; 37:26).
이 언약은 영원한 것인데 이유는 메시아의 피, 정확히 말해서 메시아의
피로 인을 쳤기 때문이다.[121] 하나님께서 그의 백성과 세우신 언약은 영원히
있을 것이다. 그 언약은 단번에 흘리신 그리스도의 피로 인을 친 것이다
(10:10). 다시 말해 "영원한"이란 말은 예수님의 속죄 사역이 영원한 효력이
있음을 말하는 것이다(1:8; 5:6, 9; 6:20; 9:12, 14, 15; 10:12, 14). 레온
모리스(Leon Morris)는 "부활은 '영원한 언약의 피'와 연관되어 있다(사
55:3; 슥 9:11 참조). 언약 사상이 끝까지 지속되는 것을 관찰하는 것은
흥미로운 일이다. 히브리서의 중심 사상 중 하나는 언약 사상이다. '영원한'
이란 형용사는 이 언약이 구약을 대치한 것처럼 다른 것에 의해 결코 대치되
지 않을 것이라는 점을 명백히 밝히고 있다. 이 언약은 그 효력에 있어
영원하다. 이 언약은 피에 의해서 이루어졌다. 저자는 결코 그 사실을 잊지
않고 있다. 저자에게는 그리스도의 죽음이 가장 중요한 것이다. 동시에 저자
가 언약을 그리스도의 부활과 연계시킨 것은 저자의 마음속에는 죽은 그리스
도가 아니라 언약을 이루시기 위해 피를 흘리셨을지라도 영구히 살아 있는
그리스도를 마음에 두고 있음을 보여준다"고 말한다.[122]

**히 13:21. 모든 선한 일에 너희를 온전하게 하사 자기 뜻을 행하게 하시고
그 앞에 즐거운 것을 예수 그리스도로 말미암아 우리 가운데서 이루시기를
원하노라 영광이 그에게 세세무궁토록 있을지어다 아멘**(καταρτίσαι ὑμᾶς
ἐν παντὶ ἀγαθῷ εἰς τὸ ποιῆσαι τὸ θέλημα αὐτοῦ, ποιῶν ἐν ἡμῖν τὸ
εὐάρεστον ἐνώπιον αὐτοῦ διὰ Ἰησοῦ Χριστοῦ, ᾧ ἡ δόξα εἰς τοὺς αἰῶνας
((τῶν αἰώνων)), ἀμήν, Make you perfect in every good work to do his
will, working in you that which is wellpleasing in his sight, through

---

121) Simon Kistemaker, p. 430.
122) Leon Morris, *Hebrews, James.* p. 155.

Jesus Christ; to whom [be] glory for ever and ever. Amen-KJV, equip you with everything good that you may do his will, working in you that which is pleasing in his sight, through Jesus Christ; to whom be glory for ever and ever. Amen-RSV).

저자는 앞(20절)에서 기도의 대상이 누구인가를 말하고 본 절 상반 절 (21a)에서는 기도의 내용을 열거한다. 기도의 내용은 두 가지이다. 하나는 저자가 "평강의 하나님께서"(앞 절) "모든 선한 일에 너희를 온전하게 하사 자기 뜻을 행하게" 해주시라고 기도한 것이다(살후 2:17; 벧전 5:10). 그런데 여기 "모든 선한 일"이 무엇인가를 두고 몇 가지 견해가 있다. 1) 혹자는 하나님 자신에 의해 주어지는 '하나님의 말씀'이라고 해석한다. 2) 혹자는 '윤리적인 선한 행위'라고 주장한다. 즉 윤리적인 선한 행위가 하나님의 뜻을 성취하는 것이라고 해석한다. 3) 혹자는 '하나님의 선한 선물'로 해석한다. 즉 저자는 본문에서 하나님께서 수신자 공동체가 필요로 하는 모든 것을 은혜로 공급하여 주셔서 온전하게 함으로 하나님 자신의 뜻을 행할 수 있도록 해주시기를 기도하고 있다는 것이다(마 7:11; 눅 1:53; 갈 6:6; 약 1:17, Lane, Morris). 이들 해석 중에서 1번과 2번은 취하기 어려운 해석이고, 3번은 그럴듯하지만 문제가 있다. 저자가 과연 수신자 공동체 회원 모두가 하나님의 선한 선물로 구비되어야 하나님의 뜻을 행하게 될 수 있다고 믿었을까 하는 것이다. 선한 선물들로 구비되어도 하나님의 뜻을 행할 수 없을 수도 있는 것이니 3번의 해석은 그냥 받기 어려워 보인다. 3번의 해석은 여러 번역판의 영향을 받은 것으로 보인다. 여러 번역들(NIV, NASB, RSV)은 "하나님의 선한 선물로 구비되기를"(equip you with everything good)이라고 번역하고 있다. 3번의 해석은 저자의 뜻을 정확하게 나타낸 것 같지 않다.

그러므로 우리는 히브리서 저자가 '모든 선한 일을 능히 감당할 수 있는 온전한 사람이 되어 하나님의 뜻을 행하게' 해주십사 하는 기도를 한 것으로 본다. 우리는 "모든 선한 일에 너희를 온전하게 하사"(KJV, NKJV, ASV,

NRSV, YLT, DBY, BBE, Webster, WEB, 한글개역, 개역개정판)라는 번역
들을 따라야 할 것이다(빌 2:13). 기독교인이라면 모든 선한 일을 능히 감당
할 수 있는 사람이 되어야 하는데 저자는 수신자들 모두가 그런 사람들이
되어 하나님의 뜻, 즉 모든 선한 일을 능히 감당 하는 사람이 되게 해 달라고
기도하고 있다. 선한 일은 사람의 힘으로 감당할 수가 없다. 그런고로 우리는
하나님께 기도하여 모든 선한 일을 잘 감당하여 하나님의 뜻을 이룰 수
있는 사람이 되어야 한다.

저자의 또 하나의 기도는 "그 앞에 즐거운 것을 예수 그리스도123)로
말미암아 우리 가운데서 이루시기를" 기도한다. 저자는 '수신자들이 하나님
앞에 즐거운 것, 하나님께서 기뻐하시는 것을 예수 그리스도의 힘을 입어
수신자 공동체 안에서 이루어지기를' 위해 기도한다. 예수 그리스도는 성도
들을 통해 하나님께서 기뻐하시는 일을 이루시기 원한다. 우리는 예수 그리
스도를 통하여 하나님께서 무엇을 기뻐하시는지 알아야 하고 또 그리스도께
힘을 구하여 하나님께서 원하시는 일을 이루어야 할 것이다.

저자는 기도를 드리고 난후 "영광이 그에게 세세무궁토록 있을지어다
아멘"이라고 기록한다(갈 1:5; 딤후 4:18; 계 1:6). "영광이 그에게 세세무궁
토록 있을지어다"(to whom be glory for ever and ever)라는 말은 '영광이
하나님에게 세세무궁토록 있을지어다'라는 뜻이다. 혹자는 '영광이 예수님
에게 세세무궁토록 있을지어다'라고 해석하는 수가 있으나(Morris,
Kistemaker, 딤후 4:18; 벧후 3:18; 계 1:6; 4:11), 저자가 "평강의 하나님
께"(20절) 기도한 것으로 보아 '영광이 하나님에게 세세 무궁토록 있을지어
다'라고 해석하는 것이 더 바람직스러울 것 같다(Bruce, Lane, 롬 11:36;
16:27; 엡 3:21; 빌 4:20; 딤전 1:17; 벧전 4:11; 유 1:25; 계 5:13).

여기 "영광124)이 하나님에게 세세토록 있을지어다"란 말은 '하나님의

---

123) "예수 그리스도"(10:10; 13:8 주해 참조)란 예수님의 공적 칭호이다. '예수는 그리스도시
다'는 뜻이다. 저자는 자주 "예수"(2:9; 3:1), "주 예수"(13:20), "하나님의 아들"(1:2; 4:1), "그리스
도"(6:1)란 칭호를 사용해왔다.
124) "영광"(Glory): 하나님의 완전성, 탁월성, 임재를 표현하기 위해 특별히 사용되는 용어.

완전하심, 탁월하심, 위대하심, 임재가 영원하기를' 기원하는 말이다. 하나님
의 완전하심, 탁월하심, 위대하심은 우리가 기원하지 않아도 세세토록 존재
하는 것은 사실이나 우리로서는 영광이 영원무궁토록 있기를 소원해야 한다.
사도들이나 히브리서 저자나 혹은 많은 성도들의 기원의 덕에 힘입어 오늘
우리까지도 하나님께서 영광스런 분인 줄 알게 된 것이다. 우리도 역시
이 송영을 말해야 할 것이다.

VIII. 결어(結語)와 축도   13:22-25
    저자는 앞(20-21절)에서 기도를 마치고, 이제 남은 말을 전하고(22-23
절), 문안하며(24절), 축도한다(25절)

    A. 사적(私的)인 말들   13:22-23
히 13:22. 형제들아 내가 너희를 권하노니 권면의 말을 용납하라 내가 간단히
너희에게 썼느니라(Παρακαλῶ δὲ ὑμᾶς, ἀδελφοί, ἀνέχεσθε τοῦ λόγου
τῆς παρακλήσεως, καὶ γὰρ διὰ βραχέων ἐπέστειλα ὑμῖν, And I beseech

---

이 말은 일반에는,"레바논의 영광"(사 35:2), "솔로몬의 모든 영광"(마 6:29)등에서 보는 대로,
사물이나 인간의 뛰어난 것, 선미한 것, 빛나는 것 등을 말하는 데도 사용되는데, 주로 하나님의
나타나심, 임재, 이에 대해 하나님을 찬양함에 사용된다. 구약에 있어서는, 하나님은 시내산을
덮는 구름, 이스라엘의 성막위에 머문 구름에 의해 친히 그 임재를 보여주시고, 그 영광을
나타내셨다(출 24:16; 40:35). 그것은 또한 하나님의 은혜, 선, 긍휼하심의 계시인데, 피조물인
인간은, 이 하나님을 직접 볼 수가 없으므로, 다만 그 영광을 간접적으로 우러러 본다(출
33:17-23). 그리고 영광에 접할 때, 사람은 그 광채에 감탄하고(시 111:2-3), 스스로의 죄를 통회하
며(수 7:19), 하나님을 전심으로 찬양한다(시 29:1-2; 66:2). 신약에 있어서는, 예수 그리스도야말
로 "아버지의 독생자의 영광"이시고(요 1:14), "하나님의 영광의 광채시요 그 본체의 형상"(참된
모습)이시다(히 1:3). 특히 그리스도의 부활은, 하나님의 영광의 나타나심이고(롬 6:4), 이에
계속된 승천도 그러한데(행 1:9"구름"), 십자가도 또한 죄에 대한 승리로서 영광을 드러내고
있다(요 12:23). 다시 이 영광은, 그리스도를 믿는 자가 장차 입게될 것을 대망하는 하나님의
은사이시다(롬 5:2). 고난을 통하여 영광에 들어가신 그리스도를 믿는 자는(눅 24:26; 히 2:10)
그리스도에 인도되어, "그와 함께 영광을 받기 위하여 고난도 함께 받고" 있는 것이다(롬 8:17).
이러한 영광의 소망을 가지고 사는 신자의 생애는, 무슨 일에 있어서나, 하나님께 영광을 돌려야
할 것이다(고전 6:20; 10:31; 빌 3:21). "영광"으로 번역된 원어는 많이 보이는데, 구약에 있어서는
"카보드"가 대표적이다. 이 말은 원래 "무게"를 의미하고 있었는데, "중요성, 가치 있는 것"을
표현하고, 다시 "영광"을 가리키게 되었다(창 49:6; 출 16:7; 레 9:6; 민 14:10; 신 5:24 등).

you, brethren, suffer the word of exhortation: for I have written a letter
unto you in few words-KJV).

히브리서 저자는 마지막으로 "형제들아"라는 애칭을 사용하여 자신이
하고자 하는 말을 받아드리기를 원한다(3:1, 12; 10:19 주해 참조). 저자는
"내가 너희를 권하노니 권면의 말을 용납하라"고 말한다. 여기 "권면의
말"(τοῦ λόγου τῆς παρακλήσεως)이란 '설교'(행 13:15; 15:32)란 뜻으로
(Bruce, Morris, Kistemaker, Lane) 저자가 지금까지 말한 히브리서 전체를
지칭한다. 그러니까 히브리서 전체의 말은 책망의 말이라기보다는 설교처럼
권하는 말이라는 것이다. 저자는 히브리서 전체의 권면의 말을 받아달라고
권한다.

저자는 "권면의 말을 용납하라"고 말한 다음 그 이유를 하반 절에 붙인다.
즉 "내가 간단히 너희에게 썼기" 때문이라고 한다. 보통 사람 보기에 히브리
서는 긴 서신으로 보이는데 저자는 "간단히 썼다"고 말한다(벧전 5:12).
아마도 서신의 내용 자체는 많아도 글은 간략히 썼다는 표현일 것이다(5:11;
9:5; 11:32에도 간략히 썼다는 표시를 하고 있다). 저자는 "간단히 썼다"고
말할 때 "편지"(letter)라는 낱말을 사용한다. 그런고로 저자는 신학적인
논문을 쓴 것이 아님을 알 수 있다. 그저 한 자리에 앉아서 읽을 수 있는
편지를 쓴 것이다. 더욱이 마지막 인사하는 부분을 볼 때 편지임을 분명히
밝히고 있다.

**히 13:23. 우리 형제 디모데가 놓인 것을 너희가 알라 그가 속히 오면 내가
그와 함께 가서 너희를 보리라**(Γινώσκετε τὸν ἀδελφὸν ἡμῶν Τιμόθεον
ἀπολελυμένον, μεθ' οὗ ἐὰν τάχιον ἔρχηται ὄψομαι ὑμᾶς).

저자는 남은 말 중에서 또 한 마디를 한다. 그것은 "우리 형제 디모데가
놓인 것을 너희가 알라 그가 속히 오면 내가 그와 함께 가서 너희를 보리라"
는 말이다(살전 3:2; 딤전 6:12). 저자는 수신자들에게 "우리 형제 디모데가
놓인 것을 너희가 알라"고 말한다. "우리 형제 디모데"란 말은 바울의 동역자

디모데[125](고후 1:1; 골 1:1; 살전 3:2; 몬 1:1)가 히브리서 저자의 형제가됨을 보여준다.[126] 저자가 디모데에 대해 언급하는 것은 수신자들도 디모데를 잘 알고 있었기 때문이었다.

여기 디모데가 "놓인 것"(ἀπολελυμένον)이란 말은 현재완료 분사 수동형으로 과거에 놓여서 지금도 놓인 상태에 있는 것을 지칭하는 말이다. 그런데 "놓인 것"이 무엇을 뜻하는 것인가를 두고, 1) 어떤 사명을 받고 보냄 받은 것을 지칭할 수도 있다는 견해도 있고(행 13:3, E. D. Jones, Bruce), 2) 감옥에서 놓인 것을 지칭한다는 견해도 있다(Alford, Bengel, Arthur Pink, Kistemaker, 박윤선, 이상근, 박형용). 이 두 견해 중에서 2번 견해가 더 바를 것으로 보인다. 이유는 저자가 디모데가 놓인 기쁜 소식을 전해주려는 것을 보면 여기 "놓인 것"이란 말이 감옥에서의 석방으로 보인다. 성경은 디모데가 감옥에 갇혔다는 보고를 하지 않는다. 그러나 본문은 디모데가 기독교 변증을 위해서 언제인가 감옥에 갇혔던 것을 암시하고 있다. 수신자들은 디모데의 투옥을 염려하고 있었다. 저자는 수신자들에게 디모데의 석방 소식을 알려주고 싶어 본문을 기록한 것으로 보인다.

저자는 또 한 가지를 알려주려고 노력한다. 즉 "그(디모데)가 속히 오면 내가 그와 함께 가서 너희를 보리라"고 알려준다. 디모데가 저자에게 속히 오는 경우 디모데와 함께 수신자 공동체에 가서 성도들을 보게 될 것이라고 말한다. 이것도 역시 기쁜 소식이 아닐 수 없다. 저자는 수신자들을 사랑하고 있었다. 그런데 이제 그곳에 가서 볼 것이라고 말한다. 저자는 얼굴과 얼굴을 맞대고 만나기를 간절히 원하고 있다.

---

125) 초대 기독교 문헌에는 오직 바울의 동역자만이 "디모데"란 이름을 지니고 있다(Simon, Kistemaker, p. 435).

126) 박윤선박사는 "여기 '우리 형제 디모데'라고 한 것은 본서의 저자가 누구인지 대략 추측하게 한다. 그가 바울이라면 문서의 끝 인사란에서는 그저 '디모데'라고 하였을 것인데 '형제'란 말을 부가한 것을 보면 본서의 저자가 바울이 아니고 그의 제자급에 속한 사람으로 추측된다"고 주장한다(박윤선, *히브리서, 공동서신*, p. 240).

B. 마지막 인사와 축도 13:24-25

**히 13:24. 너희를 인도하는 자들과 및 모든 성도들에게 문안하라 이달리야에
서 온 자들이 너희에게 문안하느니라**('Ασπάσασθε πάντας τοὺς
ἡγουμένους ὑμῶν καὶ πάντας τοὺς ἁγίους. ἀσπάζονται ὑμᾶς οἱ ἀπὸ
τῆς 'Ιταλίας).

본문을 다시 번역해 보면 "너희의 모든 인도자들과 모든 성도들에게
문안하라"고 번역된다(7절, 17절). 저자는 7절과 17절에 언급한 지도자들
과 또 수신자 공동체의 모든 성도들에게 문안하라고 말한다. 본서는 사신
(私信)이 아니고 공한(公翰)이기에 이처럼 교회의 모든 지도자들과 성도
들에게 문안해 달라고 말한다. 저자는 수신자들이 누구이든 모든 지도자
들과 모든 성도들에게 문안인사를 해달라고 함으로써 서로 더 가까워지게
하고 있다. 오늘 우리도 다른 성도들에게 그리스도의 이름으로 인사를
해야 한다.

저자는 또 함께 있는 성도들의 문안도 전하고 있다. 즉 "이달리야에서
온 자들이 너희에게 문안한다"고 말한다. "이달리야에서 온 자들"(οἱ ἀπὸ
τῆς 'Ιταλίας)이란 헬라어는 그 뜻이 모호하다. 당시 수신자들은 이것이
무엇을 의미하는지 분명히 알았겠지만 오늘날 그 당시의 배경을 모르는
우리로서는 이것이 무엇을 의미하는지 정확하게 알 수는 없다. 문자적 의미
는 '이달리야 출신의 사람들'이라고 번역된다. 이 표현이 문제가 되는 것은
"그들이 타국에서 살고 있는 이달리야 사람들인지 아니면 이달리야 국내에
서 살고 있는 사람들인지 모호하다. 이 낱말들은 두 가지 의미가 가능하
다"(Morris).[127] 이 문제를 해결하기 위하여 키스테메이커(Kistemaker)는
말하기를 "이 표현은 두 가지 의미로 볼 수 있다. 첫째는 저자가 로마에
있으면서 이탈리야 밖에 살고 있는 그리스도인의 삶을 살고 있는 그룹에게
편지하는 것으로 볼 수 있다. 저자는 이탈리야 밖에 있는 그룹에게 편지하면

---

127) Leon Morris, *Hebrews, James*. p. 157.

서 로마 안에 있는 이탈리야 친구들을 포함하고 있는 것으로 보인다. 이 견해는 초대 교부들에 의해서 지지를 받았다...둘째는 저자가 이탈리야 밖에 있으면서 로마에 있는 기독교인들에게 그의 편지를 보낸 것으로 보인다. 이탈리야에서 온 저자의 친구들은 로마에 있는 친척들과 친지들에게 인사하고 있는 것으로 보인다. 이 견해는 받을만한 견해이다. 오늘날 많은 학자들이 이 학설을 발전시키고 있다"고 주장한다.[128] 이 둘째의 학설이 더 바람직한 것으로 보인다.

아무튼 저자가 '이달리야에서 온 자들'이란 말을 쓴 것을 보면 수신자 공동체 사람들이 잘 아는 사람들이다. 만일 잘 알지 못한다면 저자가 '이달리야에서 온 자들'이 문안한다는 사실을 전하지 않았을 것이다. 그러니까 수신자 공동체는 다른 지방 사람들이 아니라 이달리야 지방 사람들일 가능성이 많이 있다.

히 13:25. 은혜가 너희 모든 사람에게 있을지어다(Γινώσκετε τὸν ἀδελφὸν ἡμῶν Τιμόθεον ἀπολελυμένον, μεθ' οὗ ἐὰν τάχιον ἔρχηται ὄψομαι ὑμᾶς).

저자는 "은혜가 너희 모든 사람에게 있을지어다"라는 축복 기도를 하고 서신을 끝맺는다(딛 3:15 참조). 여기 "은혜"란 '하나님께서 그리스도를 통해 주시는 호의'를 지칭한다(2:9; 4:16; 10:29; 12:15; 13:9 참조). 수신자들은 이미 은혜를 받아서 구원에 동참한 사람들이라도(6:9) 은혜위에 은혜가 계속해서 필요하므로 저자는 은혜가 모든 사람에게 있기를 기원한다.

바울 사도도 서신 끝에 이런 인사를 달고 있다. "주 예수 그리스도의 은혜가 너희와 함께 하고"라는 축도(살전 5:28; 살후 3:18), 혹은 "우리 주 예수 그리스도의 은혜가 너희 심령에 있을지어다"라는 축도(갈 6:18; 빌 4:23; 몬 1:25), 혹은 "은혜가 너희에게 있을지어다"라는 축도(골 4:18;

128) Leon Kistemaker, p. 436.

딤전 6:21; 딤후 4:22; 딛 3:15)를 편지 끝에 두고 있다. 우리는 은혜를 받아야 평강에 이르고 또 모든 일을 잘 감당할 수가 있다. 은혜는 또 몇몇 사람에게만 필요한 것이 아니라 "모든 사람에게" 필요한 것이다. 우리는 항상 다른 이들에게 은혜가 있기를 기도해야 한다.

-히브리서 주해 끝-

히브리서 주해

2011년 10월 24일   1판 1쇄 발행 (도서출판 목양)
2024년 8월 30일   2판 1쇄 발행

지은이 | 김수홍
발행인 | 박순자
펴낸곳 | 도서출판 언약
주 소 | 수원시 영통구 중부대로 271번길 27-9, 102동 1303호
전 화 | 031-212-9727
E-mail | kidoeuisaram@naver.com
등록번호 | 제374-2014-000006호

  정가 20,000원

ISBN : 979-11-89277-00-0 (94230)(세트)
ISBN : 979-11-89277-24-6 (94230)